八路军文化座谈会论文集

BALUJUN WENHUA ZUOTANHUI LUNWENJI

（第八届、第九届）

中共武乡县委宣传部　编

山西出版传媒集团

三晋出版社

图书在版编目（CIP）数据

八路军文化座谈会论文集 . 第八届、第九届 / 中共武乡县委宣传部编 .
—太原：三晋出版社，2022.10
ISBN 978-7-5457-2493-6

Ⅰ . ①八… Ⅱ . ①中… Ⅲ . ①八路军—文化
研究—文集 Ⅳ . ① E297.3-53

中国国家版本馆 CIP 数据核字（2023）第 073447 号

八路军文化座谈会论文集（第八届、第九届）

编　　者：	中共武乡县委宣传部	
责任编辑：	朱慧峰	
助理编辑：	李旭杰	
责任印制：	李佳音	

出 版 者：山西出版传媒集团·三晋出版社
地　　址：太原市建设南路 21 号
电　　话：0351-4956036（总编室）
　　　　　0351-4922203（印制部）
网　　址：http://www.sjcbs.cn

经 销 者：新华书店
承 印 者：山西万佳印业有限公司

开　　本：720mm×1020mm　1/16
印　　张：23
字　　数：330 千字
版　　次：2022 年 10 月　第 1 版
印　　次：2023 年 5 月　第 1 次印刷
书　　号：ISBN 978-7-5457-2493-6
定　　价：80.00 元

如有印装质量问题，请与本社发行部联系　电话：0351-4922268

目　录

第九届八路军文化座谈会论文

八路军
文化座谈会论文集

（第八届）

与时俱进，大力弘扬伟大的太行精神

李 蓉

2019年7月4日，第八届八路军文化座谈会在山西武乡隆重召开。这次座谈会的召开，对深入挖掘太行精神的时代价值，传承八路军文化，弘扬太行精神及为实现中华民族伟大复兴凝聚力量，具有重大意义。

一、邓小平、习近平等党的领导人对太行精神十分重视

早在抗日战争时期，邓小平同志就对八路军和太行人民的革命精神进行了科学总结，将这种精神概括为"有觉悟、有创新意识、有本领、有群众观念和有民族精神"等五个特征的革命精神。2009年5月，习近平同志在八路军太行纪念馆参观时提出："要结合新的实际，与时俱进地大力弘扬太行精神，坚定正确的理想信念，始终保持对党对人民对事业的忠诚；坚持执政为民的政治立场，始终保持同人民群众的密切联系；锤炼坚忍不拔、百折不挠的品格，始终保持知难而进、奋发有为的精神状态；坚守党的政治本色，始终保持艰苦奋斗的优良作风，为推动经济社会又好又快地发展提供强大的精神动力。"①

二、太行精神形成的历史条件和产生的历史必然性

太行精神形成的历史条件是什么？产生的历史必然性是什么？这是一

---

① 习近平视察八路军太行纪念馆时的讲话（2009年5月25日）。

个要搞清楚的问题。简略地来说，一是严重的民族危机；二是中华民族决不屈服外来侵略的民族气节；三是中国共产党领导太行的抗日军民为争取抗日战争胜利而英勇作战的历史事实。

全面抗日战争期间，八路军总部和中共中央北方局长期驻扎太行山区，朱德、彭德怀、刘伯承、邓小平等老一辈无产阶级革命家转战太行，为夺取抗日战争的伟大胜利作出了重大贡献。在这个过程中，来自五湖四海的中华民族的优秀儿女与太行人民一道，共同培育了太行精神。

三、太行精神的内涵特质

太行精神在特定的历史条件下形成。

孕育和形成于山西这片热土的太行精神，充分反映了中国共产党的性质和宗旨的本质要求，集中体现了中国共产党的优良传统和作风，全面展示了中国共产党人的崇高品德和伟大情怀。

太行精神的内涵特质是什么？根据习近平同志的概括，主要包括以下四个方面：（一）是忠诚的信念，中国共产党领导下的太行儿女、抗日军民，为了民族独立解放，浴血奋战，无私奉献，忠诚于党和人民，忠诚于民族解放事业；（二）是执政为民的立场，一切以人民为中心；（三）是奋发有为的品格，克服和反对消极、悲观情绪；（四）是艰苦奋斗的作风，前仆后继，英勇顽强。

四、太行精神的时代价值

太行精神的时代价值是通过弘扬太行精神，进一步培养和加强爱国主义情感，铸牢中华民族的灵魂，加强党的先进性建设。共产党人和人民群众要与时俱进，大力弘扬太行精神，要像巍巍太行，狂风暴雨，巍然屹立，在复杂的形势下坚持道路自信、理论自信、制度自信、文化自信。

五、太行精神与党的其他精神

太行精神与红船精神、井冈山精神、苏区精神、长征精神、延安精神、西柏坡精神一脉相承，既有共性又有个性，是中国共产党革命精神谱系中的重要组成部分，也是不可替代的部分。太行精神与脱贫攻坚、乡村振兴密切相关。

六、更加发扬光大太行精神

从太行地区的实际情况来看，发扬光大太行精神，需注意以下几个方面：

（一）更加重视太行精神的形成（探求其本源，弄清其价值内核）、发展（抗日战争时期、社会主义建设时期、改革开放时期都有弘扬太行精神的问题）的历史背景，通过实际的历史事实及历史规律的概括总结，得出科学的结论。大力弘扬太行精神，可以更好地巩固党和人民团结奋斗的共同思想基础。

（二）要更好地保护和充分地利用太行山红色革命遗址，培育传承红色基因时代新人。

（三）关于长乐之战的历史地位，要更翔实地、深入地收集整理资料。历史史实必须加以系统整理，在此基础上的宣传才会更生动、鲜活、有依据。

（四）关家垴战斗与抗战精神。要支持关家垴战斗的史料整理与战斗历史研究。要充分利用已有资料，也可补充口述历史资料。

（五）八路军总部等机关在武乡有很好的基础。但要深入研究，许多史实还需要进一步发掘和整理。

（六）齐心同志的武乡革命实践，需要收集史料加以研究。

我们一定要与时俱进，大力弘扬伟大的太行精神，把中国特色社会主义事业向前推进。

（作者为原中共中央党史研究室研究员）

论抗战精神

刘庭华

内容提要： 太行精神和抗战精神都属于上层建筑、意识形态的范畴，太行精神与抗战精神既有密切联系，又各具特点。

太行精神是中国共产党人在抗战时期把"抗日"与"革命"两篇文章一起做的重要理论成果。太行精神可精简为坚定正确的理想信念，坚持执政为民的政治立场，锤炼坚忍不拔、百折不挠的品格，坚守党的政治本色。它是中国共产党领导的八路军等抗日武装和广大人民群众在太行山脉敌后，坚持八年全面持久抗战，所进行的作战、建军、建政和新民主主义文化建设，创建抗日民主根据地，所作出的重大历史贡献和付出的巨大牺牲，所体现出来一种特殊意识、思维活动、普遍心理状态和精神面貌"软实力"的理论概括和抽象，属于革命精神谱系。它的本质特征是执政为民。今天，作为执政党的共产党，使太行山脉革命老区人民脱贫致富，早日过上幸福美满生活，就是对太行精神最好的弘扬。

抗战精神有四个重要特点，可以概括提炼为三句话、六个字。三句话为爱国至上，团结御侮是抗战精神之爱国情怀的核心内涵；不畏强暴，血战到底是抗战精神之英雄气概的本质体现；自强不息，百折不挠是抗战精神之必胜信念的独有特色。六个字是爱国、团结、自强，这是抗战精神的核心内涵。它反映中华民族万众一心，团结御侮，不畏强暴，共同抵抗日本帝国主义侵略，争取民族独立解放所体现出来的民族品格和气概，属于民族精神谱系。它的本质是爱国御侮。

关键词：执政为民；抗战精神；爱国御侮

一、什么是抗战精神

抗战精神问题的提出、讨论与研究，无疑是对中国抗日战争史研究的学术界提出了更高的要求，因为，它已经不是对抗战史中某一个案的研究，如战役战斗、军事人物、战略战术、地域经济、文化等内容的特殊性、单一性课题研究，它已经上升到哲学的高度上来，即认识论的层面，它是属于抗日战争史研究中的普遍性、一般性问题。所以，这必然会推动抗战史研究的深入和发展。

（一）抗战精神概念的本质与界定

人类战争史表明，战争的胜负，不但取决于一个国家的军事、政治、经济、战争性质等诸条件，同时也取决于这个国家民族的意志和精神以及战争指导能动性（即智慧）的优劣。中国抗日战争，是中国人民反抗日本帝国主义侵略的正义战争，是1840年鸦片战争以来中国人民反抗外敌侵略斗争史第一次取得完全胜利的最辉煌的民族解放战争，是世界反法西斯战争的重要组成部分，是一个半殖民地半封建的弱国战胜一个法西斯强国的战争。最后，大而弱的中国战胜了小而强的日本。它既是中、日两国军事实力和经济实力的较量，也是中华民族与日本大和民族在意志和精神方面的一场"软实力"的较量。因此，抗战精神应该是中华民族爱国主义传统在抗日战争时期的发展与升华，它为战胜日本法西斯发挥了强大的动力助推和精神支撑的作用。因而，抗战精神是抗日战争取得胜利的决定性因素之一。

所以，抗战精神这一概念是属于上层建筑、意识形态范畴的。它有四个重要特点：1.从国家、民族、阶级与政党的关系上说，它属于全民族的，而非某一阶级或政党的。2.从地理上讲，它是全国的，而非某一区域的。3.从时间上讲，它应是富于时代特点的，即中华民族以爱国主义为核心的伟大民族精神在20世纪30至40年代的集中体现。4.从认识论的哲学层面上讲，它是中华民族抗击日本法西斯侵略战争实践的思想认识的抽象与概括。换一句话说，抗战精神是中华民族精神的重要组成部分。

因此，一方面，我们不能把抗日战争的经验、意义、地位、作用与抗战精神这一概念混淆。另一方面，又必须将以不同历史时期、不同事件或不同人物命名的有关精神，如井冈山精神、长征精神、延安精神、太行精神、西柏坡精神、两弹一星精神等与抗战精神区别开来。

（二）抗战精神的内涵

马克思主义辩证法告诉我们："任何运动形式，其内部都包含着本身特殊的矛盾。这种特殊的矛盾，就构成一事物区别于他事物的特殊的本质。这就是世界上诸种事物所以千差万别的内在的原因，或者叫做根据。"① 每一种社会形式和思想形式都有它的特殊矛盾和特殊本质，认识事物的基础必须注意它的特殊点，因为"科学研究的区分，就是根据科学对象所具有的特殊的矛盾性"② 。那么，抗战精神所具有的"特殊的矛盾性"，究竟表现在哪里呢？笔者认为，主要有两个方面：

第一，坚持国家和民族利益至上的爱国主义（爱国至上），团结御侮，共赴国难，是抗战精神的核心内涵，它是中华民族爱国主义传统在抗日战争时期的升华，是中国取得抗日战争胜利的决定因素。简言之：爱国至上，团结御侮。或爱国、团结。

中华民族有着深厚的爱国主义传统，历来崇尚正义，热爱和平，不畏强暴，勇于反抗外来侵略。但是，由于长期封建统治的腐败和束缚，特别是从1840年鸦片战争后，由于晚清政府的腐败无能以及后来封建军阀的争地盘混战和投靠列强所采取的妥协投降政策，使中国屡遭帝国主义的侵略和蹂躏，国家主权和领土不断受到侵略，中国因外敌入侵不断被迫割地赔款，丧权辱国，中华民族的灾难日益深重。中国人民奋起反抗外敌入侵的斗争，一次又一次地遭受失败，从而使中国人民的爱国主义热忱和凝聚力

---

① 毛泽东:《毛泽东选集》(第一卷),人民出版社,1991,第308—309页。
② 毛泽东:《毛泽东选集》(第一卷),人民出版社,1991,第309页。

受到了极大的伤害，地大物博的中国成为西方列强眼中的"唐僧肉""一盘散沙"。

到抗日战争时期则不同了。1937年日本军国主义发动全面侵华战争，把中华民族逼到亡国灭种的危难地步，却迅速促进了波澜壮阔的抗日救亡高潮及全国人民的觉醒和团结，唤起了全民族的危机意识和使命感，并超过了中国历史上任何时代。在抗日战争时期，中华民族的爱国主义较以前任何时代都表现得更强烈、更广泛、更持久、更具战斗性，它超越了阶级、阶层、政党、地方实力派和不同军事集团的常规范畴，其最高层次和其他层次在抗日问题上找到了有机结合点，使爱国主义实现了理论与实践的高度统一。它既不同于中国历史上如宋朝岳飞、文天祥的忠君报国的爱国主义，也有别于近代义和团的狭隘民族主义的爱国主义。近代以来许多反对外来侵略的战争，爱国主义只是表现在某一派别（如统治集团的主战派）、某一阶层、某一团体，其范围窄，力量小，从来没有达到全民族团结一致对外抵抗的程度，有时还不如农民起义的规模、能量，如太平天国农民起义。这是中国近代以来抵抗外敌入侵屡遭失败的主要原因。

抗日战争时期的爱国主义具体表现为：爱国须抗日，抗日即爱国；一切为了抗日，抗日高于一切，抗日成了区分是否爱国的唯一标准，抗日成了全民族不同阶级、阶层、政党、派别、各军事集团的共同信念及判断是非的标准。各阶级、各政党、各派别和各军事集团均能以民族国家利益为重，贯彻民族利益至上原则，发扬"兄弟阋于墙，而外御其侮"的爱国主义传统，舍去历史上的旧有恩恩怨怨，自觉地使自己的利益服从反对日本法西斯侵略这个最高的民族利益，为祖国的危亡、民族的命运，摒弃前嫌，团结一致，万众一心，共赴国难。这就是伟大抗战精神的核心灵魂和本质所在。这是中国历史上任何朝代都没有出现过的现象，这是中华民族新觉醒的里程碑和质的飞跃。

可见，20世纪30至40年代，中国抗战时期的爱国主义精神与历史上的爱国主义有着本质的差别——即空前的民族团结。

近代反侵略斗争史告诉我们，光有爱国主义精神还不足以打败外敌入侵,只有以爱国主义精神凝聚全国各族人民团结一致,共赴国难,才能战胜敌人。以国共合作为基础的抗日民族统一战线的建立、巩固和发展,是抗战时期爱国主义内涵的核心体现,是爱国至上、团结御侮的最好证明,抗日民族统一战线是中国抗日战争取得胜利的基本保证。

国、共两党虽然政治信仰和追求不同,并且由于十年内战成为不共戴天的仇敌,但面对亡国灭种的民族危机,抗日救国却成为两党共同的最高目标。抗日战争中,中国共产党成为凝聚人民力量的坚强组织者和鼓舞者。可以说,八年全面抗战参加到抗日民族统一战线中来的各阶级、各政党、各派别、各军事集团,虽然也为各自的利益斗争过、磨擦过,有时甚至矛盾十分尖锐,但抗日民族统一战线却始终没有破裂,一直坚持到抗战最后胜利。可以说,空前的民族团结,是中华民族巨大民族觉醒的生动体现,是取得抗日战争胜利的决定因素。

第二,不畏强暴,血战到底是抗战精神之英雄气概的本质体现。这是中国抗战精神的一个显著特点。

中国抗日战争在世界反法西斯战争中的时间最长。从1931年九一八事变中国人民揭开世界反法西斯战争序幕开始,到1945年9月2日日本战败投降,前后达14年之久,它是苏联、美国进行反法西斯战争时间的三倍半,是英国进行反法西斯战争时间的两倍半。从九一八事变到1941年12月太平洋战争爆发,在长达10年的时间里,中国人民独立坚持抵抗日本法西斯侵略军,是东方唯一的反法西斯战场。太平洋战争爆发后,中国战场仍然是东方反法西斯战争的主要战场。从1937年七七事变中国全面抗战爆发,成为世界反法西斯战争的东方爆发点后,中国人民开辟了世界上第一个大规模反法西斯战场,中国独立坚持抗战也有4年多的时间。

据日本防卫厅战史研究所战史室资料载:1937年,日本陆军共24个师团,其中21个师团投入侵华战争,占其陆军总兵力的88%以上,还有50%的空军和40%的海军用于侵华战争。1938年,日本陆军共34个师团,其中32个师团用于侵华,占其陆军总兵力的94%。1939年,日本陆军共41个师团,其中34个师团投入侵华战争,占其陆军总兵力的83%以上。1941年太平洋战争爆发后，日本陆军共51个师团，其中用于侵华战争的有34个师团、44个独立混成旅团，仍占其陆军总兵力的80%，而用于南太平洋战场的日本陆军只有10个师团，不及侵华兵力的20%。[1]

在八年全面抗战期间，中国战场始终抗击并牵制100万左右的日本陆军主力和五分之二的日本海空军力量，使其既不能回援太平洋战场和日本本土"决战"，也无力在中国大陆或东北地区支援关东军决战，最后不得不在中国放下武器，无条件投降。1945年9月，日军向中国战区投降的兵力为128.3万余人，这个数目超过了在东南亚及南太平洋各岛投降的日本军队的总和，相当于全部海外日军（不含向苏联投降的日军人数）的50%以上。中国战场毙伤俘日军155.9万余人，占日军在第二次世界大战中军队伤亡人数的75%以上。[2]历史证明，中国抗日战争为世界反法西斯战争作出了不可磨灭的重大贡献。这是中国成为世界反法西斯战争四强（苏、美、中、英）之一，成为联合国五大常任理事国的合理而必然的理由，是世界各国人民对中国抗战地位、作用的认可。

在空前惨烈的抗日战争中，面对武器精良的日本法西斯军队，不管是正面战场打破日军"三个月灭亡中国"速战速决神话的淞沪、忻口、徐州、武汉会战，还是在山区、平原广泛开展游击战的八路军、新四军的敌后抗战，中华大地到处都涌现出不畏强暴、勇于同敌人血战到底的民族英雄气概。誓死不投降、坚守四行仓库的国民党军八百勇士，浩气长存的八路军狼牙山五壮士，新四军"刘老庄连"，宁死不当亡国奴而英勇献身的东北抗联八女……中国军民以血肉之躯铸起了捍卫祖国的钢铁长城，用同敌人血战到底、同归于尽的英雄气概，谱写了自强抗争的爱国主义新篇章。涌现出佟麟阁、赵登禹、张自忠、戴安澜、杨靖宇、赵尚志、左权、彭雪枫等抗日名将，他们是中国人民不畏强暴、英勇抗争的英雄集体和杰出代表。

第三，自强不息，百折不挠是抗战精神之必胜信念的独有特色，它开辟了弱国打败强国的中华民族复兴的新道路，是中国抗战精神的独有特色。

---

[1] 刘庭华：《中国抗日战争与第二次世界大战统计》，解放军出版社，2012，第176页。
[2] 刘庭华：《中国抗日战争与第二次世界大战统计》，解放军出版社，2012，第176页。

"天行健，君子以自强不息。"可以说，自强不息精神是中华民族精神的显著特点。从春秋战国至今的近3000年里，特别是宋、明以降，汉民族两次被女真、满民族所征服，战乱、贫困、天灾、人祸，连年不断，人民生活处在没有安全感的饥寒交迫困境中。多难兴邦，中华民族素有在亡国灭种的危境中开辟出民族复兴的新道路的勇气，从而造就了中华民族的自强不息、坚忍不拔的品格，这在世界各民族中，最为突出，因而著称于世。到20世纪30至40年代的抗日战争时期，中华民族自强不息精神得到充分展现，并发展成为自力更生、开拓创新的民族品格，成为抗战精神的一个重要组成部分。

世界反法西斯战争的胜利，是各国人民相互支持，共同战斗所取得的成果。中国人民在抗日战争期间，得到过有关国家的援助，比如，美国在第二次世界大战中的援外租借物资共485亿美元，其中英国所得占63.71%，苏联所得占22.76%，中国所得只占1.8%，约8.73亿美元。从上可见，中国的抗战所得到的外援是非常少的，而主要是中国人民自力更生独立抗争，百折不挠，发扬开拓创新精神，坚忍不拔，坚持持久抗战，长期浴血奋战的结果。

大而弱的中国，如何才能打败小而强的日本？当时中国的生产力、军力、民力，都远不如日本，年工业生产总值（中国13.6亿美元）1：4.4（日本60亿美元），钢铁产量（中国4万吨）1：145（日本580万吨），石油产量（中国1.31万吨）1：129（日本169万吨），日本年生产飞机1580架、大口径火炮744门、坦克330辆、汽车3万辆，造舰船52422吨，中国均不能生产制造。当时中国军队虽有210多万人，但武器装备差，只有作战飞机305架，新旧舰艇66艘，而且缺乏训练。日本常备师团17个38万余人，但却可以三倍动员，预备役达678万人，且装备精良，有91个飞行中队，2700架飞机，舰艇200余艘，总吨位190万吨，名列世界第三位，[1]且训练有素。敌强我弱的国情军情，要求中国人民必须开拓新的理论思维和作战形式，才能战胜日本帝国主义。

---

①刘庭华：《中国抗日战争与第二次世界大战统计》，解放军出版社，2012，第173、174页。

首先，实行全面全民族的人民战争的抗战路线和持久战的战略总方针及作战原则，创造游击战与正规战相配合的作战形式。实行持久战的战略总方针，是指导中国抗日战争胜利的成功战略。

全面抗战一开始，中共就提出了实行全国总动员，全民、政府和军队团结一致抗战的抗日救国十大纲领。为此，提出建立主力军、地方军和民兵游击队三结合的抗日武装力量体制，是进行人民战争的最佳组织形式，以激发广大军民的爱国主义热忱，发挥全民族抗战的自觉能动性，"战争的伟力之最深厚的根源，存在于民众之中""兵民是胜利之本"，①从而形成陷日军于灭顶之灾的人民战争的汪洋大海，以弥补中国军民武器装备落后等不足。

战后，日本著名学者伊藤宪一把毛泽东的持久战思想归结为"以动员人民的战略和游击持久的战略，来实现弱者对付强者的战略理论"②。原日本大本营参谋山崎重三郎认为，"世界上虽然有各种各样的游击战争，但只有毛泽东率领的中国共产党军队在抗日战争中进行的游击战堪称历史上规模最大、质量最高的游击战。他的游击战和运动战相结合，在中国打败了日本人"。③基辛格在1957年所著《核子武器与外交政策》一书中评价《论持久战》的显著特点是善于做敌我情况的对比，善于将列宁主义的原理运用于中国的实际情况……中国打败日本的最大优点，就是它的持久战思想。

中国抗日战争胜利的历史说明，先进的军事理论，对于弱国战胜强国，有着不可估量的指导作用。

其次，开辟敌后战场，与正面战场相配合，对日军形成战略夹击的战略格局，是中国人民的独特创举。中国抗日战争是在第二次国共合作条件下进行的，在反对日本侵略的统一战略目标下，国民党军担负正面战场的作战，共产党领导的抗日武装担负敌后战场的作战，形成相互配合、相互

①毛泽东：《毛泽东选集》（第二卷），人民出版社，1991，第511、509页。

②[日]伊藤宪一著，军事科学院外国军事研究部译：《国家与战略》，军事科学出版社，1989，第94页。

③[日]《丸》杂志，1965年12月号。

依存的两个战场。这一特殊的战争形态，在第二次世界大战中乃至中外战争史上都绝无仅有。这是中国抗日战争的显著特点。敌后战场的开辟打乱了侵华日军前线与后方的区分，变战略内线为战略外线，变战略包围为战略反包围，与正面战场相呼应，构成对日军两面夹击的有利战略态势，这是中国能坚持持久抗战，最后战胜日本法西斯的有效作战模式。这充分体现了中国人民开拓创新的民族精神。

（三）抗战精神的概括与表述

为了便于广大人民群众包括中小学生记忆，更好地宣传教育和普及，我们必须用准确、科学、生动和简洁的语言，来提炼和概括抗战精神。

综上所述，抗战精神可以概括抽象为三句话、六个字。三句话为爱国至上，团结御侮是抗战精神之爱国情怀的核心内涵；不畏强暴，血战到底是抗战精神之英雄气概的本质体现；自强不息，百折不挠是抗战精神之必胜信念的独有特色。六个字为爱国、团结、自强。这是抗战精神的核心内涵和本质特征。

笔者认为，用上述三句话、六个字来概括抗战精神，基本上符合中国抗日战争历史的全过程和基本事实，它同时又反映了中国抗日战争取得最后胜利的主要本质特征。

（作者为军事科学院原军事历史研究部研究室主任、研究员）

试析太行精神形成的历史条件和基本内涵

董志铭

党在领导革命、建设和改革的光辉历程中，既取得了一个个政治、经济、制度等可以从物质层面度量的有形的成就，同时也在精神意识层面塑造了一系列反映丰富时代内涵和民族特征的革命精神。长期以来，人们对历史科学的研究宣传主要还是集中在有形的物质层面，直到近一二十年以来，才开始逐步把目光转向精神意识层面。其实，对我们党来说，这些革命精神蕴含的精神财富和政治资源，同样具有不容低估的价值。随着时代的发展和社会的进步，对革命精神的研究宣传、深入挖掘，对于弘扬党的优良传统，发挥历史资政育人的作用，有着越来越重要的现实意义。太行精神作为党的革命精神殿堂中的一颗璀璨明珠，是在什么历史背景和历史条件下形成的？其基本内涵、意义价值到底怎么样？今天我们集聚在太行精神的发祥地、当年八路军总部驻扎过的举世闻名的武乡县，在多年深入研究八路军文化的基础上，进一步专门研究探讨太行精神，表明中共武乡县委、太行革命老区人民以及中共山西省委和相关职能部门，很有胸襟和魄力。

一、关于太行精神形成的历史条件

首先，讨论太行精神形成的具体历史背景。笔者认为，定在抗日战争时期比较合适。因为在中国，整个抗战时期，压倒一切的主题是凝聚全国力量反对和抗击日本帝国主义的野蛮侵略，直到将其驱逐出中国国土，统领国内各民族、阶级、阶层、人民团体、海外华侨的纲领目标，就是爱国御敌，民族复兴。但在方法手段层面，即怎么实现这一纲领目标层面，国内各政治力量，尤其是国、共两党，还有不同的考虑。这就决定了以爱国御敌、民族复兴为核心的民族精神，具有非常丰富的内涵。没有民族精神的核心绝对不行，光有民族精神核心没有其他革命思想内涵也是远远不够的。

其次，说太行精神形成的历史条件。精神只能在解决物质实践中出现问题的过程中产生，不会是从天上突然掉下来的无源之水或无本之木，没有我们党领导的整个华北太行区军民浴血抗战的具体历史条件，不可能产生出什么革命精神。太行精神要解决抗战时期出现的爱国御敌、民族复兴这样压倒一切的共性问题，也要考虑和利用好构成其特质特征的其他历史条件才能形成。

谈到历史条件，从各个方面进行综合归纳，可以从以下几条线索来考虑，兹提出来供大家讨论研究。

一条是对中华民族优良传统的弘扬传承。这为太行精神的形成提供历史文化滋养。毛主席在抗日战争时期组织编写过一本很著名的书——《中国革命和中国共产党》。其中，他亲笔改写的那一章（第二章）把中华民族的优良传统提炼概括得非常精辟，至今仍是经典。遵循这个方法思路，参考相关提法，可否把中华民族优良传统中这3点内容作为主要浸润滋养太行精神的土壤条件？它们分别是爱国主义情怀、宁折不弯气节、共济时艰品质。

另一条是太行人民同仇敌忾、浴血抗战斗争实践。这为太行精神的形成奠定实践基础。太行人民是太行精神的创造主体。从地域上看，太行区包括山西省东南部、河北省西部、河南省黄河以北西南部的十几个县的区域。从人员构成上看，太行儿女大致可以包括太行区几十个县的工人、农民、知识分子和广大青年学生以及其他各界人民群众；八路军总部、八路军一二九师、中共中央北方局、中共晋冀豫省委及太行区地方党组织的党政军人员。总之，包括太行区的党政军民学及其他各界人士。即便这样讲，很可能也概括得不够全面。试想，这个地域的革命舞台是多么宽阔广大；这个主体的革命实践会多么丰富多彩。

第三条至为关键，是我们党直接领导指挥八路军发挥的中流砥柱作用，包括朱德、彭德怀等一大批老一辈无产阶级革命家在内的中国共产党人和八路军战士，为太行精神的形成提供了关键支撑。这一方面的内容同样非常丰富感人。包括用正确的政策凝聚抗战之魂，用勇敢顽强的战斗作风和敢于流血牺牲的斗争勇气以及辉煌战果团结激励抗战人民。从比较严格的意义上讲，太行抗日根据地的开辟和创建，主要是八路军总部、中共中央北方局、八路军一二九师担负和完成的。大致回顾、比较一下太行抗日根据地的发展阶段划分，八路军一二九师的拔城野战、开创奠基厥功至伟。

二、关于太行精神的基本内涵

应该说，从历史到今天、从中央到地方，全国对太行精神的内涵已经有过多次概括。众所周知，比较早又比较著名的一次提炼，是邓小平在抗战时期完成的。在那次讲话中，他用"有觉悟、有创新意识、有本领、有群众观念和有民族精神"[1]等五个方面的特征，来阐释太行精神的基本内涵。应该说，邓小平的提法既鲜明又准确，无论在思想内容还是文字表述上，都做到了比较客观和全面的提炼，仍不失为我们今天进一步深入研究的重要依据和基础。然而，毕竟时代要发展，革命历史及其凝聚的革命精神要跨越时空继续发挥引领作用，就需要被赋予新的时代内涵，以其特有的价值功能为现实服务。2009年5月，习近平同志参观了武乡八路军太行纪念馆。他从时代的高度进一步提出："要结合新的实际，与时俱进地大力弘扬太行精神"，并具体表述为"坚定正确的理想信念，始终保持对党对人民对事业的忠诚；坚持执政为民的政治立场，始终保持同人民群众的密切联系；锤炼坚忍不拔、百折不挠的品格，始终保持知难而进、奋发有为的精

① 李景田：《继承弘扬太行精神　密切党群血肉联系》，《光明日报》，2011年8月11日，第13版。

神状态；坚守党的政治本色，始终保持艰苦奋斗的优良作风，为推动经济社会又好又快地发展提供强大的精神动力"①。这可以看作是对太行精神的重要升华，也可以看作是我们今天研究讨论太行精神的重要指导。

太行精神最本质的内涵是为国家独立、人民觉醒、民族解放而战。这是对爱国主义传统的升华，也是时代进步的表现，中国共产党把马克思主义与中国抗日战争的具体实际紧密结合，走向了政治斗争舞台中心。中国共产党的抗日主张不同于国民党，其方法和目标都为以往的爱国主义传统增加了新的革命因素。毛泽东此时已经能够把抗日与建国联系起来制定路线方针政策了，反映在根据地政权政策的制定上，有了许多创造。这是不容忽视的。选择什么样的历史词汇来表达这种区别和进步，是值得认真推敲决定的。可不可以把这一内涵的表述作为一个新的突破口。这也是解释党摒弃前嫌共同御侮、高举旗帜北上抗日的过硬材料。应该说，太行精神之所以称为太行精神，主要在于它具有区别于其他革命精神的核心特色，为国家独立、人民觉醒、民族解放而战。也可以说，为国家独立、人民觉醒、民族解放而战，是太行精神的价值之魂，是决定太行精神是否成立的核心关键。

太行精神在反映民族精神及过硬民族气节内涵上的感人例证比比皆是。1942年5月，日军调集几万兵力，对太行山根据地搞"铁壁合围"和"篦梳式"的残酷"扫荡"。华北《新华日报》46名新闻工作者被敌人分别围困在几个山头，与敌人面对面地展开白刃搏斗，伤亡惨重。在生死存亡的时刻，他们宁可战死也决不活着当俘虏受辱，最后全部壮烈殉国。就是在这次"大扫荡"战斗中，八路军副参谋长左权身先士卒，为掩护机关转移，为国捐躯，成为血染太行的民族英雄。为纪念左权将军，延安和太行山根据地为他举行了追悼会。朱德总司令赋诗一首："名将以身殉国家，愿拼热血卫吾华。太行浩气传千古，留得清漳吐血花。"②周恩来在《新华月报》发表《左权同志精神不死》的纪念文章，称他"足以为党之模范"。左权将军长

---

① 习近平视察八路军太行纪念馆时的讲话（2009年5月25日）。
② 中共中央文献研究室编：《朱德年谱》（新编本），中央文献出版社，2006年11月，第1103页。

期战斗生活在辽县，这里的人民对他有着一种特殊的感情，他们发自肺腑地传唱起一首《左权将军之歌》。1943年6月，新编第十旅三十团政委马定夫奉命率部来到太谷县参加夏收保卫战，击毙敌军30多人，粉碎了驻太谷县日伪军的偷袭。7月，日伪军几百人再次偷袭南山枫子岭，直接威胁着千余名群众的安全。马定夫迅速率部队抗击敌人。他身先士卒，与敌军展开血战，抢占了制高点，掩护了千余名群众安全转移。但他自己却腹部中弹，壮烈牺牲，年仅28岁。为了纪念这位抗战殉国的英雄烈士，太行二分区将马定夫率领作战的第十旅三十团三连命名为"马定夫爱民模范连"。太谷县人民政府将枫子岭村改名为"马定夫村"。

太行精神在反映八路军与太行人民众志成城，与日军血战到底的英雄气概方面的内涵也不能忽视。太行山是一座威武不屈、巍然屹立、直入云霄的高山，非常壮美，也显示了太行儿女英勇不屈、豪气干云的英雄气概。百团大战就是经典案例。它既反映了中共中央和八路军总部的智慧决策，也反映了八路军与太行人民以及整个华北军民抗战到底的英雄气概。还有八路军总部指挥的黄崖洞保卫战。抗日战争时期，八路军在作战中多以游击战为主，在有利条件下也组织了一些运动战，但进行阵地战特别是阵地防御战的次数比较少。1941年冬季，八路军总部特务团为了保卫黄崖洞兵工厂，组织了一次成功的阵地防御战，即黄崖洞保卫战。这也是整个八年全面抗战期间，八路军组织的一次非常著名的阵地防御战。此外，还有八路军一二九师下属团组织的奇袭阳明堡机场战斗，影响甚大，国民政府军事委员会委员长亲自致电八路军总部通令嘉奖，还发放了奖金。

太行精神还应有反映军民团结、官兵一致结成鱼水相依的军民关系的内涵。在这一方面，八路军主要领导人朱德、彭德怀、任弼时、刘伯承、邓小平、徐向前、左权等老一辈无产阶级革命家的感人事例很多。如朱德不住房东给他腾出的好房间，彭德怀经常帮助农民老乡担水、扫院子搞卫生。他们密切联系群众、处处与群众打成一片，平等待人，严格遵守群众纪律，个人生活不搞特殊等做法，反映出他们真正做到了把人民的利益放在了第一位的高尚作风，赢得了人民群众的真心拥护和爱戴。

三、关于太行精神的历史地位和时代价值

关于太行精神的历史地位。首先，中日战争不仅是两个民族和国家物资力量、经济实力方面的对抗，也是两个历史悠久民族之间展开的文化竞争和精神力量的对抗。特别是在敌我物质实力、军事力量对比悬殊的情况下，精神力量的重要性尤为凸显。应该说，太行精神是华北抗战乃至整个中国抗战取得胜利的精神支柱。其次，从国际地位上看，太行精神是实现中华民族伟大复兴的精神动力。抗日战争是中华民族反抗外来侵略第一次取得完全胜利的民族解放战争，洗雪了中华民族百年耻辱，极大地提高了中国在国际上的地位，是确立中国世界大国地位的起点。例如蒋介石以四大国首脑地位参加国际重要会议；中国成为联合国安理会常任理事国，参加旧金山签字仪式；中国参加对日本等战败国的审判，等等，极大地提高了中国人民的自信心。

关于太行精神的时代价值。革命精神源于革命实践，不仅会对当下的革命实践产生强大的推动力，又因其有相对滞后于革命实践而独立存在的不完全同步性和能动性特点，而呈现对其后的历史阶段和时代主题持续发生影响的规律。因此，作为一种进步的意识精神，太行精神一经形成，自然也会跨越其所产生的新民主主义革命时代，对党在其后所领导的社会主义革命和建设以及十一届三中全会后开始的改革开放的相当长的历史阶段，继续发挥巨大的能动作用和积极的影响。因此，研究太行精神时，不要把革命的时限看得过短。后来出现的焦裕禄精神、红旗渠精神、大寨精神，都可以看成太行精神的一脉相承的延续发展。由此可见，太行精神是潜在容量无限的巨大蓄水池，能够不断助力时代，激励和推动党的事业永续发展。紧密结合习近平新时代中国特色社会主义思想和实践，深入挖掘太行精神的传统精神资源，使其不断放射出新的时代光芒，让我们汲取前进的动力，无疑是当下宣传弘扬太行精神的重要价值所在。基于这种认识，太行精神的时代价值至少在以下三个方面会发挥积极作用：对实现"两个一百年"奋斗目标和中华民族伟大复兴中国梦的激励和推动；维护世界和平

建立人类命运共同体的有益借鉴；讲好革命故事，传承红色基因，增强文化自信。

（作者为国防大学教授）

太行精神之我见

——兼谈抗战歌曲中折射出的太行精神

张　量

内容提要：太行精神与井冈山精神、长征精神、抗联精神、抗战精神等是一脉相承的。习近平总书记对太行精神有过论述，其内容涵盖许多方面。本文试就这些方面，结合八路军与太行人民抗战的具体实际，就太行精神产生的时代背景、发展与延续及其影响做一简要论述，并对反映八路军抗战文化的太行精神做一诠释。因为太行精神是在特定的历史阶段和环境中产生的，它又依托文化的传承得以发扬光大，并一直延续和影响到今天。因此，本文不但阐述中国共产党领导八路军和太行人民在抗战的具体实践中所形成的太行精神，同时也从抗战歌曲的载体中，去挖掘一些太行精神，这样就会更加丰富太行精神的实质和内涵。这样更有利于彰显太行精神，发扬、传承与光大太行精神。最后，对传承与光大太行精神也提出了一点自己的见解。

关键词：太行精神；抗战歌曲；传承与光大

一、太行精神产生的历史背景

今天所谈的太行精神，主要是指全面抗战时期，中国共产党所领导的八路军，与太行区域的广大人民群众紧密联系，在对日作战的艰苦斗争实践中，在创建晋察冀抗日根据地的具体过程中所体现出来的精神。太行精神概括起来讲，就是在1937年七七卢沟桥事变后，日本帝国主义发动全面侵华战争，在中华民族面临生死存亡的危急关头，中国共产党领导太行抗日军民，在抗敌御侮的浴血奋战中所表现出来的不畏强敌、英勇战斗的革命英雄主义精神；在艰苦卓绝的环境中，在党的领导下，军民团结一心，在对日军作战中，所体现出的百折不挠、坚忍不拔、艰苦奋斗、勇于牺牲的精神。这与井冈山精神、红都精神、长征精神、延安精神、抗战精神等是一脉相承的。同时，也是数千年来所形成的中华民族精神的积淀和延续。

众所周知，1931年九一八事变，日本帝国主义武装侵略中国。蒋介石采取了"攘外必先安内"的妥协、退让的不抵抗政策。中国共产党人首举抗日旗帜，号召民众起来抗战，掀起了抗日救亡运动的热潮。从九一八事变到七七事变，中国共产党为建立抗日民族统一战线做了大量的工作。例如领导北平一二·九学生爱国运动，促进西安事变的和平解决等，到七七卢沟桥事变全面抗战爆发时，抗日民族统一战线已基本形成，国共合作抗战。这时红军主力改编为八路军。八路军组建后，主动请缨，东渡黄河，开赴华北抗日前线，进军太行地区。

红军在南方根据地或在长征路上，经过无数次的战斗洗礼，是特别能够吃苦耐劳和战斗的队伍。当他们改编组建八路军，奔赴太行地区后，把红军的优良传统充分发扬光大，与太行人民一起，铸就了太行精神。

太行山脉矗立在华北平原西部，主要分布在冀西和山西省境内，南太行横贯中原地区的西北部。巍巍太行，高耸屹立，犹如北国的脊梁，本身就是不屈的象征。在全面抗战爆发后，这里成为抗日前线，八路军开赴太行山区，建立抗日根据地，进行游击战争。位于太行山西麓的武乡县，分布有中共中央北方局、八路军总司令部、百团大战总指挥部、一二九师司令部、抗日军政大学等有关的重点革命遗址240多处。彭德怀、左权等八路军的将领曾长期在这里工作和生活，并在这里部署和指挥了抗战时期八路军进行的规模最大的一次战役——百团大战，在抗日战争最艰苦的阶段，打出了八路军的威望，给全面抗战军民以鼓舞，树立了抗战必胜的信心。

另外，还指挥了关家垴战斗、长乐之战、白晋路破袭战等大小战役、战斗6368次。毫不夸张地说，武乡已成为华北抗战的指挥中枢。中国共产党及其所领导的抗日军民是抗日战争的中流砥柱，因此，如果说延安是中国人民抗战的灯塔和中共中央的指挥中心，那武乡就毫无疑问地成为全面抗战之都。

武乡是一片革命的神圣热土，抗战时期，有将近10万八路军将士进驻武乡，这里"村村住过八路军，户户出过子弟兵"①。根据地的广大人民群众有钱出钱，有力出力，捐输抗战，支援前线。当时仅有14万人口的武乡，就有9万多人参加了各类抗日团体，1.46万人参加了八路军，2.1万人献出了宝贵的生命。武乡人民累计捐献军粮240万石，军鞋49万双，燃料30亿斤。有一首歌曲的歌词中有这样几句话："最后一碗米，用来做军粮；最后一尺布，用来做军装；最后一个儿子啊，送他上战场。"②正是对武乡人民具体行动的真实写照。

武乡的小米和杂粮养育了我们的子弟兵，八路军也正是在这里成长壮大。八路军将士之所以能够取得一个个战斗的胜利，与这里的人民群众是密不可分的，正是我们的党始终贯彻执行密切联系群众的优良作风，八路军将士才能与人民群众心连心。"军民团结如一人，试看天下谁能敌""兵民是胜利之本"，毛泽东同志的诗词和论述，也充分说明了这一点。中国八年全面抗战时期的游击战争，也正是以山西为战略支点日益展开、遍及四方的，从晋察冀抗日根据地到冀鲁豫根据地，再向南有苏北、华中根据地等，向北有大青山根据地等，从山地游击战到平原游击战，再到水网游击战，逐步得到了拓展与壮大。总之，是中国共产党以及其领导的八路军在太行山区，与人民群众一起，铸就了太行精神，使民族的脊梁在这里挺起。最终使中国共产党领导的抗日根据地成为抗日战争的主要战场，为取得抗日战争的最后胜利，起到了决定性的作用。

---

① 石宁宁:《军号响,扬鞭跃马战太行》,《解放军报》,2020年8月30日,第3版。
② 张宝山:《永远和人民血肉相连》,《解放军报》,2017年7月26日,第6版。

二、太行精神解读与诠释

关于太行精神，虽然现在还没有一个简明扼要的、精炼的、令大家共同认可的定义，但是习近平同志早在2009年5月25日，视察武乡时，就有"四个始终保持"的提法，即"要结合新的实际，与时俱进地大力弘扬太行精神，坚定正确的理想信念，始终保持对党对人民对事业的忠诚；坚持执政为民的政治立场，始终保持同人民群众的密切联系；锤炼坚忍不拔、百折不挠的品格，始终保持知难而进、奋发有为的精神状态；坚守党的政治本色，始终保持艰苦奋斗的优良作风，为推动经济社会又好又快地发展提供强大的精神动力"[1]。这里笔者不揣冒昧，对此做一简要的解读与诠释。

（一）坚定正确的理想信念，始终保持对党对人民对事业的忠诚。1937年七七事变，日本帝国主义发动了全面的侵华战争，"平津危急！华北危急！中华民族危急！"第二天中国共产党就发表了号召人民奋起抗战的宣言。宣言指出"只有全民族实行抗战，才是我们的出路！我们要求立刻给进攻的日军以坚决的反攻，并立刻准备应付新的大事变，全国上下应立刻放弃任何与日军和平苟安的希望与估计！"[2]当时有一种"亡国论"的论调，认为日军的力量强大，装备远远好于我们，产生了消极情绪。但是以毛泽东为首的中国共产党人，树立了坚定正确的理想信念：我们必胜！日军必败！我们进行的是正义的反侵略战争，日本发动的是侵略战争。"得道多助，失道寡助。"我们还有四万万五千万不愿做亡国奴的人民与我们站在一边，这是我们的坚强后盾。只要实现全面抗战，胜利一定是属于我们的。八路军组建后，主动开赴抗日前线——太行山区，发动广大人民大众参加游击战争。这种坚定的抗战必胜信心，是建立在对党和人民群众的绝对忠诚之上的。毛泽东在延安写出了一系列指导抗战的文章，如《论持久战》等，进驻太行山区的八路军将士，紧紧地团结和依靠人民群众，开展广泛的山地游击战争，逐渐向全国推广和辐射，最终夺取了抗日战争的伟大胜

---

①习近平视察八路军太行纪念馆时的讲话（2009年5月25日）。

②中央档案馆编：《中共中央文件选集》（第十一册），中共中央党校出版社，1991，第274页。

利。实践充分证明,在中国共产党领导下的人民军队——八路军,是人民的子弟兵,始终保持着对党和人民事业的无限忠诚,始终保持着正确的理想和信念,才能从小到大,从弱到强,取得了一个个抗击日军的胜利,成为抗战的一支有生力量,中国共产党也成为抗日战争的中流砥柱。

(二)坚持执政为民的政治立场,始终保持同人民群众的密切联系。我们党建立的初衷,就是为广大的人民群众谋幸福,就是要解救在"帝、官、封"三座大山重压下的劳苦大众。这就是我党的初心,也是我党的使命和责任担当,因此,坚持执政为民的政治立场,始终保持同人民群众的密切联系,是我党的中心工作。在抗日战争时期,八路军在太行山区,表现得尤为突出。

当抗日的烽火燃烧在太行山上的时候,正是由于八路军将士与人民群众保持着密切的血肉联系,才会在太行山的千山万壑之间,筑起了一道抗战的铜墙铁壁。八路军将士时刻把人民的利益放在心上,把人民群众作为自己的衣食父母,把妇女当作自己"恩重如山的太行奶娘","人民是靠山,人民是后方,人民是本色,人民是爹娘",广大的人民群众中间才会出现"支前的小车又上岗,家家户户送军粮,男儿女儿踊跃参战""母亲叫儿打东洋,妻子送郎上战场"的动人情景,才会有《做军鞋》歌曲中"一双双、一摞摞、一筐筐,手不停、拥军情、支前忙。多做军鞋咱要加油干,支前模范也上光荣榜"。这些都是人民群众拥军支前的实际行动。

只要我们的党坚持执政为民的政治立场,始终保持与广大人民群众的血肉联系,我们的党就会无往不胜。我们在太行山区,有中国共产党的英明领导,有八路军和人民群众的密切联系,才有了那么多可歌可泣的动人故事,才真正筑成了太行精神的基石。

(三)锤炼坚忍不拔、百折不挠的品格,始终保持知难而进、奋发有为的精神状态。当抗日烽火在太行山燃起的时候,八路军将士们响应毛主席提出的"在山西全省创立我们的根据地"的英明主张,奔赴抗日战场,战斗在太行山上,去与强寇搏斗,去敌后发动群众。在高高的山岗上,在密林深处,处处摆开战场。尽管敌强我弱,我们知难而进,不畏强敌,英勇作战，进行游击战争。平型关大捷，打破了"日军不可战胜"的神话，鼓舞了全国军民的抗战士气，打出了八路军的军威。夜袭阳明堡日军机场，炸毁敌人的二十多架飞机，打得日军丢魂丧魄。黄崖洞兵工厂保卫战，打得敌人晕头转向。神头岭上的伏击战，雁门关歼顽敌，我们正是用坚忍不拔的毅力，不屈不挠的性格，取得了一个又一个战斗的胜利。为了抗击日军，许许多多将士们的鲜血抛洒在太行山上。在日军对我八路军总部进行"扫荡""围攻"之时，八路军的副参谋长左权为保护转移的机关干部和群众，为国捐躯，这是我军抗日战争时期牺牲的最高将领。正是他们用坚忍不拔的毅力、百折不挠的品格和知难而进、奋发有为的精神状态，夺取了抗战的最终胜利。

（四）坚守党的政治本色，始终保持艰苦奋斗的优良作风。我们党的性质和宗旨，决定了我们党是伟大、光荣、正确的党，她以马列主义作为自己的指导思想，为了大多数人民的利益，廉洁奉公，无私奉献，始终保持艰苦奋斗的优良作风。这是我们党及其领导的人民军队战胜敌人的法宝之一。在抗战时期的太行山区，太行人民用小米养育了自己的子弟兵，八路军将士们就是用小米加步枪的近乎原始的落后装备粉碎了日军一次次的"扫荡"和"围攻"，战胜了数倍于自己的强大敌人。正是由于他们坚守党的政治本色，始终保持了艰苦奋斗的优良作风，才会获得一个个胜利的捷报。

三、抗战歌曲中所折射出的太行精神

一提到抗日战争，人们往往首先想到的就是武装斗争，其实笔者认为反映八路军精神的抗战文化和一些抗战歌曲，号召力和影响力还是很大的，从这些抗战文化和歌曲中也可以折射出一些太行精神来。

艺术创作的素材来源于生活，歌曲的创作也是时代精神的反映。抗战歌曲的素材也都毫无例外地来源于火热的抗日斗争。正是这些激发了艺术家的灵感，他们谱写了一首首富于激情，反映太行精神的歌曲。只是在太行区创作的歌曲就数不胜数、不胜枚举。以下仅重点介绍两首，以点代面，

做一了解。

1937年,上海作曲家贺绿汀来到太行山,开展抗日救亡的宣传工作,山西抗战前线火热的战斗生活,激发了贺绿汀的热情和灵感,他创作了《游击队歌》。歌词中唱道:"我们都是神枪手,每一颗子弹消灭一个敌人,我们都是飞行军,哪怕那山高水又深。在那密密的树林里,到处都安排同志们的宿营地,在高高的山岗上,有我们无数的好兄弟。没有吃,没有穿,自有那敌人送上前,没有枪,没有炮,敌人给我们造。"[1]在艰苦的反"扫荡"作战中,他们充满了坚定的信心,用坚忍不拔的毅力和不屈不挠的精神,去与日军拼到底,胜利一定属于抗战军民!

下面主要谈谈歌曲《在太行山上》彰显出的太行精神。《在太行山上》这首歌的歌词,是由桂涛声同志创作的。全面抗战爆发后,桂涛声于1937年8月21日奔赴山西,进行抗日宣传活动。后来冼星海也来到山西宣传抗战,与桂涛声成为挚友。桂涛声以"战动总会"工作人员的名义去山西省陵川县牺盟会民众干部训练班,进行抗战的宣传工作。他常常到街头演说,唤起民众的抗战热情。此时的陵川,到处是控诉日本侵略者的义愤填膺的人群,到处是争相参加八路军的热血青年。此时的陵川,已经出现了"母亲叫儿打东洋,妻子送郎上战场"的动人场景。桂涛声在随游击队转战陵川的过程中,他目睹了太行山王莽岭的千山万壑后,又亲身感受到了抗日军民才是真正的"铜壁铁墙"。1938年春的一天,冼星海与桂涛声在一起排练时,看到这样一幕景象:一轮红日的光辉照耀在太行山上,象征着自由的一群儿童队员在李曼老师的指导下纵情歌唱,此情此景,使他灵感迸发,酝酿已久的诗篇《在太行山上》的歌词从心底迸发了出来,他随手记录下来:

> "红日照遍了东方,自由之神在纵情歌唱!看吧!千山万壑,
> 铜壁铁墙,抗日的烽火,燃烧在太行山上,气焰千万丈。听吧!
> 母亲叫儿打东洋,妻子送郎上战场。我们在太行山上,我们在太

---

[1] 肖良:《〈游击队歌〉及其作者贺绿汀》,《音乐时空》,2015年第17期,第2页。

行山上。山高林又密，兵强马又壮，敌人从哪里进攻，我们就要它在哪里灭亡！敌人从哪里进攻，我们就要它在哪里灭亡！"①

"太行浩气传千古。"这首诞生于太行山区的战歌，升起在千山万壑之中，表现出太行军民坚忍不拔的抗战的决心和勇气。歌曲中的"红日"带来了曙光，它不仅是指黎明前蔚为壮观的霞光，更是指中国军民勇于战胜日本侵略者的坚定信心。

每当人们唱响《在太行山上》这首反映太行军民抗战的歌曲时，总是激情澎湃，热血沸腾。士气是那样的豪放，斗志是如此昂扬。这仿佛是从心底迸发出的心声，认为太行就是我们的脊梁，太行所孕育的太行精神，是我们的荣光，给我们信心和力量，激励着我们高举抗战的大旗，去迎接胜利的曙光。这首英雄的战歌，唱遍了太行山，唱红了全中国。

关于八路军文化和反映太行军民抗战的歌曲中，许多都折射出了太行精神的万丈光芒，在此不一一赘述。

四、太行精神的传承和光大

今天，我们满怀信心地来发掘太行精神，宣传太行精神，其目的就是要传承和光大太行精神。以习近平同志为核心的党中央，带领全国人民一起进入中国特色社会主义新时代，确定了具有划时代意义的战略目标和发展方向。在文化强国战略中，他特别重视中国的传统文化和红色文化，曾经指出"把红色资源利用好、把红色传统发扬好、把红色基因传承好"，彰显出他"不忘初心、牢记使命"的为民思想以及他敢于担当的使命感与责任感。这对国人特别是对青少年一代进行爱国主义和革命传统教育，有着深刻的历史意义与现实意义。

如何传承与光大太行精神，弘扬革命传统，我们的党曾经做了大量的工作。中华人民共和国刚刚诞生不久的1951年8月21日，毛泽东主席就委

---

① 王人天：《抗日战歌激荡的烽火岁月——记〈在太行山上〉词作者桂涛声》，《文史春秋》，2020年第3期，第57页。

派以曾任晋冀鲁豫边区政府主席的杨秀峰为团长的老区慰问团将"发扬革命传统，争取更大光荣"的亲笔题词送到武乡，这既是对战争年代太行军民所铸就的太行精神的肯定，也是对老区的武乡人民对人民子弟兵养育之恩的充分激励和赞扬。由邓小平批准建设并亲笔题写馆名的"八路军太行纪念馆"，1988年在武乡县城落成，这为进一步落实太行军民所孕育的太行精神，搭建了一个宣传的平台。尔后，江泽民与胡锦涛总书记先后到武乡视察指导工作。特别是2009年5月25日，习近平同志视察武乡时，提出了"四个始终保持"的指示精神，更是把传承与光大太行精神具体化，并且提升到了一个新的高度。全国能得到中华人民共和国成立后多位领导人如此重视的县能有几个？这是对老区人民的极大鼓舞。我们决不能辜负党的关心、指导与希望，一定要把太行精神发掘好、利用好、宣传好！

武乡县委、县政府以及宣传部门做了大量的工作。例如连续八次召开八路军文化研讨会，建成了八路军文化园、游击战体验园，制作大型实景剧《太行山》等，还在规划建设的有太行山影视文化创意园等。力度还是很大的，这都是对发扬革命传统、传承与光大太行精神很好的践行，是值得充分肯定和赞扬的。但是，我们还要开拓进取，步子再大一些，力争在太行精神的传承与光大方面，进行深入细致的工作，开创一个新的局面。

最后借此机会提出一点想法：关于太行精神，虽然笔者也随众以习近平的"四个始终保持"为基调进行了解读，"四个始终保持"也的确涵盖了太行精神的实质内容。但习近平同志并没有明确提出这就是太行精神。如果我们能够组织专家学者对此进行充分的讨论，以简练的语言，提炼出太行精神的实质和精华，简单易记，岂不更好？例如："勇敢顽强，不畏艰险；攻坚克难，不屈不挠；联系群众，艰苦奋斗；勇于牺牲，乐于奉献。"由于笔者不才，这里仅是举个例子而已，起抛砖引玉之效。总之，本人觉得太行精神的提炼和总结，就应该像中国传统文化的美德"礼义仁智信"那样精炼。不要当有人问我们太行精神是什么时，连我们自己都不能随口讲出。衷心希望能召开小型的专题研讨会，对太行精神有一个高度的提炼和升华，言简意赅，精炼易记。同时这也是对太行精神最好的宣传。不知妥否？敬请方家指正！

下面对武乡的红色旅游提出一点自己的不成熟看法，供有关领导参考。（注：不在文章之内。）

武乡的红色旅游搞得不错，但是还有进一步提升的空间，能否将红色旅游和生态环境游结合起来？笔者对武乡没有经过认真的调研，这里只是提出一孔之见，仅供县有关领导和部门参考。

（1）武乡的革命遗址遗迹有240多处，能否开辟几条红色旅游线路，让游客根据自己的时间自行选择。有一日游、两日游和三日游等。每个景点除了旧址复原以外，可以在其旁边搞一些展厅，展示在此处发生的一些重大事件、一些重要人物和红色故事。（2）游击战体验园笔者没有体验过，不知是如何搞的？我想除了山地游击战、破袭战、麻雀战、地道战、地雷战等战术外，可否胆子再大一些，搞一个军事迪士尼如何？把古代战争、近现代战争与当代的一些战争战例结合起来，用现代高科技的手段来制作，这样可能更吸引人。（3）现代旅游注重体验感、互动性、多样性。在以红色旅游为主导的同时，也要考虑生态环境游、风景名胜游，这样面会更加宽泛一些，在游客来到武乡之时，除了红色旅游，也看看武乡的绿水青山、风景名胜等。譬如，武乡县城绿化打造得很美，何不在这些水域里摆放一些游船供游客娱乐呢？（4）当代的旅游讲究吃、喝、玩、乐、购。武乡可考虑建设当地名吃一条街、农副特色产品一条街、八路军红色文化文创产品一条街等。只要能把人留下来，就能达到社会效益与经济效益的双赢。

因为文旅的创意很多，在此不一一详述了。

（作者为中国人民抗日战争纪念馆研究馆员）

父亲目睹左权将军牺牲

任小平

1940年10月20日，驻在延安的中共中央社会部派出了7人工作组小分队，奔赴地处晋东南的八路军前方总部开展情报工作。工作组组长林一（女，23岁，滕代远夫人），成员张箴（29岁）、林放（31岁）、孟寒月（25岁）、宗韬（女，22岁）、靳选清（23岁）、任道先（23岁）。我父亲任道先是1937年红军西路军兵败河西走廊后，跟随李先念等人艰苦到达新疆的小战士。在新疆学习了无线电通信，于1939年底分配到延安中央三局川口发信台担任领班。这次也被选调到了林一带领的工作组奔赴太行山抗日前线。

1941年底，八路军前方总部情报处正式成立，处长由八路军副参谋长左权兼任，副处长项本立，下设四个科，林一为一科科长。随后，八路军太岳军区、冀南军区、太行军区也先后建立了情报处。父亲任道先被留在八路军驻山西辽县前指情报电台工作。

1942年5月，日军对太行山抗日根据地进行"铁壁合围"大"扫荡"，形势空前严峻。20日午夜时分，左权在战前部署会议上分析了敌我态势，说："面对日军重兵的多路合击，我主力部队目前已转出外线，而中共中央北方局、八路军总司令部、野战政治部、供给部、卫生部、军械部、军工部以及新华日报社等尚处在敌军的合击圈内。眼下直冲我们的是由涉县、黎城、歧极关而来的一股日伪军，约3000人。"面对重兵压境的日伪军，合击圈内八路军能够应敌的兵力很少，只有为数不多的警卫部队，等待他们的将是极其残酷的战斗。不过，左权提醒大家：从局部看，我们处在敌军的包围之中；但从全局看，敌人是处在我们的军队和人民的包围之中。他对担负主要掩护任务的司令部警卫连连长唐万成说："你们连百分之八十是共产党员，百分之九十以上都是老红军，相信你们一定能够完成这次任务。告诉同志们，太行山压顶也决不要动摇！"八路军总部各部门于5月23日奉命转移。次日凌晨，由掩护撤退的总部警卫连所扼守的虎头山、前阳坡、军寨等阵地都爆发了惨烈的战斗。在这次"扫荡"中，日军专门组建的"特别挺进杀人队"（其队员均着便装，先于日军"扫荡"部队潜入根据地）在麻田发现了八路军总部机关，故多路日军均向麻田方向急进。警卫连仅仅两百多人，顽强地抵御着两千多日伪军的轮番进攻。敌军多次冲击失败后，便发射信号弹，召来了更多的援兵，射向守军阵地的火力更加炽密。日军铺天盖地的炮火将虎头山一线轰得地动山摇，步兵随着遮天蔽日的烟尘直逼八路军阵地。为保证八路军总部的安全转移，左权不顾周围炮弹不断爆炸掀起的气浪，站在虎头山后面的山头上沉着地指挥战斗。他心里不仅想着总部各部门的安全，也惦记着群众的安危。当他看到附近山上还有群众没有脱离险境时，便命令警卫连连长唐万成从已经十分吃紧的兵力中抽出一部分兵力吸引敌军，以便让群众转移。直到安排妥当，左权才不慌不忙地走下山去。

5月25日上午，突围队伍仍然未脱离险境，在南艾铺、高家坡一线的山沟里，集结着八路军总部、北方局、党校、新华社的几千人马，四周都是激烈的枪炮声，日伪军以"纵横合击"战术构成的包围圈在一步步地收紧。天空中，日军飞机也不时地投弹、扫射，受惊的骡子狂奔乱跳，将密集的突围队伍挤堵在狭窄的山沟中。眼看秩序大乱，左权不顾日军飞机的威胁，跳上一匹黑骡子，跑前跑后地把混乱的队伍重新集合起来，加快了行军速度。左权一边指挥突围，一边观察着战场情况的变化，他根据日军飞机反复投弹扫射以及千米之外响起的密集枪弹声判断，兵力占极大优势的日伪军已经发现了合围目标，必须尽快采取果断措施，冲出包围圈。左权率司令部和北方局机关人员为一纵队，沿清漳河以东由南向北突围；罗瑞卿率野战政治部直属队和党校、新华日报社为二纵队，由政卫连掩护向东面突围；后勤部门为第三纵队，由杨立三率领向东北角冲出重围。日伪军发觉了八路军分路突围的意图，迅速收缩合围圈，并将一簇簇炮弹砸向密集的人群，给突围的人们造成了极大的混乱和恐慌。面对这一极度危险的处境，左权一边鼓舞士气，一边迅速督促彭德怀赶快转移。他说："你的转移，事关重大，只要你安全突出重围，总部才能得救。"彭德怀关注着仍困在合围圈里的大批战友、同志，坐在高大的马背上就是不挪动。左权急了，以强硬的口气命令唐万成："连人带马，给我推！"彭德怀被感动了，挥起马鞭，在警卫战士的掩护下，向西北方向疾驰而去。目送彭德怀离去后，左权又奔向司令部直属队，继续指挥着大队人马的突围行动，他的身体这时已虚弱得很厉害，但仍然尽全力招呼着每一个人。午后2时，在十字岭高家坡，利用短暂的休整，左权用嘶哑的声音激励着已极其疲劳的队伍："同志们，尽管敌情严重，大家不要慌。我们要胜利，就得一齐冲。一齐冲就要听从指挥，只要冲过前面一道封锁线，我们就安全了。"尽管突围形势愈加严峻，左权仍然要求警卫战士"要保护警卫总部机密，要保护电台，保护机密材料，保护机要人员！"并立即采取措施，将身边的参谋人员、警卫战士分散到电台和机要人员中去，父亲任道先和通信科科长海凤阁（后在突围时牺牲）迅速挖坑掩埋好了电台设备。

当左权交代完上述任务后，突然觉得有人拉住了他的胳膊，他一看是唐万成，感到很惊奇，刚才不是安排这位警卫连连长去保护彭老总突围的吗？怎么小伙子又转回来了呢？唐万成告诉他："彭老总已冲过封锁线，现在你快跟我走吧！"左权拒绝了，坚决命令唐万成赶快去追上彭老总。在他看来，彭老总的安全远比自己的安全重要，这涉及八路军的荣誉啊！现在自己的职责就是指挥突围。看着身为八路军副参谋长的左权将军，拖着虚弱的身子像普通战士一样在炮火中奔跑，唐万成实在不忍心，他执拗地紧紧攥住首长的胳膊不放。左权气极了，拔出左轮手枪，喝令道："你要懂得，要是彭老总有个三长两短，我要枪毙你！"唐万成只得松开手，掉转身朝彭老总突围的方向赶去。太阳偏西了，日军的炮火依然很猛烈。左权从容地指挥队伍继续突围，他登上一块高地，尽管他的声音更加嘶哑了，还是一遍又一遍地高喊道："不要隐蔽，冲出山口就是胜利，同志们快冲啊！"大家见副参谋长就在身边指挥，情绪很快就稳定下来，突围的速度也就加快了。当队伍冲向敌军最后一道封锁线时，敌人火力更加凶猛。突然，一发炮弹落在左权身边，他不顾危险，高喊着让大家卧倒。我父亲任道先和部分电台人员恰好跟在左权身边，他目睹了第二发炮弹接踵而至，左权的头部、胸部、腹部都中了弹片，父亲随后被炮弹掀起的黄土掩埋住，才躲过了敌机的疯狂扫射。

突围后，父亲他们挖出了掩埋的电台，连续三天不间断地呼叫延安，接通延安后，父亲含着眼泪把左权将军牺牲的噩耗通过手中的电键和无线电波报告了延安的党中央。

为了纪念左权将军，根据太行人民的请求，经晋冀鲁豫边区政府批准，1942年9月18日，辽县党政军民等5000余人举行了辽县易名典礼，从此，辽县改名为左权县。

左权副参谋长是八路军在抗日战场上牺牲的最高指挥员。名将阵亡，太行山为之低咽，全党为之悲痛。周恩来称他"足以为党之模范"，朱德赞誉他是"中国军事界不可多得的人才"。为纪念左权，左权被炸牺牲的地方老井村，也更名为左权老井村。

中共中央于8月25日电令，调抗大总校副校长滕代远任八路军前方总部参谋长兼情报处处长。这时，林一任情报处第一科科长（即派遣科科长）。父亲任道先随后又被调到八路军总部考察团负责八路军各部队的电台考察工作。至1945年8月抗日战争结束，父亲又回到了延安中央三局。

（作者为军委装甲兵司令部办公厅原大校秘书、军事历史学家）

论伟大的太行精神

张洪兴

内容提要：太行精神是中华民族在抗日战争中铸造的伟大民族精神。经过笔者多年对中国抗日战争史的研究，本文对太行精神的内涵、太行精神的基本特征、太行精神的历史作用及当代价值等问题做了系统的分析与评述，提出了在新的历史时期弘扬伟大的太行精神的现实意义。

关键词：伟大；太行精神；弘扬

2009年5月25日，习近平在视察八路军太行纪念馆时说道："要结合新的实际，与时俱进地大力弘扬太行精神，坚定正确的理想信念，始终保持对党对人民对事业的忠诚；坚持执政为民的政治立场，始终保持同人民群众的密切联系；锤炼坚忍不拔、百折不挠的品格，始终保持知难而进、奋发有为的精神状态；坚守党的政治本色，始终保持艰苦奋斗的优良作风，为推动经济社会又好又快地发展提供强大的精神动力。"[1]目前，我国已经进入新时代，我们要不断加强对太行精神的研究，大力弘扬伟大的太行精神，激发人民爱国热情，凝聚中国力量，坚持中国道路，为实现中华民族伟大复兴的中国梦而不懈奋斗。

---

[1]习近平视察八路军太行纪念馆时的讲话（2009年5月25日）。

一、太行精神的主要内涵

太行精神是以爱国主义为核心的民族精神的时代体现，是中国共产党团结带领全国各族人民实现民族独立和人民解放斗争的伟大实践的历史总结，是我们永远继承和弘扬的宝贵精神财富和取之不尽、用之不竭的力量源泉。其寓意博大精深，内涵丰富深邃，主要包括以下四个方面：

（一）不怕牺牲、不畏艰险

不怕牺牲、不畏艰险是中华民族千百年来所形成的一种深厚情感和宝贵品质，并且有奋斗献身的价值取向和行动准则。在民族生死存亡之际，无数太行军民在中国共产党的领导下，面对凶残的日本侵略者，他们无所畏惧，挺身而出，与来犯之敌进行英勇顽强的斗争，用血肉筑成一道侵略者不可逾越的钢铁长城，自觉地用自己的实际行动乃至宝贵生命，书写了浴血奋战、不屈不挠、惊天动地的英雄主义颂歌！

（二）百折不挠、艰苦奋斗

百折不挠、艰苦奋斗体现了太行军民为了维护国家领土完整而永不屈服的精神品质、坚定信念和顽强意志。由于敌人力量过于强大，太行根据地经常处于敌人的重重包围之中。日军一次次疯狂的"扫荡"，建立"无人区"，企图消灭华北的共产党和八路军，致使太行地区的抗日斗争处于极度艰苦之中。加上严重的自然灾害，致使太行的斗争环境雪上加霜。面对严峻的形势，太行军民毫不屈服，信念坚定，通过实行大生产、精兵简政和减租减息运动，自力更生，艰苦奋斗，胜利地粉碎了敌人的一次又一次阴谋。

（三）万众一心、敢于胜利

万众一心、敢于胜利极大地彰显了太行军民众志成城、前赴后继、共御外侮的大局意识和必胜信心。七七事变后，日本帝国主义发起了全面侵华战争，中华民族危机不断加深，激起了中国人民的无比愤慨和强烈反抗。太行军民众志成城，满怀必胜信念，在抗日民族统一战线旗帜下，开展游击战争，加强根据地各项建设，创建民主政权，万众一心，共同作战，取得了抗日战争的最后胜利。

（四）英勇奋斗、无私奉献

英勇奋斗、无私奉献是为了祖国利益而顽强奋斗，不惜牺牲个人利益乃至生命的崇高行为，更是中国人民生生不息、不断战胜各种困难和敌人的强大精神力量。太行军民面对敌人的炮火，勇往直前，面对死亡威胁义无反顾。或沥血孤营，或横刀敌阵，或裂身银汉，或碎首沙场，或毁家纾难，或宁死不屈。以左权、范子侠、郭国言、李林、狼牙山五壮士等为代表的八路军战士，成为人民永不忘记的抗战英雄，成为中国军人的一代楷模。

二、太行精神的重要特征

太行精神是在特定的时代、特定的地域、特定的群体和特定的事业中，所形成的具有中华民族特色的精神硕果。它诞生于抗日战争之初，发展于抗日战争艰苦阶段，光大于抗日战争胜利之时，因而有着自己鲜明的时代特征。

（一）鲜明的时代性

所谓时代性，就是指一个事物发展的历史必然性、现实选择性和动态生成性。它体现了时代的主题、发展的要求以及历史所赋予的使命。太行精神在本质上是一种特定时代的民族精神，是历史性和时代性的有机统一。它代表了历史前进的方向，反映了时代风貌，推动着社会不断向前发展。二十世纪三四十年代，是中国人民与外敌顽强抗争的时代，是全世界爱好和平人民进行反法西斯战争的时代。在这场伟大的战争中，太行军民重视依靠自己的力量，独立自主、自力更生、英勇顽强地抗击日本帝国主义。太行精神就是中华民族奋起抗击日本帝国主义的时代产物，因此，必然带有这个时代的鲜明特征。

（二）高度的组织性

抗日战争时期，面对残暴的日本法西斯，如何将全国人民领导组织起来，卓有成效地抗击日本侵略者，成为摆在中国人民面前亟待解决的重要问题。中国共产党历史地承担起这一重任，高举抗日民族统一战线伟大旗帜，将中国人民前所未有地动员组织起来。全面抗战爆发后，中国共产党立即发表抗战宣言，通电全国，为民族大义而抛弃前嫌，表现了中国共产党人对国家和民族的无限忠诚。在中国共产党的正确领导和组织下，太行根据地的人民齐聚在抗日民族统一战线旗帜下，汇集起浩浩荡荡的抗日大军，共同抗击日本帝国主义。

（三）空前的广泛性

群众路线是中国共产党长期革命和建设经验的总结，是我们的事业不断取得胜利的重要法宝，也是我们党始终保持生机与活力的重要源泉。抗日战争前，中国的反侵略战争都是局部的，或是部分地域的部分中国军队的军事行动，或是部分群众的自发反侵略斗争，没有也不可能把全国人民的爱国热情激发出来。而到了抗日战争时期，中华民族实行了广泛总动员，中国人民的爱国热情如同火山一样爆发出来，中华民族空前的觉醒和团结。在爱国主义的光辉旗帜下，太行根据地上至耄耋老人，下至少年儿童，都被广泛地动员起来。参战民族之多、地域之广、人数之众、其精神之可歌可泣，在中国抗战史上具有独特的历史地位。

（四）顽强的拼搏性

顽强的拼搏性是一种在挫折、打击和磨难面前所表现出的英勇无畏、勇往直前、永不退缩的精神和气概。在华北战场上，太行军民无论在抗日战争初期，还是抗日战争相持阶段以及抗战后期的战略反攻时期，都能在凶残的日本法西斯面前，在异常险恶的环境下，在遭受重大挫折时，忠贞不渝、威武不屈、顽强奋斗、勇猛杀敌，直至中华民族获得彻底解放。

（五）非凡的创造性

太行精神的孕育、形成和发展过程，就是中华民族优秀儿女在抗击日本法西斯的过程中不断积极探索、不断变革图新、不断发明创造的过程。面对强大的日本法西斯，如何以弱胜强、以劣胜优，太行军民表现出卓越的创造精神。抗战爆发后，敌后根据地的开辟，抗日政权的建立以及运用多种机动灵活、行之有效的战略战术，都成为中国抗战史上奇特的案例，是太行军民勇于创造、善于创造的不朽之作。

（六）忘我的无私性

中华民族优秀文化中蕴含的无私奉献精神，是中华民族精神的重要内容，也是中华民族生生不息、不断战胜各种困难和强大敌人的力量源泉。日本帝国主义发动入侵中国的非正义战争，激起太行人民的无比愤慨和强烈反抗，迅速掀起声势浩大的抗日救亡浪潮，各界民众纷纷以不同形式，支援抗日斗争，更有无数太行优秀儿女走上抗日战场。在抗日战争中，八路军指战员共伤亡60余万人，而在太行根据地的土地上就牺牲了十几万人，他们为中华民族的彻底解放作出不可磨灭的贡献。

三、太行精神的历史作用

中国抗日战争是一场伟大的、神圣的民族解放战争，这场战争中所孕育的伟大的太行精神，在抗击日本帝国主义的战争中发挥了巨大的精神动力作用。

（一）促进了太行军民的空前团结

在民族生死存亡紧要关头，中华民族空前团结，显示出强大的力量。在抗日民族统一战线旗帜下，太行根据地人民纷纷投入到抗击日本侵略者的大潮中。各党派、各民族、各阶级、各阶层、各团体，都能以民族利益和民族大义为重，团结起来，御敌于外。他们胸怀赤诚之心，不计生死，不计名利，生死与共，团结奋战，将中华民族同根同祖、血脉相连的民族团结，表现得淋漓尽致、感天动地。

（二）坚定了太行军民的必胜信念

必胜信念来自对祖国强盛的不懈追求，来自对民族独立、自由的强烈渴望，来自对人民群众幸福生活的执着向往。在华北战场，必胜信念成为太行军民保家卫国的共同意志，成为太行军民抵御强敌的铜墙铁壁。当日本法西斯的铁蹄踏进太行地区的时候，太行地区的优秀儿女没有畏惧，更没有退缩，而是抱着抗日救国的必胜信念，义无反顾地走上抗日救亡战场，直到将日本侵略者赶出中国。

（三）培养了太行军民的不屈意志

抗日战争是一场弱国对强国的战争。中国为什么能够取得胜利？除了客观因素外，重要的是中华民族有着百折不挠、永不服输的不屈意志。因为有了不屈意志，面对日本侵略者的强大进攻，太行军民才能不畏强暴，愤然而起，众志成城，与日军进行顽强的斗争。因为有了不屈意志，在最严峻考验面前，太行军民才能在中国共产党的领导下，自力更生，艰苦奋斗，奋发图强，渡过最艰苦的难关。因为有了不屈意志，太行军民武装力量才能迅速发展壮大起来，最终战胜日本法西斯。

（四）铸造了太行军民的英雄气概

面对野心勃勃、凶残无比，经济实力和军事实力远比自己强大的侵略者时，中华民族优秀儿女不畏强暴，奋起抗战，表现出敢于同敌人血战到底的英雄气概。在太行地区的敌后战场，中国共产党领导太行优秀儿女，以大无畏的英雄气概，百折不挠，浴血奋战，狠狠打击敌人，直到收复敌后沦陷区。在英勇抗击日本法西斯斗争中，有17万太行优秀儿女献出了宝贵生命，仅武乡一县民政局在册的烈士就达3200余名。

（五）丰富了太行军民的民族智慧

抗日战争中，中华民族的民族创造精神得到了新的丰富和升华。毛泽东和中共中央以开拓创新的精神，创造性地提出武装抗日主张，确立了抗日民族统一战线方针，全国抗日军民形成空前大团结的抗战局面。在太行根据地，建立的"三三制"民主政权，开辟了中国特色的民主道路。开展的大生产运动、减租减息、精兵简政，极大地调动了根据地人民群众的创造性，起到了巩固和扩大抗日民族统一战线的作用，为抗日战争的胜利奠定了较好的群众基础。同时，他们以自己的聪明智慧，创造了多种灵活、机动、有效的战术，使敌人行止不安，左右挨打，陷入人民战争的汪洋大海。

四、新时代需要弘扬伟大的太行精神

太行精神是中华民族优良传统的继承升华，是中华民族精神在抗日战争时期的集中体现，是太行抗日军民留给我们无可比拟的宝贵财富。弘扬太行精神,具有十分重要的现实意义。

(一)有利于加强党的执政能力建设

十九大修改后的党章指出,必须紧密围绕党的基本路线,坚持党要管党、全面从严治党,加强党的长期执政能力建设、先进性和纯洁性建设。中国共产党作为执政党,党的执政能力强弱,关系党的生死存亡,关系事业的兴衰成败,关系民族的前途命运。弘扬伟大的太行精神,有助于加强领导干部党性修养,树立正确的世界观、人生观、价值观;有助于保持党同人民群众血肉联系,得到人民群众支持和爱戴;有助于加强党风廉政建设和反腐败斗争,增强党执政的抗腐拒变能力。

(二)有利于构建社会主义核心价值观

习近平总书记曾经强调:"社会主义核心价值观是当代中国精神的集中体现,凝结着全体人民共同的价值追求。"①太行精神是社会主义核心价值观在中国抗日战争时期的重要体现,是中国共产党人的理论和实践的集体智慧结晶,是中华民族对几千年来所追求社会价值理想的集中反映,它代表了当时历史条件下最先进的共产党人对人类社会价值的总体要求。从社会主义核心价值观的基本内容来看,抗日战争时期的太行地区的共产党人,结合当时的历史条件和社会实际,英勇抗击日本帝国主义的武装侵略,完美地体现了他们伟大的爱国情怀、坚定信念、不屈意志、高尚气节、献身品质和创新精神。可以说,太行精神就是社会主义核心价值体系在当时历史条件下的生动体现和集中展示,是建设社会主义核心价值体系的鲜活蓝本和宝贵教材。

(三)有利于实现伟大复兴的中国梦

实现中华民族伟大复兴,把中国建设成为一个富强、民主、文明的现代化国家,是中华儿女的共同愿望,也是中国共产党孜孜以求的奋斗目标。民主革命时期,中国共产党领导中国人民取得了新民主主义革命的胜利,为实现中华民族伟大复兴创造了前提条件。中华人民共和国成立后,中国共产党领导中国人民实现了中国历史上最伟大、最深刻的社会变革,取得

①习近平在中国共产党第十九次全国代表大会上的报告(2017年10月18日)。

了社会主义建设初期的巨大成就。改革开放后，中国共产党领导中国人民更是取得了举世瞩目的成就。2012年11月，习近平向世界宣示"中国梦"：实现中华民族伟大复兴，就是中华民族近代以来最伟大的梦想。这个梦想，凝聚了几代中国人的夙愿，体现了中华民族和中国人民的整体利益，是每一个中华儿女的共同期盼。太行精神虽然形成于革命战争年代，但具有超越时空的恒久价值，不仅是中国共产党领导中国抗战取得胜利的重要法宝，而且是实现中华民族伟大复兴的强大动力。在新形势下，我们要大力弘扬伟大的太行精神，更加奋发有为地推进改革开放和社会主义现代化建设事业，争取早日实现伟大的中国梦。

（作者为中共黑龙江省委史志研究室处长、研究员）

论太行精神与共产党人的初心和使命

于文生

行程万里，初心不忘。在中华人民共和国成立70周年，共产党在全国执政第七十个年头之时，全党分批开展"不忘初心、牢记使命"主题教育，这是重温初心的精神洗礼，是鼓劲扬帆的再次出发。太行精神正是共产党人不忘初心使命，传承红色基因，继续前进的优秀精神滋养。

习近平总书记在主题教育工作会议上指出："为中国人民谋幸福，为中华民族谋复兴，是中国共产党人的初心和使命，是激励一代代中国共产党人前赴后继、英勇奋斗的根本动力。"①太行精神就是中国共产党人的初心和使命的具体体现。

太行精神是"在国家和民族处于危亡的关键时刻，中国共产党领导太行儿女展现的不怕牺牲、不畏艰险的革命英雄主义精神，在极其艰苦的条件下展现的百折不挠、艰苦奋斗的精神，为民族的解放展现的万众一心、敢于胜利的精神，为人民利益展现的英勇奋斗、无私奉献的精神"②。太行老区人民正是依靠这种精神在革命战争年代和改革开放时期取得了一次又一次胜利。

---

①习近平在"不忘初心、牢记使命"主题教育工作会议上的讲话（2019年5月31日）。
②李长春视察八路军太行纪念馆时的讲话（2004年8月15日）。

一、太行精神的实质是中国共产党人为中华民族谋复兴

（一）太行精神是在民族危亡的关键时刻中国共产党挺身而出，倡导全民族抗日统一战线，为民族独立和解放前仆后继的精神

中国共产党伴随民族危难而诞生，把民族复兴作为自己的使命。中华民族自鸦片战争后走向衰落，内忧外患，战乱频出，山河破碎，民不聊生。无数仁人志士在黑暗中苦苦寻求救国救民的真理。十月革命一声炮响，马克思主义传播到中国。中国共产党应运而生，并义无反顾地肩负起为中国人民谋幸福、为中华民族谋复兴的历史使命，不断探索民族独立、人民解放和国家富强之路。因为中国共产党是工人阶级的先锋队，根本宗旨是全心全意为人民服务。这一性质和宗旨就决定了党以民族复兴、国家富强、人民幸福为奋斗目标。

以毛泽东为代表的中国共产党人，为了实现民族的独立解放与复兴，历经磨难，愈挫弥坚，最终取得胜利，向世界庄严宣告："占人类总数四分之一的中国人从此站立起来了！"毛泽东要创建一个独立、自由、统一的人民共和国，重新树立起民族的尊严和自信，他指出："中国人从来就是一个伟大的勇敢的勤劳的民族，只是在近代是落伍了。这种落伍，完全是被外国帝国主义和本国反动政府所压迫和剥削的结果。"[1]

抗日战争是一场中华民族抗击日本侵略者的全民战争，为了全中国人民的利益，中国共产党人顾全大局、团结民众、英勇斗争、无私奉献。在中国共产党的领导下，八路军组织太行军民创造性地运用游击战略战术，进行地道战、地雷战、麻雀战等各种形式的敌后游击战，英勇开展对敌斗争，取得了平型关战役、神头岭伏击战、黄土岭战役、黄崖洞保卫战、百团大战等战役胜利，打击了侵略者的嚣张气焰，极大地鼓舞了全民族抗日的斗志。在长期艰苦卓绝的革命实践中，太行军民在中国共产党的领导下不但取得了抗日战争的伟大胜利，也锻造出伟大的太行精神，体现了中国

---

[1] 中共中央文献研究室编：《毛泽东文集》（第五卷），人民出版社，1996，第343-344页。

共产党是中华民族领导核心的地位和作用，也表明中华民族是不可战胜的，它充分体现了中国共产党人为中华民族独立解放忘我奋斗的初心和使命。

（二）太行精神是中国共产党人促进中华民族伟大复兴的强大精神力量

太行精神是中华民族伟大精神的积淀和延续。卢沟桥事变后，日本侵略者分兵向华北地区进攻，首先抢占山西这个战略要地，中国共产党及其所领导的军民，站在民族独立和解放的最前列，倡导全民族统一战线，毅然奔赴山西抗日前线，在太行山区点燃抗日烽火，在山西建立起华北第一个大型抗日根据地，成为敌后游击战争的重要战略支点，并很快通过发动、组织、武装人民群众，开展抗日斗争，将根据地扩展到河北、山东，使华北成为全国抗战的主战场。

日本帝国主义对中国的侵略使中华民族面临亡国灭种的危险，中国共产党人凭借太行精神凝聚力量，依靠全国广大人民群众的共同奋斗，才战胜各种艰难险阻，打败了日本侵略者，使中华民族重新巍然屹立于世界民族之林。太行革命根据地在八年全面抗战中，遭受日本侵略者的烧杀抢掠。但是，中国共产党领导的八路军始终坚持人民群众利益高于一切，与人民群众同呼吸、共命运，才使太行革命根据地有了立于不败之地的坚实基础。正是中国共产党的坚强领导，才使中华民族的抗日力量有了坚定的核心，形成了经久不衰、无坚不摧的凝聚力，铸就了共同抵御日本帝国主义的铜墙铁壁。同时，根据地群众从每一位八路军将士的身上看到了中国共产党以人民利益为重，为民族独立而战的高尚品格，才能够紧紧地团结在党的抗日救亡旗帜下，军民团结，百折不挠，为驱逐日本帝国主义出中国，充分发扬中华民族勤劳勇敢、坚忍不拔、自强不息的优秀品德，不畏强暴、保家卫国，淬炼形成太行精神。太行精神是中国共产党人促进中华民族伟大复兴的强大的精神力量。

（三）太行精神是中国共产党倡导全民族抗日统一战线凝聚抗战力量的精神

中华民族是一个拥有56个民族的大家庭，尤其需要强大的民族凝聚力，来维护祖国的统一，巩固民族的团结。一个民族，当它仍处在自在状态的时候，民族凝聚力是自发的，强度是有限的；而只有当它从自在状态进到自觉状态，从自在民族发展为自觉民族时，其凝聚力就从自发的、感性的进入到自觉的、理性的阶段。实现这一飞跃的决定因素是民族精神。

抗战爆发后，中国共产党高举抗日民族统一战线的大旗，在抗战中与国民党真诚合作，带动了各方面的进步，有力地推动了抗日民族统一战线的巩固和发展。在对日作战中，红军改编的八路军和新四军英勇奋战，不仅取得了平型关大捷，而且在太原、徐州等会战中，很好地配合了国民党正面战场的作战，实现了两党军事上的友好合作，使全国各党、各派、各界、各军团结在抗日的旗帜下，抗日民族统一战线在中国的抗日战争中最大限度地动员了全国的军队和民众，成为全民抗战最有效的组织形式，是打败日本侵略者的决定因素，中华民族的凝聚力在抗日战争中得到了空前增强。中国共产党在抗战实践中，发挥了重要作用，始终坚持独立自主原则，确保无产阶级在统一战线中的政治领导权，坚持放手发动群众，开展敌后游击战争，扩大抗日人民武装和抗日根据地，并在根据地内建立"三三制"政权，中国共产党不仅是抗日民族统一战线的积极倡导者，并且是坚定的维护者和模范实践者。在残酷对敌斗争中铸就的太行精神就是中国共产党倡导全民族抗日统一战线凝聚抗战力量的精神。

二、太行精神的内涵是中国共产党人为中国人民谋幸福

（一）太行精神是人民至上精神，体现了中国人民的力量

毛泽东指出："共产党是为民族、为人民谋利益的政党，它本身决无私利可图。"[1]他在多种场合多次重复申明，共产党人及其领导的革命队伍的根本宗旨就是为人民服务。

中国共产党积极践行党的宗旨，充分发挥人民群众的力量，领导太行山抗日根据地军民，在政治上，创建了红色政权，发扬民主，成为民众拥护的敌后抗日民主堡垒，将根据地的工人、农民、妇女、儿童广泛地组织

---

①毛泽东:《毛泽东选集》(第三卷),人民出版社,1991,第809页。

起来，摆脱封建束缚，获得空前的政治自由，使他们在抗日战争中发挥更大的作用，为太行精神的形成奠定了坚实的基础；在经济上，面对太行山区贫瘠的土地和严重的自然灾害，为了减轻根据地人民的负担，实行精兵简政，开展大规模的减租减息运动和生产自救运动，种粮、种菜、挖窑洞。正如邓小平在《太行区的经济建设》一文中所指出的，"每到农忙时候，漫山遍野，都是穿着军服的人，同老百姓在一块劳作……这正是军民能够打成一片的理由，也正是我们军队之所以被称为人民子弟兵的理由"[1]。特别是在1941年至1943年期间，根据地的干部、战士坚持人民利益至上和艰苦奋斗精神，战胜了前所未有的自然灾害和日伪军重点进攻、经济封锁，从而赢得了人民的衷心拥戴和坚定支持，赢得了战争的最终胜利。

在抗日根据地中，有600余万居民死于战乱，其中一半以上是华北抗日根据地的人民群众。太行人民不畏牺牲，用自己的生命筑成抵御侵略者的血肉长城。抗战期间，太行山区成千上万的青壮年自愿参军上前线，兄弟争先上战场、父子同时扛起枪的动人事迹层出不穷。在"一切为了前线、一切为了胜利"的号召下，太行人民有粮出粮，有钱出钱，有力出力，从不讲价钱，这是无私奉献的崇高品格在太行人民身上的具体表现。中国共产党建立广泛的抗日民族统一战线，最大限度地调动了各个阶层人们的抗战积极性。太行军民充分展现出全民族万众一心、团结抗战的太行精神。它凝聚成中华民族面对外敌入侵团结奋斗、浴血奋战的铮铮铁骨，融汇成根据地军民共同抗击日本侵略者的滚滚洪流，激励着千百万太行儿女英勇杀敌。中国人民的力量，是战胜一切困难打败日本帝国主义的有力武器。

（二）太行精神是党的群众路线的具体实践成果

人民的立场是马克思主义政党的根本政治立场。以毛泽东为核心的中国共产党人，在领导中国人民进行革命和建设的伟大实践中，充分肯定人民的历史主体性，倡导以人民为主体的社会历史观，并创造性地提出以全心全意为人民服务为根本宗旨的价值观。太行精神的核心要义是坚持执政为民的政治立场，坚持以人民为中心的发展理念，只有为着人民、依靠人

①中共中央文献编辑委员会编：《邓小平文选》(第一卷)，人民出版社，1994，第81页。

民，时时刻刻为人民着想，才能得到人民的支持，才能充分调动人民的积极性和创造性，才能出现父子同时扛起枪、兄弟争先上战场的动人场面。

毛泽东指出："战争的伟力之最深厚的根源，存在于民众之中。"①"革命战争是群众的战争，只有动员群众才能进行战争，只有依靠群众才能进行战争。"②坚持群众路线，是取得抗战胜利的根本保证。太行精神是一种军民相依、共御外侮、百折不挠、艰苦奋斗的团结精神。中国共产党的坚强领导，八路军和当地的人民群众的紧密团结是太行根据地的坚实基础。在战火纷飞的抗日战场，太行人民感受到只有中国共产党才是真正为人民谋利益的，只有跟着中国共产党才能获得解放，正是这种信念，引领广大人民群众无私奉献、艰苦斗争。太行人民毅然贡献出自己仅有的口粮给前线的八路军指战员，为我们的革命战争提供了无私的支持和帮助，形成一股强大的力量，才不断赢得战争的胜利。

中国共产党及八路军始终和人民同呼吸、共命运，太行根据地每一个地方，都留下军民团结、英勇战斗、无私奉献的事迹。在八年全面抗战中，八路军不仅骁勇善战，更以爱民言行被老百姓称道。根据地里，拥军爱民的模范层出不穷。八路军给百姓看病，给灾民发贷款，给妇女接产，处处为老百姓着想。太行精神是在任何时候都把人民利益放在第一位的以民为本思想的反映，是党的群众路线的具体实践。太行精神形成和发展的历史，就是体现中国共产党人坚持执政为民的政治立场，为中国人民谋幸福求解放而前仆后继、英勇奋斗的历史。

（三）太行精神是中国共产党人为中国人民英勇献身的精神

中国共产党领导下的八路军在1937年8月于陕西改组成军，9月随即奉中央军委的命令开赴山西敌后作战，直至1941年1月"皖南事变"爆发前的1940年底，八路军在三年多约39个月的时间内，一直在极其困难的条件下积极对日伪作战。一方面要动员和发动当地群众创建抗日根据地，另一方面还要剿灭叛军武装，此外还要不断应对各种随时可能出现的国共摩擦，

---

① 毛泽东：《毛泽东选集》（第二卷），人民出版社，1991，第511页。
② 毛泽东：《毛泽东选集》（第一卷），人民出版社，1991，第136页。

其抗日的大环境十分艰难。在这种情况下，八路军各支队还能够坚持下来，保证不断对日伪作战，从未停止过战斗，其为抗战救国而牺牲奉献的太行精神难能可贵。

根据现有的战报统计，在整编成军后的1937年9月至1939年6月，八路军抗战两年里共参加对日作战2689次，毙伤日军65090人、伪军15430人、骡马4361匹；被我俘虏的日军3855人、伪军615人、骡马5032匹。八路军战斗负伤40812人，牺牲15611人，中毒伤5700人，中毒死424人。[①] 1939年6月至1940年5月的一年时间里八路军对日作战6931次，毙伤日军64355人、伪军23475人；被我俘虏的日军656人、伪军14938人；日军投诚19人，伪军反正9180人。八路军阵亡官兵15000人，受伤官兵41000人。[②]

八路军一一五师根据中共中央军事部署，在平型关设伏阻击日军第5师团第21旅团一部千余人，300余辎重和军用物资车辆。八路军以无比英勇顽强的战斗意志，取得了辉煌战果。共歼敌1000多人，击毁车辆70余辆，大车200余辆，缴获500余支步枪和大量的军用物资。八路军在战斗中伤亡500余人。同日，担任钳制、阻击任务的八路军一一五师独立团在灵丘县的腰山战斗中毙伤日军300余人。平型关战役是中国全面抗战爆发后，中国军队所赢得的第一个大胜利。这一仗一举打掉了板垣师团的威风，同时也打破了日本"皇军不可战胜"的神话，有力鼓舞了中国人民的抗日热情。在艰苦卓绝的抗日战争中，有34万八路军官兵为国捐躯，其中，有我军抗战中牺牲的最高将领、八路军副参谋长左权，还有狼牙山五壮士、太行军区第三军分区司令员郭国言，等等。中国共产党及其领导下的人民军队，在太行山区组成了最广泛的统一战线，万众一心抗击侵略，付出了巨大牺牲，太行精神就是中国共产党人为中国人民英勇献身的精神。

---

①《第十八集团军抗战两年以来战斗统计表》（1939年6月30日），中国第二历史档案馆馆藏七八七01842。

②叶剑英：《第十八集团军抗战三年的几种统计》（1940年7月），中国第二历史档案馆馆藏七八七01863。

三、新时代中国共产党人要不忘初心、牢记使命，继续大力弘扬太行精神，不断书写中华民族和中国人民的光明前景

全心全意为人民服务是新时代太行精神中执政为民的政治立场的根本宗旨。依靠谁，为了谁，是一个决定发展性质及其方向的重大原则问题。中国共产党新民主主义革命实践证明，中国共产党最大的政治优势是密切联系群众。"从群众中来，到群众中去"是中国共产党在长期革命实践过程中积累的宝贵经验。早在革命战争年代，毛泽东就明确指出，要想得到群众的拥护，就得真心实意为群众谋利益。在抗日战争时期，以毛泽东为代表的中国共产党人最终在人民群众的拥护和支持下，取得了抗日战争的伟大胜利。新的历史时期，中国共产党人肩负着继往开来，实现中华民族伟大复兴的艰巨使命和社会责任，更应时刻牢记党的全心全意为人民服务的宗旨，始终保持党和人民群众的血肉联系，将实现好、维护好和发展好人民的根本利益作为自己的神圣使命。正如习近平所指出的，人民对美好生活的向往，就是我们的奋斗目标。因此，全党应从维护广大人民根本利益的高度，解决好人民群众最关心的问题，使每个人都能享受到改革开放的成果。

中华人民共和国成立70年来，尤其是改革开放四十多年来，中国发生了翻天覆地的变化，取得了举世瞩目的成就。改革开放的伟大的实践孕育了新时期的中国精神，作为中国精神的重要组成部分的太行精神也与时俱进地发生着变化。2009年5月25日，习近平视察山西八路军太行纪念馆时强调："要结合新的实际，与时俱进地大力弘扬太行精神，坚定正确的理想信念，始终保持对党对人民对事业的忠诚；坚持执政为民的政治立场，始终保持同人民群众的密切联系；锤炼坚忍不拔、百折不挠的品格，始终保持知难而进、奋发有为的精神状态；坚守党的政治本色，始终保持艰苦奋斗的优良作风，为推动经济社会又好又快地发展提供强大的精神动力。"①

---

①习近平视察八路军太行纪念馆时的讲话（2009年5月25日）。

使其成为中国特别是山西实施创新发展的动力源泉，提供强大的精神支撑。太行精神体现了中国共产党人为中国人民谋幸福、为中华民族谋复兴的初心和使命。实现中华民族伟大复兴的"中国梦"、培育践行社会主义核心价值观、构建社会主义和谐社会是太行精神的基本价值取向。在实现中华民族伟大复兴的"中国梦"的当代实践进程中为创新发展的太行精神注入时代元素，使创新发展的太行精神伴随着实现"中国梦"的当代实践中不断丰富和发展，在新时代，太行精神仍然是代表着时代精华的独特精神，为山西及中国的经济发展以及社会进步提供强有力的精神动力和智力支持。

（作者为东北烈士纪念馆副馆长、研究员）

太行精神永远是革命和建设的力量源泉

陈学良

内容提要：太行精神是抗日战争时期太行山根据地广大军民对中国革命精神的伟大贡献。它凝聚了太行根据地军民不怕牺牲、不畏艰险，艰苦奋斗、百折不挠，众志成城、敢于胜利，英勇斗争、无私奉献的高贵品质，表现出崇高的理想信念和政治本色。太行精神源于共产党人的初心和神圣的使命、深厚的社会基础，它是用血肉和生命铸就的不朽丰碑，是革命和建设的力量源泉，是党性教育的鲜活教材。

关键词：太行精神；不朽丰碑；革命建设；力量源泉

太行精神，是抗战时期中国共产党领导的八路军和太行根据地广大群众，在与日本帝国主义顽强抗争过程中逐步形成的，它是引导中国抗日战争走向胜利的宝贵精神财富，在解放战争中得到进一步发展和巩固。

太行精神凝聚了太行根据地军民不怕牺牲、不畏艰险，艰苦奋斗、百折不挠，众志成城、敢于胜利，英勇斗争、无私奉献的高贵品质。2009年5月25日，习近平同志在视察八路军太行纪念馆时指出，"要结合新的实际，与时俱进地大力弘扬太行精神，坚定正确的理想信念，始终保持对党对人民对事业的忠诚；坚持执政为民的政治立场，始终保持同人民群众的密切联系；锤炼坚忍不拔、百折不挠的品格，始终保持知难而进、奋发有为的精神状态；坚守党的政治本色，始终保持艰苦奋斗的优良作风，为推动经济社会又好又快地发展提供强大的精神动力。"①

这四个"始终",是习近平同志对太行精神的高度概括和精准诠释。对于我们深入挖掘、研究和学习太行精神,继承发扬党的优良传统和作风,激励我们在新的历史时期,坚定理想信念,忠于党忠于人民,坚持党的群众路线,面对困难百折不挠,奋力实现"两个百年"奋斗目标,不仅有深远的历史意义,而且有着深刻的现实意义。

一、太行精神源于共产党人的初心和神圣的使命

中国共产党作为先进的无产阶级政党,从诞生起始终坚持以天下为己任,为人民谋幸福;无论在多么艰难困苦的条件下,始终站在历史潮头,战胜一切困难,勇敢地肩负起民族振兴的崇高使命。九一八事变后,中国共产党一系列重大英明决策,充分体现了中国共产党人为使命而战的精神,对以山西为中心的太行山区革命根据地的创建,对太行革命精神的形成,对抗日战争的最后胜利,都起到了重要的作用。

(一)及时发出抗日宣言推动抗日统一战线形成

抗日战争是中国历史上一次大规模的反抗外来侵略的战争。在前后长达14年的英勇战斗中,中国共产党以其宽广的胸怀、坚忍不拔的气魄和远见卓识的洞察力,引导着中华民族前进的方向,成为中国人民抗日战争的中流砥柱。

九一八事变发生,在日本帝国主义入侵中国,中华民族面临生死存亡的紧急关头,中国共产党以国家和民族大义为重,最早发出抗击日本侵略者的宣言,中共中央派出优秀干部充实到中共满洲省委和地方党组织,发动和领导东北人民的抗日斗争。各地方的中共组织还派出优秀党团员及进步青年以不同的方式加入东北军爱国官兵和群众自发组织的义勇军,从中进行秘密的宣传、引导工作,为组建游击队或改造义勇军成为中国共产党领导的抗日武装打下坚实的基础。

①习近平视察八路军太行纪念馆时的讲话(2009年5月25日)。

中国共产党积极主张团结一切可以团结的力量，抗击日本侵略者。这与国民党反动派的不抵抗政策形成了鲜明的对照，表现了中国共产党在民族危亡时刻的历史担当。

卢沟桥事变后，日军发动了全面侵华战争，中国军队被迫奋起抵抗。为积极推动国共两党的合作，中国共产党在《中国共产党为公布国共合作宣言》中，明确提出了发动全民族抗战、实行民权政治和改善人民生活等三项政治主张，以此作为国共合作的总纲领和全国人民的共同奋斗目标。同时郑重声明，愿为彻底实现孙中山的三民主义而奋斗。声明还提出，停止推翻国民党政权和没收地主土地的政策，取消红军名义及番号，将红军改编为国民革命军等。充分显示了中国共产党以民族利益为重的宽广胸怀，表明促成国共两党合作抗日的诚意。

得道多助，中国共产党的主张得到了全国人民的支持，在社会各界的敦促下，以国共两党合作为基础的抗日民族统一战线正式形成。"这在中国革命史上开辟了一个新纪元……将对于打倒日本帝国主义发生决定的作用。"①

（二）提出建立抗日根据地和全民抗战的战略方针

全面抗战爆发后，中国共产党及时提出全民族抗战路线和持久战的战略方针。1937年8月，中共中央洛川会议通过了《抗日救国十大纲领》。毛泽东在此纲领中提出抗战的总任务，就是要动员一切力量争取抗战的胜利，实行抗日的军事、政治、财政经济、教育和外交，让现在开始的抗战成为全面全民族抗战。在军事上实行独立自主的山地游击战，建立山区抗日根据地，发动群众开展游击战争。这与国民党《抗战建国纲领》反映出的单纯靠政府和军队的片面抗战路线有着本质的不同。

25日，在洛川会议结束的当天，根据国共两党达成的协议和国民政府的命令，中共中央军委发出将中国工农红军第一、第二、第四方面军及陕北红军改编为国民革命军第八路军的命令。红军前敌总指挥部改为八路军

---

①毛泽东:《毛泽东选集》(第二卷)，人民出版社，1991，第364页。

总指挥部，朱德任总指挥，彭德怀任副总指挥，①叶剑英任参谋长，左权任副参谋长；红军总政治部改为八路军政治部，主任任弼时，副主任邓小平。八路军辖陆军一一五师、一二〇师、一二九师和总部直属部队，共46000人。朱德、彭德怀向全国发出通电郑重承诺，八路军将追随全国友军，"为中国之独立自由幸福而奋斗到底"②。

根据党中央和毛泽东的战略部署，八路军的基本任务是创建抗日根据地，钳制与消灭敌人，配合友军作战，保存和扩大力量。八路军的作战地区初步确定在晋察冀绥交界的恒山、五台山区。为挽救华北危机，尚未改编完成的八路军在朱德率领下，挺进华北抗日战场。由于局势变化，八路军一一五师进入晋东北后逐渐向晋东南太行山和太岳山转移；一二〇师到晋西北山区；一二九师择时进入以吕梁山脉为依托的晋西南地区。这一战略部署对八路军配合国民党军队作战，创建根据地和实行独立自主的游击战具有重要意义。

（三）全力配合友军正面作战广泛开展敌后游击战争

在全中国人民的抗战浪潮中，中国军队在淞沪和太原地区同日本侵略军展开英勇的会战。1937年8月13日起，淞沪会战历时三个月。虽然中国守军伤亡惨重，上海最后沦陷，但其顽强"击落日军飞机60余架"③，中国军队"以伤亡25万余人的代价，毙伤日军4万余人"④，多次打退日军进攻，极大鼓舞了全国人民的抗战热情。

1937年9月，为配合国民党军队作战，八路军总部按照中央军委指示，一二〇师到达雁门关，一一五师进至平型关，深入敌后侧击日军。25日，一一五师取得了平型关战役的胜利，共歼灭日军"1000余人，击毁汽车100余辆，马车200余辆，缴获步枪1000余支……一一五师伤亡600余人"⑤。这是全面抗战以来中国军队主动寻机歼灭日军的第一次胜利。

---

①总指挥部后改为总司令部，总指挥改称总司令，副总指挥改称副总司令。
②彭玉龙：《抗日战争中的八路军总部》，《解放军报》，2015年6月5日，第8版。
③《中国抗日战争史》编写组编：《中国抗日战争史》，人民出版社，2011，第174页。
④《中国抗日战争史》编写组编：《中国抗日战争史》，人民出版社，2011，第178页。
⑤《中国抗日战争史》编写组编：《中国抗日战争史》，人民出版社，2011，第174页。

1937年10月，在太原会战中，八路军一一五师、一二九师、一二〇师分别编入国民党第二战区左右两翼军，在平型关和雁门关地区截断日军的后方联络线。其中，太原会战历时一个多月，虽然国民党军事指挥出现严重失误，以致太原被日军占领，但此次会战是全面抗战以来华北战场规模最大、战绩最显著的会战之一，也是抗战中国共两党军队配合最好的一次会战。总共毙伤日军2万余人。

1938年5月，《论持久战》和《抗日游击战争的战略问题》发表，为中国人民的抗日战争指明了科学发展方向。毛泽东对一些急于解决的问题从战略的高度加以系统阐述，使中国共产党和八路军的认识达到了新水平，为坚定中国共产党肩负起抗战必胜的使命打下了坚实的理论基础。

二、太行革命根据地为太行精神形成提供了可能

太行精神的形成不是凭空而起，它的产生有其深厚的土壤，太行抗日根据地的革命斗争，为太行精神形成提供了有利条件。在日军对华北地区进行猖狂进攻的情况下，华北地区出现了"敌进我退"的形势，为挽救华北危机，扭转华北战局，中国共产党领导的八路军成为扭转华北战局的根本力量。山西作为华北抗战的战略要地，成为中国共产党领导八路军和人民群众英勇抗日的主战场之一。以山西为中心的太行根据地为全国抗战作出了突出的贡献。

（一）华北抗日斗争的重要指挥中枢

八路军总部组建后，朱德总司令、彭德怀副总司令和左权副参谋长，率领八路军总部挺进华北敌后，进入山西太行山区。八路军总部在广大指战员和根据地人民的艰苦努力下，在山西站稳了脚跟，力量不断扩大，为抗击日本侵略军，指挥八路军三大主力师开展独立自主的敌后游击战争。八路军转战于山西各地，八路军总部一直跟随流动的部队作战。总部先后驻地多达82个村庄。1939年7月15日，日军向晋东南抗日根据地发起第二次进攻，总部机关由潞城北村经黎城霞庄进驻武乡砖壁村。在砖壁指挥八路军粉碎日军对晋东南的"围攻"和"扫荡"后，除少数人员留守砖壁外，

总部机关又于1939年11月11日，迁至西南10千米处的王家峪，1940年6月26日，百团大战前夕，彭德怀副总司令、左权副参谋长又率领总部机关由王家峪重返砖壁。其中山西武乡砖壁村、王家峪和辽县麻田等地都是八路军总部和一二九师所在地。这里及周围的乡村也是中共中央北方局和八路军野战政治部等党、政、军机关的驻地。刘伯承、邓小平、杨尚昆、徐向前、罗瑞卿、滕代远、何长工、张云逸、粟裕等许多老一辈革命家都先后在这里工作过。山西成为名副其实的华北指挥抗战的中枢和战略基地，并对整个华北地区的抗日斗争产生重大影响。

（二）培养优秀军政干部的大熔炉

八路军进驻山西后，为打破国民党顽固派对陕甘宁边区的封锁，吸收和培养更多抗日军政干部，1939年6月，中央做出关于抗大迁往晋东南，挺进敌后办学的决定。在延安的中国人民抗日军政大学总校除留下第一大队工农干部和第二、三大队部分学员外，其余学员及华北联合大学5000多人编为八路军第五纵队，途经陕西、山西、河北三省25县，翻越吕梁山、太行山，行程1200多千米，1940年3月到达晋东南武乡县的洪水、蟠龙，完成了挺进敌后的任务。第六期班在蟠龙镇开学，主要培养部队和地方干部，到年底共培养近5000名学员。1941年第七期班在河北邢台浆水镇开学。中国人民抗日军政大学深入敌后，为八路军和根据地培养了大批优秀军政人才。抗战期间抗大总校和各分校，先后培养了10多万名军事、政治干部，对抗日部队和地方工作的扩大和发展，作出了重要贡献。

（三）民主政治和民主政权伟大的实践

根据地认真贯彻和实现中国共产党全面抗战路线。开展民主政权建设，是抗日根据地建设的首要的、根本的任务。

根据地政权是共产党领导的抗日民族统一战线性质的政权，是赞成抗日又赞成民主的政权，是几个革命阶级联合起来对抗汉奸和反动派的政权。在各根据地，抗日民主政府在工作人员分配上实行"三三制"原则。各根据地普遍采取人民选举的形式成立政权机构。开展减租减息，提倡男女平等，改善生活，保障人权和财产权。同时根据地还开展文化建设，为鼓舞根据地军民抗战胜利的信心，八路军总部派出的文艺工作者在各地开展各种文化宣传活动。

晋西北根据地1940年成立了行政公署。1941年到1942年，由于敌人的"扫荡"，根据地缩小，人口减少，生产受到严重破坏。"晋西北抗日根据地的面积缩小1/3，人口减少2/3"，政权和部队干部及学员等"脱产人数同根据地总人口的比例从4.3%上升到5.6%"。①山西各根据地为克服经济困难，响应党中央的号召，民主政权组织部队、机关、学校和农村开展大生产运动。为减轻根据地群众的负担，根据地实行精兵简政。精兵简政和大生产运动，减轻了财政困难，密切了干群关系。

政权建设中的各项工作，为提高根据地群众的觉悟发挥了重要作用。

（四）磨炼了根据地抗日军民的意志

百团大战第二阶段结束后，日军调动华北境内能够调动的一切兵力，向太行革命根据地发动疯狂的报复式"扫荡"。"扫荡"首先从八路军总部所在地和八路军一二九师活动的晋东南开始，中心是武乡县砖壁、王家峪和辽县麻田等中共中央北方局、八路军总部和一二九师的驻地。

日军以3000余兵力合围"清剿"武乡的蟠龙等地，遭到一二九师阻击。一二九师在与日军作战中虽然取得了一定的胜利，但伤亡惨重，付出了血的代价。日军在飞机配合下，又增兵7000多人，向根据地"扫荡"，残害抗日军民。日军实行"三光"政策，"死伤群众达4000人，损失房屋12万间、粮食900万千克"②，这次"扫荡"使10万群众无家可归。

但根据地军民不怕牺牲，不怕困难，运用毛泽东提出的游击战争的战略战术原则，创造了许多巧妙制敌的战术，如地雷战等，给日伪军以沉痛的打击，抗战的热情空前高涨。只有13.5万人口的武乡县，有9万多人参加了各抗日群众团体，积极投入保卫根据地的斗争。

---

① 师文华：《抗日烽火遍三晋》，山西人民出版社，2015，第250页。
② 师文华：《抗日烽火遍三晋》，山西人民出版社，2015，第169页。

三、太行精神是永远的丰碑和"不忘初心"的鲜活教材

"太行山，巍峨耸云天，千里丰碑望不断。"①太行精神是以毛泽东、朱德、刘少奇、周恩来、任弼时、彭德怀、刘伯承、邓小平、聂荣臻、徐向前等老一辈革命家为代表的中国共产党人在太行山区，把马列主义普遍真理与中国革命具体实践相结合，与中华民族的优良传统相结合，领导太行抗日军民创造的，是伟大民族精神的重要组成部分。它是英雄的太行军民在血与火的斗争中培育起来的，它浸透着鲜血凝结着生命，它是中华民族"以天下为己任"的爱国主义和"不怕牺牲、无私奉献"的革命英雄主义的完美结合。它是中国革命和建设的力量源泉。

"不忘初心、牢记使命"主题教育正在全国普遍开展。2019年5月31日，习近平同志对其做出全面部署。

党的十八大以来，习近平同志在讲话中多次强调"不忘初心、牢记使命"。党的十九大将其确立为大会的主题，指出"不忘初心，方得始终。中国共产党人的初心和使命，就是为中国人民谋幸福，为中华民族谋复兴。这个初心和使命是激励中国共产党人不断前进的根本动力。"②我们要以太行精神为榜样，让主题活动更加鲜活。

学习太行精神，就是要坚定正确的理想信念，始终保持对党对人民对事业的忠诚。在太行山这片英雄的土地上，无论是身经百战，为人民立下不可磨灭功绩的八路军高级将领，还是无私奉献的普通士兵和人民群众，他们始终坚定一个信念，打倒日本帝国主义，实现民族独立、国家富强。为了这个信念，无数英雄血洒太行。从八路军的高级将领左权，到国际友人白求恩，他们都为理想和信念奉献生命。在河北省邯郸市涉县赤岸村，有一片墓地，那里长眠着刘伯承、徐向前、黄镇、李达等当年八路军一二九师的几位师领导人，他们生前为革命坚定理想信念鞠躬尽瘁，死后又与太行山融为一体，以自身的行动表现了共产党人对党对人民对事业的忠诚。

---

①曹宏彬:《爱国主义歌曲〈太行颂〉教学及演唱探微》,《黄河之声》,2020年第10期,第172页。
②习近平在中国共产党第十九次全国代表大会上的报告（2017年10月18日）。

学习太行精神，就是要坚持执政为民的政治立场，始终保持同人民群众的密切联系。在太行根据地的创建过程中，中国共产党人始终坚持人民的利益高于一切，发扬敢于牺牲的精神，关心群众的疾苦。八路军和人民群众结下了深厚的情意，军爱民，民拥军，凝聚起全民抗战、共同杀敌的坚强力量。八路军将士和老百姓休戚与共，同仇敌忾，涌现出无数的支前模范和"太行山母亲"，许多群众为了掩护八路军战士而付出自己的生命，不少将士为了群众的安危而壮烈牺牲，把生命永远留在太行山上。

学习太行精神，就是要锤炼坚忍不拔、百折不挠的品格，始终保持知难而进、奋发有为的精神状态。1941年和1942年是抗战最艰苦的时期，日本侵略者对太行山区进行了几百次的"扫荡"，烧杀抢掠，所到之处村民伤亡惨重，粮食和生活用品被洗劫一空。加上自然灾害，根据地经济陷入极度困境。根据地党组织领导广大军民开展了生产自救和互助运动，军民团结一致展开劳动竞赛，军民一致，官兵一致，艰苦奋斗开荒种地，纺线织布。太行军民一边战斗，一边生产。刘伯承、邓小平在太行山区亲自与当地军民一起修建水渠浇灌农田，开垦土地4000多亩。八路军忍饥挨饿仍关心百姓，根据地百姓宁可自己挨饿，也要把粮食送给八路军。在大生产运动中，根据地军民坚忍不拔、百折不挠的精神得到充分发挥，根据地经济得到了改善，抗日军民丰衣足食，部队的战斗力极大提高，到1945年已经发展成为30万劲旅的浩荡大军，踏上解放的征程。

学习太行精神，坚守党的政治本色，始终保持艰苦奋斗的优良作风。中国共产党的政治本色就是谦虚谨慎、戒骄戒躁、自力更生、艰苦奋斗。太行山根据地广大军民在极其困难的条件下，发扬自力更生、艰苦奋斗的精神，开展生产自救和互助运动，使太行山区成为党领导敌后抗战的坚强堡垒，成为中国革命不断取得胜利的前进基地。

太行精神，不仅是中国抗战史上气贯长虹的英雄史诗，而且是中华民族自强不息、百折不挠革命精神的充分体现。从太行精神的形成和发展，我们可以鲜活地感受到，共产党人的初心和使命，不是别人强加给他的义务，而是在民族危亡之际主动担当，为民族独立、人民自由而战；不是别人为他做出的规定，而是产生于自觉对祖国的高度忠诚，用生命反抗一切罪恶；不是为了个人的安逸苟且偷生，而是为了全体人民的利益奋不顾身、舍生取义争取民族的复兴。

不忘初心、牢记使命，永葆先进性、纯洁性，就是中国共产党的主体自觉。我们要以太行精神为榜样，传承红色基因，凝聚中国力量，树牢"四个意识"、坚定"四个自信"、做到"两个维护"，为实现"两个百年"目标，实现伟大的中国梦而不懈奋斗。

（作者为牡丹江市党史研究室副调研员）

太行精神与党的先进性建设

赵健民

保持共产党员先进性，加强党的先进性建设，需要充分发挥党的优良传统，需要进一步弘扬伟大的民族精神。太行革命根据地是中国革命史上的一块丰碑。太行精神是数千年来中华民族精神的积淀和延续。太行精神是在国家和民族存亡的关键时刻，中国共产党领导太行军民展现的不怕牺牲、不畏艰险、百折不挠、艰苦奋斗、万众一心、敢于胜利、英勇奋斗、无私奉献的精神。太行精神是中华民族伟大精神的重要组成部分，也是中华民族优秀文化的重要组成部分。中国共产党带领全国人民依靠这种精神，在赶走了日本侵略者后，又全力支援解放战争；也正是依靠这种精神，努力开展社会主义现代化建设，使贫穷落后的中国发生了翻天覆地的变化。习近平同志在武乡调研考察时指出，弘扬太行精神，要始终保持对党对人民对事业的忠诚，始终保持同人民群众的密切联系，始终保持知难而进、奋发有为的精神状态，始终保持艰苦奋斗的优良作风。我们要牢记习近平总书记提出的"四个始终保持"，在党的十九大精神指引下，与时俱进地大力弘扬太行精神。尤其是作为新时代党员干部，要坚持做到不忘本、不伤根、不丢魂、不变色，在新时代展现新作为，为实现中华民族伟大复兴的中国梦作出新的贡献。

一、太行精神所展示的共产党人的先进性体现了与时俱进的时代要求

2005年7月，中共中央总书记胡锦涛在八路军太行纪念馆后面的凤凰山上，深情地告诉在场的领导干部和人民群众："八路军和太行儿女为抗日战争的胜利作出了巨大牺牲和重要贡献。抗日战争中培育的太行精神，凝聚着中国共产党人的优秀品质，凝聚着中国人民的奋斗精神，永远是中华民族的宝贵精神财富。"①这一讲话，充分说明了新一代党的领导集体对太行军民在抗日战争中所创造的太行精神的高度重视。所以，今天我们追根溯源，探究太行精神的历史地位，对发挥这一精神的时代价值，具有重要的现实意义。太行精神既是中华民族伟大民族精神的彰显和升华，也是对党的优良传统的继承和发展，更是共产党人先进性的集中展示。

(一) 以人民为中心，是太行精神和党的先进性的根本要求

习近平指出，先进性和纯洁性是马克思主义政党的本质属性，贯穿于党的性质、宗旨、任务和全部工作中，体现在各级党组织和全体党员的实际行动上。这种先进性和纯洁性，不是固定不变的，而是与时俱进，随着形势和任务的发展变化而不断丰富与发展的；不是一劳永逸的，而是必须通过坚持不懈地加强党的自身建设才能保持与发展的。中国是一个有着五千年灿烂文明的国家，中华民族是一个不屈不挠、历经磨难而自强不息的伟大民族。形成于抗日战争年代的太行精神在其中不是一种抽象的概念，它所折射出的底蕴和更深一层的内涵是纯真的爱国主义精神。

首先，抵抗日本帝国主义、建立抗日民族统一战线的决策反映了全国人民的迫切愿望，代表了全国人民的根本利益。日本军国主义发动的战争给太行山区人民乃至中国人民带来了巨大的灾难，破坏了太行山区人民正常的生产生活，他们纷纷参加各种形式的斗争和反抗。在整个抗日战争过程中，只有中国共产党想人民之所想，急人民之所急，决心组织全国人民

①胡锦涛视察八路军太行纪念馆时的讲话(2005年7月29日)。

建立抗日根据地，做出了动员社会一切力量共同抗击日本侵略者的重大决策。在国家和民族面临生死存亡的紧要关头，中华儿女更加自觉地意识到挺身而出维护国家和民族的统一独立的重要性与紧迫性。在这种爱国主义信念支撑下，产生的是勇敢、智慧和忠诚的优秀品质，是祖国利益高于一切，为了国家和民族的利益，精诚团结、勇于牺牲、不屈不挠、与敌人血战到底的精神。这种精神，贯穿于中国人民抗日战争全过程，始终是中华民族抵御和战胜日本侵略者最重要、最坚定的精神支撑。在华北沦陷、国难临头的危急关头，中国共产党在千山万壑、四面受敌的太行山区建立起了第一个抗日根据地。在14年的抗日战争中，无数共产党人和人民子弟兵英勇杀敌，前赴后继，甚至献出自己的生命。

其次，在发动全国人民抗战的过程中，太行山区党组织发挥了坚强的领导核心和战斗堡垒作用，根据地干部和党员发挥了表率作用和带头作用。在对敌斗争过程中，一二九师和地方党组织始终坚持为民抗战、靠民抗战，相信群众、依靠人民，发扬民主、群策群力，同甘共苦、率先垂范；根据地各级领导干部尤其是武乡县委领导身先士卒，同战士同吃、同住、同劳动、同学习、同商量解决问题，真正同群众打成一片，拧成一股劲；根据地共产党员、共青团员冲锋在前，斗争在前，在崇山峻岭与敌人斗争，流汗流血，很多干部战士甚至献出了生命。正是因为这些作用的充分发挥，凝聚了人心，坚定了信心，增强了战胜日本侵略者的信念和决心，也成为激励后人的时代精神。

最后，共产党带领根据地人民在抗击日本侵略者的过程中，也形成了血肉相连、亲如鱼水的党群、干群关系。党群、干群关系，是直接反映党的先进性的标尺，而党群关系，又往往体现在干群关系上。胡锦涛同志说过，群众在我们心里的分量有多重，我们在群众心里的分量就有多重。太行山根据地的党组织和领导干部，用无私无畏的品格带领各乡各村人民建成了自己的根据地，成为华北人民抗日根据地的历史丰碑，太行山人民也在心里为他们建起了一座历史丰碑。

（二）勇于奉献、敢于担当是太行精神的灵魂，也是共产党人先进性的灵魂

1938年4月，八路军总部首次进驻武乡。武乡成为八路军东渡黄河后第一个长期驻扎的地方，也是八路军华北抗战的指挥中枢和首脑机关驻扎时间最长的地方。1939年7月，朱德总司令、彭德怀副总司令、左权副参谋长率领八路军总部各机关进驻砖壁村。10月，八路军总部迁至王家峪村。1940年6月，八路军总部又迁回砖壁村。7月，彭德怀、左权、罗瑞卿、聂荣臻、吕正操等在这里部署和指挥了著名的百团大战，沉重打击了日本侵略者。9月，中共中央北方局在砖壁村召开党的高级干部会议，研究根据地政权、财政、经济建设等问题。11月，八路军总部转移到辽县（今左权县）。八路军总部驻砖壁村和王家峪村一年多时间，指挥太行军民作战135次，巩固了太行抗日根据地。

不怕困难、锐意进取的太行精神在武乡县后来的岁月中得到了进一步发展，继"战太行"之后，又谱写了"出太行、富太行、美太行"的后三部曲。武乡是抗战时期八路军总司令部所在地，也是八路军文化发祥地之一。享誉全国的红色旅游景点八路军太行纪念馆、八路军总部王家峪旧址、百团大战指挥部砖壁旧址、抗大分校旧址、黄崖洞保卫战遗址等不胜枚举。毛泽东曾为武乡题词"发扬革命传统，争取更大光荣"；邓小平曾为八路军太行纪念馆题写馆名；江泽民、胡锦涛、习近平等党和国家领导人也曾先后亲临武乡考察参观。

发展红色旅游，促进经济转型发展，是20世纪80年代武乡县人民冲破"左"的和旧的思想禁锢，以强烈的改革开放意识和摆脱贫困落后面貌的愿望，发挥自身优势，走向全国的一个壮举。大力发展乡镇企业，向工业化和小康目标迈进，则是武乡人民在解放思想、转变观念的基础上，以求实的态度向富裕、文明目标迈进的一次新追求、新飞跃。进入21世纪，武乡县以弘扬太行精神为主线，充分发挥红色资源优势，培育八路军抗战历史教育、八路军文化精品演艺等红色文化品牌，全方位打造全国著名的红色旅游基地、全国最大的八路军文化基地和全国知名的红色文化产业基地，

走出了一条革命老区转型跨越发展的新路。2016年上半年，武乡县旅游接待159.34万人次，旅游综合收入18.15亿元。2018年旅游接待500多万人次，旅游收入53亿元。2019年7月武乡成功举办了第九届八路军文化旅游节、"诗意中国·红色武乡"朗诵音乐会，国内部分影视演员、播音主持应邀出席，扩大提升了武乡对外感召力和影响力。目前，武乡县委、县政府又提出了全面建设小康新武乡的初步思路，用承前启后、重新安排武乡河山的实际行动，践行党的解放思想、实事求是、与时俱进的思想路线。

（三）自力更生、艰苦奋斗，是太行精神的核心，是共产党人的传家宝，也是共产党人的政治本色

自力更生、艰苦奋斗，既是我们党和中华民族的优良传统，更是一种不畏艰苦、顽强抗争、不屈不挠、奋发向上的精神和气节。历史和现实都表明，一个没有自力更生、艰苦奋斗精神做支撑的民族，是难以自立自强的；一个没有自力更生、艰苦奋斗精神做支撑的国家，是难以发展进步的；一个没有自力更生、艰苦奋斗精神做支撑的政党，是难以兴旺发达的。1942年5月反"扫荡"后，彭德怀率领八路军总部机关第三次进驻砖壁村。不久，开赴太岳区。在国家和民族处于危亡的关键时刻，中国共产党人选择了太行山，选择了武乡，八路军和太行人民，与凶残的日本侵略者进行殊死的斗争，用鲜血和生命孕育了伟大的太行精神，树起了一座不朽的丰碑。在艰苦卓绝的对敌斗争中，太行人民不怕牺牲，无私奉献，全力支援抗日战争，"出钱出力出干部"，争先恐后参加八路军，参加抗日武装。武乡县"村村住过八路军，户户出过子弟兵"[1]。全县当时有人口14万，就有14600人参加八路军，9万多人参加各种抗日团体，外调抗日干部5380人。朱德、彭德怀、左权等八路军将领和部队长期在这里驻扎，武乡人民为部队筹集粮食240万石，提供蔬菜、食用油等副食507500斤，做军鞋494500双、挎包等107500件，抗战支前服务勤工387万工日。太行军民付出了沉重的代价，八路军阵亡将士13503人，伤残32345人；民兵自卫队牺牲3842人，伤残4836人；群众有17万余人被日军杀害，经济损失2397万元。这块

①石宁宁：《军号响，扬鞭跃马战太行》，《解放军报》，2020年8月30日，第3版。

红色土地上"处处埋忠骨,岭岭皆丰碑"①。

2008年以来,武乡人民自力更生,艰苦创业,加快转型,他们学习和借鉴深圳华侨城的服务新模式,实施了八路军文化园、游击战体验园、《太行山》大型实景剧等一批重点文化产业项目。武乡县委托北京一家公司,利用其先进理念来经营管理八路军文化园和游击战纪念园等,同时针对《太行山》大型实景剧制作中需要大量群众演员的需求,筹划建设了文化艺术学校。在传统景点的基础上,武乡推出一批八路军文化演艺、生活环境再现、10种游击战法体验等文化旅游精品,形成一个集八路军抗战历史教育、八路军军史研究、八路军文化再现、八路军战法体验为一体的爱国主义教育经典汇集区。

(四)英勇奋斗、无私奉献,是太行精神的价值导向,也是共产党人先进性的价值导向

太行精神是以革命英雄主义为内涵的不怕牺牲、不畏艰险、百折不挠、艰苦奋斗、万众一心、敢于胜利、英勇奋斗、无私奉献的伟大精神。我们党领导广大太行人民进行革命、建设、改革的伟大实践,不断丰富和发展着太行精神。在新的历史时期,太行精神也必将经受新的洗礼。胡锦涛同志曾指出:"中华民族是具有伟大民族精神的民族。千百年来,中华民族之所以能够历经磨难而不衰,饱尝艰辛而不屈,千锤百炼而愈加坚强,靠的就是这种威力无比的民族精神,靠的就是各族人民的团结奋斗。"②习近平总书记在山西长治考察时指出,要大力弘扬太行精神,赋予太行精神以新的时代内涵,使之成为培育和弘扬民族精神的宝贵财富。

二、伟大的事业需要伟大的精神,伟大的精神推动伟大的事业

太行精神同井冈山精神、长征精神、延安精神、西柏坡精神一样,凝聚着中国共产党人的优秀品质,凝聚着中国人民的坚强性格,凝聚着中华

---

① 石宁宁:《军号响,扬鞭跃马战太行》,《解放军报》,2020年8月30日,第3版。

② 《胡锦涛在中共中央政治局第四次集体学习时强调 弘扬中华民族精神 运用科学技术力量 万众一心 众志成城 科学防治 战胜非典》,《人民日报》,2003年4月30日,第1版。

民族光荣的历史传统，是一种极其宝贵和强大的精神力量。大力弘扬太行精神，是我们这个伟大时代的要求，是人民群众的呼唤。太行精神充分体现了共产党人的先进性，共产党人就应当首先把它作为精神旗帜和前进火炬高高举起。山西武乡是太行精神的故乡，带头弘扬好太行精神是武乡人民义不容辞的责任。

一是把弘扬太行精神同正在开展的"不忘初心、牢记使命"主题教育活动紧密结合起来。要深刻把握"守初心、担使命，找差距、抓落实"的总要求，深刻把握理论学习有收获、思想政治受洗礼、干事创业敢担当、为民服务解难题、清正廉洁做表率的目标，深刻把握学习教育、调查研究、检视问题、整改落实的基本要求，引导广大党员进一步认识太行精神的时代价值和时代内涵，特别是太行精神所体现的共产党人的先进性，树立为党和人民长期奋斗的思想，树立执政为民的理念，增强实践党的思想路线和群众路线的坚定性和自觉性，切实把太行精神作为坚持党的宗旨、坚持艰苦奋斗的精神旗帜。

二是要把弘扬太行精神同提高新时代党的执政能力建设紧密结合起来。要教育引导各级领导班子和广大党员干部，在21世纪头20年的重要战略机遇期内，用习近平新时代中国特色社会主义思想武装头脑，指导工作，既要有敢想敢干的雄心壮志，又要有实事求是的科学态度，抢抓机遇，迎难而上，科学发展，不断提高驾驭社会主义市场经济的能力、发展社会主义民主政治的能力、建设社会主义先进文化的能力、构建社会主义和谐社会的能力、扩大对外开放的能力、做好新形势下群众工作的能力，不断提高科学执政、民主执政、依法执政的水平。

三是把弘扬太行精神同加强和改进党的作风建设紧密结合起来。要教育各级广大党员干部始终保持艰苦奋斗的精神和作风，始终保持抗日战争时期抵御日本帝国主义侵略的那么一种不怕流血牺牲的精神，独立自主，自力更生，始终与人民群众同甘苦、共命运、心连心。树立底线思维，弘扬社会正气，保持政治定力，坚决做到"两个维护"，推进反腐败和扫黑除恶斗争不断深入。要以保持党同人民群众的血肉联系、密切党群干群关系为重点，想方设法解决与人民群众生产生活密切相关的重点、难点问题，为人民群众排忧解难办实事，使人民群众得到更多的实惠。要落实科学发展观，树立正确的政绩观，兢兢业业干工作，实实在在创业绩，多干群众急需之事，多干群众受益之事，多干打基础的事，多干长远起作用的事。

四是把弘扬太行精神同武乡全面建成小康社会宏伟目标紧密结合起来。弘扬太行精神，开展"不忘初心、牢记使命"主题教育活动，要引导广大党员干部从革命战争年代铸就的太行精神和吕梁精神中，从中华人民共和国成立以来孕育的右玉精神等宝贵精神财富中，从新时代改革创新、转型发展的生动实践和标杆榜样中，感知初心、坚守初心、践行初心，认清使命、扛起使命、不辱使命，把主题教育集聚的强大正能量转化为全面拓展新局面的实际成果。在新的历史时期，武乡要加快推进全域旅游示范区建设，挖掘整理革命旧址和弘扬革命传统；要加快推进污水处理厂建设，确保如期完成项目建设；大力发展有机旱作农业，继续做大、做强"武乡小米"品牌；要全力抓好教育工作，解决教育难题，在围绕教育提升上下真功夫；要加大项目落地率先开工，抢抓机遇，全力以赴，加快推进通用机场建设。同时要在固废利用、技术引领、新能源方面加大推进力度，实施一批重点城建工程，统筹城市建设基础服务设施，让老区人民享有更多幸福感和安全感。这既是太行精神的再次实践，也是太行精神在新的历史条件下的丰富、发展和创新。全面建设小康社会、加快推进武乡社会事业发展，没有必要的物质技术条件不行，没有一股强大的精神力量也不行。只有大力弘扬太行精神，在党员干部中形成一种为党和人民的事业不懈奋斗的精神状态，使党员干部始终保持共产党人的蓬勃朝气、昂扬锐气、浩然正气，永远同人民群众心连心，才能团结广大群众创造新业绩，共同奔小康。深刻认识太行精神中所蕴含的共产党人先进性，对于正在开展的"不忘初心、牢记使命"主题教育活动，对于加强党的先进性建设，具有重要意义。

（作者为黑龙江省伊春市丰林县人大常委会办公室主任）

新时代太行精神的基本内涵

董江爱

在庆祝中国共产党成立95周年之际，习近平总书记追思怀远："我们党已经走过了95年的历程，但我们要永远保持建党时中国共产党人的奋斗精神，永远保持对人民的赤子之心。一切向前走，都不能忘记走过的路；走得再远、走到再光辉的未来，也不能忘记走过的过去，不能忘记为什么出发。面向未来，面对挑战，全党同志一定要不忘初心、继续前进。"①

不忘初心即不要忘记我们是共产党人，不要丧失了革命精神。中国革命精神的内涵，就是中国共产党人在革命不同历史阶段始终坚持的理想、信念、思想路线和优良作风，在精神境界和践履行为上的体现。太行精神，是以毛泽东、朱德、彭德怀、刘伯承、邓小平、聂荣臻、徐向前等老一辈革命家为代表的中国共产党人，把马克思主义理论与中华民族的优良传统和中国革命具体实践相结合而形成的民族精神，是中国共产党领导英雄的太行军民用鲜血和生命谱写的革命精神。在抗日战争期间，八路军总部和中共中央北方局长期驻扎太行山区，朱德、彭德怀、刘伯承、邓小平等老一辈无产阶级革命家转战太行，创建了华北最大的抗日根据地，创造了一个又一个惊天地、泣鬼神的丰功伟绩。抗战胜利后，刘邓大军在这里打胜了全国第一次大规模的反击战——上党战役，从而拉开了解放战争的序幕。

①习近平在庆祝中国共产党成立95周年大会上的讲话(2016年7月1日)。

革命先辈领导太行人民同敌人进行了长期艰苦卓绝的斗争,为夺取抗日战争的伟大胜利作出了重大贡献,来自五湖四海的中华民族的优秀儿女与太行人民一道,共同培育了太行精神,太行精神为伟大的中华民族精神增添了新的历史内涵,为丰富和发展民族精神作出重要贡献。

2009年5月25日,习近平同志在视察八路军太行纪念馆时,对太行精神做出了新的诠释和解读:"要结合新的实际,与时俱进地大力弘扬太行精神,坚定正确的理想信念,始终保持对党对人民对事业的忠诚;坚持执政为民的政治立场,始终保持同人民群众的密切联系;锤炼坚忍不拔、百折不挠的品格,始终保持知难而进、奋发有为的精神状态;坚守党的政治本色,始终保持艰苦奋斗的优良作风,为推动经济社会又好又快地发展提供强大的精神动力。"①

一、坚定信念、忠诚于党——太行精神的灵魂所在

理想信念关乎党的生命,须臾不可缺失,丝毫不能动摇。理想信念是党性的本质要求,是党员干部安身立命的根本。传承红色基因,铭记烈士们的遗愿,永志不忘他们为之流血牺牲的伟大理想,正如习近平指出:"我们党之所以能够经受一次次挫折而又一次次奋起,归根到底是因为我们党有远大理想和崇高追求。"②

在艰苦的革命战争年代,党靠什么团结起来?就是坚定的理想信念,"敌人只能砍下我们的头颅,决不能动摇我们的信仰"③,革命先烈的誓言是共产党人坚定崇高理想信念的真实写照。中国共产党一经成立,就把马克思主义写在自己的旗帜上,把实现共产主义作为最高理想。同时,坚持把马克思主义基本原理与中国实际相结合,把建立社会主义中国确立为奋斗目标,成千上万的革命先烈,正是因为树立了坚定的共产主义理想信念,

---

① 习近平视察八路军太行纪念馆时的讲话(2009年5月25日)。
② 习近平:《在庆祝中国共产党成立95周年大会上的讲话》,人民出版社,2016,第47页。
③《初心——共产党员纪念册》编写组编:《初心——共产党员纪念册》,人民出版社,2018,第47页。

才会为了实现心中的理想，坚定执着地追求，甚至不惜牺牲自己的生命。

在太行根据地的土地上，就牺牲了时任八路军副参谋长的左权将军，军分区司令员范子侠、郭国言、易良品、杨宏明、赵义京、李林、朱程、康俊仁，副司令员陈耀元、刘治朝，旅参谋长龙世兴，分区参谋长郑前学、胡乃超，决三纵政治委员董天知，军分区政委李忠，旅政治主任姚第红，东纵政治主任邓永耀，军分区政治部主任袁洪化、陈元龙、刘诗松、夏祖圣等，伤亡的指战员总计有107200人，这些都是为驱逐日军，驰骋疆场，血洒太行的英雄。八路军副参谋长左权，在1942年5月日军合围辽县八路军总部时指挥部队突围过程中壮烈殉国，是抗日战争时期我军牺牲的最高军职将领，牺牲时年仅37岁。曾先后任中共山西省委书记、中共中央北方局和八路军前方总部秘书长的张友清，在日军对太行抗日根据地的"围攻""扫荡"中不幸落入敌手，在太原日军集中营受尽酷刑折磨牺牲。

没有共产党坚强的领导，就不会有抗日根据地的创建，更谈不上敌后游击战争的胜利开展。在开展敌后游击战争、创建抗日根据地的过程中，党的领导与党组织的发展壮大是紧紧地联系在一起的。初步统计抗日战争时期，开国将帅中10大元帅的全部，10位大将中的9位，1594位上将、中将、少将中的983位，共1002位，都曾在山西工作战斗。在中国共产党的领导下，山西各抗日根据地军民并肩作战，农救会、工救会、青救会、妇救会、儿童团人人上阵。成千上万的革命先烈，正是因为树立了坚定的共产主义理想信念，才会在面临任何艰险、残酷或诱惑的复杂情况下，都不为所动，为了实现心中的理想，坚定执着地追求，甚至不惜牺牲自己的生命。发生在太行地区山西太岳抗日根据地的沁源围困战、八路军纪念馆中狼牙山五壮士的雕像和在太行地区工作过的国际反法西斯主义战士如伟大的国际主义战士白求恩、印度援华医疗队柯棣华、德国医生汉斯·米勒等，都揭示了"我们党之所以能够经受一次次挫折而又一次次奋起，归根到底是因为我们党有远大理想和崇高追求"[1]。

---

[1]习近平:《在庆祝中国共产党成立95周年大会上的讲话》,人民出版社,2016,第47页。

二、爱民为民、矢志不渝——太行精神的核心所在

毛泽东指出:"全心全意地为人民服务,一刻也不脱离群众;一切从人民的利益出发,而不是从个人或小集团的利益出发;向人民负责和向党的领导机关负责的一致性;这些就是我们的出发点。"①巍巍太行山上,八路军将士和根据地人民谱写了百折不挠的英雄华章,铸就了中华民族英勇不屈的太行魂。他们血战沙场,并肩作战,人民军队和人民群众结下了深厚的鱼水之情,凝聚起全民抗战、共同杀敌的坚强力量。八路军将士和老百姓休戚与共,同仇敌忾,涌现出无数的支前模范和"太行山母亲",许多群众为了掩护八路军战士而付出自己的生命,不少将士为了群众的安危而壮烈牺牲,把生命永远留在太行山上。

中国革命的历史和党史、军史都充分证明,全心全意为人民服务,为人民谋解放、谋利益,不仅是中国革命的出发点,是中国共产党和革命军队的出发点,也是中国共产党人为之奋斗的最终归宿。老一辈无产阶级革命家在战火纷飞、血雨腥风和艰难困苦的抗日战争时期,在运筹帷幄、横刀立马、浴血奋战的同时,仍然没有忘记想群众之所想,急群众之所急,真切关心群众冷暖疾苦。他们在抗日烽火中始终关爱太行根据地群众生产生活的动人故事,生动地反映了革命前辈全心全意为人民服务的崇高品质和可敬风范,更鲜明地体现了中国共产党区别于其他政党的本质特征。

在八年全面抗战的艰难岁月,太行根据地外部受到日本侵略者的疯狂劫掠,内部又遇到种种意想不到的困难,中国共产党在人民战争路线的正确指导下,采取了多种方式来动员群众参加生产、支持抗战。思想文化方面,在敌后抗日根据地开展大规模的冬学运动。在各县各村普遍采取张贴标语、漫画,组织文艺宣传队、乡村剧团,编排抗日歌谣和戏剧等方式来动员群众。经济方面,开展大规模的减租减息运动。政权组织建设方面,培养优秀干部,建立农会工会等基层组织,举行村选运动。据统计,至

---

① 毛泽东:《毛泽东选集》(第三卷),人民出版社,1991,第1094-1095页。

1944年底，太行区有冬学4836所，基本上是村村有冬学，参加学习的人数达到415955人。冬学运动的普遍开展，不仅对组织和教育民众起到了积极作用，而且扫除了在民众中占很大比例的文盲。在十分艰苦的战争年代，太行抗日根据地各级政府还非常重视提高人民的文化教育水平，改订学制，废除不必要的课程；创设各类干部学校，培养抗日干部；发展民众教育，组织各种补习学校；开展识字运动、戏剧运动、歌咏运动、体育运动；创办敌前敌后各种地方通俗报纸，提高人民的文化知识与民族觉悟；开办义务的小学教育，以民族精神教育后代。

1942年至1944年，太行抗日根据地遭受了百年不遇的旱灾、水灾和蝗灾，再加上日军接连不断残酷地进行疯狂"扫荡""蚕食"，人民生命财产受到严重威胁，生活、生产遭到严重破坏，根据地陷入了最困难、最严峻的时期。在严峻的形势下，边区政府从广大人民群众的利益出发，积极领导群众同自然灾害做顽强的斗争。通过减免灾区负担，对敌粮食斗争，安置灾民移垦，实行以工代赈，开展社会救济等工作，经受住了自然灾害的严重考验。同时，根据地又号召军民大力开展生产度荒，千方百计发展农业生产。抢种补种，采集野菜，兴修水利，纺花织布，合作生产，成千上万的军民被动员起来，男女老少都加入生产自救运动中。这一系列的措施使军民关系进一步密切，社会经济进一步发展。

正是因为中国共产党始终真心实意为人民谋利益，党领导的革命军队始终坚持依靠群众、组织群众、帮助群众建设革命政权，维护和实现群众的利益，所以，我们党和革命军队才能得到千百万群众真心实意地拥护，人民群众成为我们党和革命军队取得革命最后胜利的真正的"铜墙铁壁"。"母亲叫儿打东洋，妻子送郎上战场"，不顾危险自愿为前线将士哺育其年幼子女的"太行奶娘"等，就是太行根据地人民为抗日救国而踊跃参军参战的真实写照。

大反攻开始后，八路军主力部队急需扩大规模，太行山区的人民迅速地掀起了一个空前规模的参加胜利军的运动，在"为彻底消灭法西斯及其走狗""为父母兄弟姐妹报仇""保卫抗战胜利果实"等口号下，仅半个月时间，太行区有3万多人参军，而且绝大部分是青年民兵。太岳区在不到20天的时间，有1万多名优秀青年民兵编入了正规兵团，在整个太行山地区，大多数县市参军入伍的青壮年都在几千人以上，有的甚至达到上万人。其中只有13.5万人口的武乡县就有1.4万名青年参加了八路军、决死队，有9万多人参加了各种抗日团体。至于各地的县区基干武装、不脱离生产的民兵、自卫队，至少在500万人以上。到抗战结束时，原先不足1万兵力的八路军一二九师，在转战太行山的过程中迅速发展到了30万人，有近8000名干部陆续调往全国各地，为八路军向全华北挺进准备了条件。"送儿打东洋"的母亲李改花，是太行山深处武乡县人，这位深明大义的母亲，先将自己的二儿子送出山外去寻找八路军。1943年在一次日军的"扫荡"中，她的丈夫被日军用开水活活烫死，在含泪掩埋了丈夫的遗骨后，她又把三儿子送到八路军当了工兵。数月后，在爆破敌人的碉堡时，三儿子英勇牺牲在安阳城下。噩耗传来，李改花正在为支前纺线织布，从此之后，李改花将仇恨和悲痛深深埋在心底，没日没夜纺纱织布、缝制军鞋。1945年初，已经60多岁、白发苍苍的李改花，又把最后一个儿子送上了战场。

正是因为有了这样的人民，才有了战无不胜的军队。抗日战争是人民的战争，离不开人民的参与和支持，太行人民为中国革命作出了巨大的贡献和牺牲。正因为中国共产党始终代表人民的利益，始终真心实意为人民谋利益，我们党领导的革命军队始终维护和实现群众的利益，党的事业才能无往而不胜，我们党和革命军队才能得到千百万群众真心实意地拥护。

三、坚忍不拔、知难而进——太行精神的精髓所在

在中华民族危亡的历史关头，中国共产党把革命力量引向太行山，1937年11月，八路军总部、一二九师根据中共中央及毛泽东的指示东渡黄河，来到太行山，建立了以太行山、太岳山为依托的抗日根据地。1938年3月，山西主要地区沦于敌手，日军占领了山西境内大中城市及铁路和公路干线，广大农村地区则在中国共产党领导下以吕梁山、太行山等山脉为依托开辟了晋察冀、晋绥、晋冀鲁豫三大敌后抗日根据地，展开全面的游击

战争，并与中国国民党领导的正面抵抗遥相呼应，互为依存，共同支撑了华北持久抗战和全中国持久抗战大局。晋冀鲁豫抗日根据地，在八年全面抗战中，从无到有，从小到大，直至成为我党领导的一块最大、最重要的根据地。以其有利的地理形势，牵制和打击了华北日军的有生力量，以其重要的战略地位，有力支援了全国其他抗日战场的对敌作战，从而成为中原与西北地区的有力屏障。在抵抗日本帝国主义的同时，也培养和锻炼了数以万计的干部，壮大了抗日力量，用血肉之躯筑起了一道中国人民抗击外来侵略的坚固长城，这里既是华北抗战的心脏和指挥中枢，也对全国抗战起着决定性的影响。

在抗日战争最艰苦的岁月里，面对敌人的"扫荡""围剿"以及严重的自然灾害，中国共产党积极组织军民一边战斗一边生产，开展生产运动和纺织竞赛。从八路军的总司令、部队首长、地方干部到普通战士，都和老百姓一道艰苦奋斗，开荒种地，纺线织布，结下了深厚的军民鱼水情谊。八路军将士勒紧裤带，把自己从牙缝里省出来的粮食拿出来救济群众，甚至冒着生命危险，把自己最后的粮食送给最需要的老人和儿童。可亲可敬的太行民众宁可自己挨饿，也把粮食源源不断地送给八路军。针对根据地农民负担过重、民众生活贫苦、商品经济落后的实际，抗日民主政府积极领导人民进行了合理减轻负担、减租减息、救济贷款生产、厉行节约、肃清贪污浪费、发展集市贸易等工作，极大地调动了根据地军民劳动生产和经济建设的积极性，有力地支援了抗日前线的军事斗争。在太行山区遇到了前所未有灾难的1942年，一二九师与太行人民生死与共，同舟共济，刘伯承、邓小平、杨秀峰在黎城和涉县一带，亲自与当地军民一起修建了漳南大渠，浇灌沿途4000多亩土地。一二九师刚进太行山时，只有3个旅9000多人，经过8年的浴血奋战，到1945年已经发展成为拥有30万人的浩荡大军，踏上解放的征程。

1937年至1940年，根据地在发动和依靠群众的基础上，逐步完成了改造旧政权的任务，太行山区广大劳动人民从长期受封建地主和乡村豪绅的压榨下解放了出来。1940年8月，冀南太行太岳行政联合办事处明确提出

"彻底实现民主政治，建立廉洁政府"的施政纲领，并在根据地的腹心地区领导和组织了大规模的村选运动。抗日战争时期敌后根据地的"三三制"政权，是中国共产党领导下的革命根据地政权建设的一个创造。它对加强党的领导，保证抗日民族统一战线性质的政权，坚持国内团结，推动抗日战争的胜利立下了不朽的功勋。它虽然诞生在抗日根据地，但其"具有新中国雏形的政治意义"①。

在抗日战争战略相持阶段，朱德、彭德怀、刘伯承、邓小平等老一辈无产阶级革命家在太行抗日根据地的坚固堡垒内，率领英雄的八路军和太行人民，坚持独立自主的山地游击战，浴血奋战，英勇杀敌，克服了重重困难，最终使日本帝国主义陷入人民战争的汪洋大海中，实现了毛泽东"兵民是胜利之本"这一相信群众、依靠群众的科学预言。在战略反攻阶段，中国共产党以太行抗日根据地为"最前面的战略基地"，拉开了战略反攻的序幕，加速了抗日战争胜利的进程。

四、艰苦奋斗、清正廉洁——太行精神的根基所在

治国必先治党，治党务必从严。只有从严治党，巩固党的执政地位，才能确保中国共产党始终成为中国特色社会主义的坚强领导核心。如何管党治党，习近平总书记明确提出了从严治党的"打铁论"。他指出："打铁还需自身硬。"就是坚持党要管党、从严治党，切实密切联系群众，使我们的党始终成为中国特色社会主义事业的坚强领导核心。②

八路军总司令部有一个指挥中心，设在距王家峪10千米的东北方向的砖壁村，砖壁旧址在村东北一组由玉皇庙、佛爷庙、娘娘庙、李家祠堂等组成的建筑群中。如今，仍能看到村中百姓碾米的"连心碾"、村北绿树丛中的"八路池"、山崖下的"抗日井"、村南沟的"军民坝"。这些是在艰苦的抗日战争年代里，朱总司令、彭副总司令、左权副参谋长等总部首长，与人民同甘共苦，为革命艰苦奋斗，保持了我党我军的优良传统和作风的

---

① 《刘少奇选集》（上卷），人民出版社，1981，第225页。
② 中共中央文献研究室编：《十八大以来重要文献选编（上）》，中央文献出版社，2014。

见证，诠释着中国共产党人艰苦奋斗的革命本色。在长期坚持抗战中，中国共产党领导的抗日根据地财力、物力消耗极大，但却无任何外来援助。国民党政府早已停发薪饷和供给，日军则加紧对我根据地实行经济封锁和掠夺，加上严重自然灾害，根据地人民和部队所遇到的经济困难是可想而知的。对于抗战中期我军在敌后日益困难的严重局面，毛泽东曾多次提醒，必须有充分的思想准备，一切要从长期打算，克服财政经济困难，必须依靠群众，以"自力更生"的方针，实现"自给自足"。如果我们不帮助群众搞生产，人民倾家荡产，不能进行再生产，人民就会反对我们，我们就会弄到既无饭吃又无群众的地步。

1940年中共中央北方局根据党中央和毛泽东的指示精神，对军队提出了"自己动手，发展生产，改善部队生活，减轻人民负担"的要求。在太行区，各级党组织和政府以及广大党员干部，领导群众开展了扎扎实实的生产自救运动。在一二九师，部队增设了生产部，专门负责组织领导部队的生产。生产部部长张克威在黎城县南委泉办了一个试验农场，在太行山地区推广良种。大生产运动是在敌后环境中进行的，它不分后方前线，不论男女老幼，在紧张的战斗、训练和工作间隙，都积极投入生产，上山开荒，种地打粮，植棉种菜，纺线织布，喂猪养羊，开办作坊，经营运输等。八路军前方总部将士积极响应这一号召，带头组织了大生产运动。一方面从前总直属队抽调百人编成两个生产大队，一方面组织各种副业队伍，开展种菜、烧炭、养鸡、纺花、捻毛线、织毛衣等多种多样的副业生产。

中国共产党十分重视敌后根据地的政权建设，党的建设是中国共产党在中国革命中战胜敌人的三大法宝之一。八路军一二九师之所以能够战胜那样复杂艰辛的局面，正是因为他们发展和巩固了抗日民族统一战线，积蓄、壮大了抗日力量，建立了中国共产党领导的、几个阶级联合的、统一战线性质的"三三制"抗日民主政权。[①]另外，从1940年4月到1941年，根据中共中央北方局黎城会议关于加强党的建设工作的要求，太行抗日根据

[①]晋冀鲁豫边区财政经济史编辑组编：《抗日战争时期晋冀鲁豫边区财政经济史料选编（第一辑）》，中国财政经济出版社，1990，第19页。

地的各级党组织，普遍开展了整顿党的工作。通过 1940 年整党和 1943 年整风运动，到 1945 年，太行及晋西北革命根据地的农村基层党组织在入党程序、组织纪律、党员意识等方面都有了很大的提升。太行根据地的党组织经过整党、建党运动和组织调整以后，完全适应了新形势下历史发展的斗争需要，以一个崭新的执政党的面貌，带领广大人民群众在打击日本侵略者、保卫根据地的同时，开始了新民主主义政治、经济、文化的全面建设。

正是坚持艰苦奋斗的革命精神和实际行动，秉持清正廉洁的高尚情操，中国共产党获得了广大人民的支持和信赖，抗日战争时期，晋冀鲁豫边区的各阶层人民以有限的人力、物力和财力，支持了边区的抗战，创造了坚持敌后抗战的持续供给的物质基础。晋冀鲁豫边区是在敌后创建的一个独立的战略区域，与大后方隔绝，又处于敌人的四面包围和封锁之中，边区的一切战时需要，只能在与敌人的不断斗争中和在根据地自身建设中解决。沦陷区的人民在中国共产党的抗日民族统一战线的旗帜下，团结一致，响应党提出的"有钱出钱、有力出力"的号召，大力发展生产，提高农业收成，以人力、财力、物力对战争做出巨大支援。这也是中国革命取得胜利的重要法宝。

伟大的事业需要崇高的精神，崇高的精神推动伟大的事业。太行精神是中国革命史上的一座丰碑，书写了中国抗日战争和中国革命的壮丽史诗，是中国共产党和中华民族的宝贵财富。从历史走到今天，在进入新时代的历史方位下，我们应继承和传承太行精神，不断赋予其新的时代内涵，把这笔精神财富运用到老区转型发展的新征程中，实现经济社会可持续发展，为全面建成小康社会而努力。

（作者为山西大学政管院院长、教授、博士生导师）

新时代太行精神的弘扬

原 丁

习近平总书记指出，革命理想高于天，"理想信念就是共产党人精神上的'钙'，没有理想信念，理想信念不坚定，精神上就会'缺钙'，就会得'软骨病'"[①]。国家要富强，民族要振兴，社会要进步，必须坚定正确的理想信念，凝聚民族力量，鼓舞群众斗志，为实现中国梦而奋斗。中国共产党是一个有着优良传统作风和伟大革命精神的先进政党，无数革命先烈用鲜血铸造的革命精神是我们党、国家和民族之魂，是宝贵的精神财富。

太行精神是对太行军民高尚和顽强品格的集中概括，作为一种伟大的民族精神，它是中国共产党在国家和民族处于生死存亡的关键时刻，领导八路军和太行人民，在同凶残的日本帝国主义浴血奋战的过程中，用鲜血和生命孕育的。虽产生于抗日战争的特殊历史年代，但太行精神并没有随历史而消逝，作为一种由民族精神和时代精神汇流而成的中国精神，太行精神的生命力日益旺盛，太行精神的影响力历久弥新。

中共十九大号召全党不忘初心、牢记使命。实现中华民族伟大复兴的中国梦是习近平新时代中国特色社会主义的奋斗目标和理想追求，中国梦是一个民族复兴的梦想，这个梦想，凝聚了几代中国人的夙愿，是新时代实现"国家富强、民族振兴、人民幸福"的中国梦，浸润着中华民族深沉

[①]习近平在第十八届中共中央政治局第一次集体学习时的讲话(2012年11月17日)。

的历史追求，承载着全体中华儿女共同的价值追求。新时代赋予新使命，新思想指引新征程，新作为要有新理念，伟大的事业需要崇高的民族精神，崇高的民族精神支撑和推动着伟大的事业。新时期传承和弘扬太行精神，对增强中华民族的凝聚力、战斗力和国际竞争力，具有极为重大的政治意义、理论意义和实践意义。

一、新时代弘扬太行精神的现实意义

（一）建设中国特色社会主义的必然选择

人无精神则不立，国无精神则不强。精神是一个民族赖以长久生存的灵魂，唯有精神上达到一定的高度，这个民族才能在历史的洪流中屹立不倒、奋勇向前。马克思主义是我们党的理论基础、思想根基，只有社会主义才能救中国，走社会主义道路才能实现中华民族伟大复兴，这是中国共产党成立伊始就确立的奋斗目标。中国特色社会主义道路包含着对历史经验的总结、对前人探索的继承、对时代特征的观察及对现实问题的思考和回应，是唯一正确的道路。坚持以马克思主义为指导，着力解决我国重大而紧迫的现实问题，是习近平新时代中国特色社会主义思想的特点。中国特色社会主义进入新时代，中国日益走近世界舞台中心，但人类实现持久和平和永续发展的挑战也前所未有。在新的历史条件下，要坚定不移沿着中国特色社会主义道路奋勇前进，实现新时代民族复兴需要强大的精神力量尤其是革命精神力量的支撑，没有民族精神的弘扬和培育，没有民族精神的创新，中国特色社会主义道路就会缺乏生机和活力。

（二）应对复杂多变国际局势的内生动力

没有振奋的民族精神和高尚的民族品格，一个民族是不能立足于世界民族之林的。在特朗普政府将中国视为"战略竞争者"并挑起中美贸易摩擦之后，中美关系进入一个新阶段，遭遇自中美建交以来前所未有的困境。在当前和今后一段时间，中美之间虽然在某些领域还有合作，但战略竞争和博弈将处于比较激烈的阶段。中国应做好充分准备应对中美关系新常态的长期性和复杂性，面对复杂多变的国际环境，中国应进一步改革创新，实现现代化。而中国共产党人的红色基因和精神谱系，已深深融入中华民族的血脉和灵魂。无论过去、现在和将来，理想信念都是中国共产党人的精神之"钙"，是党的精神谱系之"魂"，是党的伟大精神的核心内容和根本优势。弘扬太行精神将成为不断攻坚克难、从胜利走向胜利的强大精神动力。

（三）山西转型发展新跨越的现实要求

习近平总书记强调："一个时代有一个时代的主题，一代人有一代人的使命。"①在敌人的"铁壁合围"和疯狂"扫荡"面前，太行军民不畏艰险、百折不挠，使根据地不仅得以保存，而且不断发展壮大。在新形势下大力弘扬太行精神，就是要以百折不挠、敢于胜利的精神，走出资源型地区转型发展和可持续发展的新路子。山西作为资源型地区和老工业基地，不转型发展难以为继，转型跨越发展是必然选择。实现转型发展离不开精神的力量、信念的力量。

在抗日烽火中孕育的太行精神，是勇于创新的精神。在太行山上，我们党创造性地开展群众工作，800万太行儿女成为800万抗日奇兵，"村村像军营，人人都是兵，抗日根据地，一片练武声"。太行山根据地成为全国抗日的坚强堡垒。在太行山上，英勇的八路军创造了夜袭阳明堡、粉碎"九路围攻"等一个个经典战例，在严酷的战争中砥砺了强大的抗日武装。在吕梁山上，诞生了山西第一支工农武装、第一个县级红色政权，在艰苦卓绝的抗日战争中，吕梁军民创建了武工队，劳武结合，并总结了地雷战、麻雀战、地道战、联防战、围困战、伏击战、袭扰战、反围攻战等各种各样的斗争形式，粉碎了"敌伪顽"的进攻。以吕梁为核心地带的晋绥边区革命根据地，成为保卫延安、保卫党中央的坚固屏障和后勤保障基地。

煤是大自然给予山西最大的恩惠，但由于长期挖煤、烧煤、卖煤、炼焦，不知不觉中形成了"推动经济增长依赖煤、提升区域地位依赖煤、干什么都不如挖煤"②的思维定式。这种依赖的直接后果就是所谓"资源诅

①习近平在全国政协新年茶话会上的讲话（2016年12月30日）。

②问澜：《我们需要的不仅仅是引项目》，《山西日报》，2011年9月20日，C1版。

咒"：资源开发对其他产业产生挤出效应，可持续发展能力衰退，社会问题突出，人的观念封闭保守，最后资源富集地区反倒成为经济滞后地区。转变这种思维定式，摆脱"资源诅咒"，需要我们从新的视角认识煤炭，从资源型依赖的发展惯性中解放出来，从求稳守成的保守心态中解放出来。

转型跨越发展，不仅要转变经济发展方式，避免重蹈发达国家"先污染、后治理"的覆辙，更重要的是要发挥地域优势，实现在高起点上的跨越，这种跨越不仅是从"采掘文明"向"制造文明"的提升，更重要的是从"工业文明"向"生态文明"的飞跃。2010年，山西省被设立为"国家资源型经济转型综合配套改革试验区"，旨在通过深化改革，加快产业结构的优化升级和经济结构的战略性调整，加快科技进步和创新的步伐，实现建设资源节约型和环境友好型社会，统筹城乡发展，建设保障和改善民生的综合配套改革试验区。因此，山西的转型跨越，既是对传统观念的扬弃，也是对发展惯性的扭转；既是对利益格局的重整，也是对发展思路的革新。对于今天的山西来说，在发展理念、发展速度、发展模式上不停探索以破解"一煤独大"资源型经济困局是山西发展的必由之路。山西的转型创新发展离不开太行精神的引领和智慧启迪。

二、太行精神的时代价值

（一）体现在因地制宜、发展红色旅游

文化不仅是民族的血脉，还是人民的精神家园。中华优秀文化是中国特色社会主义的文化沃土，而红色文化作为中华优秀文化的重要组成部分，对传承和发展中华文明有着重要的意义。习近平新时代中国特色社会主义思想是立足我国国情，植根于我国优秀传统文化，适应我国经济社会发展的社会主义思想，而不是固守教条的社会主义思想。在中国共产党的革命斗争中，太行人民依托山西具有的独特地理位置，在实践中发挥无限的创造力，创造了许多具有中国特色的敌后抗日游击战争的战略战术，如敌人走到哪里抗日游击队就打到哪里的车轮战；与敌人转圈子的推磨战；一村

打响，四处增援的联防战；虚张声势、迷惑敌人的神经战；严密封锁敌伪据点、碉堡的围困战；等等，丰富多样，不胜枚举。全面抗战八年取得战争的胜利对我们的启示即坚持从实际出发，采取符合实际情况的行动方针，这是书写太行峻伟传奇、克敌制胜的一个法宝。

山西是具有光荣传统的革命老区，也是红色文化的重要聚集地。全省革命遗址、纪念建筑物有3399处，相关联其他遗址383处，共3782处。其中，近500处为各级文物保护单位，62处为红色旅游景区（点），31处为红色旅游精品，15处为全国爱国主义教育示范基地。山西打造了一条以太行精神为核心的红色旅游线路，这条路线地跨长治市武乡、黎城、沁源和晋中市左权4县，主要包括武乡县八路军太行纪念馆、武乡县王家峪八路军总部旧址、武乡县百团大战砖壁指挥部旧址、黎城县黄崖洞景区、沁源县太岳军区司令部旧址、左权县麻田八路军前方总部旧址、左权县左权将军殉难处、左权县麻田八路军总部纪念馆等景区。并以景区为依托，形成了系列红色文化附属产业，助力当地脱贫攻坚。以八路军太行纪念馆为例，八路军太行纪念馆于1988年8月建成，作为山西唯一的以战争题材为主题的革命军事纪念馆，全面展现了八路军和山西人民为了取得抗战的胜利和民族的独立而进行的一系列战斗和做出的牺牲。

位于山西省长治市的武乡县是国内著名的红色旅游目的地，拥有丰富的红色旅游资源，是全国著名的太行山革命老区，是与井冈山、延安、西柏坡齐名的革命圣地。2008年以来，武乡县加大对红色旅游资源的开发力度，启动"两园一剧"，迅速提升了武乡革命老区红色旅游的知名度和影响力。为宣传和弘扬太行精神，武乡县以八路军太行纪念馆为依托，不仅积极加强周边主要城市和干线公路的建设，而且吸引当地居民参与景区内的配套服务工作，带动当地贫困人口就业。

"这是一片红土地，每块土坷垃都有自己的故事。"[①]八路军太行纪念馆研究部主任郝雪廷介绍，此前由于缺乏保护和开发，散落在太行老区的革

---

① 苗鹏、王孝波、范奇飞（中国国防报记者）：《红色旅游"换挡" 国防教育提速——山西省长治市创新方法手段加强全民国防教育》，《解放军报》，2018年11月21日，第10版。

命遗址、村民口耳相传的红色故事等曾经濒临毁灭和遗失。2013年以来，依托太长高速公路、太长省道、南沁省道，制作壁画、群雕和连环画，建成3个万米国防文化长廊，创建八路军文化一条街、八路军文化走廊等红色文化阵地，在各旅游景点、线路，建立立体宣传网络，营造出"举步皆是红色文化，处处展现太行精神"的浓厚氛围。与此同时，广泛开展群众性红色文化活动，武乡八路军文化旅游节、长治红色马拉松等已形成品牌；扩展红色旅游景区的教育功能，创办太行干部学院和太行少年军校，培训2万余人，30多所高校在这里建立教学基地……首届全国国防教育竞技大赛总决赛在武乡举行，100余家媒体参与报道，微博话题量达"600万+"，互联网端总参与和转发覆盖人数达4亿多。"红色旅游+国防教育"模式已在长治这块革命热土落地生根，并枝繁叶茂。同时派专人深入乡村收集整理当地民歌小调、上党梆子、武乡鼓书、革命歌曲、革命故事、战争年代的武器和生产生活用品等，将剪纸、高跷、锣鼓等民俗元素与红色旅游资源相结合，组织相关单位和部门自编自导自演文艺节目，不仅保护了红色资源，也带动了一方经济发展。

（二）体现在净化政治生态、从严治党

对中国共产党这样一个拥有近9000万人的超大型政党而言，其"大"不言自明，但如何"强起来"是新时代推进党的建设新的伟大工程面临的一项重大考题。习近平总书记强调政治生态和自然生态一样，稍不注意就很容易受到污染，一旦出现问题，再想恢复就要付出很大代价。这些问题不及时解决，一个偶发因素就可能导致我们党失去执政资格，被历史所淘汰，习近平总书记说："凡是影响党的创造力、凝聚力、战斗力的问题都要及时解决，凡是损害党的先进性和纯洁性的病症都要认真医治，凡是滋生在党的健康肌体上的毒瘤都要坚决祛除，通过持之以恒的努力，使党始终成为中国特色社会主义事业的坚强领导核心"[1]。

当前党内存在着思想不纯、政治不纯、组织不纯、作风不纯等突出问题，尚未得到根本性的解决，党的建设质量亟待进一步提高。在党员、干

---

[1] 习近平在纪念毛泽东同志诞辰120周年座谈会上的讲话(2013年12月26日)。

部中，有的理想信念不坚定，得了"软骨病"，世界观、人生观、价值观全面蜕变；有的政治纪律和政治规矩意识淡薄，乐于当"两面派"、做"双面人"；有的干事创业精气神不够，不敢担当、不愿作为，干事做决策瞻前顾后；有的信奉拉帮结派的"圈子文化"，热衷于编织关系网，搞小山头、小圈子、小团伙；有的沉溺于享乐主义和奢靡之风，搞形式主义，官僚作风严重，腐败堕落等。在组织层面，不少基层党组织的政治功能不强，弱化、虚化、边缘化问题没有解决，如何解决这些影响党的先进性、弱化党的纯洁性的问题，要从共产党人的精神层面入手。理想信念是共产党人精神上的"钙"，我们党需要从精神上补钙，而"中国革命历史是最好的营养剂"。

作为抗战圣地的太行山是当之无愧的共产党人和革命军人的精神家园，武乡是太行根据地的腹心地区，曾经是八路军总部、一二九师师部和中共中央北方局等党政军首脑机关所在地，干部、战士云集，群众负担较重，能否同甘共苦、患难与共、万众一心、团结奋战，成为争取胜利至关重要的因素。正是基于这一清醒的认识，太行根据地在精兵简政、整风运动中用"重手腕"，太行根据地党的各级领导干部，率先垂范，坚持党的群众路线，视人民如父母，把人民当靠山，密切联系群众，始终保持同人民群众的血肉联系。

正如习近平在十九大报告中所指出的，"伟大斗争，伟大工程，伟大事业，伟大梦想，紧密联系、相互贯通、相互作用，其中起决定性作用的是党的建设新的伟大工程"。在新时代对红色基因、革命精神的弘扬，对当下一些党员干部的不履职、不担责，轻作为、不作为，不求有功、但求无过的病症是很有效的治疗方式，也是净化政治生态、切实解决个人和基层党组织存在的"软骨病""体虚病""薄底子、弱根子""轻作为、不作为"等种种难题的一剂良药。[①]

（三）体现在打赢精准脱贫攻坚战

在开展敌后游击战争、创建根据地的过程中，党和军队的一个主要任

---

① 窦岩平：《创新发展的太行精神是净化山西政治生态的一剂良药》，《先锋队》，2015年第3期，第26-30页。

务就是发动群众、团结群众，投身于抗日的大众战、民兵战。朱总司令多次强调加强军队和人民群众的联系，他指出，八路军是由人民中产生的，灵活战争没有人民是不行的，所以说军队是鱼，人民是水，鱼离水即不能生存，有人民才活动自如。

十八大后，党领导开展群众路线教育实践活动，就是要发挥老区群众工作的政治优势，弘扬万众一心、艰苦奋斗的太行精神和八路军文化，传承朱德等老一辈革命家的风范，狠刹"四风"，恢复干群鱼水关系，凝聚党心、民心。实施乡村振兴战略，是党的十九大做出的重大战略部署，是决胜全面建成小康社会、全面建设社会主义现代化国家的重大历史任务，是新时代"三农"工作的总抓手。

改革开放以来，我国工业化、城镇化快速推进，目前常住人口城镇化率达到58.52%。但与此同时，一些农村地区出现了村庄空心化、农户空巢化、农民老龄化等问题，能否顺利解决这些问题，对于能否全面实现乡村振兴至关重要。推动城乡融合发展，积极引导城市的人才、资本、技术、信息等生产要素流向农村，让各类人才与留乡、返乡的农民形成优势互补的乡村振兴新主体，能够有力促进工业化、城镇化过程中乡村问题的解决，确保实现乡村振兴。由于知识水平、资金实力和技术条件等因素的制约，仅仅依靠农民自身是难以有效解决这些问题的。山西气候干燥，地势起伏较大，大多数地区都是山地或丘陵，农业和经济的发展受到很大限制，而山西当地农副产品品质优良、各具特色，但在传统商业模式下，信息不畅、宣传力度小等原因造成省内贫困县多、优质农副产品严重滞销等问题，武乡县作为国家电子商务进农村综合示范县，自2015年以来，共建村级电商服务点233个，村级物流派送站328个，网店、微店近7000家，培训电商创业人员2773人。在扶贫工作中，武乡县将微店平台引入当地岭头村，短短一年时间，深入将"互联网+现代农业行动"与精准扶贫有机结合。武乡县与微店的合作，是基于电商平台进行"互联网+现代农业行动"，实现精准脱贫的一次战略性探索，武乡小米品牌效应的形成将作为带领其他农产品成功上行的模板，让基层农产品与市场真正接轨，激发贫困农村自主脱贫的内生动力。

（四）体现在社会主义核心价值观的彰显

习近平总书记在总结苏共亡党亡国教训时指出："历史和现实都表明，核心价值观是一个国家的重要稳定器，能否构建具有强大感召力的核心价值观，关系社会和谐稳定，关系国家长治久安。"①新时期公民道德建设根植于中国特色社会主义的伟大实践，当前，山西正处在重要的历史关头，既面临许多重大机遇，又面临许多困难和严重挑战，迫切需要我们运用各种资源，调动各方力量，以社会主义核心价值观为指导，创新发展太行精神，引导山西人民坚定向上向善向廉的价值追求，鼓起奋发进取的勇气，形成攻坚克难的力量。

地处太行山之巅的长治是一座英雄的城市。抗日战争时期，老一辈革命家率部挺进晋东南，建立了太行、太岳革命根据地，与太行儿女一起发动了名震中外的百团大战。解放战争初期，上党战役在这里打响，拉开了全国解放的序幕。在这片土地孕育出了太行精神。

长治先后涌现出全国道德模范、"中国好人"52人，山西省道德典型97人，市级以上道德典型2万余人。走在长治街头，随处可见"学习道德模范、争当长治好人、打造好人城市"的标语和公益广告。长治选择用"好人"作为自己的城市名片。20年文明创建，连续20年发掘好人、宣传好人、争做好人，"好人城市"已成为长治的"金字招牌"。长治形成了以人民群众为根本，以太行精神为市魂，以"长治好人"引领城市文明，以道德典型塑造城市风尚的创建特色。长治市注重挖掘层出不穷的好人好事，把这些凡人善举搬上舞台、写进书本、编成戏曲、登上报刊，让他们融入全市人民的生活，在全市人民中当主角。道德模范、身边好人的垂范，使这座城市集体向善。文明已融入长治政治、经济、文化、民生等每一个领域，文明城市创建促进了长治市经济社会发展的明显加快和社会文明程度的显著提升。

"有什么样的信念，就有什么样的政绩观，就会有什么样的事业成

①习近平在十八届中央政治局第十三次集体学习时的讲话(2014年2月24日)。

就。"①历史证明，一个地方的精神对经济社会转型与发展始终起着巨大的推动作用。它反映并能动地导引着一个国家或地区对先进事物的自觉认识、积极把握和主动追求，正如习近平总书记所指出的，"人民对美好生活的向往，就是我们的奋斗目标。"山西是华北抗战的主战场。全面抗日战争爆发后，山西人民积极配合八路军作战，在中国共产党的领导下，利用山西有利的地理位置建立起晋察冀、晋绥、晋冀鲁豫三大敌后抗日根据地。在长达 8 年的全面抗战中，太行儿女积极投身于革命的洪流，并积极配合八路军的斗争，为国家的解放事业积极贡献人力、物力和财力。在这片饱受战火考验和革命洗礼的热土上，中国共产党领导太行军民，用鲜血和生命铸就了伟大的太行精神。

太行精神激励了一代又一代人，从"全国劳动模范"申纪兰到全国第一枚"白求恩奖章"获得者赵雪芳，从"感动中国十大人物"段爱平到"全国公安系统爱民模范"申飞飞，红色基因根植于这片土地。太行精神的内涵和实质表明，太行精神虽然产生于抗日战争年代，孕育于太行革命根据地，但它的精神价值却具有长久性、普遍性和现实指导性。在太行精神形成时期，以毛泽东为代表的中国共产党人最终在人民群众的拥护和支持下，取得了抗日战争的伟大胜利。

伟大的事业需要崇高的精神，崇高的精神推动伟大的事业。进入新时代，我们面临的发展形势还十分严峻，发展任务还很重，太行精神仍然是我们取之不尽、用之不竭的精神动力源泉。新的历史时期，中国共产党人肩负着继往开来，实现中华民族伟大复兴的艰巨使命和社会责任，更应时刻牢记党的全心全意为人民服务的宗旨，始终保持党和人民群众的血肉联系，将实现好、维护好和发展好最广大人民的根本利益作为自己的神圣使命，并根据时代发展不断赋予其新的时代内涵，激励全体人民实现中国梦。

（作者为山西大学副教授）

---

① 《践行正确政绩观　坚定信念创事业》，《山西日报》，2010 年 8 月 29 日，A2 版。

太行精神的产生背景与形成发展

陈晓燕

习近平总书记指出:"不忘初心、牢记使命,就不要忘记我们是共产党人,我们是革命者,不要丧失了革命精神。"①太行精神是中国革命精神的重要组成部分,在2009年5月25日,习近平同志在视察八路军太行纪念馆时,对太行精神做出了最新的诠释和解读:"要结合新的实际,与时俱进地大力弘扬太行精神,坚定正确的理想信念,始终保持对党对人民对事业的忠诚;坚持执政为民的政治立场,始终保持同人民群众的密切联系;锤炼坚忍不拔、百折不挠的品格,始终保持知难而进、奋发有为的精神状态;坚守党的政治本色,始终保持艰苦奋斗的优良作风,为推动经济社会又好又快地发展提供强大的精神动力。"②

太行精神形成于艰苦卓绝的抗日战争时期,是中华民族宝贵的精神财富,凝聚着中国共产党人的优秀品质,是在中华民族处于生死存亡的关键时刻,中国共产党以民族独立和解放为己任,领导全国人民不屈不挠、奋勇抗争的真实写照,是中华民族在抗战时期全部革命精神的集中反映。在中国特色社会主义进入新时代的背景下,太行精神仍然是我们决胜全面建成小康社会,实现中华民族伟大复兴的中国梦的重要指针。当前,弘扬太

---

① 习近平在党的十九大精神研讨班开班式的讲话(2018年1月5日)。
② 习近平视察八路军太行纪念馆时的讲话(2009年5月25日)。

行精神需要我们在习近平新时代中国特色社会主义思想的指引下，结合时代需求和现实问题，在继续弘扬太行革命精神的基础上，进行理论创新和思想创新，让太行精神在新时期有更好的绽放。为此，本文主要从太行精神的产生背景、形成过程和传承发展三个方面对太行精神产生的必然性与重要性进行论述。

一、太行精神的产生背景

（一）太行精神产生的地理环境

1.独特的地理位置

在历史上，太行山战略地位极为重要，曾经有人以"千里太行贯神州，沧海碧波一巨龙"①来形容这座山。特殊的地理环境造就了太行山极为重要的战略地位，也成为孕育太行精神的重要土壤，对地区发展产生了全面而巨大的影响。太行山在山西、河北之间，是黄土高原与华北平原间的屏障。它纵贯南北，逶迤千里；头枕京都，脚抵黄河；背负三晋，怀抱燕赵。它是华夏龙骨，是天下之脊。②在战略地位上，纵跨晋、冀、豫三省的太行山区，西有吕梁山，北有五台山，南临黄河，东接冀鲁平原，是华北的一个战略要地，由太行山东南而下，立刻能对河北、河南形成致命打击。因地势特点，太行山在军事上占有重要地位。纵观中国历史，几千年来，太行山一直是帝王功臣开创基业，建功立宗不可忽视的地方。远古时期的"涿鹿之战""阪泉之战"，完成了中华民族融合的奠基礼；商周时的"西伯勘黎""牧野之战"，实现了周代商的朝代更替；战国时期发生在太行山下的秦赵"长平之战"，赵国损失40万军队，使秦国独大，最后完成统一大业；秦朝末年，楚汉相争，战略重点也在太行山。③独特的地理位置使太行山在中国革命史上占有非常重要的地位和使命。1937年，全面抗日战争爆发后，太行山再次发挥了其地理位置的优势，抗日军民依托太行山担负起了保家

①魏宏运：《太行山和中国革命的胜利》，《前进》，2005年第8期，第30页。
②刘红庆：《左权将军》，华文出版社，2015，第7页。
③王怀中、沈琨：《风雅大太行》，山东画报出版社，2012，第13页。

卫国的使命，这里成为中国共产党带领人民抗击日军的重要战场，为抗日战争的胜利作出了重要贡献。

2.丰富的物质资源

太行山壮伟神奇，物华天宝，地上地下，物产丰饶。在上党盆地大约有300种兽、禽、爬虫、两栖、水生等门类齐全的野生和圈养动物，与人类一起生活在太行山上。还有200多种植物，如许多植物是油料、纤维、淀粉、化工产品等的原料作物，有党参、潞麻、核桃、花椒、柿子和素有"中国第一米"的"沁州黄"等名优土特产品。"中国第一米"沁州黄曾经上过康熙皇帝的御宴，中国四大名绸之一的潞绸曾经"衣天下""遍宇内"。史称"上党一绝"的长治堆锦曾在巴拿马万国博览会上名声大噪，驰名中外，弹丸之地的荫城曾经享有"天然铁府"的美称，并且"日进斗金"，"上党三宝"——花椒、柿子和核桃名闻遐迩，漂洋过海。①由于本区地理形势重要，人民勤劳勇敢，物产丰富，这就为边区人民在中国共产党领导之下边抗日边建设，生产自给，粉碎日伪经济封锁，夺得革命战争的胜利，奠定了坚实的物质基础。②

3.优越的气候条件

太行地区历史悠久，源远流长，中华民族的祖先炎帝神农氏曾在这里尝百草、兴稼穑，完成了人类从游牧到定居、从渔猎到农耕的历史变革。农业文明是历史文明的基础，没有农业文明，就不会有历史文明。首先，特殊的气候和土壤奠定了太行山地区农耕的自然基础。太行山境内，有多种气候区和气候类型，形成丰富多样的小气候群。这使得太行地区的农业富有浓郁的区域特点，出产有种类繁多、品质独特的农产品，在历史上形成了诸多的特色名产。③炎帝神农在此尝百草、识五谷、兴稼穑，由于这里的黄土和气候干燥的原因，便选择了当地的原生物种谷子，加以培育、耕种，在这里最早选择了旱地农耕的生产方式，从而也最早脱离了游牧业，

---

① 史耀清主编：《太行精神》，山西人民出版社，2005，第13页。
② 戎子和：《晋冀鲁豫边区财政简史》，中国财政经济出版社，1987，第2页。
③ 王怀中、沈琨：《风雅大太行》，山东画报出版社，2012，第309页。

开创了以"谷子群"为基础的农业文明。①

(二)太行精神产生的人文根基

太行精神深深植根于中华文化的肥沃土壤之中，是中华民族优秀文化的一部分。太行山文化既是地域文化，又是时代文化，它是在长期战乱的历史条件下产生的。在几千年的发展过程中，每逢长期战乱，太行山文化就异常活跃，这里包含着勉励作为、坚忍不拔之意。这种"刚健有为""自强不息"的精神正是太行山人民乃至中华民族几千年延续发展的精神支柱，也是太行文化自我更新的内在思想源泉。②

1.重农尚俭的淳朴民风

太行地区农耕文化是太行文化的核心内容。上党是中华民族的发祥地，人类的先祖炎帝最早在这里创造了农业文明，从那个时候起，上党就有了自己的民俗文化。这里的人民养成了一种勤劳而节俭的民风。《隋书·地理志中》载："上党，人多重农桑，性尤朴直，盖少轻诈……"③农业文明崇尚辛勤耕耘，所以勤俭节约也是河卫文化④的基本精神。勤俭精神，在社会实践上看，从古老的帝王传说，到大批卓有业绩的历史名人，再到普通的平民百姓，都把勤劳节俭作为人生的核心品质。⑤几千年来封闭的小农经济的生产方式，缓慢的生产力发展过程，形成了上党之民"力农""勤俭"的民风。

2.刚毅质朴的民族气节

刚毅质朴的特点形成了太行儿女的民族气节，民族气节是太行精神的一个显著特质。据《新五代史》记载："潞州山川高险，而人俗劲悍"⑥，这里的"劲悍"除了刚劲强悍之外，还有一种一往无前的精神在内。发生在这里的精卫填海和愚公移山的故事，也同样反映了太行山人民的倔强和

---

① 史耀清主编：《太行寻英·人物卷》，北京燕山出版社，2005，第23页。
② 赵永斌：《太行三部曲3：走进太行》，世界知识出版社，2012，第28页。
③ (唐)魏征等：《隋书》卷三〇《地理志中》，中华书局，1973，第860页。
④ 这里把黄河和卫河的交叉地带称为河卫，其所形成的文化形态即为"河卫文化"。
⑤ 王怀中、沈琨：《风雅大太行》，山东画报出版社，2012，第405页。
⑥ (宋)欧阳修：《新五代史》卷四二《孟方立传》，中华书局，1974，第456页。

顽强的性格。东晋时的法显，为了普度众生而往西天取经，在62岁的高龄还要跋山涉水，历尽艰辛而矢志不移，这也是太行人民勇于牺牲、不达目的誓不罢休的风骨所在。抗日战争时期，太行山又一次成了豪杰辈出之地，出现了"母亲叫儿打东洋，妻子送郎上战场"的感人场面。在太行山这个诞生过许多美丽传说和动人故事的神奇地方，古往今来，凡是到过这里的文人墨客，或吟诗作赋，或题词绘画，以不同的艺术表现形式，纵情讴歌太行山的雄伟与壮美，赞美她所蕴含着的坚忍不拔、自强不息的民族精神。太行山人民承先祖之业绩，扬高山之雄风，用自己艰苦卓绝的抗争，用热血和生命，把许多源于太行山的古老的神话传说，演绎成万古流芳的太行精神和博大精深的太行文化，同时也铸就了太行人民的那种粗犷豪放、疾恶如仇、刚毅不屈、坚忍不拔的性格。也正是这种自强不息的力量，铸就了太行人民与天为党的豪迈气概，并深深地熔铸于中华民族的魂魄之中。

3.兼容并包的宽广胸怀

山西太行山地区的北段，因与草原接壤，历史的碰撞、融合，有着半农半牧式的文化色彩。中段因太行山的阻隔，内向性强，为农业文化区，而只有在南段，今晋东南地区的长治、晋城两市以及晋中市的几个县，为古上党地区，形成上党文化。①上党文化是太行文化的核心构成，同时也是兼容并包的跨地域文化。太行文化熔燕赵文化、三晋文化、河洛文化为一炉，多民族杂居、多文化融合是这一地区的主要特点。

不同文化的反复、长期的交流，推动了文明的进程，而太行山由于独特的地理条件成为不同文明交流的大通道和交汇点，特别是游牧文化、渔猎文化和农耕文化交流的一个主要舞台。古人就是通过汾河、桑干河、漳河以及"太行八陉"，这些南北东西向的天然通道，不断地交流互动，推动华夏文明的前进。所以，悠久的、多元的、集大成的文明史是太行文化的根本特色。②

---

① 王怀中、沈琨:《风雅大太行》,山东画报出版社,2012,第413页。
② 赵永斌:《太行三部曲3:走进太行》,世界知识出版社,2012,第34页。

（三）太行精神产生的时代背景

时代的革命精神、时代的崇高风尚是先进阶级奋斗风范的完美体现，同时又深深地烙下了时代印记。

1.太行地区的反帝反封建斗争

在抗日战争之前的太行革命根据地地区，广大农民都处于饥饿和死亡的边缘，农民和地主阶级是对立的。太行山区社会经济的落后是地主阶级、军阀、灾荒和日本帝国主义的侵略造成的。[1]在帝国主义经济掠夺和官僚、军阀、封建地主的苛捐杂税、高额租利的剥削下，加上多年战乱和频繁的灾荒，晋冀豫边区广大农村日益贫困，大批农民倾家荡产，纷纷起来进行不同形式的反抗斗争。持续十年的"天门会"就开展反军阀、反土豪劣绅、反贪官污吏、反苛捐杂税、平息土匪、保卫家园的行动，直至发展到晋、冀、豫3省的20多个县，会员达三四十万人。他们曾举行武装起义，一度掌握了林县、辉县、涉县、武安等县的政权。赞皇县党组织曾发动群众抵制日货，并领导万余农民进行了抗捐、抗税的请愿斗争。晋东南武乡县的党组织，建立了"抗债团"，领导农民进行了抗债、抗租、抗粮、抗税、抗丁的"五抗"斗争。在豫北地区的安阳六河沟煤矿，1932年9月在共产党领导下组织万人大罢工。武乡县共产党组织于1930年组织3万多名红枪会农民进行抗捐暴动。1932年9月，中共豫北特委领导沁阳、济源两县农民举行了武装暴动。[2]

2.抗日战争的爆发

1937年全面抗日战争爆发，太行山古老的旧秩序被打乱了。日军的铁蹄于这一年年底就践踏了太行山山麓各县城。八路军在这时也挺进到这座大山的北端和南部，和日军展开激战，形成一个独特的战场。日军企图将太行山化为灰烬，散布毁灭和死亡的种子。每到一地就洗劫村庄，焚毁房

---

[1]魏宏运：《二十世纪三四十年代太行山地区社会调查与研究》，人民出版社，2003，第17-19页。

[2]胡苏平主编：《弘扬太行精神 加快转型跨越：太行精神研讨会文集》，山西人民出版社，2011，第245-246页。

屋，屠杀人民，掠夺粮食、牲畜、种子，破坏农具、砍伐树木，组织会道门与"伪维持会"，帮助其扩大占领地。[①]

抗日战争是近代以来中国人民反对外敌入侵的第一次取得完全胜利的民族解放战争，太行山作为中国共产党领导八路军进行敌后抗日的主战场，太行人民与中国共产党共同为中国革命的胜利作出了重大的贡献。以武乡为例，在抗日战争时期，当时仅有14万人的武乡参加抗战的就有9万人，"出粮、出兵、出干部"，谱写出了许多武乡的英雄事迹，因此武乡被称为"八路军的故乡、子弟兵的摇篮"[②]。

3.太行地区抗日救亡运动的兴起

在全国人民的抗日热潮中，山西的革命力量不断发展。太行地区的人民在中国共产党的领导下，成为抗日力量的主体，与日本侵略军进行了持久的、顽强的、艰苦卓绝的斗争，为夺取抗日战争的胜利作出了重大贡献，积累了极为丰富的历史经验。一是建立了中国共产党领导的抗日组织。如1937年8月上旬武乡县牺盟会组织十多名临时村政协助员，分赴武乡各大集镇，组织发动群众，吸收爱国青年，团结中间力量，全面调查研究，进一步扩大了牺盟会的影响，掀起了抗日救亡的新高潮。韩洪宾、姚伯功、高沐鸿等人按照"牺牲救国"的宗旨，研究了扩大牺盟会会员的方案，很快扩大了武乡的牺盟会组织，并广泛宣传不分阶级、不分党派、不分信仰，有钱出钱、有力出力，团结一致，共同对敌的方针。[③]二是激发了群众的抗日热情。抗日战争爆发后，各地抗日政府在中国共产党的领导下把如何调动占全县人口中绝大多数的农民的抗日积极性，作为一个重要事情来抓，及时向各界群众宣传抗日工作中的新政策。如1937年11月，先后到达山西黎城县的八路军一一五师和一二九师地方工作团，从吸收当地进步的知识分子和已经觉悟了的贫雇农入手，建立共产党的组织，渗透和逐步改造旧

---

①魏宏运:《二十世纪三四十年代太行山地区社会调查与研究》,人民出版社,2003,第19页。

②付明丽:《山西武乡被誉为"八路军的故乡,子弟兵的摇篮"——巍巍太行山 浩气传千古》,《人民日报》,2020年9月4日,第12版。

③郝雪廷、李绍君:《武乡抗战纪事》,中共党史出版社,2013,第4页。

政权，充分发动群众投入民族救亡运动，使全县很快地出现了"'有钱出钱，有粮出粮，有力出力'和'父送子、妻送郎，兄弟上阵打东洋'"[①]的抗日高潮。

二、太行精神的形成过程

(一) 抗日根据地的建立

七七事变爆发以后，1937年9月17日，毛泽东根据敌情变化，决定改变原定战略部署，由八路军在山西分片占山据险，创造游击根据地，以支持华北抗战。1937年10月，中共中央、中央军委决定，三大主力师之一的一二九师在师长刘伯承、副师长徐向前和政训处主任张浩率领下，到正太路以南的晋东南地区，依托太行山脉，在敌人尚未达到的山西、河北、河南交界处，分兵发动群众，建立抗日武装，与刚刚成立的晋冀豫省委一起，恢复和发展共产党组织，开辟创建晋冀豫抗日根据地。当时设想的晋冀豫抗日根据地北起正太路，南达黄河边，西自南同蒲路，东到平汉路。太原失守后，中央军委和八路军总部决定一一五师的三四四旅也留在太行山中，与一二九师一起担负创建根据地的任务。

把山西作为华北抗战的战略支点，是毛泽东在中华民族生死存亡的关键时刻做出的英明决策，是中国抗日战争由正规战争转向敌后游击战争的重要举措，也是中国共产党把中国革命引向胜利的关键步骤。八路军扎根于此，开辟了晋察冀、晋冀鲁豫等根据地，前者是敌后第一个根据地，后者是敌后最大的一块根据地。八路军总部和中共中央北方局曾先后设于武乡城东40千米的丘陵山区的王家峪和左权县的麻田镇。[②]毛泽东选择太行山作为抗日基地，对中国后来的发展起了非常重要的作用，是中共抗日救国战略顺利开展的基础。

(二) 抗日战争的群众动员

在太行抗日根据地创建、巩固和发展的过程中，群众动员是中共赢得

①刘书友:《〈黎城县志〉出版后的回顾》,《沧桑》,1997年第4期,第19页。
②魏宏运:《二十世纪三四十年代太行山地区社会调查与研究》,人民出版社,2003,第1页。

群众支持、获得群众认同，有效动员群众参军参战、支援前线的重要手段，是人民战争路线的核心内容。

一是以组织建设吸纳群众参与。中国共产党从成立以来就非常重视党组织建设，尤其在抗日战争时期，各级党组织机构的设置和功能的完善是中国共产党成功动员群众参与的重要基础。在太行抗日根据地，中国共产党通过组织建设有效地吸纳了基层优秀人才进入党组织，成为党密切联系群众，动员群众的重要力量和纽带。如以抗日战争时期的武乡为例，从1940年7月至1945年8月，在武乡境内同时并存有两个县委和相应的县级政、军、群机构，先后共建立过13个区分委。截至1945年8月，两县共有12个区分委，263个基层党支部，5170余名党员，党员在全县总人口139420人中占3.7%。

二是以制度建设奠定动员基础。党的制度建设是中国共产党的根本建设，中国共产党从成立之初就着眼于党的制度建设。如在太行抗日根据地武乡县，1939年7月，中共就召开了党代表大会，大会采用民主集中制的原则，选出了新的县委，县委共由五人组成：刘建勋、张烈、武三友、魏效泉、王宗琪，县委书记刘建勋，副书记张烈（兼牺盟特派员）。县委始设组织部和宣传部，魏效泉任组织部部长，王宗琪任宣传部部长，秘书室设秘书一人。全县下设五个区分委，每区设书记一人，组织、宣传委员各一人。同时会议还选举刘建勋、武三友、赵锐祥、李国祯为出席中共晋冀豫区党的第一次代表大会的代表。党代会的召开和制度体系的建设为党的群众工作的开展奠定了重要基础。

三是以思想建设引领群众运动。思想建设是中国共产党的优良传统，是党进行自我革命的重要手段，通过思想建设，能够坚定党员的理想信仰信念，保持党员的先进性和纯洁性，提高党员动员群众的能力。在抗日战争期间，中国共产党在各抗日根据地都开展了整风运动、党内教育等多形式的思想建设运动，保持了党员对中国共产党的正确认识，凝聚了党组织内部的合力，进而为引领群众运动明确了正确的方向和目标。如在太行抗日根据地，中共太行区党委于1943年10月制定了《关于今明两年完成全区整风任务及目前阶段计划》，提出由党委主要负责人直接领导，采取"机关整风学校化，学校整风机关化"的方法，由区党委党校开办县级干部整风班，各地委党校举办区级干部整风班，县委举办村支部书记和少数区分委的整风班。通过整风运动，在全党树立了共产主义的苦乐观；摆正了党员与群众的关系；通过学习，大家认识了自由主义的危害，自觉接受党的领导，增强了群众观念；树立了理论联系实际的学风；克服了宗派主义，等等，通过整顿密切了党群关系，提高了党的战斗力。

四是以作风建设获得群众支持。2016年7月1日习近平总书记在《庆祝中国共产党成立九十五周年大会上的讲话》中提出，"党的作风是党的形象，是观察党群干群关系、人心向背的晴雨表。党的作风正，人民的心气顺，党和人民就能同甘共苦"[1]。党的作风建设是我们党优良的政治传统，是党的政治工作的重要内容，是党赢得群众信任，获得群众支持，密切党群关系的重要法宝。在抗日战争时期，中国共产党之所以能够有效地调动群众支持，除了民生改善和权利赋予之外，更重要的是党员的优良作风赢得了民心，得到了群众发自内心的支持。如在太行抗日根据地，多少群众送夫参战、送子参军，多少群众不怕牺牲也要保护共产党员，他们的行为自觉来自对中国共产党不拿群众一针一线，敢于批评与自我批评，自觉保持与群众的密切联系等优良作风的感召和认同。

在抗日战争期间，群众动员意义不言而喻，雄厚的群众力量在党的正确领导下迸发的力量是不可战胜的，能够克服一切困难。无论是游击战争、民生民主斗争、开展生产运动等任何事情离开群众都是不行的，群众是坚持抗战的靠山，是巩固根据地的主力。因此，切实掌握群众力量，大大使用群众力量是决定抗日战争胜利的关键，谁赢得了群众谁就能胜利。

（三）中国共产党的领导

抗日战争时期是中共力量得到大发展的重要阶段，抗战前期各抗日根据地中共组织的大发展，是太行精神形成的重要条件。

---

[1]习近平：《在庆祝中国共产党成立95周年大会上的讲话》，人民出版社，2016，第23-24页。

1.政治领导获得群众认同

"加强党的政治领导是加强党的全面领导的核心和关键。"[1]习近平指出:"坚持党的政治领导,最重要的是坚持党中央权威和集中统一领导。要引导全党增强'四个意识',自觉在思想上政治上行动上同党中央保持高度一致。"[2]在抗日战争时期,党的政治领导是获得群众政治认同、得到群众强力支持的重要前提。具体而言,这一时期党的政治领导就是通过深入群众生活,说服群众相信党,相信党的政策。群众对党的方针、政策的认可是凝聚群众力量,增强党的动员能力的重要基础。

2.思想领导促进群众自觉

思想领导对于领导工作具有决定性作用。[3]早在1942年毛泽东同志就指出,掌握思想领导是掌握一切领导的第一位。领导群众的艺术在于尽可能地动员和组织更广泛的群众去执行党所提出的一定的任务和一定的口号,然而要达到这个目的,党必须在群众中赢得精神上和政治上的信任,没有这种信任,党就不能领导阶级,不能动员千百万人民进入抗日民族统一战线。党要从群众中获得精神上的政治上的信任,就需要深入各种环境和人民之中,去了解那里的各种实际情形,注意群众的革命本能,留心考察群众的情绪,倾听群众的意见,细心研究斗争的实际,来保证党的政策和口号的正确性,根据群众斗争的实际来矫正政策和口号的正确性。除此之外,全面抗日战争初期(1938年秋),各村都建立了民族革命室(简称"民革室")。"民革室"是农民进行学习文化和娱乐的场所。稍后,"冬学""妇女识字班"也相继出现。"冬学"是利用冬季农闲时间,对群众进行教育。坚持全年不断学习的叫"常年民校"(简称"民校"),妇女上课的叫"妇女识字班",男人一般在晚上学习,又称"夜校"。这些学校,以组织农民学习抗日救国道理和时事为主,学习文化次之。教员一般由小学教师兼任,也聘请村里文化程度较高的人担任,叫"义务教员"。教材多为自编,如

①陶倩倩、刘汉峰:《加强党的政治领导思考》,《中国特色社会主义研究》,2019。
②习近平在中共中央政治局第六次集体学习时的讲话(2018年6月29日)。
③李光灿、林山:《怎样进行思想领导》,知识书店,1950,第1页。

《埋地雷》《送情报》《自力更生》《减租减息》《送子参军》等课文。

3.组织领导凝聚民众合力

毛泽东指出，我们的军队如果只会打仗，那是不能解决问题的。因此必须把群众组织起来，把一切老百姓的力量、一切部队机关学校的力量、一切男女老少的全劳动力半劳动力，只要是可能的，就要毫无例外地动员起来，组织起来，成为一支劳动大军。在太行抗日根据地，中国共产党通过成立各级党组织，发挥群团组织的作用，加强组织领导。"全面抗战爆发前，中共山西的组织基础十分薄弱，省工委下属的党员仅有360余人。全面抗战爆发之后，中共晋冀豫省委作出《新形势下省委工作的新任务》的决定，强调必须'大力发展党员及健全党的工作'。中共晋冀豫省委的党员数量从1938年2月的1000余人增至1939年9月的30150人，时任中共晋冀豫区委组织部部长徐子荣讲到：'在开始初创时间，不过30多同志；在1938年辽县活动分子会议时，不过1000多党员；现在都要超过了好多倍。我们党在这个区域可以说是唯一的大党，可以说是群众的党。'"①

4.领导生产赢得民众支持

山西抗日根据地的相继建立和发展，给日军以严重的威胁。因此，1939年以后，日军集中兵力对敌后根据地进行了残酷"扫荡""分割"和"蚕食"。同时又由于蒋介石掀起了三次反共高潮，停发了八路军、新四军经费以及太行地区连续几年的自然灾害，导致根据地经济遇到严重困境。在这一关键时刻，毛泽东同志发出"自己动手"的号召，提出"发展经济""保障供给"的经济工作和财政工作方针，要求各级干部应以90%之精力帮助农民增加生产，然后以10%的精力从农民取得税收，并号召解放区机关、部队尽可能自给自足，以克服目前困难。②如教学、抗战、生产紧密配合，是抗日根据地办学的一大特点。日军破坏，国民党实行经济封锁，加之1942年、1943年大旱成灾，瘟疫流行，人民生活十分困苦，学校经费筹措

---

①郝平：《党建为山西抗战奠定坚实基础》，《中国社会科学报》，2018年8月20日，第5版。

②刘建生、刘鹏生等：《山西近代经济史(1840—1949)》，山西经济出版社，1995，第833-834页。

无方。师生们便开展大生产运动，开荒种地、打柴、拾粮、养猪养鸡、纺花织布，以此解决学校的经费开支。同时各高小都成立了剧团和宣传队，配合抗日的中心工作，根据形势自编自演文艺节目，拥军支前，慰问驻军，深入农村宣传演出。师生经常给部队带路送信，抬担架参战，护理伤员，并给伤员读报、换药、代写书信、洗衣服。根据地的减租减息、反特除奸、动员参军等政治运动，师生均积极参加。

三、太行精神在不同时期的传承与发展

当年八路军和太行人民为夺取抗日战争的胜利，进行了艰苦卓绝的斗争，付出了巨大牺牲，作出了卓越贡献，孕育了伟大的太行精神。"一种精神是否先进，关键要看它是否符合时代的需要，是否具有与时俱进的品格。太行精神产生发展于血与火的年代，在社会主义建设时期得到新的升华，在改革开放年代得到新的发扬，是中国共产党先进性的生动写照。太行精神伴随着时代的进步而升华，伴随着社会的发展而完善，始终代表了社会历史前进的本质要求。"①

（一）社会主义建设时期的艰苦创业与团结协作

从1957年到1978年改革开放前夕，是太行地区建设社会主义的重要时期。1956年，太行地区基本完成了生产资料私有制的社会主义改造，建立了工业化的初步基础。但中华人民共和国成立初期，饱经战乱的太行地区是一个土地荒芜、民不聊生的烂摊子，太行地区的农业不仅生产水平十分低下，而且农业生态系统亦长期处在恶性循环之中，到处是荒山秃岭，植被稀疏，水土流失非常严重。经济、文化发展极为落后，人民处在温饱线的边缘，集中力量发展社会生产力，解决太行地区人民的温饱问题成为当时太行地区面临的共同难题。

太行地区历史悠久，文化资源丰富，然而受战乱毁损及历史沿革的影响，太行地区的森林植被被严重破坏，水文状况也趋于恶化，再加上境内

---

①武献民等：《抗战文化》，山西人民出版社，2016，第69页。

沟壑纵横，石山林立，当地居民生活十分艰难，尤其大多数农民生活普遍处于温饱线以下甚至危及生命。在这种恶劣的自然条件下，在山穷、水穷、人穷的贫瘠山区，太行儿女再次弘扬太行精神，艰苦奋斗，团结协作，创造了一个又一个奇迹，包括水利史上的奇迹——红旗渠的修建，农业发展史上的奇迹——大寨村的建设和西沟村的发展，等等。

（二）改革开放时期的敬业奉献与创新进取

党的十一届三中全会后，太行儿女在中国共产党的领导下战天斗地、艰苦奋斗、团结协作，持续不断地取得了一系列的建设成就，极大地改善了太行地区的生产和生活状况，为党的十一届三中全会后太行地区生产力的集中释放准备了条件。如太行之南的锡崖沟在20世纪90年代改革开放的洗礼中，创造了伟大的锡崖沟精神。锡崖沟精神的发展史就是锡崖沟人的修路史。世世代代"四山夹隙、自生自灭、舍命出入"的锡崖沟人，20世纪60年代的修路修成了"狼道"，20世纪70年代修路修成了"羊窑"，20世纪80年代初，改革开放的春风吹进了锡崖沟，外面世界的精彩唤醒了锡崖沟，走出大山、摆脱贫困、逐鹿中原、走向小康的强烈愿望激励了锡崖沟人。1982年到1991年，又一个10年，从自力更生、艰苦奋斗、愚公移山、百折不挠到尊重科学、实干巧干、走出大山、逐鹿中原。锡崖沟精神在改革开放中得到了升华。从悬崖开炮到老虎嘴攻坚，充分显示了锡崖沟的共产党员在关键时刻受得苦、熬得住、舍得出、冲得上、打得赢的英雄气概。1991年6月，第一辆汽车驶进了锡崖沟，锡崖沟几代人为之付出血的代价的"锡崖路"修通了，这条路不仅打开了锡崖沟人致富的道路，也造就了锡崖沟人不畏艰难、勇于进取、勇于开拓的开放意识。[①]

（三）21世纪以来的和衷共济与迎难而上

进入21世纪，太行地区已经发生了翻天覆地的变化，通过家庭联产承包责任制等方面的重要变革，有力地解放和发展了当地的生产力，"家家粮满仓，人人喜洋洋"是改革开放之初流行于当地的一句谚语。然而，随着社会主义现代化事业的不断推进，太行地区受自然条件的限制，发展受到

①裴余庆：《锡崖沟精神与太行精神》，《太行日报》，2011年7月31日，第1版。

了限制，为此，太行儿女在太行精神的鼓舞下，团结奋进，迎难而上，攻坚克难，取得了显著的成就。如位于太行老区的山西省壶关县常平村，十一届三中全会以前，这里穷山恶水，地上无资源，地下无矿藏，是远近闻名的"光腚股村"，全村2000余口人，十多年间全村未盖一间房，外借粮食10万千克，人均收入只有56元。党的十一届三中全会之后，在党的富民政策指引下，常平村村党委书记陈忠孝带领广大干部群众艰苦创业、大胆创新，在一穷二白的太行老区走出了一条兴企富民的金光大道，仅仅用了20多年的时间就让这块平凡的土地发生了翻天覆地的变化。2005年常平村实现工农业总产值33亿元，村民人均收入由改革开放初的56元增加到7000多元。

（四）新时代的奋斗自强与永不懈怠

2017年习近平总书记视察山西时指出，先天条件不足，是山西生态环境建设的难点。同时，由于发展方式粗放，留下了生态破坏、环境污染的累累伤痕，使山西生态建设任务更加艰巨。进入新时代，面对新要求，太行精神仍然是指导太行山区不断发展的重要思想基础，勤劳勇敢、自强不息的太行儿女在中国共产党的领导下，在太行精神的指引下，结合时代发展的要求，持续创造着一个接一个的辉煌，涌现出了许多先进典型，为地方转型发展起到了重要的示范带动作用。如近几年，山西长治市以"听党话、跟党走、能吃苦、能奉献"为原则，在各行各业展开了评选"上党公仆"和"上党好人"的活动，同时在山西、河北和河南等许多地区也涌现出了许多具有示范性和代表性的"好人好事"，其中紧贴时代脉搏，符合时代要求，具有鲜明时代特色的右玉精神和李保国精神是太行精神在新时代传承和发展的最典型的表现。

结　语

太行精神产生于抗日战争时期的晋冀豫地区，这里的老百姓在中国共产党的领导下英勇地抗击了外敌的侵略，谱写了无数可歌可泣的英雄故事，百团大战、上党战役等永垂青史。在抗日战争期间，太行山革命根据地是在马克思列宁主义、毛泽东思想的指导下，结合太行地区特殊的地理区位、物质资源和人文精神而建立起来的。面临国家危亡的局面，中国共产党挺身而出，通过运用抗日民族统一战线理论、人民战争思想和游击战争思想，带领革命根据地人民与日本侵略者进行了殊死的较量，创造了一个又一个的奇迹，各行业各领域涌现出的英雄模范，成为太行地区持续发展的重要精神来源。在中国特色社会主义进入新时代的背景下，只有重新激活和拾起我们丢失的记忆，记忆才会为我们提供前进的动力。如今的太行山区，缺乏的不是物质基础，缺乏的是一种干劲，一种精神气，这种精神气从哪里来，不是要靠借鉴和模仿，而是从自身挖掘，通过激活我们的集体记忆，创造太行山区发展的特色之路。我们应该有这份信心和动力。

（作者为山西大学讲师）

绵延永续：太行精神的历史地位浅析

张嘉凌

内容提要：太行凝勇毅，精神聚人心。植根于红色基因中的太行精神是太行儿女从革命战争年代延续至今的对以爱国主义为核心的团结一心、爱好和平、不怕牺牲、不屈不挠、自强不息的伟大民族精神的继承和体现，是中国革命精神的重要组成部分，是中国共产党群众路线的集中彰显和精神支撑，是中华儿女勤劳勇敢、智慧果决和无私奉献的精神品质的弘扬和唱响。无论在上古时期、革命战争岁月、社会主义建设时期，还是在充满挑战和机遇的新时代，太行精神作为红色基因的载体始终熠熠生辉。

关键词：太行精神；历史地位；历史必然性

巍巍太行风骨存，绵绵史册数千年。太行精神在漫漫历史长河中积蓄了数千年的文化力量，形成了独特的精神风骨。它是中华文化和中国精神的重要组成部分，也是中国人民开疆拓土、奋发有为的不竭动力。太行精神根植于中国伟大的民族精神之中，从历史发展的脉络上看，太行精神缘起于上古时期的神话传说，寓于爱国主义的战争时代，成长于社会主义建设的浪潮之中并在新时代的伟大复兴中不断升华，是历史时代中的显著记忆。而在我国的革命精神体系中，太行精神与井冈山精神、延安精神、西柏坡精神一道共同熔铸于中国的革命精神体系而彪炳千秋。太行精神的传承则是得益于中国共产党的建立与发展，在党群鱼水情中不断丰富太行精神的时代价值。太行精神也是中国人民文化内涵的集中诠释，是太行人民乃至中华儿女优秀品质的展现。由此，太行精神是中国历史发展过程中不可或缺的精神家园，推动着时代的车轮滚滚向前。

一、时代记忆：根植于中国伟大的民族精神

"民族精神是一个民族历史实践的产物，不同民族从事的不同历史实践活动决定了必然生成不同的民族精神。"[①]中国伟大的民族精神早在远古时期的神话故事中便已有体现，这些发生在太行地区中口口相传的传说，激励着古代社会的中华儿女开疆拓土，艰苦拼搏。近代时期的战争烽火燃遍大江南北，太行山区作为抵抗侵略的主战场之一，在浴血奋战中传播了无数可歌可泣的太行故事，为太行精神做出了新的诠释。中华人民共和国成立后，全国各族人民又投身到自力更生、艰苦奋斗的社会主义建设浪潮。历史走到新时代，民族精神依然是中国向前发展的不竭动力，太行精神作为根植于民族精神的重要精神创造成果，也必将在新的历史使命中承载新的记忆。

（一）缘起于坚韧不屈的上古传说

山高水长，亘古流传。太行山区，这片古老秀丽的土地见证着中华民族的悠远文明，这里的山山水水都倾诉着史前至今的沧桑巨变。厚重的历史书写了我们的祖先如何在古老的土地上繁衍生息、开疆拓土，也流传着古老年华的传说故事。这些神话不仅是史前文明的精神见证，更是民族精神的渊源所在。发生在太行山区的上古传说衍生出的太行精神是一代又一代太行儿女勤劳耕作的精神食粮，也是我国民族精神中不可或缺的历史片段。

开荒创世，救济天下。相传女娲补天造福黎民苍生的故事便发生在太行山区。《潞安府志》载："在县西南二十里处，高六十九丈，周二里。四

---

①蔡诗敏、张胥：《中华民族精神独立性与中华民族伟大复兴》，《社会主义研究》，2019年第1期，第65页。

周平坦，日出入胥无影。传娲皇炼石地，名望儿台。"①女娲创造万物生灵，视天下苍生为己任的精神是中华民族精神的缩影，也是太行山区传世的精神品质。无私奉献，锲而不舍。《太平寰宇记》载："百谷山与太行、王屋皆连，风洞泉谷，崖壑幽邃，最称佳境，昔神农尝百草得五谷于此，因名山建庙，仲春上甲日致祭。"②炎帝精神是中华民族锲而不舍、勤劳勇敢的缩影，也是无私奉献、兼济天下的体现。这样的精神同样影响着世代太行子孙，他们勤劳质朴，甘于奉献，坚忍不拔，为民造福。《潞安府志·地理二·山川》载："发鸠之山，其上多柘木，有鸟焉，其状如乌，文首、白啄、赤足，名曰'精卫'，其鸣自詨。是炎帝之少女，名曰女娃。女娃游于东海，溺而不返，故为精卫，常衔西山木石，以埋东海。"③精卫所饱含的坚韧和不屈是面对任何艰难险阻所必需的品质与决心。

（二）寓于爱国主义的战争烽火

习近平指出："在中华民族几千年绵延发展的历史长河中，爱国主义始终是激昂的主旋律，始终是激励我国各族人民自强不息的强大力量。"④九一八事变是日本帝国主义侵华的开端，由此14年间，中国国土大面积沦陷，生灵涂炭，饱受摧残。太行山区因其区位优势显著而成为抗日战争的主战场之一，太行人民义无反顾地加入了这场抗日救亡运动中。在战争烽火中的太行人民前赴后继、不怕牺牲、万众一心、无私奉献的精神响彻神州大地，为民族精神提供了坚强诠释。

"捐躯赴国难。"战争期间无数八路军战士为国捐躯，慷慨赴难，在太行山区谱写了一曲悲壮雄浑的民族颂歌。在这片土地上，先后打响了平型关战役、雁门关战役、夜袭阳明堡、神头岭伏击战等战役，据不完全统计，在8年的全面抗战中，"晋绥军区指战员牺牲1.3万多人，晋察冀军区指战员牺牲7.1万多人，晋冀鲁豫的太行区和太岳区将士牺牲1.3万多人"⑤。八路

①转引自：冯龙珍主编，长治县志编纂委员会编：《长治县志》，中华书局，2003，第819页。
②转引自：长治市地方志编纂委员会编：《长治市志》，海潮出版社，1995，第707页。
③转引自：长治市地方志编纂委员会编：《长治市志》，海潮出版社，1995，第706页。
④习近平在欧美同学会成立100周年庆祝大会上的讲话（2013年10月21日）。
⑤胡玥：《太行精神的内涵与由来》，《人民政协报》，2017年12月21日，第9版。

军将士英勇奋战不怕牺牲、不畏艰险的精神响彻太行。"九千将士进涉县，三十万大军出太行。"八路军将士前赴后继、不怕牺牲的精神感染了全国范围内的有志青年投身战场。特别是在太行山上，国难当头，农民、工人、学生、教授、医生等各行各业的人加入抗战队伍，形成越来越庞大的抗日民族战线。不仅如此，抗战队伍的壮大不仅是参战人数的增加，更重要的是组织性和纪律性的提高，形成了万众一心、团结抗战的热潮。"母亲叫儿打东洋，妻子送郎上战场。"太行山上有这样一群英雄母亲，在国家危难的时刻，毅然将自己的儿女送向战场，为国尽忠。例如武乡县的李改花老人先后将自己的三个儿子送上战场，舍家为国。阳城县马寨村马孟英老人，三天时间就动员了自己的儿子、孙子、外甥和女婿共七人参军。这些英雄母亲尽管平凡，但是却通晓民族大义；尽管势单力薄，但是却尽其所能。

（三）成长在社会主义的建设浪潮

1949年10月1日，中华人民共和国成立，中国人民从此站起来了。与国家统一、民族独立共同显现的是战火灼烧数十年后的中华大地，满目疮痍，百废待兴。在热血的太行山区，太行儿女早已开始了战后重建，他们面对太行山区自然条件恶劣和遭受战争烽火破坏的双重困境依然斗志昂扬，不仅没有落后于发达地区的建设，更是在中华人民共和国成立初期涌现出了一大批模范人物和新的民族精神成果，将太行精神进一步的传承和发展下去。

首先，这其中就包括体现艰苦创业的西沟精神和大寨精神。西沟村和大寨村都是在穷山恶水中艰苦创业，靠山吃山，吃山养山，并且涌现出了诸多劳动模范。模范们带领村民们在石头山上矢志不渝地栽树，在河滩地中坚定不移地治灾，在村庄发展中坚持科学和创新理念，在这些模范的引领作用下，两村将乡村发展内化成为国家发展的一部分。其次，有自力更生的红旗渠精神。中华人民共和国成立前，河南省林县的居民多以逃荒维生，留在本地的居民因缺水则需翻山越岭数十里挑水吃，生活极其艰苦。中华人民共和国成立后，林县人民开始了开凿渠道的艰巨任务。他们自己制造建筑材料和工具，在太行山悬崖上一点一点铸成了人工天河，正是在这种百折不挠的坚强意志下建造了红旗渠。此外，还有百折不挠的锡崖沟精神。锡崖沟位于山西省陵川县王莽岭山脚下，人民世代受大山阻隔，封闭自处。在没有路的年月间，无数出行的村民都被悬崖吞噬了生命。锡崖沟人民多年的筑路尝试都因地势险要而失败，直到20世纪90年代，不屈不挠的锡崖沟人民又一次拿起了工具，借助专家论证和科技支撑终于凿开了通往外界的挂壁公路，锡崖沟人民的顽强不屈精神也永久地镌刻在这条道路之上。

（四）升华于新时代的伟大复兴

2018年3月，习近平指出："中国人民在长期奋斗中培育、继承、发展起来的伟大民族精神，为中国发展和人类文明进步提供了强大精神动力。"[①]新时代呼唤新精神，习近平进一步指出，民族精神包括了伟大创造精神、伟大奋斗精神、伟大团结精神和伟大梦想精神，这是实现中华民族伟大复兴的精神动力。太行精神是植根于民族精神的重要组成部分，新时代同样赋予了其更为厚重的地位。

在几千年的历史长河中，太行人民中产生了诸多思想名家，在漫漫道路中积蓄了无尽的创作宝藏，并且在自然条件恶劣的山区环境中建设了红旗渠和锡崖沟挂壁公路等伟大工程，创造了人间奇迹。巍巍太行的每一座山、每一道沟都镌刻着太行人民的奋斗史，从史前文明的书写到新时代的山区建设，太行山区的奋斗精神代代相传、历久弥新。靠山吃山、吃山养山的宗旨指导太行人民在山区的土地上辛勤耕耘、不懈奋斗。大面积的荒山荒地变为绿水青山，更成为山区人民的金山银山。战争年代的烽火遍及太行山区的每一处村落，为将侵略者赶出祖国土地，太行人民在艰苦卓绝的环境中团结一心、共赴国难。正是在民众间的守望相助下，才将侵略者彻底赶出祖国的大好河山。中国人民的梦想精神始于我国古代的神话传说，而太行山区更是孕育我国上古神话的发祥地之一。在星辰般灿烂的神话故事中，太行人民世代受到古代勇于追求和实现梦想的力量浸润，形成了绵延万世的精神财富。

①习近平在第十三届全国人民代表大会第一次会议上的讲话（2018年3月20日）。

民族精神在不同的历史时代具有它不同的精神内涵和历史地位，并且在每个阶段有一定的传承和发扬。通过对太行精神与民族精神的溯源探究可见，太行精神是深深植根于民族精神发展的历史长河之中的，它的发展传承也显现了民族精神绵延的时代印记，太行精神与民族精神一样都是激励中国人民前行的精神食粮和动力源泉。

二、重要组成：熔铸于中国革命精神体系

2018年1月，习近平指出："不忘初心、牢记使命，就不要忘记我们是共产党人，我们是革命者，不要丧失了革命精神。"①革命精神是中华民族的宝贵财富，从浙江嘉兴南湖的红船到井冈山的第一个革命根据地，从万里长征的艰难曲折到延安的开拓前进，从太行山区的不畏艰难到西柏坡的运筹帷幄，中国革命精神的绵延和存续是代代传承、不断发展的精神。其中，太行山区作为革命战争年代的主战场，其所孕育和传承的革命精神也深深地融入中国革命体系之中，是中国革命精神体系的重要组成部分。

（一）红船精神是中国革命精神的源头

1921年8月初，在浙江嘉兴南湖的一条游船上中国共产党的第一次全国代表大会胜利闭幕，至此，中国共产党就在这条红船上诞生了。红船精神同井冈山精神、长征精神、延安精神、西柏坡精神等一道，共同构成我们党在前进道路上战胜各种困难和风险、不断夺取新胜利的强大精神力量和宝贵精神财富。②红船精神源于中国共产党的诞生，是中国革命精神的源头。

红船精神是开天辟地、敢为人先的首创精神。中国共产党的成立为中国革命翻开了崭新的一页，至此中国革命在中国共产党的领导下走向了争取民族独立和人民解放的新篇章。红船精神是坚定理想、百折不挠的奋斗精神。中国共产党从一条红船上的星星之火发展为燎原之势历经了重重考验和艰难险阻，共产党人正是在坚定的理想信念和百折不挠的意志中不忘

①习近平在党的十九大精神研讨班开班式的讲话（2018年1月5日）。
②习近平：《弘扬"红船精神" 走在时代前列》，《光明日报》，2005年6月21日。

初心、不断前进。红船精神是立党为公、忠诚为民的奉献精神。中国共产党成立的初衷就是为全国人民的解放，为人民服务一向都是中国共产党的宗旨，只有立党为公、忠诚为民才能带领全国各族人民团结一心、争取胜利，才能更好地维护最广大人民的根本利益。

（二）井冈山精神是中国革命精神的摇篮

1927年9月秋收起义后，毛泽东率领中国工农红军建立了以井冈山为中心的湘赣革命根据地，这是中国革命建立的第一块农村革命根据地。[1]习近平指出，井冈山是中国革命的摇篮。中国革命的号角从井冈山吹响，在全国范围内蔓延扩大，井冈山留给我们的精神财富激励着广大中华儿女坚定执着追理想、实事求是闯新路、艰苦奋斗攻难关、依靠群众求胜利，最终从井冈山走向了全国。

井冈山精神是坚定执着追理想的精神。井冈山革命根据地建立在内忧外患的严峻形势之下，共产党人正是在坚定执着的理想信念中将星星之火传递到全国各地。井冈山精神是实事求是闯新路的精神。秋收起义的失败使党的领导人开始转变中国革命的道路方向，将以城市为中心转变为以农村包围城市的道路。井冈山精神是艰苦奋斗攻难关的精神。在国民党军队的重重封锁与围困中，井冈山革命根据地在艰苦环境里自力更生，开启了最早的根据地建设。"红米饭、南瓜汤，秋茄子，味好香，餐餐吃得精打光。干稻草，软又黄，金丝被儿盖身上，不怕北风和大雪，暖暖和和入梦乡。"[2]井冈山精神是依靠群众求胜利的精神。毛泽东为部队制定了"三大纪律"和"六项注意"等规章要求，使得中国共产党人与红军战士和群众始终打成一片，这样才能团结广大群众，取得最终的革命胜利。

（三）长征精神是中国革命精神的锻造

1934年第五次反"围剿"失败后，红军被迫进行战略转移，开始了艰苦卓绝的两万五千里长征。毛泽东指出："长征是历史记录上的第一次，长

---

①史耀清：《太行精神》，山西人民出版社，2005，第275页。
②史耀清：《太行精神》，山西人民出版社，2005，第277页。

征是宣言书，长征是宣传队，长征是播种机。"①长征是在中国共产党面临严重危机和生死存亡的考验时做出的艰难选择，中国共产党领导的红军以不畏艰险、不怕牺牲的勇气和超凡的智慧以及大无畏的英雄气概战胜了千难万险，付出了巨大的牺牲，最终历时两年完成了这一壮举。

习近平在纪念红军长征胜利80周年大会上的讲话中指出，长征精神是把全国人民和中华民族的根本利益看得高于一切，坚定革命的理想和信念，坚信正义事业必然胜利的精神。长征精神是为了救国救民，不怕任何艰难险阻，不惜付出一切牺牲的精神。长征精神是坚持独立自主、实事求是，一切从实际出发的精神。长征精神是顾全大局、严守纪律、紧密团结的精神。长征精神是紧紧依靠人民群众，同人民群众生死相依、患难与共、艰苦奋斗的精神。②正是在这样的精神指引下，长征才得以胜利完成并开启了中国革命的崭新一页。

(四) 延安精神是中国革命精神的成长

1935年秋到1947年春，延安与陕甘宁边区是中共中央所在地，这是中国革命的圣地。在抗日战争和解放战争的绝大部分时间，延安是中国革命的指挥部和总后方。③延安这一在中国革命战争阶段具有突出政治地位的城市，孕育了内涵丰富的延安精神。

2015年，习近平在陕西考察中指出："老一辈革命家和老一代共产党人在延安时期留下的优良传统和作风，培育形成的延安精神，是我们党的宝贵精神财富。"④延安精神是坚持理论与实践相结合的实事求是的科学精神。在革命战争年代的延安，始终坚持着正确的政治方向和科学的思想路线，这就为全党全军建设指明了方向并纠偏了教条主义等错误思想。延安精神是牢记全心全意为人民服务宗旨的忘我精神。中国共产党历经千难万险在战争中、在根据地里、在群众间不断深化一切为了群众、一切依靠群众的

①毛泽东:《毛泽东选集》(第一卷),人民出版社,1991,第149-150页。
②习近平在纪念红军长征胜利80周年大会上的讲话(2016年10月21日)。
③史耀清:《太行精神》,山西人民出版社,2005,第278页。
④习近平在陕西考察时的讲话(2015年2月16日)。

路线，并在延安时期将之前形成的党的群众路线和群众观点上升为党的根本工作路线和根本宗旨。延安精神是自力更生的创业精神。中国共产党浩浩荡荡地展开了生产自给运动，无论是党的领导干部还是普通战士都积极投身田间地头参与生产，自己动手，丰衣足食。

（五）太行精神是中国革命精神的积淀

1937年卢沟桥事变爆发，全面侵华战争开始，至此中国人民开始了长达八年的全面抵抗外侮、挽救国家的革命战争。国民革命军第八路军开赴华北前线，在太行山区建立了抗日根据地，至此中国革命在太行山区扎根。在这片饱受战争洗礼的山山水水中，用鲜血和生命铸就了太行精神，这是中国革命精神的积淀，也是中国革命精神的重要组成部分。

太行精神是太行儿女在艰苦环境中积蓄形成的精神力量，是在一个个八路军战士的浴血奋战中，是在一个个太行奶娘的无私奉献中，是在一个个群众组织的英勇抗争中，是在一个个党员干部的舍生忘死中不断积淀而成的。太行精神镌刻着中国革命精神的烙印，也是太行山区最宝贵的精神财富。可见，太行精神与中国革命精神一脉相承且息息相关，在漫长的抗战岁月里，太行儿女不断积淀的精神品格汇聚成了中国革命精神的时代价值。

（六）西柏坡精神是中国革命精神的升华

1945年抗日战争取得胜利后，毛泽东、周恩来等党的领导人于1948年从陕北撤离至河北省平山县西柏坡村，并在这里指挥了解放战争的三大战役，召开了七届二中全会，西柏坡是中国共产党解放全中国前的最后一个"农村指挥所"。在西柏坡，中国革命精神历经数十年岁月洗礼有了更高的升华，"两个务必"的号召直到今天依然指引着中国共产党的组织建设。

西柏坡精神是在战略决战的环境中形成的，具有承前启后的时代价值。西柏坡精神主要包括"'敢打必胜'的进取精神，一切为了人民、保持党和人民的血肉联系，顽强的学习精神，保持'两个务必'的优良作风以及民主协商的精神"[①]。"'敢打必胜'的进取精神"是在大决战时期通过辽沈战役、淮海战役和平津战役的胜利奠定了解放战争的胜利基础,由此形成的勇于拼搏、锐意进取的精神。"保持党和人民的血肉联系"是自中国共产党成立之日起就坚定不移地执行和贯彻的优良作风并且延续至今。"顽强的学习精神"则是在中国共产党建设过程中充分发挥学习型政党的优势,能够充分适应国际和国内形势的转折变化,保持其先进性。"两个务必"是指"务必使同志们继续地保持谦虚、谨慎、不骄、不躁的作风,务必使同志们继续地保持艰苦奋斗的作风"[②]。"两个务必"是在中国革命的历史长河中提炼出的优良传统和作风,充分体现了党的凝聚力和战斗力。民主协商是在西柏坡时期形成的人民民主制度的雏形,为建立中华人民共和国的各项制度奠定了坚实的基础。

"中国革命、建设和改革开放的历史和实践证明,中国革命精神具有跨越时空的永恒价值。"[③]自红船精神起始,中国革命精神历经数十年战争熔铸,其精神内涵和内容已积淀深厚,并且在新时代还不断被赋予其新的价值和意义。革命精神并非定格在那个烽火年代,而是穿梭时空间隔依然熠熠生辉。太行精神作为中国革命精神中的重要组成部分,与其他革命精神一样,在新时代依然有其重要的时代价值。

三、价值展现:传承于中国共产党的群众路线

习近平强调,群众路线始终是党的生命线和根本工作路线,不论过去、现在和将来,我们都要坚持一切为了群众,一切依靠群众,从群众中来,到群众中去,把党的正确主张变为群众的自觉行动。坚持以人民为中心的

[①]李建强:《西柏坡精神及其当代价值》,《河北师范大学学报(哲学社会科学版)》,2013年第4期,第5页。

[②]毛泽东:《毛泽东选集》(第四卷),人民出版社,1991,第1438页。

[③]李杨、张吉雄:《论中国革命精神的内涵和时代价值及弘扬路径》,《南昌航空大学学报(社会科学版)》,2018年第3期,第25—31页。

根本立场，必须把群众路线贯彻到治国理政全部活动之中。①从太行精神的梳理中我们可以看出，群众路线是自太行精神产生之初就蕴含其中的一条主线，充分体现了中国共产党的宗旨和以人民为中心的历史价值和时代价值。

（一）一切为了群众，一切依靠群众

"一切为了群众，一切依靠群众"，从战争年代之初就是党及其领导的军队所遵循的基本路线。中国共产党成立伊始，群众就是共产党及其领导的军队所团结和依靠的对象，群众利益就是共产党所追求的利益。由此，中国共产党一直保持为人民群众谋福祉、时刻与人民群众紧紧相连的优良传统。

在经济建设上，战争年代由于自然灾害和经济封锁，物质资源极度匮乏。在如此艰难的环境中，太行山区所驻部队一二九师积极开展了大生产运动。其中师长刘伯承、政委邓小平等党员领导干部以身作则，带领全师战士在驻地周围种植粮食蔬菜，不仅没有给当地的群众制造负担，甚至在节衣缩食中救济苦难的灾民。在政治建设上，"三三制"政权建设是抗日根据地开展民主政治建设的基本原则，通过改造乡村社会中的旧有秩序，将最广大、最贫苦的群众从封建地主的压榨中彻底解放出来。"即是各级政府中的民意机关与执行机关，均应以代表无产阶级及雇农的共产党员、代表小资产阶级的进步分子、代表中等阶级的开明士绅和名流学者各占三分之一。"②在文化建设上，中国共产党注重以动员和宣传的方式将文化教育输送到群众身边。尽管是在战争时期，根据地依然坚持开展冬学、扫盲等学习班，通过报纸、板报、喇叭等宣传工具，以故事、戏剧、诗歌等文学形式为群众提供多样化的文化生活。

（二）从群众中来，到群众中去

"从群众中来，到群众中去"是对中国共产党党员干部的具体要求，在太行山区"军民鱼水一家人"的优良传统中，太行山区的干部与群众间保

①中共中央宣传部编：《习近平新时代中国特色社会主义思想三十讲》，学习出版社，2018，第92页。
②皇甫建伟、霍彦明：《民主的火花（上）》，山西人民出版社，2012，第170页。

持着十分密切的干群关系，尤其是在社会主义建设时期，涌现出了一大批劳动模范。

申纪兰是众多太行儿女中的杰出代表，是全国唯一一位连任十三届的全国人大代表，也是山西省平顺县西沟村的村民。在申纪兰头上有着多重头衔和多项荣誉，她一直都坚守初心，说："我的级别是农民。"①她曾多次任职省、市、县的领导干部，但始终坚持"不转户口、不定级别、不拿工资、不要住房、不调工作关系、不脱离农村"②的"六不"原则。这位90岁的老人见证了共和国的沧桑巨变，在她的身上最朴实的印证着"从群众中来，到群众中去"的原则。申纪兰作为劳动模范无论在任何条件下都坚持吃苦在前，实干在先。"当人大代表，就要代表人民，代表人民说话，代表人民办事。"申纪兰作为连任十三届的人大代表，其历届代表议案都是立足民生民情，关注群众最切身的利益问题。"2004年，我就准备了两个议案：一个是反映'三农'问题的，建议解决农民关心的事；一个是建议整治黑网吧，让整天流连于网吧的孩子们回到学校去。关于新农村建设，我又递交了保护耕地的议案……"③不仅是向国家递交议案，在日常生活中申纪兰也经常帮群众解决身边的疑难杂事，甚至全国各地群众还会向她邮寄信件，她早已是群众最信任的代表。

（三）坚持以人民为中心的根本立场

十九大报告指出："坚持以人民为中心。人民是历史的创造者，是决定党和国家前途命运的根本力量。必须坚持人民主体地位，坚持立党为公、执政为民，践行全心全意为人民服务的根本宗旨。"以人民为中心就是坚持人民的主体地位，发挥人民的主体作用和保障人民的主体权益。无论是在中国共产党成立之初的烽火岁月，还是在新时代的今天，坚持以人民为中心的根本立场始终在太行精神中不曾动摇，伴随着中国共产党的历史发展传承至今。

---

① 葛水平：《一个平凡而伟大的劳动者走了》，《中国文化报》，2020年7月6日，第3版。
② 葛水平：《一个平凡而伟大的劳动者走了》，《中国文化报》，2020年7月6日，第3版。
③ 申纪兰：《忠诚：申纪兰60年工作笔记》，北京联合出版公司，2011，第213页。

在抗日战争时期，拥政爱民在抗日根据地蔚然成风，特别是在太行根据地中上演了一幕幕拥政爱民、以人民群众为中心的动人故事。早在1940年太行根据地建立初期，朱德总司令就在八路军总部所在地武乡县砖壁村积极开展群众工作。当年砖壁村十分缺水，朱总司令在战争间隙勘察地形选择掘井地址并带领八路军打了13米深的水井，解决了群众用水难题。随后，军民团结起来又在村中挖掘了两眼水井、七眼旱井。不仅帮助群众解决吃水问题，八路军将领和战士还为群众解决粮食问题。朱德、彭德怀在武乡县王家峪村帮助群众种植粮食，并在王家峪沿线种植两万多株树木、修筑防洪堤坝300多米。[①]八路军的将领和战士不仅要保家卫国、征战沙场，而且在驻地还为当地群众造福。正是这一棵棵树木、一眼眼水井和一担担粮食架起了党的军队与人民群众的血肉联系。

四、品质底色：绵延于中国人民的文化内涵

中国特色社会主义文化，源自中华民族5000年文明历史所孕育的中华优秀传统文化，熔铸于党领导人民在革命、建设、改革中创造的革命文化和社会主义先进文化，植根于中国特色社会主义伟大实践。[②]中国特色社会主义文化博大精深、底蕴深厚，太行精神同样是在中华民族五千年的文明史中绵延发展的，其精神品质与中国文化之内涵之风韵相得益彰。从古至今，太行山上积淀的精神品质早已烙印在太行儿女甚至是中华儿女的言行举止中，为中国特色社会主义文化注入了太行底色。

（一）无私奉献的历史印记

"最后一碗米，送去做军粮；最后一尺布，送去做军装；最后一件老棉袄，盖在担架上；最后一个亲骨肉，送去上战场。"这是那段烽火岁月中太行儿女的心声，也是他们的践行。据统计，抗日战争时期，在太行区就有

---

①王玉圣主编：《太行精神》，人民日报出版社，2011，第215-216页。
②中共中央宣传部编：《习近平新时代中国特色社会主义思想三十讲》，学习出版社，2018，第195页。

170043人被日伪军打死打伤,其中有1434名区级以上干部为国捐躯。[①]太行人民的铮铮铁骨同八路军的铁血军魂一道镌刻在了历史的画卷上。

在山西省左权县有这样一群英雄母亲,她们一辈子没有走出过太行山,但是却在战争年代不顾自身和家人安危,自愿为八路军将士哺育后代,她们就是太行奶娘。[②]在那个烽火岁月,正是这样一群普通的山区女性的无私奉献让八路军将士毫无后顾之忧地征战沙场。太行奶娘为了八路军的后代,宁愿饿着自己的孩子也要把家中最后的粮食给八路军的孩子,宁愿牺牲自己家人也要保护好这些八路军的孩子,甚至牺牲自己的亲生骨肉也要保护他们的周全,她们把这些孩子的生命看得比自己的生命还要重要。在侵略者的枪林弹雨中,太行奶娘用自己柔弱的身躯为八路军后代抵挡着死亡的威胁。这些被哺育的孩子中包括了刘伯承的儿子刘太行、邓小平的儿子邓朴方、罗瑞卿的女儿罗峪田、左权的女儿左太北等,当时这些孩子都交给了勤劳朴实的太行奶娘代为抚养,串联起一条如血亲关系的党群关系。

(二)自力更生的时代画像

自力更生、艰苦奋斗一向都是中华民族的传统美德和优良品质,直到今天依然是中华儿女所秉承的文化传统。在社会主义建设时期,太行山区因其地形地质条件恶劣,对开展农业生产和工业建设造成了一定的困难。但是坚忍的太行人民在山区建设中依然秉承战争时期延续下来的精神品质,依靠自己的力量,将荒山秃岭建设成为了绿水青山和老百姓的金山银山。

山西省平顺县西沟村素来被称为是金木水火土五行俱缺的穷山村。李顺达是从河南林县逃荒而来的贫苦人,直到中国共产党在西沟建立了基层党组织,李顺达等劳苦大众才在党的领导下翻身。李顺达作为贫苦群众中具备一定智慧和胆识的有威望人物,随即被党组织吸纳成为党员,后又在党组织的培育下成为乡村精英。李顺达成为西沟村的主要干部后,便成立了互助组,开始自力更生建设山区。随着互助组规模逐渐扩大,不仅提高

---

①太行革命根据地史总编委会主编:《太行革命根据地史稿(1937—1949)》,山西人民出版社,1987,第270页。

②王比学、刘鑫炎、张璁:《英雄母亲 太行奶娘》,《新湘评论》,2015年第20期,第50-51页。

现有土地生产率，还在此基础上积极更新置办农具，添养牲口，不断扩大生产规模。不仅如此，李顺达在合作社成立之后便聘请国家、省、市、县的相关专家考察西沟的自然条件，科学制定了发展计划，不仅取得经济上的全面发展，文化和社会建设也在不断进步。而西沟村的进步和发展离不开李顺达等全体西沟村村民的勤俭坚忍，在他们辛勤耕耘下，西沟村才从一个荒山秃岭的穷山村变为全面发展的新农村。

（三）自强不息的崭新使命

改革开放后，太行精神历经岁月洗礼，历久弥新。太行人民依然在这片土地上生产、生活、建设和拼搏，时代的变化也赋予了他们崭新的使命。自强不息的精神品质是太行精神的历史延续，也是中国特色社会主义文化的优良品质。太行儿女的自强不息在历史进程中有了新的诠释，他们扎根山区的决心和建设山区的勤勉书写了新的太行文化篇章。

河北省涉县后牧牛池村，全体村民正是在太行新愚公精神自强不息内涵的引领下筑起了村中的天梯之路。涉县是战争时期的革命老区，是八路军一二九师司令部、晋冀鲁豫边区政府等党政机关单位的所在地。直到硝烟已去的今天，涉县人民依然秉承着积蓄深厚的太行精神，在生产与建设中艰苦奋斗、自强不息。后牧牛池村原是封闭落后的小山村，遭遇洪灾后更是满目疮痍。2015年，后牧牛池村百余位留守老人自愿扛起铁锨备好干粮走向山道开始修路，日复一日，村中的村干部、返乡民工、大学生还有为大家做饭烧水的妇女都自发地为村庄道路建设作出一点贡献。为了修路，村民们除了义务出工还捐钱捐物，让村路无条件占用自己的土地。"自开工之日起，每天早晨6点，村里的大喇叭就会准时响起：'修路了，谁有空儿，赶紧起——'没有谁会偷懒，没有人谈报酬，村民们拿来铁镐、铁锨、钢钎，带上水和干粮……越往上走，路越难行，干活的人也越来越多……"①就这样后牧牛池村的村民们靠自身的力量为村庄开启了通往外界的道路，这也是村民们致富的康庄大道。

---

①佘志娟:《太行山上新"愚公"》,《邯郸日报》,2016年2月1日,第2版。

习近平总书记指出，文化是一个国家、一个民族的灵魂，文化兴国运兴，文化强民族强，没有高度的文化自信，没有文化的繁荣昌盛，就没有中华民族伟大复兴。①太行精神作为中国精神体系的一部分，长久以来一直激励着太行人民无私奉献、自力更生和自强不息，正是在这样的精神激励下，太行山区已从过去贫穷落后的旧面貌转变为绿水青山的新景象。

太行山号称"八百里纵天下之脊"，太行精神正是在这中国脊梁上孕育而生。它是根植于中国伟大民族精神的时代记忆，从光辉灿烂的上古传说到新时代中华民族的伟大复兴，太行精神深深铸刻在民族精神上。它是熔铸于中国革命精神体系中的重要组成部分，与红船精神、井冈山精神、长征精神、延安精神和西柏坡精神一道与中国革命精神一脉相承。它是传承于中国共产党群众路线的价值展现，是军民鱼水情和党群和谐情的精神积淀。它是绵延于中国人民文化内涵的品质底色，无私奉献、自力更生、自强不息是中华文化的重要体现，也是太行精神的重要品质。新时代的太行儿女将秉承坚定的理想信念和艰苦奋斗的优良作风，改革进取，锐意创新，将太行山区建设得更加美丽富饶。

（作者为山西大学讲师）

---

①中共中央宣传部编:《习近平新时代中国特色社会主义思想三十讲》,学习出版社,2018,第194页。

武乡是太行精神的主要孕育地

郝雪廷

太行精神是在伟大的抗日战争中孕育诞生的，是在血与火的洗礼中铸就的，是纵向的太行山地域文化与横向的八路军文化碰撞的火花。在这个伟大的精神中，凝结着中国共产党人的优秀品质，凝结着八路军将士的勇敢无畏，凝结着中国人民的坚强性格，凝结着中华民族的光荣传统，是极其宝贵的精神财富。

太行精神，是以毛泽东、朱德、彭德怀、刘伯承、邓小平、杨尚昆、聂荣臻、徐向前等老一辈革命家为代表的中国共产党人，把马克思主义理论与中华民族的优良传统和中国革命具体实践相结合而形成的民族精神；是中国共产党领导英雄的太行军民，用鲜血和生命谱写的革命精神；是英雄的八路军将士在国家和民族处于危亡的关键时刻，展现出的不怕牺牲的大无畏气概。

太行精神的实质与要义就是不怕牺牲、不畏艰险；百折不挠、艰苦奋斗；坚定信念、万众一心；英勇奋斗、无私奉献。巍巍太行山孕育的太行精神，是中华民族伟大的爱国主义精神和革命的英雄主义精神的重要分支，这一伟大精神，光耀千秋，彪炳史册。

一、老一辈革命家的伟大实践是太行精神产生的根基

一种精神的生成需要天时、地利、人和各种条件来促成。抗日战争是全民族摆脱殖民统治、争取民族独立解放的头等大事，八路军站在抗日最前列，这是顺应天时的；太行山山高林密，地势险峻，是天然的游击战场所，而八路军总部驻扎在此，可以说是熟谙地利；以此作为华北抗战的核心区，武乡成为我党、我军指挥华北抗战的中心，这里也汇聚了八路军绝大部分的高级领导机关，形成了一个庞大的党政军指挥系统，领导着数十万八路军将士和广大华北民众与日军作战。这些部队在武乡打仗、休整、补充兵源，与武乡人民结下了浓厚的革命情谊，武乡可谓村村住过八路军机关，户户睡过八路军将士，这是人和。

更为重要的是八路军诸多高级首长在武乡期间，进行了伟大的革命实践：八路军总司令朱德在这里领导华北军民粉碎了日本侵略军对抗日根据地一次又一次的疯狂"扫荡"，打破了国民党顽固派的反共封锁，巩固了抗日根据地和抗日民族统一战线，运用马克思主义解决中国实际问题特别是革命战争问题的思考渐趋成熟，他的军事理论对毛泽东军事思想的形成和发展起了重大作用；八路军副总司令彭德怀在日军大量南进直接威胁西安、重庆、广州，国民党顽固派又对日表示妥协投降的危险情况下，组织八路军对日军发动了一次大规模的破袭作战——百团大战，这是抗战时期中国军队主动出击日军的一次最大规模的战役，它打出了敌后抗日军民的声威，振奋了全国人民争取抗战胜利的信心，在战略上有力地支持了国民党正面战场；中共中央北方局书记杨尚昆根据形势的变化制定了巩固和发展抗日根据地的方针，提出"建政、建军、建党"三大建设，作为华北党的主要任务，纠正在反"逆流"斗争中出现的"左"的思想，坚持抗日民族统一战线；一二九师师长兼太行军区司令员刘伯承针对日军对华北的连续大规模"扫荡"，并挖沟筑堡试图控制根据地人民生活，形象地将敌人"以铁路

为柱，公路为链，据点为锁"①的封锁方式定名为"囚笼政策"②，并提出了"面向交通线"③广泛进攻敌人的对策，成为八路军打破敌人封锁的最佳作战方案；一二九师政委、太行军政委员会书记邓小平在建立民主政权和解决财经问题中，为解决根据地的困难，在北方局会议上提出"发展生产是坚持根据地的重要保障"④的重要论断，成为根据地经济建设的纲领，特别是1944年在他亲自授意下，八路军前方总部参谋长滕代远、副参谋长杨立三制订了著名的"滕杨方案"，不仅大大促进了太行抗日根据地的经济发展，而且成为邓小平发展社会主义市场经济理论的最早探索与实践，成为邓小平经济改革、对外开放思想的最早胚胎和雏形。

太行精神属于意识形态范畴，是特定历史时期太行军民精神信念的总体概括，具有较为抽象的文化品格。太行精神是数千年来中华民族精神的积淀和延续。八路军文化的主体是八路军，太行精神的主体是太行军民。前者是八路军延续了红军时期的光荣传统，通过抗日战争这一特殊历史时期，在太行山及至华北各地形成了独特的时代文化；后者是太行军民在继承了数千年来的民族精神，再与八路军文化相结合，而形成的一种精神风貌。

二、根据地军民的共同努力是太行精神孕育的必然

1937年7月7日，抗日战争全面爆发。根据党中央和毛泽东的战略部署，朱德总司令率领八路军强渡黄河，挺进太行。八路军总部和中共中央北方局长期驻扎在太行山区，领导和指挥敌后抗日军民建立了晋绥、晋察冀、晋西南、晋冀鲁豫等抗日根据地，进行艰苦卓绝的斗争。八路军将士

①太行革命根据地史总编委会主编：《太行革命根据地史稿1937—1949》，山西人民出版社，1987，第102页。

②《中国人民解放军第二野战军战史》编委会编：《中国人民解放军第二野战军战史》，解放军出版社，1990，第131页。

③《中国人民解放军第二野战军战史》编委会编：《中国人民解放军第二野战军战史》，解放军出版社，1990，第131页。

④邓小平：《邓小平文选（第一卷）》，人民出版社，1983，第261页。

前赴后继，浴血奋战，有力地打击了日军的疯狂进攻，大量地杀伤并牵制了敌军，有效地迟滞了日军对中国全境的侵略，极大地鼓舞了全国人民的抗战热情，谱写了中华民族万众一心、同仇敌忾的光辉抗战篇章。以武乡为中心的太行抗日根据地就成为太行精神的主要孕育地。

（一）不怕牺牲、不畏艰险

太行精神是太行军民用鲜血和生命孕育的精神之花，她的产生是历史的必然。在华北沦陷的危急关头，共产党、八路军挺身而出，走在抗战的最前列，八路军总部、一二九师创建了以武乡为中心的太行抗日根据地。从此，抗日的烽火燃烧在太行山上，燃烧遍整个华北。更为突出的是，当八路军总部进驻武乡，武乡民众在党的领导下，与八路军将士一道，为民族的独立而战，为工农大众的自由而战。在八年全面抗战中，为了保卫根据地，广大军民在这片红色土地上进行大小战斗6368次，平均每日战斗2.3次，同时也取得了歼灭日伪28830人的辉煌战绩，约占八路军歼敌总数71.4万人的4.0%。数千名八路军将士把热血洒在了武乡的土地上，在抗战中八路军牺牲的团以上干部为883名，牺牲在武乡的就达15人，武乡的民兵、游击队员和百姓有2.2万人牺牲、失踪、遇害，也涌现出了关二如、高贵堂、王来法、马应元、王尚元、程坦等众多杀敌英雄、抗日先烈，正式载入英名录的烈士就达3200多名，可以说武乡这片红色土地就是烈士鲜血染红的。广大军民用鲜血和生命铸就了不朽的民族之魂，在人们心中树立起一座永恒的丰碑。正是这种英勇杀敌、勇于牺牲的精神，奠定了孕育太行精神的根基。

（二）百折不挠、艰苦奋斗

太行精神是太行军民在残酷的环境中锤炼出的一种百折不挠、艰苦奋斗的坚强意志。太行抗日根据地地处偏僻，地势险要，再加上敌人的重重包围封锁，日军集中大半兵力对根据地进行"扫荡"，实行"囚笼政策""三光政策""铁壁合围"等，条件之艰苦、环境之险恶是难以想象的。在武乡，由于日军深受八路军的袭扰与牵制，视八路军为"眼中钉、肉中刺"，企图搜寻并歼灭八路军首脑机关，当侦察到武乡可能是八路军的指挥核心时，不仅经常不断地"扫荡""围剿"，而且还在南沟、段村、蟠龙等地设立据点，这使武乡处于极其严峻的困难境地。特别是1941年到1943年间，日军对武乡各地发动了大、中、小"扫荡"高达百余次。日本侵略者所到之处烧杀抢掠无恶不作，许多村庄被毁，无数民众被害，粮食被抢，庄稼被毁，凶狠残忍，令人发指，还制造了几个"无人村"。广大军民在积极与日军开展游击战争的同时，为了解决生存问题，八路军与武乡人民一道，组织生产自救，从总部最高领导到普通战士，都是一手拿枪、一手拿锄，靠自己的双手开荒种地，开展了轰轰烈烈的大生产运动，成为根据地实现自给自足的典范。为了渡过灾荒，彭德怀副总司令曾下令离村10里内不允许八路军战士挖野菜、撸树叶，为的是让百姓有野菜、树叶可食；而武乡百姓又把仅有的粮食、野菜、树叶，都送给驻地的八路军，为的是支持子弟兵消灭日本侵略者。涌现出了胡春花、李马保、石榴仙、王锦云、暴莲子、李改花等拥军模范、支前模范、劳动英雄。在最艰苦的岁月里，党领导广大军民开展生产自救和互助运动，使太行山区成为党领导敌后抗战的坚强堡垒，成为中国革命不断取得胜利的前进基地。正是八路军将士与武乡民众这种相互支持、百折不挠的意志，构筑了孕育太行精神的骨骼。

（三）坚定信念、万众一心

太行精神是八路军与广大人民群众用鱼水深情凝结成的一种坚定信念、万众一心的宝贵品质。抗日战争是在中国共产党领导下开展的一场人民战争，而万众一心、敢于胜利正是人民战争的本质所在。武乡人民历来就有着不甘落后、争强好胜的斗争激情和为国分忧、先人后己的奉献热情。在抗日战争中，这种优秀的民族品格经过党的正确引导和抗日烽火的锤炼，不断升华为英勇奋斗和无私奉献的革命情怀。"出兵、出粮、出干部"是当时晋冀鲁豫边区送给武乡的美名。比如说"出兵"，八年全面抗战中，武乡共有14600余人参加八路军。八路军改编之初是4.5万人，到抗战结束时发展到102万人，再加上八年全面抗战中牺牲的34万人，总计是136万人，武乡就有14600人参加八路军，这也就是说每100名八路军将士中就有一名是武乡籍。当年武乡有一支著名的名扬游击队，最早成立于1937年11月，成立之后先后六次组建,六次集体整编到八路军主力部队中,不仅在保卫武乡县委、县政府机关以及保护广大民众生命财产中作出贡献,多次与日军作战,而且六次为八路军输送优秀兵员3400多名。八路军是怎么发展壮大的?正是有这样的优秀队伍一批批加入进来才得以发展。共产党和八路军在山西和整个华北敌后根据地,不断发展壮大抗日民主力量,组织游击队、农救会、青救会、妇救会、儿童团、国际友人等,形成万众一心、团结一致的全民抗战热潮。正是这种坚定信念、万众一心的精神,形成了孕育太行精神的主体。

(四)英勇奋斗、无私奉献

太行精神是太行军民以鲜血和生命培育而成的一种英勇奋斗、无私奉献的高尚情操。抗日战争中,广大八路军将士身上随时随地闪现着与人民同甘共苦、先人后己的崇高精神。这种优秀品质经过中国共产党的引导和抗日烽火的洗礼后,深深地镌刻在太行山的奇峰峭壁上。武乡人自己生活非常吝啬、节俭,土话叫"抠",但是在支持八路军方面却从来不抠。八路军进驻武乡后,谁家都是做最好的茶饭送给八路军吃,最典型的是石板村人称"三先生"的开明乡绅王全谨,一二九师在石板村驻扎时,他与侄子王跃元慷慨解囊,为师部直属部队500余人、100多匹马供给粮草长达半年之久。爱国乡绅裴玉澍,在土河村召开的武乡士绅座谈会上,主动报名带头捐钱捐粮,为了支援抗战,支持八路军,多次捐粮捐款,直至倾家荡产。什么叫无私奉献?这就是无私奉献。八年全面抗战中,武乡供给八路军在武乡驻扎的生活用粮,捐献军鞋、米袋、物资无数,当时有40万亩土地的武乡,八年全面抗战中总共给八路军捐献钱粮折合小米达240万石,几乎把所有打下的粮食以及多年积存的粮食全部捐献给了八路军,可以这样说,是武乡的小米养育了八路军队伍。此外,民众参加支前抗战折合387万劳动日,还捐献军鞋49万双,煤炭、木材等燃料15亿千克……仅有14万人口的小县,就有9万多人参加了各种抗日救亡组织,也就是说除了7岁以下的婴幼儿,全部投身于抗战洪流之中。太行抗日根据地人民为抗战胜利提供了强有力的人力支持和后勤保证,为中华民族的独立与解放事业付出了巨大的牺牲。正是这种英勇奋斗和无私奉献的精神，铸就了孕育太行精神的灵魂。

三、太行精神是中国革命精神的重要组成部分

中国共产党领导中国人民同帝国主义、封建主义和官僚资本主义进行了艰苦卓绝的斗争，经历了太多的艰难险阻，付出了无数革命者的鲜血和生命，最终赢得了中华民族的独立和中国人民的解放。中国共产党在领导中国革命的长期实践中，造就了不同历史阶段不同特征的革命精神，包括红船精神、井冈山精神、长征精神、延安精神、西柏坡精神和太行精神等。也正是依靠不同时期所形成的不同特征的精神力量，克服重重困难，把中国革命从胜利引向胜利。这些革命精神分别是中国共产党在不同的历史时期，为了解决不同的历史主题而形成的。

1921年，中国共产党第一次全国代表大会在浙江嘉兴南湖的一条游船上胜利闭幕，庄严宣告中国共产党的诞生。以"开天辟地、敢为人先的首创精神，坚定理想、百折不挠的奋斗精神，立党为公、忠诚为民的奉献精神"[1]构成的红船精神，是中国革命精神之源。

井冈山革命根据地是中国共产党领导建立的第一个红色革命根据地，是中国革命的摇篮。井冈山精神是在1927年大革命失败后，中国共产党在建立、巩固和发展井冈山革命根据地的过程中体现出来的革命精神，是"工农武装割据"的星星之火得以点燃，且能够形成燎原之势的精神支柱和力量源泉，为中国革命不断地从胜利走向胜利开创了良好的开端。

长征是中国革命由挫折走向胜利的伟大转折点。中国工农红军在生死存亡的关键时刻，被迫撤离革命根据地，转战14个省，历经艰险，胜利完成了两万五千里长征，正是这种举世罕见的艰难困苦，造就了红军将士气吞山河、勇往直前的革命英雄主义和革命乐观主义品格和伟大的长征精神。

延安是中国革命的指挥中枢和战略后方，中共中央和毛泽东面对日本

---

[1] 习近平：《弘扬"红船精神" 走在时代前列》，《光明日报》，2005年6月21日。

帝国主义的军事侵略，面对国民党顽固派的军事、经济封锁，在极其严酷的条件下，领导广大军民开展了自己动手、丰衣足食的大生产运动，为夺取革命胜利奠定了坚实的物质基础。同时，毛泽东领导和指挥抗日战争和解放战争的过程，也是毛泽东思想形成、发展和成熟的过程，实现了马克思列宁主义的普遍真理同中国革命实际相结合的第一次历史性飞跃。

在西柏坡，中共中央不仅领导新民主主义革命取得了全国胜利，而且为实现党的工作重心从农村到城市、从战争到建设的转变提供了条件，为我国从新民主主义向社会主义过渡开辟了通途。以"两个务必"的进取精神，反映了党进行战略决战的决心，体现了全党和各解放区军民的精神风貌。

太行精神是在太行根据地这一特定的地域产生的。在中国革命不同的历史阶段，都有特定的历史主题需要解决。也正是这些不同的历史主题，决定了中国共产党和中国人民的革命实践和革命精神的本质和方向。同时，这些革命精神都是在特定的地域内孕育和产生的。太行精神，是中国共产党人革命精神的重要组成部分。与其他的革命老区精神一脉相承，如果说井冈山精神，体现了我们党在创建和发展革命武装中的大无畏的革命英雄主义精神，延安精神体现了我们党理论与实践相结合的实事求是精神，太行精神则在最大程度上体现了中华民族高尚的民族性格、坚定的民族志向、远大的民族理想，是以八路军文化为支撑，在我国历史上第一次完美地体现出爱国主义、民族主义和社会主义的三者的内在统一，从而在党的革命精神和民族崇高精神的结合上达到了一个空前的高度。太行精神，是党领导的太行军民在抗日烽火中铸就的民族魂。

太行精神始终受到中共中央、党和国家领导人的高度重视。2009年5月25日，习近平同志在视察武乡八路军太行纪念馆时，对太行精神做出了最新的诠释和解读："要结合新的实际，与时俱进地大力弘扬太行精神，坚定正确的理想信念，始终保持对党对人民对事业的忠诚；坚持执政为民的政治立场，始终保持同人民群众的密切联系；锤炼坚忍不拔、百折不挠的品格，始终保持知难而进、奋发有为的精神状态；坚守党的政治本色，始终保持艰苦奋斗的优良作风，为推动经济社会又好又快地发展提供强大的精神动力。"①

2017年6月21日至23日，中共中央总书记、国家主席、中央军委主席习近平，再次考察山西。习近平总书记视察山西期间，几次深情地提到一定要发扬好太行精神，一定要把《在太行山上》再唱响，这将激励中国人民建设社会主义的积极性和创造性，形成脚踏实地、埋头苦干、求真务实的工作作风，激励着中国人民建设社会主义的积极性和创造性。

（作者为八路军太行纪念馆研究部原主任）

---

①习近平视察八路军太行纪念馆时的讲话（2009年5月25日）。

八路军
文化座谈会论文集

（第九届）

太行精神　永放光芒

李　蓉

2021年9月29日，第九届八路军文化座谈会在山西武乡隆重召开。这次座谈会的召开，同第十届八路军文化节交相辉映，对弘扬太行精神，传承红色基因，对实现中华民族伟大复兴凝神聚力，具有重要意义。

一、太行精神体现着对共产党和人民的无比忠诚

全面抗日战争时期，中国共产党领导的八路军指战员在太行地区同日本侵略者浴血奋战，为建立巩固敌后抗日根据地呕心沥血。太行精神凝聚着共产党人和八路军以及人民群众为民族独立、人民解放的豪情壮志，也凝结着中华儿女誓死不当亡国奴、同侵略者血战到底的英雄气概。八路军的文化工作，吹响了英勇杀敌的战斗号角。八路军的文化工作鼓舞了抗日军民的抗战意志，坚定了抗日军民的坚强决心。卓有成效的八路军文化工作，成为八路军指战员和人民群众的重要精神动力，也创造出了克敌制胜的软实力。战斗在太行、肩负着太行抗战领导重任的邓小平就对八路军和太行军民的革命精神进行了科学总结，这就是"有觉悟、有创新意识、有本领、有群众观念和有民族精神"。而这五个"有"是怎么培育起来的呢？八路军丰富多彩、生动活泼的文化工作发挥了独特的作用。我们说太行精神体现着对共产党和人民的无比忠诚，也是得力于八路军文化的核心，就是通过各种文化工作的开展，将崇高的理想和信仰种植在人们的心中，从

而形成有着丰富而深刻内涵的太行精神。

二、在新的历史条件下弘扬太行精神

中国共产党领导的八路军的文化工作，在抗日战争的历史条件下的主要任务是为了保证抗战的胜利。为此，抗日军民按照要求，"动员报纸，刊物，学校，宣传团体，文化艺术团体，军队政治机关，民众团体及其他一切可能力量，以提高民族觉悟，发扬民族自信心与自尊心，反对任何投降妥协的企图，坚持抗战到底，不怕困难，不怕牺牲"，相信"我们一定要胜利"。[①]也是在1940年，毛泽东在1月9日所做的《新民主主义的政治与新民主主义的文化》的长篇演讲，即后来改题目为《新民主主义论》一文中，明确提出了新民主主义文化的概念，并从民族的、科学的、大众的文化三个方面做了深入阐述。"民族的科学的大众的文化，就是人民大众反帝反封建的文化，就是新民主主义的文化，就是中华民族的新文化。""新民主主义的政治、新民主主义的经济和新民主主义的文化相结合，这就是新民主主义共和国，这就是名副其实的'中华民国'，这就是我们要造成的新中国。"[②]八路军文化就是中国共产党领导建设的新民主主义文化的重要组成部分。

经过全国人民的共同努力，我们终于在1945年打败日本侵略者，迎来了14年抗日战争的胜利。半个多世纪已经过去，在中国共产党的领导下，在全国人民的奋斗下，中国已经发生了翻天覆地的变化，先后取得新民主主义在全国的胜利、社会主义革命和建设的伟大胜利、改革开放的伟大胜利，进入了实现中华民族伟大复兴的新时代。在新的历史条件下，面对新的挑战、新的困难、新的实际，如何让太行精神得到发扬光大，如何让红色资源"活"起来，成为加强社会主义文化建设、培育社会主义核心价值观的一项重要任务。

[①] 中共中央文献研究室编：《毛泽东年谱（1893—1949）》（中卷），人民出版社、中央文献出版社，1993，"1940年1月1日"条下。

[②] 毛泽东：《毛泽东选集》（第二卷），人民出版社，1991，第708-709页。

让太行精神得到发扬光大，就必须让太行精神这个宝贵的红色资源"活"起来，太行精神就不能仅仅保存在历史资料中，展示在纪念馆中，而是要更好、更大地发挥它的教育作用，让它以鲜活、生动、感人的形式展现出来，深入人们的内心，打动人们的内心。太行精神这个红色资源要"活"起来的重要性，就在于它是传承红色基因必不可少的途径和手段。红色资源要"活"起来，要采取更有利于群众接受的寓教于乐、生动活泼的方式，才能入脑入心。

三、让太行精神为经济社会发展提供强大的动力

太行精神是中国共产党革命精神谱系中的重要组成部分，它是建党精神在抗日战争条件下在太行地区所形成的伟大精神。2009年5月，习近平同志在八路军太行纪念馆参观时提出："要结合新的实际，与时俱进地大力弘扬太行精神，坚定正确的理想信念，始终保持对党对人民对事业的忠诚；坚持执政为民的政治立场，始终保持同人民群众的密切联系；锤炼坚忍不拔、百折不挠的品格，始终保持知难而进、奋发有为的精神状态；坚守党的政治本色，始终保持艰苦奋斗的优良作风，为推动经济社会又好又快地发展提供强大的精神动力。"①

100年前，中国共产党创建时形成了坚持真理、坚守理想，践行初心、担当使命，不怕牺牲、英勇斗争，对党忠诚、不负人民的伟大建党精神，这是中国共产党的精神之源。太行精神和建党精神、井冈山精神、苏区精神、长征精神、延安精神、红岩精神、西柏坡精神等一脉相承，既有共性又有个性，也是不可替代的部分。山西武乡县党政领导和广大人民在宣传太行精神、打赢脱贫攻坚、实现乡村振兴等方面走在前列，积累了不少经验，也获得了广泛好评。

在认真保护和充分地利用太行山红色革命遗址，培育传承红色基因时代新人方面，山西武乡重视长乐之战、关家垴战斗、八路军总部后方机关、朱德、邓小平、刘伯承、左权等重要历史事件、抗战遗址和重要历史人物

---

①习近平视察八路军太行纪念馆时的讲话(2009年5月25日)。

事迹的保护和发掘，尽可能翔实、深入地收集整理资料，不断充实生动、鲜活的史实，通过纪念场馆、活动展板、抖音、微视频、微电影等方式加以宣传和展示。武乡除了不断修改《太行山上》情景剧，近期又打造出红色民歌剧《红肚兜》。这些都很有新意、创意，让人期待，也吸引大众眼球。通过挖掘和利用红色资源，可以让观众每次来武乡都有新看点，进而更好地从跨越时空的太行精神中汲取奋进的力量，并将其转化为振兴发展的新动能，转化为做好各行各业工作的新动力。

我们期待也相信，武乡的明天会更美好！

（作者为原中共中央党史研究室研究员）

太行精神与八路军抗战

刘庭华

内容提要：太行精神属于上层建筑、意识形态的范畴。太行精神是中国共产党人在抗战时期把"抗日"与"革命"两篇文章一起做的重要理论成果。

太行精神可精简为：坚定正确的理想信念，坚持执政为民的政治立场，锤炼坚忍不拔、百折不挠的品格，坚守党的政治本色。它是中国共产党领导的八路军等抗日武装和广大人民群众在太行山脉敌后，坚持八年全面持久抗战，所进行的作战、建军、建政和新民主主义文化建设，创建抗日民主根据地，所作出的重大历史贡献和付出的巨大牺牲，所体现出来一种特殊意识、思维活动、普遍心理状态和精神面貌软实力的理论概括和抽象，它属于革命精神谱系。

太行精神的本质特征是执政为民。今天，作为执政党的共产党人，使太行山脉革命老区人民脱贫致富，早日过上幸福美满生活，就是对太行精神最好的弘扬。

关键词：太行精神；执政为民

什么是太行精神？太行精神是以太行山脉之名命名的，突出特点是体现了太行精神的地理区域特点。

一、太行精神的地理学含义

从地理学而言，太行山位于河北省、山西省交界地区，向南延伸至河南与山西交界地区。山脉北起北京市西山、军都山，南至濒临黄河的王屋山，呈东北—西南走向，绵延400多千米。它是中国地形第二阶梯的东缘，也是黄土高原的东部界线。太行山脉从北向南有小五台山、太白山、白石山、狼牙山、南坨山、阳曲山、王莽岭等山峰。位于太行山南端的王屋山，是河南省与山西省的界山。

2004年12月，国家测绘局建局50周年出版的《中国地图集》则把广义太行山脉图扩大范围，即包括中条山、王屋山、太岳山、系舟山、恒山等。

太行山脉多有东西向横谷，它们自古就是交通要道，商旅通衢，兵家必争之地。

二、太行精神的政治学内涵：本质与特征

从地理学来说，太行山脉基本上囊括了山西境内的主要山脉。而太行精神呢，无疑应从政治学层面去理解。太行精神是一种政治术语，实际是泛指在山西、河北交界地区，在北起北京市西山、军都山，中经五台山、中条山等，南至濒临黄河的河南省西北王屋山广大地域内，由中国共产党领导的八路军等抗日武装和广大人民群众，抵抗日本侵略者，坚持八年全面持久抗战，所进行的作战、建军、建政和新民主主义文化建设，创建抗日民主根据地，所作出的重大历史贡献和付出的巨大牺牲，所体现出来一种特殊意识、思维活动、普遍心理状态和精神面貌，或者说，是上述地区中共领导的广大军民坚持八年全面抗战所表现出来的民族气节和抗战活力的一种"软实力"的理论概括和抽象，它的发轫区域不是只指抗日战争时期太行、太岳两个敌后区域的狭小地理范围。

因此，不管从地理学，还是从政治学层面讲，太行精神的铸造者应该包括晋察冀根据地（全区由北岳、冀中、平西、平北和冀东根据地组成）、晋绥根据地（由吕梁、雁门、大青山、绥蒙等根据地组成）、冀热辽根据地

（含察北、热南、辽西根据地）、晋冀豫根据地（由太行、太岳和冀南抗日根据地组成）和冀鲁豫根据地（由直南即河北南部、沙区和鲁西南根据地组成）的广大军民，是他们共同用鲜血和生命浇铸的。

由上可见，太行精神应该包括抵抗日本侵略的民族抗战精神和中国共产党领导八路军等抗日武装和广大人民群众在敌后，坚持抗战，作战、建军和建政等的革命精神两个内涵，而革命精神的成分所占的比重大于抗战精神的比重。毛泽东曾说，中国共产党的抗日战争是"抗日"和"革命"两篇文章一起做。

"太行浩气传千古"。2009年5月25日，习近平同志在视察八路军太行纪念馆时，对太行精神做出了最新的诠释和解读："要结合新的实际，与时俱进地大力弘扬太行精神，坚定正确的理想信念，始终保持对党对人民对事业的忠诚；坚持执政为民的政治立场，始终保持同人民群众的密切联系；锤炼坚忍不拔、百折不挠的品格，始终保持知难而进、奋发有为的精神状态；坚守党的政治本色，始终保持艰苦奋斗的优良作风，为推动经济社会又好又快地发展提供强大的精神动力。"[1]简言之为四句话，即坚定正确的理想信念，坚持执政为民的政治立场，锤炼坚忍不拔、百折不挠的品格，坚守党的政治本色。这四句话基本上属于革命精神谱系。

以太行山脉为战略支点的敌后各抗日根据地，是中共领导的抗日武装的中枢根据地，并逐渐向山东、华中地区发展，华北抗战的指挥中心八路军总部和中共中央北方局，在整个八年全面抗战期间始终转战于太行山各根据地。

全面抗战爆发后，八路军三大主力师奉命相继挺进山西抗日前线，八路军总部和中共中央北方局长期驻扎在太行山区，领导和指挥敌后军民，依托恒山、吕梁山、管涔山、五台山和太行山等，展开对日作战和创建抗日根据地。一一五师首战平型关，以劣势装备一举歼灭日军1000余人，这是全面抗战以来中国军队取得的第一次胜利，极大地振奋了全国军民的士气，提高了中国共产党和八路军的声威。一二〇师设伏雁门关，一二九师

---

① 习近平视察八路军太行纪念馆时的讲话（2009年5月25日）。

奇袭阳明堡，进一步打出了八路军的雄威。1938年3月，神头岭伏击战歼灭日军1500余人，是抗战初期歼灭日军最多的一场战斗。1939年11月，黄土岭战役击毙日军"名将之花"阿部规秀中将，开创了中国抗战以来首次在战场上击毙日军中将的纪录。1940年8月至1941年1月的百团大战，毙伤日军5万余人，进一步鼓舞了全国人民争取抗战胜利的信心，在中国抗战史上写下了光辉的一页。

抗日战争时期，中共领导的人民军队从1938年抗击日军兵力的58.8%，到1941年抗击日军兵力的75%，成为中国抗日战场的中流砥柱。

在整个八年全面抗战期间，中共把抗日作战与建立民主政权有机地结合起来，是新形势下农村包围城市的革命道路的新创造。

1937年11月8日，太原失守，在山西以共产党为主体的敌后战场，取代国民党军队的正面战场成为主战场。随即，毛泽东和党中央确立了以山西为战略支点，独立自主地发展华北抗日游击战争，创建敌后抗日根据地，坚持持久抗战的战略方针。八路军兵分四路，分别向晋东北、晋西北、晋东南和晋西南四个区域挺进，主力部队分成多个地方工作团和游击支队，深入敌后山区，与山西地方党组织一道开辟抗日根据地。先后创建了晋察冀、晋绥、晋冀鲁豫三大敌后抗日根据地，展开了汪洋大海式的抗日游击战争。

敌后战场与正面战场遥相呼应，互相支持，共同支撑了华北抗战和中国持久抗战大局，打破了日本帝国主义"一个月拿下山西""三个月灭亡中国"的战略图谋。至1940年，八路军发展到50余万人。至抗战胜利时，八路军发展到1028893人[①]。

三、使太行山脉革命老区人民早日脱贫致富，过上幸福美满生活，是对太行精神最好的弘扬

八路军等抗日武装能够在太行山脉中创建抗日根据地，得到大发展，根本原因是得到广大人民群众的大力支持和无私援助。"兵民是胜利之本。"

---

① 刘庭华：《中国抗日战争与第二次世界大战统计》，解放军出版社，2012，第228页。

据不完全统计，太行民兵和自卫队八年全面抗战期间作战33716次，参战746716人，毙伤俘日伪军11409人。仅百团大战期间太行区民兵就参战538次，总人数达6万余人。①八年全面抗战期间，太行区人民先后有117573人参加八路军。据载，当时仅有14万人口的武乡县就有9万人参加工、农、青、妇等群众抗日团体，有1.4万青壮年参加八路军和其他抗日武装。在人民群众的大力支持下，一二九师由刚进入太行时的9000余人发展到1945年9月的近30万人。②

敌后抗日根据地的广大人民群众在人力、物力和财力上的大力支持，是八路军发展壮大和抗战取得胜利的根本物质保障。以百团大战为例，晋中地区广大群众积极储备干粮熟食、破路工具，肩挑人扛，牲口驮，支援过往部队或送往前方。仅战役第一、二阶段，晋中地区就出动民兵2万多人，参加破击战，动员群众7万余人，供应军粮1.4万石、军鞋3万双、蔬菜2万余斤、羊1000多只。据不完全统计，在八年全面抗战期间和三年解放战争时期，仅上党地区人民就筹集军粮1亿多斤。③

同时，太行山区的人民也付出了巨大的牺牲。据不完全统计，八年全面抗战期间太行、太岳两区根据地民众惨遭日军杀害25.6万余人，晋东南地区25县惨遭日军杀害的有143955人。晋冀鲁豫边区民众八年间被日军杀害732018人，致残24.4万余人。④财产的损失更是不计其数，难于统计。

太行山区广大军民为中国抗日战争的胜利，作出了重大的历史贡献，付出了巨大的牺牲与代价。他们在中国共产党的领导下，同仇敌忾，愈战愈勇，用鲜血和生命浇铸出坚忍不拔、百折不挠的太行精神。

可以毫不夸张地说，八路军广大指战员是吃太行山区的小米饭生存下

①张玮、岳谦厚：《太行精神与八路军华北抗战》，《八路军文化研讨会论文集（2011）》，山西人民出版社，2013，第240页。

②张玮、岳谦厚：《太行精神与八路军华北抗战》，《八路军文化研讨会论文集（2011）》，山西人民出版社，2013，第240页。

③张玮、岳谦厚：《太行精神与八路军华北抗战》，《八路军文化研讨会论文集（2011）》，山西人民出版社，2013，第241页。

④张玮、岳谦厚：《太行精神与八路军华北抗战》，《八路军文化研讨会论文集（2011）》，山西人民出版社，2013，第243页。

来的，许多八路军领导人的后代则是喝着太行山区奶娘的奶水和小米粥长大的。因而，今天，作为执政党的共产党，使太行山革命老区人民脱贫致富，早日过上幸福美满生活，就是对太行精神最好的弘扬。

（作者为军事科学院原军事历史研究部研究室主任、研究员，
中国人民解放军首席军史专家和中宣部、教育部"马克思主义
理论研究和建设工程课题组"主要专家）

巍巍太行，抗战丰碑

贺新城

有关太行抗战书籍和文章已有很多，本文仅就太行抗战的地位、作用及八路军对太行抗战的贡献，谈谈自己的一点感悟。

一、太行山在敌后抗战中的地位和作用

1936年春节，蒋百里对梁漱溟谈了自己的抗战设想：中国要想实现持久抗战，就必须充分利用中国复杂的山川形势，"将来的中日战争可能是长期的，其规模之大也将是世界战争史上所少见。……中国人假如控制了山东高地和山西高地，坚守一些山区，始终把他们掌握住，则中原（北方广大平原）非敌人所得而有"①。应该肯定，蒋百里看到了依托山地开战游击作战的战略价值，但是他的认识和阐述还比较粗泛。

与此相比，中共的武装斗争则是从当"山大王"开始的，是从游击战起家的，因此，对依托山地进行游击战的认识更为深刻、更加具体、更具实践性和前瞻性。1937年8月下旬，八路军出师之前，中共洛川会议决定，红军的战略方针是独立自主的山地游击战，战略任务是首先在山区创建根据地，开展山地游击战，尔后依托山地向周边拓展，向平原发展，进行更加广泛的敌后游击战争。基于这个战略设想和步骤，"以八路军的三个师分别控制吕梁、五台、太行诸山脉，作为开展华北游击战争，建立敌后抗

---

① 梁漱溟：《忆往谈旧录——梁漱溟回忆录》，中国文史出版社，2012，第115、116页。

日根据地，积蓄力量，坚持长期斗争的战略基地"①。

1937年9月21日，毛泽东致彭德怀电报："今日红军在决战问题上不起任何决定作用，而有一种自己的拿手好戏，在这种拿手戏中一定能起决定作用，这就是真正独立自主的山地游击战（不是运动战）。"②

在党中央依托山地开展敌后游击战争的思想指导下，八路军各部在国民党军溃败、日军大举推进的情况下逆势而行，迅速进入各个山区创建根据地，进而向周边平原地区扩展，开创出敌后抗战的宏大局面。在整个华北敌后游击战争中，太行抗战地位突出，具有特殊重要的战略价值。

太行山是八路军挺进敌后的重要跳板，是晋察冀和晋冀鲁豫根据地形成、发展的策源地，是华北敌后游击战争的堡垒和支点，同时也是我党我军华北游击战争的指挥中心。抗日战争开始后，八路军各部根据党中央的战略部署挺进敌后，迅速进入太行山建立根据地，随即以太行山为依托向四周拓展，形成了以北部太行为核心的晋察冀和以南部太行为核心的晋冀鲁豫两大根据地，奠定了华北敌后游击战争的基本格局。在八年华北敌后抗战期间，这两块根据地的形成、发展以及发挥出的战略作用，都与太行山有着密切的关系。1937年底，八路军前方总部进入太行山，此后一直驻扎太行山区，与同在太行山区的中共中央北方局直接领导和指挥华北敌后抗战，直至抗战胜利。如果说延安和陕甘宁边区是我党我军抗战的大本营，那么太行山就是我党我军坚持华北敌后抗战的前方指挥中心。极而言之，没有太行山这个重要依托，华北敌后游击战争的局面和效果都将大打折扣。

二、八路军对太行抗战的伟大贡献

说到评价我党我军在太行抗战的作用和贡献，最好的办法莫过于做国共双方的比较。多年来有一种习惯性看法，说中共之所以成为敌后抗战中的中流砥柱，主因在于国共双方在敌后抗战价值的认识上存在天然之别。这种说法似是而非，未能触及问题的根本。

①刘伯承：《刘伯承回忆录》，上海文艺出版社，1981，第16页。
②《毛泽东军事文集（第二卷）》，军事科学出版社、中央文献出版社，1993，第53页。

笔者认为，如果单就军事理论和军事常识而言，中国社会乃至国民党的有识之士，并不缺乏对开展敌后游击战尤其是山地游击战的重要性的认识，前面所引蒋百里的言论即是一例。1938年，白崇禧也在武汉反复强调敌后游击战的战略价值，力主要重视和积极开展敌后游击战。蒋介石也在南岳会议上提出"游击战重于正规战"的观点，要求各战区大力组织和积极开展游击战，并专门成立了冀察和苏鲁两个敌后游击战区。①这些情况表明，在理论上，国民党也很看重敌后游击战的作用。然而，"纸上谈兵"是一回事，有效实践是另一回事，在八年全面抗战中，国民党军的敌后游击战一败涂地，与八路军的成就形成了鲜明对比。

为什么在理论认识上无大差别，而实践上却是天壤之别？这就涉及两党两军的本质区别。对此，国民党军高级将领普遍缺乏理解，白崇禧曾不服气地说："打游击战起家的中共，亦为中国人，中共可以打游击战，国军当亦能打游击。"②白崇禧承认共产党领导的八路军擅长游击战的能力，但却错误地认定国民党军也可以如法炮制。之所以如此，是因为白崇禧对敌后游击战的理解还停留在简单的军事层面，还停留在游击战的战术战法层面。这种单纯军事观点的肤浅认识，决定了国民党军即便开办了八路军干部授课的游击干部训练班，但却始终不得要领，无法理解和掌握八路军游击战的精髓和丰富内涵，始终处于"东施效颦"和"叶公好龙"状态。

为了进一步说明问题，有必要特别介绍一下卫立煌与朱德曾就敌后游击战问题所做的坦诚深刻的交流。

卫立煌对敌后游击战的作用是充分肯定的，对八路军卓有成效的游击战更是敬佩有加，为了学习八路军的游击战，他曾多次向朱德请教八路军成功的奥秘。1938年1月，卫立煌对朱德说："我们的军队必须有领导地行动，必须一层紧抓一层，要是没有上级督战，一分开一冲散就集结不起来，所以只能在正面打仗，打阵地战，不能像你们那样在敌后分散活动……你们能够以一个团为单位进行游击，你们的军队能够撒得开，打不垮，原因

---

①《白崇禧回忆录》，解放军出版社，1987，第304页。
②《白崇禧回忆录》，解放军出版社，1987，第304页。

到底在哪里？"①朱德讲到："我们的军队和别的军队不同，就是我们的战士和指挥员都明白自己是为什么而战斗，他们都有一个坚强的信念，有了这个坚强的信念，至死都不能把他们拉开，只剩下一个人也能继续战斗……政治工作是八路军一种极其显著的东西。八路军的政治工作第一个原则是官兵一致，就是在军队内肃清封建主义，废除打骂制度……第二是军民一致的原则，就是秋毫无犯的民众纪律，宣传、组织和武装民众，减轻民众的经济负担，打击危害军民的汉奸、卖国贼，因此军民一致，到处得到人民的欢迎。"②

　　朱德与卫立煌的交谈内容表明，两人对敌后游击战的认识不在一个层次。卫立煌提出的是浅显的军事层面和具体的战术方法问题，而朱德的回答要全面深刻得多，不仅涉及军事而且涉及政治，不仅涉及军队而且涉及人民群众，其中官兵平等的原则、军民一致的原则，以及理想信念、长期养成的艰苦奋斗作风等，体现了八路军的独特性质和长期坚持敌后抗战的自身条件，尤其是对发动、组织和依靠、武装群众的重要性的论述，更是触及进行敌后游击战争的根本，体现了"兵民是胜利之本"的要义。换言之，卫立煌的认识反映了国民党单纯依靠政府和军队的片面抗战路线，而朱德的回答则体现了中共依靠人民的全面抗战路线。

　　朱德与卫立煌的交流，回答了在敌后游击战的问题上，八路军为什么行，国军为什么不行的根本所在。

（作者为军事科学院原军事历史研究部研究室主任、研究员）

---

①赵荣声：《回忆卫立煌先生》，文史资料出版社，1985年，第47页。
②赵荣声：《回忆卫立煌先生》，文史资料出版社，1985年，第48页。

关于拓展和深化太行精神研究的几点思考

董志铭

太行精神是在抗日战争的重要历史发展阶段，我们党领导人民在争取民族独立和民族解放的浴血奋战的战争中形成的重要革命精神，是党团结带领太行军民在创建太行抗日革命根据地并取得抗战胜利的过程中凝聚起来的一种巨大精神力量。它告诉人们，在国难当头、亡国灭种、中华民族最危险的时刻，是中国共产党和八路军发动、组织和团结带领人民，同仇敌忾，万众一心，为挽救中华民族的危亡而宁死不屈、浴血奋战，筑起英勇抗击日本侵略、誓死保卫国家主权的不屈脊梁和钢铁长城。一种伟大的精神的形成，离不开其背后蕴蓄着的丰厚而又艰苦卓绝的历史。对我们党来说，这些革命精神蕴含的精神财富和政治资源，同样具有不容低估的价值。因为随着时代的发展和社会的进步，对革命精神的研究宣传、深入挖掘，对于传承红色文化基因，加强理想信念教育，弘扬党的优良传统，发挥历史资政育人的作用等许多方面，都有着越来越重要的现实意义。太行精神作为中国革命精神谱系中的一种极为重要的精神，尤其需要紧紧围绕中国共产党领导的华北抗战实践及其在整个中华民族伟大复兴征程中所处的战略地位的全局高度进一步拓展和深化。

一、在日本帝国主义妄图灭亡中国，把侵略战争强加在中国人民头上的时候，党敢于挺身而出，团结带领人民同日本侵略者不屈不挠、血战到底，这是太行精神的主题

今天我们研究太行精神，首先应该看到，第二次中日战争不仅是两个民族国家物资力量、经济实力方面的对抗，也是两个历史悠久民族之间展开的文化竞争和精神力量的对抗。特别是在敌我物质实力、军事力量对比悬殊的情况下，精神力量的重要性尤为凸显。应该说，太行精神是华北抗战乃至整个中国抗战取得胜利的精神支柱。其次，从国际地位上看，太行精神是开始实现中华民族伟大复兴的精神动力。抗日战争的胜利是中华民族近代以来反抗外来侵略取得的第一次全面胜利，洗雪了中华民族百年耻辱，极大地提高了中国在国际上的地位，是确立中国世界大国地位的起点。例如蒋介石以四大国首脑地位参加国际重要会议；中国成为联合国安理会常任理事国，参加旧金山签字仪式；中国参加对日本等战败国的审判；等等，极大地提高了中国人民的自信心。

接下来要深化太行精神的历史厚度和政治高度，这反映了研究者政治站位的高度。同中国近代以来其他反侵略战争相比较，太行精神这个主题有很大的不同，带有彻底的反帝爱国革命性质。太行精神是一种全新的革命精神，其内容、内涵要更加全面，全面反映党在抗日战争时期的政治路线，在精神的提炼和表述上似应进一步突出、明确抗日救国、争取民族独立、人民游击战争、民主民权等方面的时代性诉求。可以说，这种诉求从全面抗日战争爆发开始就以洛川会议通过的《抗日救国十大纲领》的形式明确提出来。这种全面抗战路线与国民党主张的单纯依靠政府抗战的片面抗战路线有着本质的区别。

党的七大对我们党在抗日战争时期的政治路线做出了完整的表述。这就是放手发动群众，壮大人民力量，在中国共产党的领导下，打败日本侵略者，建立一个新民主主义的中国。这条路线的制定，反映出党领导的抗日战争是把民族解放的目标与民族民主革命的根本目标紧密地结合在一起的政治特点。这就是说抗日战争的政治目标，不仅要彻底打败和驱逐日本帝国主义，而且还要建立自由平等的新中国，使抗日战争的胜利成为人民的胜利。正是由于有了一条正确的道路和方向指引，这就决定了太行精神空前凝聚了中华民族奋起抗争的斗志，在艰苦卓绝的抗日战争中，党团结带领太行根据地军民在"黑云压城城欲摧"的急难险重时刻，为抗击日军残暴侵略，为夺取抗日战争最后胜利豁出身家性命，浴血奋战，全民皆兵，使日军如一头乱闯乱撞的野牛深深陷入太行人民战争的汪洋大海之中而难以自拔。这也决定了太行精神的实践根基的深厚性和持久性。抗日战争时期，党中央和毛泽东对太行战略支点的确立；红军改编为八路军，三个师第一时间挺进太行抗日前线；中共中央北方局和八路军总部、一二九师师部长期驻扎太行山区；朱德、彭德怀、刘伯承、邓小平、杨尚昆、薄一波、左权等老一辈无产阶级革命家转战太行山区，团结带领几千万优秀的太行儿女一道同甘共苦、浴血奋战，共同培育、打造了千古不朽的太行精神。

这里需要说明两点：一是太行精神内涵的展示途径，是党和军队的老一辈无产阶级革命家胸怀崇高远大的革命理想，勇敢地团结带领太行军民同日本帝国主义侵略者展开殊死的斗争。包括：一次次地挫败日军的"八路围攻""六路围攻""多面围攻""九路围攻"；一次次地粉碎日军的"囚笼"政策、"扫荡"攻势；波澜壮阔的群众性游击战遍地开花。党和八路军主力部队为太行精神的形成提供了关键支撑。这一方面内容非常丰富感人。包括用正确的政策凝聚抗战之魂，用勇敢顽强的战斗作风和不怕流血牺牲的品质及取得的辉煌战果团结激励抗战人民。从比较严格的意义上讲，太行抗日根据地的开辟和创建及太行精神的形成，是由八路军总部、中共中央北方局、八路军一二九师担负和完成的。在残酷的对日作战中，广大八路军战士与太行各界人民众志成城，与日军血战到底的英雄气概和感人事迹比比皆是。太行山是一座威武不屈、巍然屹立、直入云霄的高山，非常壮美，形象地展示了太行儿女英勇不屈、豪气干云的英雄气概。百团大战就是经典战例。它既反映了中共中央和八路军总部的重要决策，也反映了八路军与太行人民以及整个华北人民抗战到底的英雄气概。太行军民一起破铁路，撬铁轨，炸车站。经典战例还有八路军总部指挥的黄崖洞保卫战。抗日战争时期，八路军在作战中多以游击战为主，在有利条件下也打了一些运动战，但打阵地战特别是阵地防御战的次数比较少。1941年冬季，八路军总部特务团为了保卫黄崖洞兵工厂，打了一次成功的阵地防御战，即黄崖洞保卫战。这也是整个八年全面抗战期间，八路军打的一次非常著名的阵地防御战。此外，还有八路军一二九师所属七六九团组织的夜袭阳明堡机场战斗，影响甚大，当时国民政府军事委员会曾致电八路军总部通令嘉奖，还发放了奖金。

当然，太行精神对爱国主义传统的升华，是由进步的时代条件，包括中国共产党把马克思主义与中国抗日战争的具体实际紧密结合且已经走上政治斗争舞台中心，所决定的。中国共产党的抗日主张不同于国民党，其方法和目标都为以往爱国主义传统增加了新的革命因素。遵义会议后有了成熟的党中央，已经能够把抗日与建国联系起来制定路线方针政策了，反映在根据地政权政策的制定上，有了许多创造。这是不容忽视的。选择什么样的历史词汇准确地表达这种区别和进步，是值得认真推敲决定的，也蕴含着太行精神研究的新的突破。

二、太行精神是中国革命精神谱系中的一种大精神，其为国家独立、人民解放而战的特质，代表和反映了整个抗日战争历史阶段里中国共产党抗日建国的伟大实践，应紧密联系中国共产党领导的华北抗战实践及其战略地位的全局高度进行挖掘，这是太行精神的重要历史地位

从狭义的地域上看，太行区包括山西省东南部、河北省西部、河南省黄河以北西南部的十几个县的区域。从人员构成上看，太行儿女大致可以包括太行区几十个县市的工人、农民、知识分子和广大青年学生以及其他各界人民群众；八路军总部、八路军一二九师、中共中央北方局、中共晋冀豫省委及太行区地方党组织。从狭义的创造主体来看，太行军民包括太行区的党政军民学及其他各界人士。应该说，在交通和整个现代化都不够发达的二十世纪三四十年代，这个地域的斗争舞台是够宽阔广大，这个主体的斗争实践也够丰富多彩了。重要的是，太行精神的孕育形成及其辐射和影响远远超出了这个地域空间范围。纵观整个抗日战争时期形成的革命精神，具有全局特点的典型主要有两个：一个是延安精神，另一个就是太行精神。

太行精神的孕育形成的历史要从红军东征打通抗日路线开始追溯，其思想内涵反映、涵盖党中央在山西战略支点、山地游击战略思想的确立和坚持，它承载着中国共产党领导的整个华北抗战和人民解放战争的伟业。这是事关中国革命全局的战略性和技术性的科学计算考量的结晶。

太行山位于晋、冀、豫三省边界，高山连绵，巍峨耸立，地势险要，易守难攻。在山西省内，位于太行山腹地的上党盆地的地理位置更为重要。特殊的地理环境自然会引起交战双方中国和日本的共同关注。日本从九一八事变占领东北后，又将华北政权特殊化，紧接着就准备进攻晋绥。①如果日军占领了山西，就获得了占领华北，进而占领全中国的战略基础。中国共产党针对日军的侵略步骤，则迎难而上，决定向东渡过黄河，向山西发展，直接打通抗日通道。正是在中华民族的生死关头，瓦窑堡会议提出红军今后的任务是"打通抗日路线""直接对日作战""扩大现有苏区"，决定把"红军行动与苏区发展的主要方向，放在东边的山西和北边的绥远等省去。"②这就有了1936年2月至5月间进行的红军东征。当时的目标是在山西吕梁山建立抗日根据地，以便与陕北根据地互为犄角。可以说经过东征，初步实现了中共中央把山西作为敌后战略支点的战略构想。

1937年卢沟桥事变后，日军首先抢占山西这块战略要地。中共中央针对日军的疯狂进攻和国民党的迅速溃败，及时调整战略部署，把北方局从天津移到山西太原，并从天津、北平、河北等地选派大批干部到山西工作，充实中共山西工委、各战略区的组织力量。周恩来也到山西与阎锡山协商红军在山西的各项活动。在此基础上，党的洛川会议正式确定，把数量有

①《薄一波论新军》，中共党史出版社，2008，第274页。
②《中共中央文件选集》（第十册），中共中央党校出版社，1986，第589-597页。

限的红军集结在晋、察、冀三省交界处，通过在这里建立敌后抗日根据地，在日军背后猛插一刀，从而牵制其南下的速度和力度，钳制和消灭敌人，配合友军作战，保存和扩大红军，争取民族革命战争的领导权。随即把红军主力改编为八路军三个师，开赴山西抗日前线，分别在五台山区的晋东北、管涔山区的晋西北、太行山区的晋东南和吕梁山区的晋西南等战略要地进行战略展开，太行山及山西就成了八路军开赴抗日前线的唯一通道和中国共产党进行华北抗战的战略支点，同时也有力地支持华南、华东、华中抗日根据地的迅速建立，支援全国的抗日战场。

综上所述，从中国共产党对太行战略支点的确立和巩固开始，中国的抗日力量筑起了团结抗日的铜墙铁壁。对此，太行根据地的重要领导人之一邓小平曾经深刻指出："我们的责任，显然不仅是争取抗战胜利，而且是以建设根据地、坚持敌后对敌斗争去示范全国、影响全国，争取战后团结建国。我们一切政策行动都应不仅照顾到根据地本身，而且要照顾到对全国的影响。"①聂荣臻就是创造性地执行党的路线和方针政策，积极开展抗日武装斗争，建立健全抗日民主政权，使根据地从五台山区迅速实施了战略展开，创建了蜚声中外的晋察冀边区。从此，党和八路军在华北敌后稳稳地扎根农村，为全国敌后抗战树立了一个根据地建设的榜样。

三、太行精神充分展现出我们党深明大义、以国家民族利益为重，为了实现中华民族伟大复兴甘愿做出让步、实现国内政治和解的宽广胸襟，以真诚的实际行动维护国共合作、团结抗战，这是太行精神的宝贵经验

应该说，从历史到今天、从中央到地方，全国对"太行精神"的内涵已经有过多次概括。其中，比较早又比较著名的一次提炼，是邓小平在抗战时期完成的。在那次讲话中，他用"有觉悟、有创新意识、有本领、有群众观念和有民族精神"等五个方面的特征，来阐述太行精神的基本内涵。应该说，小平的提法既鲜明又准确，无论在思想内容还是文字表述上，都

---

① 邓小平：《邓小平文选》（第一卷），人民出版社，1994，第43-44页。

比较客观和全面，仍不失为我们今天进一步深入研究太行精神的重要指导。

太行精神的重要内容之一，是军民团结、官兵一致、结成鱼水相依的军民关系。在这一方面，八路军主要领导人朱德、彭德怀、任弼时、刘伯承、邓小平、徐向前、左权等老一辈无产阶级革命家的感人事例很多。如朱德不住房东给他腾出的好房间。彭德怀经常帮助农民老乡担水、扫院子搞卫生。他们密切联系群众、处处与群众打成一片、平等待人、严格遵守群众纪律、个人生活不搞特殊等做法，反映出他们真正做到了把人民的利益放在了第一位，赢得了人民群众的真心拥护和爱戴。

太行精神的重要内容之二，是勇于担当、不怕牺牲、大力弘扬民族精神及过硬民族气节。这方面的感人例证比比皆是。1942年5月，日军调集几万兵力，对太行山根据地搞"铁壁合围"和"篦梳式"的残酷"扫荡"。华北《新华日报》46位新闻工作者被敌人分别围困在几个山头，与敌人面对面地展开白刃搏斗，伤亡惨重。在生死存亡的时刻，他们宁可战死也决不活着当俘虏受辱，最后全部壮烈殉国。就是在这次"大扫荡"战斗中，八路军副参谋长左权身先士卒，为国捐躯，成为血染太行的民族英雄。为纪念左权将军，延安和太行山根据地为他举行了追悼会。朱德总司令赋诗一首："名将以身殉国家，愿拼热血卫吾华。太行浩气传千古，留得清漳吐血花。"周恩来在《新华月报》发表《左权同志精神不死》的纪念文章，称他"足以为党之模范"。左权将军长期战斗生活在辽县，这里的人民对他有着一种特殊的感情，他们发自肺腑地传唱起一首《左权将军之歌》。1943年6月，新编第十旅三十团政委马定夫奉命率部来到太谷县参加夏收保卫战，击毙敌军30多人，粉碎了驻太谷县日伪军的偷袭。7月，日伪军几百人再次偷袭南山枫子岭，直接威胁着千余名群众的安全。马定夫迅速率部队抗击敌人。他身先士卒，与敌军展开血战，抢占了制高点，掩护了千余名群众安全转移。但他自己却腹部中弹，壮烈牺牲，年仅28岁。为了纪念这位抗战殉国的英雄烈士，太行二分区将马定夫率领作战的第十旅三十团三连正式命名为"马定夫爱民模范连"。太谷县人民政府将枫子岭村改名为"马定夫村"。

太行精神的重要内容之三，是在抗日战争中真诚维护国共合作、团结抗战，发挥中流砥柱的作用。全面抗战爆发后，中国共产党为了扭转国民党的动摇，坚定其抗战信心，在军事上提出要早日直接对日作战，甚至在国民党政府不许可红军主力参战的条件下，就要求朱德和彭德怀迅速编成一个游击师，先行奔赴华北战场抗战。①只是由于国民党不允许八路军设指挥部，而且要派人来领导八路军，并要毛泽东、朱德离开。这样的条件是党绝对不能接受的。在八路军对日作战方针上，我们党提出在持久战战略总方针下，首先是运动战，其次是游击战。直到北平、天津失陷后，才进一步调整为游击战为主、运动战为辅。在对日作战初期，在战役上积极配合国民党军正面战场作战。比如平型关战役与忻口会战。党中央和毛泽东还致电朱德、彭德怀并告诫八路军各师负责人，对于国民党交给我们指挥的部队，要采取爱护协助态度不使他们担任最危险的任务，不使他们给养物资缺乏，等等。②即便1941年1月国民党顽固派蓄意制造皖南事变时，党中央和毛泽东在向国民党当局提出最严重的抗议的同时，在军事上还是采取守势，坚持维护国共合作抗战的大局。中条山战役开始后，党中央和毛泽东依然积极回应国民党军队发出的求援电报，指示八路军部队积极配合。③

(作者为国防大学原军队建设与军队政治工作教研部教授，

大校正师)

---

①《毛泽东年谱(1893—1949)》(中卷)，中央文献出版社，2013，第4页。
②《毛泽东年谱(1893—1949)》(中卷)，中央文献出版社，2013，第29页。
③《毛泽东年谱(1893—1949)》(中卷)，中央文献出版社，2013，第302页。

太行精神的诠释与实践

——兼谈红色基因发扬与传承的可行性操作

张　量

关于太行精神的讨论，记得2019年武乡第八届八路军文化座谈会时，就研讨过这一命题。有人把2009年5月25日，习近平同志在视察武乡时做出的重要指示（即"四个始终保持"）作为太行精神进行论述，从总体上来说，一点儿问题都没有。但我们能否在此基础上更深入点，单刀直入，直切主题，不受什么条条框框的束缚，更具体、集中地进行研究，力求总结出更典型、更有特色、更精炼的太行精神来。如果只是停留在原来的框架之内，大家就没有必要劳师动众再次进行研讨了。笔者试就这一专题总结出几句既朗朗上口，又易于记忆的、概括性的话来。但是否达到了初衷，不得而知。只是作为一家之言，仅供大家参考，甚或批评指正。另外，笔者从数十年来在全国各地搞红色题材展览的角度，想就如何发扬与传承太行精神和红色文化，谈一点儿自己的不成熟想法，如果能为武乡赓续红色基因工作提供些许帮助的话，那是笔者所期待的。

太行精神的提出与讨论已经很久了，但迄今笔者没有看到像红都精神、井冈山精神、延安精神、抗联精神、抗战精神等有一个简明扼要的、高度概括的几句精辟的话总结出来的结论，实为遗憾之事。本文就太行精神几个方面做一简单的梳理，斗胆总结出言简意赅的几句话，来说明太行精神的内容与实质，这只是笔者的一家之言，肯定有不妥或不全面之处，敬请方家不吝赐教为盼！

一、太行精神的提出与论证

我们今天反复提到的太行精神，应该是与以往提出的红都精神、井冈山精神、长征精神、延安精神等是一脉相承的，均为以某一个区域某一特定的历史时期的文化现象或行为轨迹，或者是某一个重大历史事件为基点进行研究和提炼，总结出一种精神。这种精神有自己鲜明的个性特征，甚至有地域性的特点，当然我们也不排除这种精神与其他精神所涵盖的共性。因为一种精神总不是偶然发生的，它既有传承的一面，也有发扬的一面。如早期的红都精神、井冈山精神、长征精神、延安精神、抗战精神、抗联精神等，以及再后来提到的大庆精神、抗洪精神、航天精神等，都是在中国共产党的领导之下，一个接一个产生出来的。

现在我们再回到太行精神上来。我们试想一下，我们提出的太行精神，从地域上讲，就是指纵贯黄河以北到河北、山西北部的太行山脉。从历史大事件来讲，就是全面抗战爆发后，红军主力改编的八路军，东渡黄河开赴抗日前线，八路军总部设置于太行山区，在中共中央的领导之下，最早建立敌后抗日根据地，开展人民游击战争的一系列历史事件。在这个舞台上曾发生了许多威武雄壮的抗日大事件和可歌可泣的英雄故事，例如八路军将士取得的平型关大捷、百团大战的胜利，建立的晋察冀抗日模范根据地，军民团结一致，英勇抗敌，粉碎日军的"围攻"与"扫荡"，八路军和民众建立的亲如鱼水般的深情厚谊及文化抗战等，无不体现出太行精神来。总之，我们就是要从全面抗战时期八路军与太行人民在这里共同抵御外侮的诸多事件中，总结出太行精神来。现就从以下几个方面做一简要梳理并总结出太行精神。

（一）对党无限忠诚和抗战必胜信念是太行精神的核心

全面抗战前不久，中国工农红军才北上到达陕北，七七事变后，抗日民族战线基本形成，国共合作抗战。红军主力改编为国民革命军第八路军（简称"八路军"），当时，红军刚经过了两万五千里长征，武器装备非常落后。但是，在中国共产党的领导下，这些身经百战由红军改编后的八路军将士，怀着对党的事业和祖国的无限忠诚以及抗战必胜的坚定信念，毅然决然地开赴华北抗日前线——太行山区，开创抗日根据地，进行山地游击战争。当时面对武装到牙齿的日军的凌厉进攻和"三个月灭亡中国"的狂妄叫嚣，八路军不畏强敌，首战平型关，天下威名传。不但打出了八路军的军威，也打破了"日军不可战胜"的神话，极大地鼓舞了全国军民的抗战斗志。当时在国内还出现了"亡国论"的调子，但是战斗在太行山区的八路军将士，在中共的领导下，坚持持久抗战，坚信最后的胜利一定属于中国人民！在后来的抗战岁月里，又连续粉碎了日军对晋察冀抗日根据地的疯狂"扫荡"，给穷凶极恶的日军以沉重地打击。在抗日战争进入相持阶段的极端困难时期，八路军总部彭德怀与左权等，又在华北地区组织了百团大战，再次增添了八路军与全国军民的抗战到底的信念和决心，再一次鼓舞了全国抗战军民的士气。

综观八年全面抗战时期太行山地区的抗日斗争，从初期防御、中期相持到后期反攻三个阶段，无不彰显出战斗在太行山区的抗战军民对党的事业和祖国的无限忠诚以及抗战必胜的坚定信念，这是最终战胜日本侵略者的强大精神动力，应该说这也是太行精神的核心。

（二）密切联系群众建立军民鱼水情是太行精神的基石

太行地区的抗战告诉我们，密切联系广大人民群众，建立亲如鱼水般的军民关系，是太行精神的基石，是我们战胜任何敌人和艰难险阻的法宝。八路军组建后开赴太行地区，很快就与这里的人民群众建了亲如鱼水般的亲密关系。八路军也好，改编之前的红军也罢，都是人民的子弟兵，他们来源于广大的人民群众之中，他们深知"人民就是江山，江山就是人民"的深刻道理，所以当抗日的烽火燃烧在太行山上的时候，正是由于八路军将士与人民群众保持着密切的血肉联系，把群众的利益看得高于一切，才会在太行山的千沟万壑之间，筑起了一道抗战的铜墙铁壁。八路军将士视人民群众为自己的衣食父母,把太行山的广大妇女当作自己"恩重如山的太行奶娘"。"人民是靠山,人民是后方,人民是本色,人民是爹娘。"太行人民用小米养育了自己的子弟兵。人民群众中出现了"支前的小车又上山岗,家家户户送军粮,太行青年踊跃参战""母亲叫儿打东洋,妻子送郎上战场"的动人情景。还有如《做军鞋》歌曲中"一双双、一摞摞、一筐筐,手不停、拥军情、支前忙。多做军鞋咱要加油干,支前模范也上光荣榜",这些拥军支前的实际行动,就是最生动的写照。军爱民、民拥军,"军民团结如一人,试看天下谁能敌!""兵民是胜利之本"。这是人民游击战争最终取得胜利的根本保证。

太行山区的抗战实践告诉我们,人民军队只有紧紧地依靠、相信人民群众,始终与人民群众站在一起,把群众的利益看得高于一切,建立鱼水般的军民亲密联系,才能得到人民群众的积极支援和配合,在抗日根据地坚持敌后人民游击战争,才能最终战胜日本侵略者。

(三)百折不挠和知难而进是太行精神的精华

巍巍太行山,屹立在华北平原的西部,犹如大地挺起的脊梁,表现出坚韧挺拔的气概。太行儿女长期生活在此,受其地理环境的影响,早已养成了坚忍不拔的优秀品格。八路军将士们响应毛主席提出的"在山西全省创立我们的根据地"的指示精神,奔赴抗日战场,战斗在太行山上,与强寇搏斗,在高高的山岗上,在密林深处,处处摆开战场。尽管敌强我弱,我们知难而进,不畏强敌,英勇作战,进行游击战争。在抗战烽火的洗礼与熏陶中,锤炼出坚忍不拔、百折不挠的品格,彰显出知难而进、奋发有为的精神风貌。八路军将士们用近乎原始的落后装备,粉碎了日军一次次的"扫荡"和"围攻",战胜了数倍于自己的强大敌人。夜袭阳明堡日军机场,炸毁敌人的20多架飞机,打得日军丢魂丧魄。黄崖洞兵工厂保卫战,打得敌人晕头转向。神头岭上的伏击战,雁门关头歼顽敌。我们正是用坚忍不拔的毅力、不屈不挠的性格,取得了一个又一个战斗的胜利。为了抗击日军,许许多多将士们的鲜血抛洒在太行山上。在日军对我八路军总部进行"扫荡""围攻"之时,八路军的副参谋长左权为保护转移的机关干部和群众，置个人安危于不顾，在日军的轰炸与扫射下中弹捐躯，这是我军抗日战争中牺牲的最高将领。在这些八路军将士身上，体现出的不正是他们坚忍不拔的毅力、百折不挠的品格、知难而进的勇气和与强敌血战到底的英雄气概吗？

（四）艰苦朴素、艰苦奋斗是太行精神的重要因素

艰苦朴素和艰苦奋斗的优良作风，是我们党及其领导的人民军队战胜敌人的法宝之一，也是太行精神的重要因素。太行山区土地贫瘠，本来粮食产量就不高，当地群众食用都不宽裕。又来了许多八路军将士，粮食问题更加凸显。抗战时期本来军民的生活就比较困难，特别是在战争进入相持阶段以后，粮食与物资供应更加困难，所以，抗日根据地积极响应中共中央和毛泽东主席"自己动手，丰衣足食"的号召，普遍开展了大生产运动，主要解决吃饭穿衣的问题。太行区的军民，从将军到士兵，从干部到群众，参与到开荒种地、纺线织布等经济建设中来。他们吃着小米饭，穿着粗布衣，有时连饭都吃不饱，衣服上补丁套补丁，但是他们从不叫苦，也不怕吃苦，自始至终保持着艰苦朴素和艰苦奋斗的作风，充满着革命的乐观主义精神。最终用小米加步枪打败了武装到牙齿的日本侵略者。可以说艰苦朴素和艰苦奋斗是战胜敌人的重要法宝。

（五）文化抗战是太行精神的典型特点

抗日战争时期打击"日本鬼子"，一要靠枪杆子，开展武装斗争；二要靠笔杆子，开展文化宣传，鼓舞军民斗志，起到呐喊助威的作用，二者缺一不可。文化是生产精神食粮的主要阵地，有时一首歌曲、一篇文章所产生的影响，远比一次战斗的作用更大，甚至胜过百千大军。八路军文化在太行地区表现得尤为突出。许多人认知太行，恐怕除了太行山那巍峨的雄姿外，应该是从来自太行区域创作的抗战歌曲开始的。《黄河大合唱》《在太行山上》等著名的抗战歌曲，就是以黄河、太行为背景创作的。许多热血青年和先进的知识分子，也是听到这些激情澎湃的歌曲，奔向太行山区，走上抗日战场的。在某种意义上说，这些抗战歌曲所起到的宣传鼓舞作用是非同小可的。记得曾在太行山区战斗过，后来研究抗战史的知名专家刘

大年先生，在弥留之际对身边的人员说，他去世后，追悼会上就放《在太行山上》这首歌曲，由此可见他对太行山感情是多么深厚，对太行精神又是多么厚爱。究竟以太行山为背景进行创作和直接诞生于太行山的歌曲有多少首？笔者没有统计过，希望有人做这个工作，把这些歌曲搜集起来，编为一本《太行抗战歌曲集》，不但能从中重温太行精神，也能够更好地传承和发扬太行精神。另外，在太行地区创刊的《晋察冀画报》、邓拓编辑的《毛泽东选集》以及各种宣传文章等，对于弘扬太行精神，都起到了很大的作用。所以，笔者认为，太行精神里面应包括文化抗战这一方面。

太行精神的要素还可以总结出一些，但主要有以上几点。如果高度总结一下的话，笔者认为太行精神是否用这几句话进行提炼和概括：太行精神就是忠于党和祖国，坚定胜利信念；密切联系群众，建立鱼水深情；百折不挠抗敌，知难而进取胜；艰苦朴素作风，艰苦奋斗本色；文化抗战典范，思想精髓引领。作为"引玉之砖"，希望能引出更准确、更精炼的"玉"来。

二、太行精神的实践与传承

今天我们挖掘、探讨太行精神，决不能只是为了赶时髦，讨论之后论文集一出了事，这就消减了讨论的价值。我们要以此为基础，大力宣传太行精神，更好地在新时代弘扬与光大这种精神，理论与实际相联系，使其具有更广泛的现实意义。那么太行精神如何与现实相结合呢？笔者简要阐述自己的一点粗浅认识。

（一）首先要搞清楚太行精神的精髓是什么

要简明扼要，言简意赅。能精炼则精炼，不要眉毛胡子一把抓，搞得面面俱到，十分庞杂。在我们国内曾经提出过很多精神，以某一地域为主的如红都精神、井冈山精神、延安精神、太行精神、北京精神等，以重大历史事件为主的如长征精神、抗战精神、抗联精神、抗洪精神、航天精神等。其中有不少内容是属于共性的东西，如忠诚于党、坚定信念、艰苦朴素、艰苦奋斗、不屈不挠、坚忍不拔等，除了这些共性的以外，我们要更深入地挖掘出个性的东西，因为个性的才最直接、最亲切、最典型、最感人，这样才更容易感染人、打动人，也更容易发扬与传承。再者，不论哪一种精神，不要内容太庞杂，某地方搞了一种精神，大家说像大拼盘，什么东西都往里装，这样我们在具体发扬与实践时，就不容易操作。我总是在想，如果能提炼出几句话，甚至几个词、几个字，能把太行精神的核心概括出来即可，不必长篇大论。例如说明中国优秀传统文化的"礼义仁智信、温良恭俭让""忠孝、廉耻"等。这是我衷心希望看到的，这也是我们弘扬与传承太行精神的基础。

（二）要搭建好武乡这个赓续太行精神的大舞台

武乡的红色文化基因非常雄厚，可以说是挖掘红色文化和太行精神的一个"富矿"，就看我们如何去挖掘、开采。我们大致计算一下，抗战时期八路军总部设在这里，可以说这里是八路军的故乡，是华北敌后的指挥中心，是支撑抗战的后方基地。全面抗战时期，仅有14万人口的武乡，参加抗日组织和八路军的就达9万余人，有2.1万余名干部、群众为国捐躯，为抗战的胜利作出了巨大贡献，孕育出了伟大的太行精神。武乡红色文化的例子不胜枚举。但是如何利用这些红色基因，更深入、更系统、更全面地发扬与传承太行精神，还是有一些工作可做的。实事求是地说，武乡在这一方面已经做了大量而富有成效的工作，与十几年前相比，可以说发生了天翻地覆的变化，用"日新月异"这个词汇来形容一点都不为过。但是否未来工作就没有开展的余地了呢？也不是。我认为要做的工作还是很多的。下面简要谈几点个人想法。

（注：因为近几年我没有详细考察过武乡的抗战遗迹，不太了解情况，也有可能所谈已经做过了。在这里特作说明。）

（1）武乡的八路军太行纪念馆，应该说是该地区甚至是整个太行山、晋察冀等区域的综合性纪念馆，对于弘扬八路军文化、太行精神起到了不可替代的重要作用。但我认为：在武乡，如果这个被称作母馆的话，还可以再建立一些子馆。如王家峪、砖壁村、黄崖洞等地。因为这里曾经发生过许多故事。习近平总书记不是说过，要讲好文物背后的故事吗？这些都是不可移动的抗战文物。遗址复原固然很重要，给人一种亲切感。但是在此基础上，或者在其周边，搞一些展馆，讲述一些当年当地发生的动人故事，更容易激发人们的情感。就像在北京的卢沟桥畔建立中国人民抗日战争纪念馆和在李大钊故居旁建立纪念馆陈列厅一样。因为只是原状陈列、旧址复原，其丰富的内涵无法更清楚、更详尽地表达出来。如王家峪八路军总部所在地（当然因敌人"扫荡"等因素，总部的地址可能还有其他处），就把这一阶段，在八路军总部工作和来往的人员，他们所做的工作、发生的事情及彭德怀、左权等指挥的战斗等，做一个展示，岂不是更好吗？有人可能会说，这些在八路军太行纪念馆都已经有所表现了。但在那里这些内容不可能表现得如此详尽。在原址来搞，不但有亲切感，更容易打动观众，内容上还要尽可能详尽地表现与扩容，这里可以展开来谈，实际上也是对太行馆的补充与延伸。

砖壁村有所房子，左权同志曾在这里住过，他唯一的女儿左太北就出生在这里。他的夫人刘志兰尔后带着女儿去了延安，左权有给刘志兰的家书数封，还有他在抗战时期写的军事文章和著作，他协助彭德怀指挥的战斗等都可以在这里得到展现。虽然左权县有个纪念馆，但是我们这里要展示的，不是他一生的事迹，而仅仅是这一段的详细情况展示，这样岂不更好一些。

黄崖洞是八路军的著名兵工厂，这里军工人员的生活状态如何，这里生产了多少武器弹药及其品种和在抗日战场上发挥的作用等。又比如日军来"扫荡"时，八路军依仗黄崖洞有利的地形和自己制造的武器，打了一场漂亮的保卫战，这些都可以在此充分地表现出来。

关于抗战遗址遗迹，这里只是举出几个例子，其实还有很多处，如战斗遗址等，都可以考虑这样搞。此不一一赘述。

（2）可以新建一些纪念馆或博物馆。例如，八路军在太行地区，始终保持与人民群众的密切联系。太行山区的广大人民群众用小米养育了八路军，并且送子、送郎上战场杀敌。八路军爱护、帮助老百姓的事例也比比皆是。如果建一个反映"军民鱼水情"的纪念馆或博物馆（至于馆名可推敲），把太行地区军民鱼水亲情的事例在这个馆里充分展现出来，一是契合习近平同志最近提出来的"人民就是江山，江山就是人民"的主题；二是许多事情就是当代人的前辈做出来的，他们看到前辈人的事迹，一定会更感到亲切，这样也就更容易打动人，更容易发扬前辈的精神，这是太行精神的重要组成部分。

这里只是举个例子，其实还可以结合太行地区的实际情况和战例等，搞一些专题的博物馆，如反映八路军将士艰苦奋斗、艰苦朴素的纪念馆，反映他们赴汤蹈火、英勇杀敌，不屈不挠、血洒疆场的战斗、战役纪念馆。

一个地区可以根据自己的实际情况搞多个馆，也可以叫分馆。四川成都大邑县樊建川先生创建的博物馆聚落，就有38个馆，他的计划是建设100个馆。重庆的红岩精神纪念场馆，就是把几十个馆组合到一起的，我们为什么不可以这样做呢？

（3）在原来场馆或基地的基础上，扩充内容，使其更有活力或参与性。记得武乡县搞了一个青少年的教育基地，或者叫"少年军校"。至于以往是如何搞的，我还没有详细考察。但我想既然叫军校（或者教育基地之类），就可以学习广州的黄埔军校旧址纪念馆，他们利用学生假期搞夏令营或冬令营，一期一期地办，他们将期数连在一起，后来都办到几百期了。还有就是扩充内容，增加青少年的参与性与互动性。可以考虑与拓展训练结合起来，也可以编排一些战斗的打法，组织两军对垒（香山红色大本营就是这么搞的）。如果时间长，还可以搞夜行军、拉练等，锻炼青少年的吃苦耐劳精神，这本身也是对太行精神的发扬与传承，且不只是停留在口头和文字上。

（4）其他有关项目的开发。如果仔细思考一下，还是有一些有关项目可以搞的。例如八路军是由红军主力改编的，八路军是红军的传承，八路军所践行的太行精神也是对红军精神的发扬与光大。譬如，武乡城区就有河流，红军长征时曾"飞夺泸定桥"，按"大渡桥横铁索寒"的诗意进行复原，让大家体验一下也未尝不可。红军北上抗日的长征路上，在云贵川一带有时也会经过藤桥、溜索桥等，不妨搞到水系上面，有什么不可以呢？

记得在重庆市江津区的聂荣臻纪念馆，在一个几乎一圈临长江的山包上，有一个聂帅的纪念馆，有次我受邀参加他们外景区的规划讨论。就有人提出把聂帅生前经历的场景搞个系列复原景观。当然还有人提出搞抗战题材的军事"迪士尼"，充分考虑参与性、互动性、体验性等，有什么不好呢？

最后还有一点需要说明的，去年，我作为4个发起人之一，在北京成立了一个"红色文化与高科技融合发展研究中心"，就是考虑红色文化的展览如何与高科技手段相结合，把展览搞得更有震撼力、更有趣味性，增加观众互动性与参与度。研究中心有一定数量的党史、军史等红色文化方面的顶级专家、学者，还有许多高科技制作公司，是搞红色题材的一支生力军团队。

以上几点只是敝人的粗浅想法，可能武乡县的有关单位和部门已经想到了，或者正在做。不过没有关系的，作为一孔之见提出来，作为参考吧。

（作者为中国人民抗日战争纪念馆研究馆员，原编辑研究部
主任，中国博物馆协会纪念馆专业委员会创始人，
《中国纪念馆》杂志主编）

太行精神的形成及历史地位

田越英

在抗日战争时期，太行地区军民在中国共产党的领导下坚持敌后抗战，英勇奋战，不怕牺牲，给日军以沉重打击，终于取得抗日战争的伟大胜利，也形成了伟大的太行精神。太行精神在中国革命战争和社会主义建设中发挥了重要的作用。今天研究和传承太行精神，对实现中华民族伟大复兴的中国梦仍有重要意义。

一、太行精神的内涵

什么是太行精神？近年来，习近平、胡锦涛等中央领导人在视察八路军太行纪念馆时对太行精神都有诸多论述。

2004年8月15日，李长春在视察八路军太行纪念馆时说："中国共产党人领导太行儿女展现的不怕牺牲、不畏艰险的革命英雄主义精神，是在极其艰苦的条件下展现的百折不挠、艰苦奋斗的精神，是为民族的解放展现的万众一心、敢于胜利的精神，是为人民利益展现的英勇奋斗、无私奉献的精神。"

2005年7月31日，胡锦涛视察八路军太行纪念馆时说："八路军和太行儿女为抗日战争的胜利作出了巨大牺牲和重要贡献。抗日战争中培育的太行精神，凝聚着中国共产党人的优秀品质，凝聚着中国人民的奋斗精神，永远是中华民族的宝贵精神财富。"

2009年5月25日，习近平同志在视察八路军太行纪念馆时说："要结合新的实际，与时俱进地大力弘扬太行精神，坚定正确的理想信念，始终保持对党对人民对事业的忠诚；坚持执政为民的政治立场，始终保持同人民群众的密切联系；锤炼坚忍不拔、百折不挠的品格，始终保持知难而进、奋发有为的精神状态；坚守党的政治本色，始终保持艰苦奋斗的优良作风，为推动经济社会又好又快地发展提供强大的精神动力。"①

概括起来，太行精神就是以毛泽东、朱德、彭德怀、刘伯承、邓小平、聂荣臻、徐向前等老一辈革命家为代表的中国共产党人，把马克思主义理论与中华民族的优良传统和中国革命具体实践相结合而形成的民族精神，是以太行地区为核心的抗日根据地军民在中国共产党领导下，在坚持敌后抗战中，用鲜血和生命谱写的爱国主义和革命英雄主义精神。太行精神的实质和内涵就是不怕牺牲、不畏艰险；百折不挠、艰苦奋斗；万众一心、敢于胜利；英勇奋斗、无私奉献。

二、太行精神的形成

太行精神是怎样形成的？

从1937年8月，八路军东渡黄河，开赴山西抗日前线开始，直到1945年8月中国抗日战争胜利为止，八路军及太行人民在党的领导下与日伪军进行艰苦的八年全面抗战，并取得抗战胜利，在这个斗争过程中逐渐形成了太行精神。

（一）在对日军作战中形成了太行精神

八路军开赴山西抗日前线后，进行了一系列作战，首战平型关、设伏雁门关、奇袭阳明堡、神头岭伏击战等，打出了八路军的雄威。

相持阶段，1939年11月的黄土岭战斗击毙日军"名将之花"阿部规秀中将。1940年8月至1941年1月进行的"百团大战"，八路军共作战2174次，歼灭日伪军5万余人，极大地鼓舞了中国人民的抗战斗志。1943年10月韩略村伏击战，全歼日军"战地参观团"，其中少将以下军官120多名。

①习近平视察八路军太行纪念馆时的讲话(2009年5月25日)。

从1942年11月至1945年4月，八路军对日伪军进行了长达两年半的沁源围困战，先后作战2700多次，毙伤日伪军4000多人，创造了"敌后抗战的模范典型"。

八路军将士前赴后继，浴血奋战，有力地打击了日军的疯狂进攻，大量地杀伤并牵制了敌军，有效地迟滞了日军对中国全境的侵略，极大地鼓舞了全国人民的抗战热情，谱写了中华民族万众一心、同仇敌忾的光辉抗战篇章，形成了太行精神。

八路军将士英勇奋战，无数先烈血洒太行。从1937年10月到1944年10月，根据地一二九师主力部队对日伪军作战共19777次，毙伤日伪军120241人；太行区民兵自卫队共作战33716次，毙伤俘伪军11409人。在八年的全面抗战中，八路军将士付出了巨大牺牲，牺牲了左权、叶成焕、李林等众多的八路军将士，据不完全统计，晋绥军区指战员牺牲1.3万多人，晋察冀军区指战员牺牲7.1万多人，晋冀鲁豫的太行区和太岳区将士牺牲1.3万多人。他们为太行山脉增添了血染的风采，为太行精神注入灵魂。

（二）在抗日根据地的建设中形成了太行精神

八路军东渡黄河，开赴抗日前线，八路军总部和中共中央北方局长期驻扎在太行山区，领导和指挥敌后抗日军民建立了晋绥、晋察冀、晋冀鲁豫等抗日根据地。对根据地进行政权建设和经济建设，对发动群众、壮大抗日力量、坚持敌后抗战起了重要作用，也形成了太行精神。

在根据地进行政权建设，实行了"三三制"，调动一切抗日力量。1939年冬到1940年春，中国共产党在太行根据地建立民主政权的工作中，开展了大规模的村选运动，创造了生动鲜活、直接有效的选举办法，如画圈法、画杠法、画点法、投豆法、烧洞法等，以适应识字不多或不识字的农民。从1941年开始，又在广大的敌后根据地建立起共产党员占三分之一、非党左派进步分子占三分之一、不左不右的中间派占三分之一的具有统一战线性质的"三三制"抗日民主政权。这不仅保证了根据地各种抗日力量的联合，而且实现了根据地人民群众的当家做主，是中国共产党在新民主主义革命阶段在局部地区执政的有效尝试和探索。

同时，也进行经济建设，减租减息，大生产运动。在抗日战争最艰苦的岁月里，面对敌人的"扫荡""围剿"以及严重的自然灾害，中国共产党积极组织军民一边战斗一边生产，开展生产运动和纺织竞赛。从八路军的总司令、部队首长、地方干部到普通战士，都和老百姓一道艰苦奋斗，开荒种地，纺线织布。一二九师师长刘伯承给全体官兵提出"白天多干事，晚上少点灯"的要求，而且自己坚持"一张纸用四次"。政委邓小平办公室里就有一台纺线车，他有空时就带头纺线，穿的是自己动手缝制的灰土布棉衣。

根据地政府为减轻群众负担，大力发展集市贸易，鼓励发展小商品经济，实行统一累进税，整理村财政，反对贪污浪费等，把人民利益时刻放在第一位。这里没有出现上尊下卑的封建社会气息，只有百折不挠和艰苦奋斗的精神。正如当年美国战地记者深入太行根据地采访时说的，"（这里的）官员们像农民一样穿着棉布衣裤，像农民一样说话，像农民一样生活。他们基本上就是农民。从他们身上看不出他们与普通人有什么两样。他们也不称作'长官''老爷'，甚至也不称作'先生'"。在抗战期间，正是因为中国共产党广泛发动群众抗日，时刻为人民着想，与人民荣辱与共，所以才赢得人民群众的拥护与衷心爱戴。

在太行山区遇到前所未有灾难的1942年，一二九师与太行人民生死与共，同舟共济。刘伯承、邓小平、杨秀峰在黎城和涉县一带，亲自动手，与当地人民一起修建了漳南大渠，浇灌沿途4000多亩土地。"黎城四桥"（伯承桥、小平桥、秀峰桥、省贤桥）是八路军一二九师和边区政府为了抵御旱灾，组织黎城上遥等10多个村的民工修建的11千米漳北引水渠上的桥梁，是当年太行地区党政军民共同克服困难的象征。

1943年，蝗灾紧随旱灾又席卷太行全部以及太岳大部，方圆几十里的蝗虫遮天蔽日，地面庄稼顷刻间一扫而光，仅太行区就有23个县879个村庄的27万亩庄稼被蝗虫吃掉。面对空前的蝗灾，共产党、八路军想群众之所想，急群众之所急。中共中央北方局、八路军总部决定，把战胜灾荒作为晋冀鲁豫边区1943年的中心任务，号召党政军民紧急动员起来，开展生产自救。太行区、太岳区同时成立了各级救灾委员会，组织安置灾民，实行粮食调剂。八路军部队主动以野菜果腹，节约粮食救济灾民，还积极帮助群众开展生产，兴修水利，开垦荒地，组织灭蝗。晋冀鲁豫边区党政军民在开展的大规模的灭蝗运动中，创造出"火把阵""长蛇阵""响铃阵"等新的灭蝗方法，战胜了自然灾害。

同时重视科技兴农，组织科学种粮。一二九师生产部部长和边区政府农林局局长的张克威作出了突出贡献。张克威是从美国留学归来的农业科学家，他设法从太谷县教会学校弄到1千克美国的"金皇后"玉米种子，经过试种后推广，提高了玉米产量。他还让妻子爱琳娜通过美国友人弄到了西红柿种子，经过培育后在华北地区推广。

邓小平在1944年11月召开的太行区第一届杀敌英雄和劳动英雄大会上，用4句话总结了太行新英雄主义：听党话、有觉悟、能吃苦、懂科学。所有这些都融入并形成了太行精神。

（三）在与人民群众的血肉联系中形成了太行精神

在根据地，共产党实行了解放妇女、精兵简政、减租减息、发展生产等符合实际的政策和改革措施，把农民引向进步和幸福，这是以往历史上没有的，因而得到广大农民的拥护。八路军始终和人民同呼吸、共命运，这是根据地立于不败之地的根本原因。

中国共产党人凭着与人民群众共患难的情怀，同人民群众结成了密不可分的鱼水关系。而太行精神就是共产党人在任何时候都把群众利益放在首位的亲民精神，展现出为人民利益不顾一切困难、艰苦奋斗、无私奉献的典范。

在抗战中，八路军将士和根据地人民谱写了百折不挠的英雄华章，铸就了中华民族英勇不屈的太行魂。他们血战沙场，并肩作战，人民军队和人民群众结下了深厚的鱼水之情，凝聚起全民抗战、共同杀敌的坚强力量。八路军将士和老百姓休戚与共，同仇敌忾，涌现出无数的支前模范和太行山母亲，许多群众为了掩护八路军战士而付出自己的生命，不少将士为了群众的安全而壮烈牺牲，把生命永远留在太行山上。

1942年2月春节期间，敌人纠集武乡县的4000多名日伪军，疯狂向大有镇扑来。为了掩护大有镇附近50多个村庄的老百姓安全转移，八路军太行军区第三军分区的司令员郭国言进行严密部署，亲自指挥部队投入战斗。他率部打退敌人一次又一次的疯狂冲锋，恼羞成怒的敌人用密集火力狂轰滥炸，稠密的炮弹呼啸而来，瞬间硝烟弥漫，弹片横飞。突然，一颗炮弹飞来，年仅29岁的优秀指挥员郭国言不幸中弹，壮烈牺牲。

1943年，敌人纠集了200多名日伪军向枫子岭发动袭击。担任八路军太行军区第二军分区第三十团政委的马定夫果断下达战斗命令："同志们，我们的口号是：有我们就有群众。我们决不能让群众受到鬼子的伤害！"马定夫带领部队顽强地抵抗敌人的进攻，直到枫子岭的1000多名干部和群众安全转移。马定夫在这次战斗中腹部中弹，年仅29岁的他因伤势过重不幸牺牲。为了永远怀念这位太行抗日英雄，太谷县将枫子岭村改名为"马定夫村"。

八路军英勇善战，打仗为民，为掩护和保护群众，不惜牺牲自己，还把铁的纪律带到老百姓的心中。八路军在行军打仗时往往露宿野外，不打扰当地群众。平时住在老百姓家，总是帮助群众挑水、扫地、种田。偶尔碰坏个碗，走时就悄悄地把钱放在碗底或压在炕头。《三大纪律八项注意》执行得一丝不苟。在根据地，军民更是一家亲。八路军给灾民发贷款，给病人看病，给妇女接产。当时，太行根据地的人民，只要一听说朱德、彭德怀来了，一听说八路军来了，心里就踏实了，信心就增加了。

根据地人民群众正是从八路军将士身上，看到了中国共产党以人民利益为重的高尚品格，从而紧紧地团结、凝聚在中国共产党的周围。他们倾其所有，真诚支持八路军，为抗日部队送情报、救伤员、做被服、做战勤、送子参军。

"子弟兵的母亲"胡春花送军粮、做军鞋、抬担架、洗血衣，把自己全部的爱都献给了八路军，献给了抗击侵略者的人民战争。1941年著名的黄崖洞保卫战打响，胡春花带领一支由当地妇女组成的担架队，一次一次地从战场上救下伤员。武乡县的李改花，先后送3个儿子参加了八路军，并叮嘱他们要"精忠报国";监漳镇的暴莲子,组织和带领妇女做军鞋、缝补军衣、站岗放哨、护理伤员,因其爱兵如子的举动,她被誉为"八路妈妈"。另外,还有一批"太行奶娘"也广为人知,她们冒着全家人被日军砍头的危险,用自己的乳汁哺育了一批在疆场杀敌的八路军将士的后代。

正是这种共产党、八路军与人民群众的血肉联系,战胜了任何艰难险阻,铸就了共同抵御侵略者的铜墙铁壁,保证了抗战的胜利,也形成了太行精神。

三、太行精神的地位和作用

随着解放战争的不断胜利,晋冀鲁豫军区部队出太行、越过陇海线,挺进大别山,从山西一路向南再到大西南,后来又参加抗美援朝战争,同时也随着南下干部支援各个解放新区,太行精神被带到了全国各地,发挥了巨大作用,也影响着今天的部队建设。

举一个眼前的例子。解放军驻吉林某部合成旅,它的前身就是太行军区的部队,是由一二九师太行军区第三军分区十四团和第五军分区三十四团,以及第二军分区三十团组成的晋冀鲁豫野战军第三纵队第八旅发展而来的。旅部有一支英雄连队,叫"马定夫爱民模范连",就是出自太行军区,是以抗日英雄、爱民模范马定夫的名字命名的。马定夫为掩护群众安全转移,而壮烈牺牲。消息传来,他的家乡山西榆社县和他的牺牲地山西太谷县的120人组成的"定夫复仇连",被编为三十团三连,太行二分区将该连命名为"马定夫爱民模范连"。此后,这支部队参加上党战役,千里跃进大别山,西南剿匪,入朝作战,立下赫赫战功,先后荣获了"战斗团结爱民模范连""剿匪爱民模范连"等荣誉称号。在和平建设时期,这支部队也一直传承着爱民的精神,曾被原沈阳军区授予"扶贫致富模范连"荣誉称号,李德生同志为该连题词"继承先辈志,永远爱人民"。

太行精神不仅在部队传承、国防和军队建设中起了重要作用,也在社会主义建设中传承、发挥着重要作用。中华人民共和国成立初期,全国各行各业都有来自八路军的干部,都有从太行山走出来的干部。他们以身作则把太行精神带到全国各地，带到各行各业，推动着社会主义现代化的建设和发展。

太行精神是井冈山精神、长征精神、延安精神的延续和传承，与后来的西柏坡精神及中华人民共和国成立后在保卫国家安全和社会主义建设中形成的众多精神都是一脉相承的，是中国共产党的精神谱系之一。太行精神对实现中华民族伟大复兴的中国梦仍有重要意义和作用。

（作者为军事科学院研究员）

试述太行精神与其当代价值

王宗仁

内容提要：抗日战争全面爆发后，在国家和民族处于生死存亡的关键时刻，中国共产党领导的八路军和太行儿女在极其艰苦的斗争中形成一种反帝反侵略的爱国主义精神，这是千百年来中华民族精神的积淀和延续，一直激励着中华儿女顽强拼搏。中华民族在抗战中形成的宝贵精神财富，凝聚着中国共产党人的优秀品质。太行革命根据地是中国革命史上的一座丰碑。一大批老革命家不为名、不图利，全心全意为人民服务，为民族解放事业作出了重大贡献，是中华民族精神的集中体现。新时期，人们的价值观选择面临着巨大挑战，弘扬太行精神对青少年价值观的形成至关重要。缅怀革命先烈、重温抗战历史，明确太行精神的科学内涵，对加强党的建设、培养和践行社会主义核心价值观具有重要的历史意义和现实意义。

关键词：抗日战争；太行精神；当代价值

太行山位于山西省东部、河北省西部、河南省黄河以北部分的西南部，它是中国东部地区的重要山脉和地理分界线，也是黄土高原的东部分水岭。纵贯南北、峭壁如林，居高临下、易守难攻，系历代兵家必争之地，是中日两军博弈的重要战场。太行精神是中华民族在太行地区抵御日本帝国主义侵略的集中体现，与抗战时期的延安精神、抗战精神、东北抗联精神有着共同的初心和信仰，亦是中华民族抗战精神的伟大象征和典型代表。太行精神既是对中华民族传统精神的传承和延续，也是对中华民族传统精神的发扬光大，更是对中华民族抗战精神的诠释和全面升华。太行精神是以八路军为代表的抗日根据地军民用生命和鲜血铸就，在太行山长达一千多里的敌后战线上孕育出来的。这种精神使一大批优秀的太行儿女敢于担当、甘于奉献，将初心变为恒心，把使命视为生命，支撑起抗日军民的抗战意志，极大地鼓舞根据地军民持久抗战的决心，为最终夺取抗战胜利起到了巨大作用。在新的历史条件下，深刻认识和领会太行精神的内涵，认真传承和大力弘扬八路军和太行儿女的英勇善战精神，不忘初心，对弘扬太行文化，传承红色基因，鼓舞广大人民群众砥砺前进，有着重要的现实意义。

一、太行精神在中华民族的紧要关头孕育而生

(一) 不怕牺牲　不畏艰险

太行军民为抵御外敌入侵而表现出不怕牺牲、不畏艰险的英雄气概。在日军对太行地区多次疯狂"扫荡"的烽火硝烟中，太行儿女挺身而出，面对强敌威武不屈，发扬不怕苦、不怕死的革命精神，与敌人拼死决战，保障了根据地的建设与发展。一是太行根据地的军民团结奋斗、一致对外，面对强敌绝不后退，坚决斗争到底，取得了多次"反扫荡"胜利，粉碎了敌人围追堵截，巩固了太行根据地的政治基础、经济基础和文化基础。自1937年抗战全面爆发后，日军对太行地区进行长期的"扫荡"，妄图封锁根据地，切断八路军与人民群众之间联系，进而实施"六路围攻""八路围攻""九路围攻"，均被我抗日军民击退。二是太行根据地军民针对敌人的"囚笼"政策与疯狂"扫荡"，采取多路出击、重点打击等手段，成功地保卫了抗日根据地，并使之不断发展壮大，成为敌人的眼中钉、肉中刺。于是，日军不断修筑碉堡、公路、铁路，并依托交通线，形成"囚笼"，将根据地分割包围；使用残酷的"三光"政策，对根据地进行反复"扫荡"，以期消灭八路军和根据地人民。为此，太行军民积极行动，发起交通破袭战，以反"分割"方式迂回应对敌人。同时太行民兵组成战斗小组，深入敌军腹地，破坏敌人交通、桥梁、通信设施，夺取物资，开展灵活机动的游击战争，成功粉碎了日军"囚笼"政策。三是在太行根据地发展的过程中，

始终伴随波澜壮阔的群众性游击战，出其不意地打击敌人。太行人民不怕牺牲、不畏艰险，成为八路军兵力的主要来源，同时也成为抗日战争的重要主体。在抗日战争中，太行民兵充分发挥自身优势，以地雷战、麻雀战、破袭战、地道战等游击战形式，积极配合八路军正规作战，不断地打击日本侵略者。

（二）百折不挠　艰苦奋斗

太行军民在反击日军经济封锁的残酷斗争中，表现出百折不挠、艰苦奋斗的革命意志。太行根据地是华北地区最重要的敌后根据地之一，由于《何梅协定》的签订，国民党取消在河北及平津的党部，撤退驻河北的东北军、中央军和宪兵第三团，极大地削弱了统一战线力量，给中国人民团结抗战造成很大破坏。日军实施"治安强化运动"，加大对太行根据地的军事"扫荡"和经济封锁，国民党顽固派假抗战真反共，不断制造军事摩擦，加之自然灾害频发，使抗日军民生存环境异常恶劣。但在中国共产党领导下，太行军民以坚强的意志，与天斗、与地斗、与敌斗，开展自己动手、丰衣足食的生产运动，自力更生，发展生产，实现根据地生活保障的自给自足。

（三）万众一心　敢于胜利

太行社会各界万众一心、一致对敌、敢于吃苦、敢于胜利的精神品德，为抗战的胜利奠定了坚实的基础。中国共产党领导太行人民开展游击战争，是巩固和发展抗日根据地的根本保证。全体太行儿女团结在党的周围，执行党的正确路线，坚定敢于胜利的信心。在中国共产党的领导下，以抗日救国思想武装人民。太行根据地建立之初，中共中央将一二九师化整为零，以"军化民"的方式发动群众，扩大抗日武装力量，开展游击战争，以坚定抗战胜利为目标，筑牢了太行军民万众一心的思想基础。中国共产党代表广大人民群众的根本利益，在根据地建立民主政权，真正实现由人民当家做主，在实现民主政权"三三制"建设的同时，开展大规模的村选运动。这一政治措施缓解了阶级矛盾，最大限度地团结各阶层群众共同抗日，打下了万众一心的政治基础。在中国共产党英明领导下，太行儿女取得无数次战斗胜利，有力地打击了敌人嚣张气焰，在不断巩固和发展太行根据地的实践中，坚定了对这场战争必胜的信心。

（四）英勇奋斗　无私奉献

太行军民在抗击日军侵略的过程中表现出英勇奋斗、无私奉献的革命情操。在中国共产党的领导下，八路军将士英勇善战，人民群众支援抗战、无私奉献。在太行军民身上体现出的高尚情操，是抗战胜利的强有力精神支撑。在严峻复杂的局势下，八路军依靠人民群众，发挥地缘优势，开展游击战，歼灭大量敌人，为夺取抗战胜利奠定坚实基础。据不完全统计，从1937年至1944年，我党领导抗日军民在晋察冀、晋冀鲁豫、晋绥三大抗日根据地共进行大小战斗6万余次，其中晋冀鲁豫边区的太行、太岳区共歼灭日伪军18万人。

在抗日战争中，太行人民以无私奉献的精神积极支援前线，奉献出大量的人力、物力、财力。一是太行根据地广大青年积极参军参战，成为主力部队的重要兵源。二是太行人民在解放区极其艰苦的条件下，做到“有钱出钱，有力出力”，为前线供应大量粮食、布匹、武器、弹药和生活用品。三是太行人民承担起战勤保障工作，如抬担架、运物资、带路、送信及抢救、看护伤病员等，使八路军的战时后勤得到可靠保证。中国共产党领导的军队是人民军队，共产党指挥的战争是人民战争，共产党建立的政府是人民政府。八路军是中国共产党领导的人民军队，从成立之时起，就在党的旗帜下，集结了太行地区众多中华民族的优秀儿女，忠诚于信仰、忠诚于组织、忠诚于国家、忠诚于人民，是一支革命的军队。

二、太行精神光芒闪耀，矢志不渝铸就辉煌

太行精神是中国共产党人领导太行儿女展现的勇敢顽强、不畏艰难的革命英雄主义精神，是百折不挠、艰苦奋斗的革命精神，是为人民利益而勇于牺牲、乐于奉献的精神，是几千年来中华民族精神的积淀和延续。在新时代推进振兴发展的关键时期，更加需要弘扬伟大的太行精神，为太行精神赋予新的时代内涵，凝聚起中华民族伟大复兴的强大精神动力，对新时期价值观的构建具有重要的现实意义。

（一）坚定政治信仰　担当时代使命

人有了信仰，才有理想和奋斗目标，也就有了精神和力量。如果没有信仰，就会失去灵魂的支柱。信仰是崇高的精神力量，有了伟大的信仰，就会努力使自己成为具有高尚思想境界和道德品质的人，不断地追求自己的理想。战争年代打胜仗依靠党的领导和信仰的力量，新时期发展经济、建设国防也要依靠党的领导和信仰的力量。首先，信仰是一面旗帜，旗帜就是形象，形象就是榜样。作为一名普通人或一名共产党员，在这面旗帜的指引下，要做有益于党的事，有益于社会进步的事，有益于人民的事。人民群众的要求和利益从根本上代表着人类整体的要求和利益，这与历史发展的基本要求相一致。其次，信仰是对人生观、价值观和世界观的选择，是人们对未来的向往和追求，一旦形成就会成为支配活动的精神动力。共产党员信仰马克思主义、共产主义，都应将其熟知并铭记在心。对马克思主义、共产主义的信仰，对中国革命胜利、中国特色社会主义的信念，对党和人民事业必定胜利的信心，是共产党人的政治灵魂，是中国人经受住任何考验的精神支柱。再次，中国站在新的历史起点，开启了一个新的时代，新时代有新特点、新要求，面对新的时代特点和实践要求，共产党员更应该牢固树立信仰，把学习掌握马克思主义理论作为坚守阵地的本领。筑牢信仰之基，夯实信仰之核，就是要炼就世界观之真。习近平总书记曾指出："理论上清醒，政治上才能坚定。坚定的理想信念，必须建立在对马克思主义的深刻理解之上，建立在对历史规律的深刻把握之上"。[1]马克思主义的科学理论，是坚定信仰的理论支撑。只有加强学习，武装头脑，深刻掌握和理解马克思主义理论，才能正确认识和把握人类社会发展的客观规律，才能使共产主义的信仰建立在科学理解的基础之上，思想根基牢固，信仰才能坚定。坚持和发展马克思主义，不断地从马克思主义中汲取智慧和力量，才能保持对远大理想和奋斗目标的追求热情。实现共产主义是我们共产党人的最高理想，而这个最高理想是需要一代又一代人接力奋斗的。坚定"四个自信"，道路自信是对发展方向和未来命运的自信，理论自信是

---

①习近平在庆祝中国共产党成立95周年大会上的讲话（2016年7月1日）。

对马克思主义特别是中国特色社会主义理论体系的科学性、真理性的自信，制度自信是对中国特色社会主义制度具有制度优势的自信，文化自信是对中国特色社会主义文化先进性的自信。有了自信才能去相信，才能坚定共产主义信仰。

（二）重温抗战历史　缅怀革命先烈

回顾历史，缅怀先烈。八路军在国家和民族危亡的紧要关头挺身而出，在敌我力量悬殊等重重困难中，自觉肩负起民族独立和解放的重任，英勇抗战，直至胜利。共产党与八路军在压力与挑战面前不畏艰险，迎难而上，矢志艰苦奋斗，永葆政治本色。继承八路军将士甘于吃苦、无私奉献，心系群众的革命精神，始终保持军民一家亲。哪里有群众，哪里就有八路军，他们把人民放在心中最高位置。八路军坚持八年浴血奋战在太行山上，用生命、鲜血和钢铁般的意志，依托有利地形，特别是依靠广大人民群众的拥护与支持，同日本侵略者展开殊死搏斗。在极其艰难、复杂、曲折、险恶的斗争环境中，形成了难能可贵的太行精神。

（三）崇尚英雄　坚定信念

崇拜革命英雄，坚定理想信念。我们要怀着满腔热血瞻仰人民英烈的赤诚之心，追忆在太行革命斗争中涌现出来的革命先辈和波澜壮阔的重大历史事件，深切感受太行军民英勇杀敌的革命斗争精神，铭记他们为中国革命做出的重大牺牲。1945年4月24日，毛泽东同志在《论联合政府》报告中指出："成千成万的先烈，为着人民的利益，在我们的前头英勇地牺牲了，让我们高举起他们的旗帜，踏着他们的血迹前进吧！"因此，坚定的理想信念，必须建立在对马克思主义的深刻理解之上，建立在对历史规律的深刻把握之上。马克思主义的科学理论，是坚定信仰的理论支撑。在《为人民服务》中，毛泽东同志把坚定理想信念，从伦理学角度提到了前所未有的高度："为人民利益而死，就比泰山还重；替法西斯卖力，替剥削人民和压迫人民的人去死，就比鸿毛还轻。"每一次胜利都是用战士的生命换来的。在清明节或烈士纪念日即将到来的时刻，我们该如何继承烈士遗志、拿什么告慰先烈英灵，这个问题是国家、民族的信仰问题。祖国是人民最坚实的依靠，英雄是民族最闪亮的坐标。我们明白从哪里来、到哪里去的问题，从而坚定不忘初心的理念，坚定前进的步伐。要像英雄先烈那样，怀着远大理想，英勇无畏、视死如归，充分证明自己对信仰、对理想信念的忠诚。赵一曼在就义前，敌人劝她投降，她大义凛然地回答："打倒日本帝国主义，坚持反（伪）满抗日斗争，还需要投降吗？"不仅如此，她在就义前写给儿子的遗书中号召儿子继续斗争。

（四）以史为鉴 资政育人

宣传是根本，教育是关键。教育青少年从现在做起、从小事做起，将爱国精神、革命精神发扬光大，让青少年从小树立起一个明确的奋斗目标，永远传承太行精神。引领他们鼓起勇气，迈出坚定的步伐，为新时代中国特色社会主义而努力奋斗。发扬艰苦朴素的工作作风，让青少年学会珍惜生活，增添勇气和力量，不畏困难，迎难而上。鼓励后人为国家建设事业创造出令人瞩目的成绩，不能认为享受安逸的生活对他们来说"理所应当"。摆在他们面前的同样是一项伟大而艰巨的任务——将祖国建设得更加富强，赢得世界每一个国家的尊重。不忘初心、牢记使命。不要忘记我们曾经被日军铁蹄践踏，那是一段痛苦的血泪史，我们决不能让痛苦的历史在青少年身上重演。爱好和平，不能屈服于战争。太行地区开展的研学活动，采取走出去、请进来的方式，特别是将中小学课堂与抗战遗址相结合，进行见习教育，达到以史为鉴、资政育人的目的。通过一幅幅历史图片、一件件真实的历史遗物、一篇篇翔实的资料和一段段讲解员精彩生动的解说，让青少年从小感受爱国主义教育和国防教育意识，深刻了解抗战历史。少年儿童是我们国家的未来，希望他们不要忘记今天的幸福生活来之不易，永远跟党走，热爱祖国，热爱和平，努力学习，铭记中华民族的顽强不屈。把国家命运与青少年紧密地联系在一起，将他们锻炼成一个对社会有用的人。

（五）铭记历史 圆梦中华

中国梦，是全体中国人民的梦，是对未来的展望和期待。对历史的铭记，就是铭记八路军和太行儿女为伟大复兴付出的高昂代价。一位革命老前辈在回忆时说:"人生的荣誉,没有比忠实地做了有益于人民的事业,为人民所信任更高的了。"听了这一番话,看到老一辈革命家用过的一纸一笔、一枪一弹,革命先烈们为抗击日军,为了中华民族的解放而抛头颅、洒热血的英雄壮举历历在目。国难当头,英烈辈出。八十多年前,中华民族曾经遭受日本帝国主义的蹂躏,中华大地上传诵着让敌人闻风丧胆的英雄事迹,诸如杨靖宇、彭雪枫、左权、佟麟阁、张自忠等无数革命先烈、仁人志士,每一个名字背后都有一段可歌可泣的英雄故事;每一个故事,都是一曲荡气回肠的爱国之歌,他们为抗日战争流尽了最后一滴血。英雄的丰功伟绩至今被人传颂,伟大的太行精神为中华民族精神注入了新的元素和更为丰富的内涵,这种不畏强敌、团结御侮、浴血奋战、坚忍不拔的太行精神,将是我们建设中国特色社会主义、实现民族复兴的强大动力,也将永远是中华民族的精神财富。我们每一个中华儿女都应该永远铭记抗日战争的历史,铭记中华民族的顽强不屈。广大党员、干部和青少年,要牢记人民利益高于一切原则,不忘恪尽职守、践行初心的历史使命,发扬太行精神,在经受困难考验、战胜风险挑战中不断开辟前进道路、创造光荣业绩,目的是让国人铭记历史,圆梦中华。实现中华民族伟大复兴,让祖国繁荣富强,就是中华民族近代以来最大的梦想。

(六)弘扬太行精神 传承红色基因

太行精神是我们阔步向前的强大精神动力。武乡县八路军太行纪念馆是爱国主义和国家国防教育基地,是追溯革命足迹,缅怀先辈功绩,传承红色基因,体会红色文化独特魅力的综合性基地。武乡县八路军太行纪念馆是我们永远学习的场所,这里收集着人类的记忆;这里抵御着岁月的剥蚀;这里珍藏着民族的灵魂;这里记录着时代的变迁。一是该馆系统全面反映八路军八年全面抗战的革命史实,在艰苦卓绝的抗战时期,八路军总部先后5次进驻武乡,在王家峪、砖壁等地驻扎536天。1937年9月,八路军一一五师、一二〇师、一二九师分别东渡黄河奔赴山西抗战前线,山西成为八路军总部和三大主力师所在地,也是抗击日本侵略者的前沿阵地。彭德怀、左权、刘伯承等老一辈无产阶级革命家在这里指挥打响了长乐战役、关家垴战役、百团大战等对日作战6368次。当时武乡县人口不足14万，就有1.46万人参加了八路军，2万余人牺牲或被杀害，谱写了"山山埋忠骨，岭岭皆丰碑"的壮烈史诗。仅有40万亩土地的武乡县，八年捐赠军粮240万石，武乡小米养育了八路军，至今当地仍流传"小米加步枪，好米在武乡"的俗语。二是太行人民与八路军共同铸就了伟大的太行精神，他们不屈不挠，顽强拼杀，取得了抗日战争的全面胜利。武乡县八路军太行纪念馆是国家级一级博物馆和AAAA级旅游景区，以大量图片、实物、雕塑、油画、木刻以及声光电多媒体投影等全方位、多角度展示了八路军及华北根据地人民英勇抗战的情景，主展区有八路军简史厅、八路军将帅厅、日军侵华暴行厅等。武乡县八路军文化园是用静态展板体验式高科技手段，再现了八路军抗战史实的大型主题公园；大型实景剧《再回太行》再现了八路军和太行儿女同仇敌忾、浴血奋战的感人情景。武乡县八路军太行纪念馆是传承红色基因，开展党风廉政建设和红色文化研学教育的基地。

三、弘扬太行精神的时代价值

太行精神是中华民族革命历史文化的重要组成部分，是我们坚持文化自信、建设文化强国的重要资源。对太行精神的继承和弘扬，具有不可替代的时代价值。弘扬太行精神有助于加强中国共产党政治建设、思想建设、组织建设、作风建设。抗日战争时期，太行精神凝聚着中国共产党的优秀品质与优良传统，是党实事求是思想路线和为人民服务宗旨的生动体现，也是党宝贵的精神财富。今天在全面从严治党的背景下，加强党的建设，提高党的先进性、纯洁性、革命性，就是要利用优秀的思想文化资源，大力继承和弘扬太行精神，结合太行精神的科学内涵，教育广大党员干部和人民群众，坚定理想信念，践行革命精神，不断地推进党在新时代迈上新征程。弘扬太行精神有助于培育和践行社会主义核心价值观，社会主义核心价值观是内化于心、外化于行的思想理念，它与太行精神内涵具有一致性。

首先，太行精神体现了中华民族的传统美德。要以加强社会主义精神文明建设为目标，以潜移默化的方式为手段，大力弘扬太行精神，这与构建社会主义核心价值观是相辅相成的。太行精神作为一种信仰力量，对价值观的形成具有支撑作用。太行精神在新时代有新时代内涵，也有历史的厚重感，更有新时代的鲜活性。通过对太行精神的弘扬，有助于对社会形成一种凝聚力与感召力，从而使全体中国人民始终保持一种积极向上、继续奋斗的革命精神。坚信并践行社会主义核心价值观，党员干部责无旁贷，心里有信仰，脚下有力量。

其次，立足新时代，贯彻新思想，展示新作为。弘扬太行精神有助于提升公民道德文化水平。太行精神作为全民抗战的革命精神，它既是社会主义先进文化的组成部分，又是中华优秀传统文化的体现，弘扬太行精神更是社会主义民主政治进步的表现。将其潜移默化地渗透到当今社会的方方面面，内化为人们潜意识中的一种道德认知，又有利于规范大家的思想意识和行为举止。因此，在新时期继承和弘扬太行精神，有利于摆正人们的道德观念，提升公民的道德文化水平。

再次，弘扬太行精神有利于增强与时俱进的理论品质。将太行精神与新时代价值观融合发展，"要保持过去革命战争时期的那么一股劲，那么一股革命热情，那么一种拼命精神"。"我们决不能也决不会躺在过去的功劳簿上"，要勇于变革、勇于创新、勇于胜利，充分展现今天的共产党人在战胜困难面前的那么一股劲。战争年代，老一辈靠这股劲压倒一切强敌顽寇，突破枪林弹雨，表现出"血战到底的气概"。这股劲，已沉淀为千千万万党员的精神本色，书写在中华民族的精神史册上，珍藏在中华民族的精神记忆之中。今天，虽然我们远离了战火硝烟，不需要时时冒着流血牺牲的危险；告别了饥馑岁月，不需要勒紧裤带过日子。但我们要坚持"不动摇、不懈怠、不折腾"，永远保持"那么一股劲"，饱经忧患、历尽沧桑的党就一定能够继续生机勃发，活力无限。

尽管岁月消磨，尽管历史变迁，尽管物是人非，但太行精神永存。太行精神是革命先辈留下的宝贵精神财富，是中华民族独特的精神标识，是当今时代坚定文化自信的重要源头。在新时期加大对太行精神的关注与重视，突出其时代价值，让太行精神在中国大地，生根、发芽、开花、结果，意义重大。

（作者为东北抗联研究会秘书长）

左权将军是父亲王政柱的恩师、
母亲罗健的救命恩人

——纪念左权将军牺牲80周年、回忆八路军总部在山西

王 延

一、从延安奔赴抗日前线

1915年10月15日，父亲王政柱出生在湖北省麻城市顺河集镇西张店银树湾村，1930年10月参加红军，1933年3月入党。1935年7月调到红四方面军总指挥部任参谋，直接跟随徐向前总指挥行动，11月12日被调到红军总部（总司令朱德，总参谋长刘伯承）任作战参谋。1936年4月2日，作战科科长黄鹄显调红三十军任参谋长，父亲接任科长。1936年12月9日，在陕北保安县（今志丹县），父亲担任长征胜利后合并的中革军委一局一科（作战科）科长，1937年元旦后，父亲带领4名参谋给毛主席清理文件（第一次见到毛主席），1

图1　王政柱参军后第一张照片，1936年4月摄于四川甘孜

图2　1937年3月，摄于延安凤凰山，赴红军大学学习前，时任中革军委一局一科科长

图3　王政柱抗大二期毕业证书

罗健（1923.10.18.—2014.10.21.）

1923年10月18日生于安徽省宿州市，1937年7月参加革命，1938年5月入伍，1939年6月入党。

抗日战争时期任八路军总部机要员，解放战争时期任第一野战军司令部机要秘书。

建国后，任中国人民志愿军西海岸指挥部司令部秘书组长，海军南海舰队政治部离退休办主任，总后管理局师职离休干部（享受副军职医疗待遇）。

1955年荣获三级独立勋章，三级解放勋章。1988年被授予独立自由功勋荣誉章。

2014年10月21日，在北京病逝。

图4　罗健简历

月13日，跟随毛主席到达延安凤凰山。3月，父亲被调到红军大学（后改为抗大）第二期三队学习。

全面抗日战争爆发后，父亲提前毕业，被分配到陕西泾阳县云阳镇红军前敌总指挥部任作战参谋（科长黄鹄显）。8月25日，中央军委正式公布国民革命军第八路军领导班子组成，红军前敌总指挥部改编成八路军总指挥部。9月6日，父亲陪同总司令朱德、副参谋长左权、政治部主任任弼时和副主任邓小平从云阳镇出发，开赴抗日前线。9月11日，国民政府下达命令：八路军改称第十八集团军（习惯上仍称"八路军"）。9月15日，总部到达韩城以南的芝川镇，父亲即着手了解黄河水深、水流，不会游泳的父亲扶着马背做过河试验。16日早上，人员和行李乘船，骡马则泅渡，16时，全部到达黄河东岸的山西省万荣县荣河镇，父亲在渡黄河中细致的工作作风得到首长好评。

母亲罗健，安徽宿州人，1923年10月18日生。抗战爆发后即中断初中三年级学业，参加战地服务团，1938年5月，参加豫东游击队，1939年3月，到达延安，赴抗大五期女生队学习，6月，由她的排长郝治平（罗瑞卿大将夫人）介绍入党，9月毕业，先留校，后赴抗日前线实践，1940年4月，被分配到山西武乡王家峪八路军总部机要科任译电员。母亲到总部后，由于文化底子好，

图5　王延在王家峪八路军总部机要科母亲罗健当年工作过的旧址

天资聪明，加上勤学苦练，不仅熟练掌握译电业务，还学会收发报，深得左权信任。

二、八路军总部在山西

只读了半年私塾的父亲，为了提高文化水平，从参军后记日记，一直记到去世。2000年10月，父亲汇编出版了日记式回忆录《烽火关山（战争年代记事）》和文集《战地黄花（回忆与怀念）》，对八路军总部的战斗历程都有详细记载，也记载了他在山西长达6年的抗战生涯。

1937年9月19日，总部到达侯马，即登上同蒲铁路上的火车，让父亲难忘的是这是他第一次坐火车，还是在车上和朱总司令等首长一起过中秋节。21日到达太原，与中央军委副主席周恩来和八路军副总司令彭德怀会合。23日，从太原北上，到达五台县城东北的南茹村（驻30天），朱、彭、左等首长即电令一一五师向灵丘出动，侧击由灵丘来犯之日军。25日，一一五师在平型关（灵丘西）首战告捷，歼灭日军1000余人，击毁汽车百余辆，第一次显示八路军神威。父亲说团以上行动必须报总部批准，平型关大捷充分显示朱、彭、左等首长的指挥才能，他们对伏击战的各个环节考虑非常周到。

在南茹村发生一件让父亲终生难忘的事情，因五台县地处山区，夜晚气温急降，左权到作战科看望大家，发现父亲被子很薄，抵不住风寒，回去就让警卫员景伯承送来一条毯子，父亲坚决不收，景伯承解释说，副参谋长本来想把他的大衣一起送给父亲用，要父亲一定收下。父亲夜间盖上毯子，内心充满感激之情。

平型关大捷后，总部向南转移，10月24日到达盂县以西的白水。11月8日，总部召开石拐会议，确定创建以太行山为依托的晋冀豫抗日根据地。后经榆社、沁源、安泽等地，于12月30日到达洪洞县的马牧村（驻51天）。总部在马牧村指挥一二九师在晋东南打了三个大胜仗，即长生口、神头岭和响堂铺伏击战，其中响堂铺伏击战被称为经典战例。1938年2月20日，总部经安泽县城、刘垣村和屯留县西村等地，于1938年3月15日进驻沁县东南小东岭。4月，一二九师取得"反日军九路围攻"胜利。5月23日，总部到达沁县南底水（驻69天）。7月，父亲被任命为作战科副科长。7月7日，总

图6　1938年，王政柱于八路军总部转移途中。所戴皮帽和穿的军大衣均为缴获日军战利品

部在南底水村召开抗战一周年纪念大会，两万余群众参加。8月8日进驻屯留县故县镇，共驻135天，其间12月，中央军委决定成立八路军前方指挥部，简称"前指"，习惯上仍称"总部"，总指挥朱德，副总指挥彭德怀，参谋长左权，野战政治部主任傅钟、副主任陆定一，后勤部部长杨立三，罗舜初接任作战科科长。前指成立后，总部有更大的指挥空间，朱、彭、左等首长开始策划大的作战行动，即后来发动的百团大战。12月27日，总部到达潞城县北村，共驻近200天。1939年6月，罗舜初调山东根据地，父亲接任科长。

1939年7月15日，总部第一次进驻武乡砖壁（先后进驻四次），驻扎了

近3个月，于10月11日进驻武乡王家峪（长达一年时间）。左权把家安在砖壁，直接指挥在砖壁的作战科。1940年4月12日，中共中央通知朱德回延安工作，23日，父亲在王家峪送别朱老总后，到设在武乡上北漳的中共中央北方局党校学习3个月。8月20日，百团大战（原名为"正太铁路破袭战"）正式发动，指挥中心设在砖壁作战室。8月22日下午两点，有超强记忆力的父亲，把参战105个团的名字和所在战区，一字不差地向彭、左两位首长报告，彭老总打断父亲的话说：不管一百多少个团，就叫百团大战吧。这就是百团大战的来历，阳泉市百团大战纪念馆专门制作了蜡像，配上声音，更生动地再现当年情景。

1990年，为纪念百团大战发动50周年，父亲撰写了一本回忆录《百团大战始末》，详细且全面地介绍发动百团大战的前因后果。百团大战充分证明中国共产党领导的八路军是抗战的中坚力量，到今天仍在有力驳斥敌对势力对我军"游而不击"的诬蔑。

图7　1990年百团大战发动50周年，王政柱撰写的《百团大战始末》

1940年10月5日，总部离开王家峪，经砖壁（第二次进驻，到14日）、西井镇、拴马、宋家庄，于10月24日返回砖壁（第三次进驻，到11月4日），后经南大林口，于11月8日进驻辽县（今左权县）武军寺（驻236天），1941年7月1日，进驻辽县麻田镇。1942年5月，"五一"反"扫荡"，日军集中两万兵力围攻麻田，5月23日，总部和北方局撤离麻田，

图8　父亲保存唯一和左权合照

25日，左权参谋长在麻田十字岭壮烈牺牲，26日，彭老总率司令部、北方局到达砖壁（第四次进驻），父亲则率司令部部分人员和北方局党校向太行军区第二分区（榆社、和顺地区）转移。6月17日总部回到麻田，一直坚持到1945年8月15日抗战胜利，在麻田共驻扎1457天。

父亲和母亲是1943年3月7日离开麻田回延安的。父亲说，成立八路军前线总部是党中央、毛主席下的一盘大棋和妙棋，就是要总部在华北抗日前线的第一线，直接指挥八路军三个主力师和三个根据地（晋绥、晋冀鲁豫和晋察冀）与日本侵略军开展游击战，进行持久战。为什么总部一直在山西转战，这是因为山西有太行山腹地，群众基础好，利于开展游击战，实现统一战线条件好。阎锡山本质是反共的，经周副主席和朱、彭老总的统战工作，为保住山西老巢，他不得不联合八路军抗日。父亲说抗日战争的斗争形势非常复杂，八路军面对的不只是强大凶残的日军和以汪精卫为代表的汉奸伪军，还要对国民党顽固派掀起的反共高潮进行坚决斗争，包括国民党河北省主席鹿钟麟、保安司令张荫梧、民军司令朱怀冰等顽固派不断制造摩擦，进攻根据地，屠杀抗日军民，最终都被彻底粉碎。总部不断转移，主要是为了反"扫荡"和规避日军偷袭，父亲在日记中对每次转移路线都有详细解说。

父亲在党的十一届三中全会后复出，担任军委原总后勤部副部长。20世纪80年代，父亲先后四次到山西，其中三次是回武乡等地，参观王家峪、砖壁和潞城北村等八路军总部

图9　王政柱回武乡。1985年10月12日，于山西武乡王家峪八路军总部旧址。前排右起：旧址纪念馆馆长王照骞、王政柱、罗健、杨新明

旧址及左权县的麻田、武军寺等旧址,还有一次是利用下部队机会,先去五台南茹村,后南下沿当年转移路线到了石拐、马牧村等地,每到一地都要瞻仰朱、彭、左等首长旧居。每次经过太原,山西省领导都亲自接见,省里和各地区党史办负责人除亲自陪同参观,还多次到北京总后找父亲,研究总部旧址保护和修复工作。由于父亲是当年总部转移行军路线和驻地的谋划者,山西的省、地、市、县都非常尊重父亲的意见。

鉴于总部转移经过地有几十处之多,父亲提出重点保护原则,标准是长驻,司令部、政治部、后勤部都有完整办公地点。行军路过地、宿营地一律不能称总部旧址(朱、彭、左等首长住过的房子可以按旧居保护)。父亲建议南茹村(进入山西第一个长驻点)、潞城北村、砖壁、王家峪、武军寺、麻田等由省里负责修复,父亲被王家峪、麻田等旧址聘为顾问,父亲向上述旧址提供了他亲自绘制的当年驻扎示意图。后来我的母亲还把父亲的遗物捐赠给太行和麻田八路军纪念馆。马牧村、南底水、故县镇等旧址,由所在地市进行修复和妥善管理,现在都成为红色教育基地。

三、左权是父亲的恩师

从八路军成立到左权牺牲,父亲在左权身边工作五年,朝夕相处、寸步不离。左权文武双全,父亲从心底佩服,视左权为老师和兄长,左权忘我的工作和学习精神深深感染了父亲。两人性格相似,脾气都极好,非常投缘。彭老总性格刚毅,原则性极强,批评人不讲情面,脾气很大,发起火来除了左权谁也劝不住。父亲回忆说:"彭老总一生对三个人从不发火,就是朱德、左权和习仲勋,他们以柔克刚,中和了彭老总的暴脾气。朱老总德高望重,彭老总一直非常敬重。左权处理问题水平很高,彭老总非常欣赏他的才能。"父亲有一次问彭老总为什么从不对参谋长发火,彭老总说我找不出(对左权)发火的理由。碰到彭老总发火,左权从不顶撞,等彭平静后再慢慢沟通,两人无话不说,亲密无间。如在关家垴战斗中,最后彭老总听从左权的建议停止强攻,事后一二九师师长刘伯承说:"要不是左权,我们流的血会更多。"

　　左权从一开始就非常信任父亲，对他重点培养。首先从提高父亲文化水平入手，他给父亲讲了很多成语和典故。接着提高父亲的写作水平，先是起草电报，父亲每写一份电报都经参谋长修改。1940年，左权要求作战科每个同志向《新华日报》和内部刊物《华北战讯》投稿，左权说："做参谋工作的人，既要能武，也要能文。"在左权帮助下，1941年1月19日，《百团大战中交通站之胜利》一文发表在《华北日报》上。当报社送来稿费时父亲发了愁，因稿子是参谋长一字一句修改写成的，但交给参谋长肯定被拒收，最后把稿费用作值班夜餐费。写作水平提高后，左权又把工作报告和总结报告交给父亲写。在军事技能方面，左权亲自带领父亲和作战科一起投弹、射击和爬山等，进行军事训练。在左权帮助下，父亲掌握绘制地图的本领，侦察完地形后就能画出地图，让首长们看了一目了然。我至今保存着父亲留下的一个蜡烛台，在八路军总部转移途中，父亲点着蜡烛后，左手举着蜡烛台，右手拿着木棍，指着地上和墙上他画的地图，向首长们汇报

图10　父亲从抗战时期开始使用的蜡烛台

行军路线和作战计划。在左权帮助下，父亲成为称职和得力的参谋人员，被彭老总称为"活字典""活地图"。

　　左权与刘伯承一起编译了《苏联工农红军的步兵战斗条令》。左权对八路军从严治军，在司令部工作中制订了不少条令条例，使游击战逐步向正规化发展，中华人民共和国成立后对我军建设仍有指导意义。他注意培训工作，不断提高参谋人员业务水平。他坚持精兵简政，坚持司令部只设科，不设部、处（参谋处长是虚职），一竿子捅到底。母亲罗健生前回忆在八路军总部有两件事使她终生难忘：一是总部从发现敌情到转移不超过30分钟；二是回复下级电报请示不超过一刻钟。轮到母亲值班时，她把电报译好交

给值班参谋，再交给作战科科长，父亲找左权一起到彭老总办公室，两位首长研究的同时，父亲把回电起草好，首长签字后即由机要科发出，因此作战效率极高，这些都是在左权参谋长领导下长期养成的结果，今天的军改整编，正是发扬我军的光荣传统和优良作风。左权是我军军工生产的开创者，他和彭老总一起亲自选址创建了黄崖洞兵工厂。左权亲自组织指挥黄崖洞保卫战，总部特务团以伤亡166人的代价，毙伤日军1000人，战损比即1比6，创造八路军最经典的战例和反"扫荡"模范战斗。

左权牺牲是父母亲一生的最大伤痛，除左权对父亲的培养教育关怀外，还因为在"五一"反"扫荡"中，左权亲自拉着母亲突围，是母亲的救命恩人。

四、左权牺牲的真实情况

1942年5月1日，日军华北司令官冈村宁次指挥5万余日伪军，在飞机、坦克掩护下对冀中进行"拉网式"大"扫荡"（称"五一"大"扫荡"）。19日，日军集中2万多人对八路军总部和北方局实行疯狂的"铁壁合围"。23日，总部和北方局从麻田开始向东转移，24日到达山西、河北、河南三省交界的南艾铺地区。25日清晨，由南艾铺向北转移途中，于上午10时被日军飞机发现，遭到狂轰滥炸，顿时人仰马翻，队形大乱。彭老总立即和左权、政治部主任罗瑞卿、后勤部部长杨立三紧急决定分路突围，司令部、北方局仍按原方案沿清漳河东岸向北转移，野战政治部向东（武安方向）、后勤部向东北（黄泽关、羊角方向）分三路转移。

由于总部特务团（团长欧致富）主力被派到黄崖洞保卫兵工厂，司令部只留下一个加强警卫连（连长唐万成），加上政治部、后勤部各一个连，总兵力不足400人。左权命令父亲和唐万成带一个加强排保护彭老总先突围出去，彭老总不肯，左权对彭老总说："你的突围路线王科长都安排好了，你是大局，你在八路军就在，你突围出去就是胜利，我直接指挥机关突围就行了。"彭老总还是不肯，左权命令父亲和唐万成指挥战士把彭老总强行扶上马先突围出去，他亲自带领司令部和北方局向西北突围。

母亲原名罗秀珍，从小体弱多病，参加游击队后，为行军点名方便，改名罗健，意思是要成为健健康康的游击队员，直到1944年4月生我之前，在延安中央医院做产前检查，发现患有先天性心脏病，还得过肺结核，才知道自己体弱的原因。转移刚开始，母亲就掉队了，左权见状，拉着母亲跑在前面，其他六名女机要员紧随其后。左权决不让机要员落入敌手，一旦密码泄露，八路军将会遭到灭顶之灾。跑着跑着，母亲脚一滑掉到路边深沟里，左权反复向上拉母亲都没有成功，便让他的警卫员郭树保跳进沟里，把母亲推上来。母亲对左权说："我实在跑不动了，你先带领大家走，不要因为我影响大家。"左权对母亲说："现在三面都被敌人包围了，只剩向北一条大路可走，千万不要走小路。你原地不动，我一会派人来接你。"到十字岭山脚下，左权命令司令部一位老红军原路返回找到母亲，把母亲拉着拖上山，他紧接着下山去找另外一位失散的同志。下午两点多，母亲到了山顶，看见30多米远的左权，就跑上前报到，话还没出口，只见一轮炮弹袭来，左权对大家高喊："卧倒！卧倒！"随手把身边的一个小战士按倒，这时北方局学员都上了山顶，大都是非战斗人员，没有作战经验，动作太慢，等大家都卧倒后左权才卧倒，慢了半拍，当场壮烈牺牲。

父亲先后写了《向左权同志学习》（1962年6月2日，在海军直属机关纪念左权同志牺牲20周年大会上的讲话）、《可亲可敬的首长和老师》（1980年5月载于湖南人民出版社出版的《怀念左权同志》文集）、《名将左权将军》（载于1986年3月5日《解放军报》）等多篇纪念文章，他的日记和当年写的总部突围经验教训总结报告，记载了左权壮烈牺牲的经过：

（一）左权牺牲的时间和地点

左权牺牲时间是1942年5月25日下午2点半至3点，当时没有表，是根据太阳位置看时间，因此对时间判定会有不同。地点在十字岭，左权牺牲处立的石碑至今保存完好。当天中午，总部派出的侦察警卫分队和当地民兵同敌人先头部队接触，约下午2时，十字岭右前方（东面）不到2000米的山头被日军占领，我们想夺回这个山头已无兵可用。影视作品中左权中敌机投弹牺牲是不真实的，应是日军发射的山炮炮弹。正如彭老总对左太

图11　王政柱、罗健在十字岭祭拜左权将军

北说的:"你爸爸一定知道,那次敌人打的第一颗(轮)炮弹是试探性的,第二颗(轮)准会瞄准跟着来,躲避一下还是来得及的。可你爸爸为什么没有躲避呢? 要知道,当时的十字岭正集合着无数的同志和马匹,你爸爸不可能丢下部下,自己先冲出去,他是死于自己的岗位,死于对革命队伍的无限忠诚啊!"左权中弹是日军从东面这个山头向十字岭山顶发射的山炮炮弹。

（二）左权为什么牺牲在十字岭

总部分三路突围,必经十字岭山顶然后分路,上午经敌机轰炸队形被打乱后,一部分人不知道改为三路突围。牺牲的同志大都是往小路或附近山上跑时,遭遇三面合围日军的毒手。到了十字岭的同志也不知道下一步去向,左权就像交警一样在岔路口指挥着大家。为什么左权不派其他人在十字岭指挥呢? 当时左权在十字岭牺牲时,身边除新入伍8天的警卫员小张外,无一兵一卒。左权中弹前推倒的正是他的警卫员小张,使他毫发未损。司令部其他同志都被左权派出去执行突围任务,警卫连的其他三个排(共四个排)都派出去掩护和断后,老警卫员郭树保也被派到山下。行进至山腰,左权发现牛皮文件包不见了,估计背带因年久老化断掉,同时发现挑着机密文件箱的挑夫没有跟上来,左权命令郭树保去找,郭树保认为危险时刻他绝不能离开首长,提出让新兵小张去找。左权坚定地说:"党的机密比什么都重要! 你熟悉情况,他还是新战士,不要为我担心,相信你能完成任务!"郭树保只好服从命令,后来知道左权牺牲,他内疚了一辈子。

在突围中,左权至少有三次安全撤离的机会,其中有两次是唐万成带兵要掩护他走。最后一次机会是下午两时许,彭老总一行翻过十字岭到北边山脚下,彭老总和父亲担心左权的安全,命令唐万成带一个班去接应。

唐万成返回十字岭山顶找到左权，唐万成反复劝说，拉着首长的手要求立即跟着他突围，但左权坚决不答应，看着北方局党校的学员正沿着南坡往山上爬，左权用枪顶着唐万成的头说："我有我的职责，绝不能离开战斗岗位！你赶快去追赶彭老总，把彭老总安全护送到小南庄。"唐万成含泪执行命令，左权再次放弃了保护自己的机会。父亲说："左权发现占领东面山头的日军正炮击并用机枪扫射我上山队伍，他才决定最后撤离。"

（三）谁是左权牺牲的见证人？左权遗体由谁掩埋？遗物由谁带出

1982年5月，为纪念左权将军牺牲40周年，中央、山西和河北等地的电台、电视台先后到原总后勤部采访父亲，父亲说他不是左权牺牲的见证人，罗健是见证人。便把母亲叫出来和大家见面，母亲才说出了藏在心中的秘密，边说边哭，记者们无一不落泪。母亲说，"山顶上几十位在场的北方局党校学员也是左权牺牲的见证人。"

左权牺牲后，女同志们哭声一片。慌乱时，北方局党校学员李锡周（时任后勤部、政治部保卫科副科长，中华人民共和国成立后任海军南海舰队后勤部政治委员）出面领头，指挥大家继续突围。这时枪炮声不断，母亲跟着党校学员们一起下山。李锡周找来另外两位职务最高的军队学员李克林（时任山西决死队四纵队团参谋长，中华人民共和国成立后任原济南军区司令部顾问）和穰明德（时任一二九师新编第十旅政治部主任，中华人民共和国成立后任湖南省政协副主席），与警卫员小张一起把左权遗体抬到僻静处，找来简易工具挖坑掩埋，用土盖好后，再用树枝和杂草进行伪装。他们四个人带着左权的遗物和佩枪，于26日清晨赶到清漳河畔的小南庄，父亲把他们四人带进彭老总住的屋子。彭老总是午夜前到的小南庄，前面突围出来的同志已告知左权牺牲的消息。彭老总面对窗户，背对

图12　左权的佩枪。1959年10月，王政柱捐献给中国人民革命军事博物馆

大家，悲极无语、潸然泪下，彭老总是硬汉，父亲第一次见到彭老总哭。当递上左权遗物时，彭老总把手枪推给父亲说："你和左权相处五年，亦师亦友，感情最深，这把枪就由你保存，留个纪念吧。"

这把德国造的3号左轮手枪原来是国民党东北军一〇九师师长牛元峰的佩枪，1935年11月，在直罗镇战役中，牛元峰被红军包围后举枪自杀，枪被我军缴获。父亲带着这把枪继续参加抗日战争、解放大西北和抗美援朝战争，1959年国庆十周年，军事博物馆征集文物，父亲把枪和左权送的毛毯一起捐献给军博。这把枪和朱老总的佩枪都作为军博一级文物，在军械馆常年展出。其他遗物，彭老总派专人送到延安，交给左权夫人刘志兰。

1942年6月17日，总部回到麻田，立即与北方局一起为左权、张衡宇（北方局调研室主任）、何云（《新华日报》分社社长）等同志举行追悼会。

父亲生前重视对我的革命传统教育，使我有幸认识在八路军总部工作过的老前辈。1965年2月，父亲任南海舰队常务副司令，家住湛江霞山区，我刚好在哈军工上学放寒假回到家里。父亲带我到赤坎区南海舰队后勤部，专门看望了一位海军大校，就是李锡周政委。父亲让我叫李伯伯，因为他的年纪比父亲还大。他们相谈甚欢，父亲说当年彭老总表扬李锡周关键时刻挺身而出，保护了左权遗体，我顿时对李伯伯肃然起敬，李政委则说因时间仓促又没有工具，埋的太浅。父亲说日军撤走后，彭老总组织小分队到十字岭把左权遗体抢运到砖壁，麻田追悼会后，左权遗体装棺入殓，临时下葬。1942年10月10日，在河北涉县石门村举行5000人参加的公祭大会，左权遗体被安放在烈士公墓内修建的左权将军墓，1950年10月21日，左权遗体被移到正式建成的晋冀鲁豫烈士陵园安放。

（四）反对日本军国主义宣传

20世纪90年代，我看到一篇报道，说的是日军特别挺进队偷袭八路军总部成功，在十字岭打开左权棺木，对遗体进行拍照，然后掩埋好并敬礼致敬，说什么这是军国主义精神，尊重敌方遗体。父亲听后气愤地对我说："都是日本军国主义的宣传，野心不死！一个挺进队就能成功，日军还需要派两万多人吗？左权在十字岭牺牲根本没有棺木掩埋，左权牺牲消息是6月

2日对外公布的（日军已撤退），日军路过十字岭即使挖出遗体，也不可能知道是谁的（如果知道肯定会带回去领功请赏）。日本帝国主义在南京制造大屠杀，对我根据地实行"三光"政策，往水井里下毒、对地道施放毒气等，能讲礼貌吗！"

近年来在正史和老一辈回忆录中根本找不到的"益子挺进队"等说法，在影视作品中被大量编造和宣传，网络中还经常出现日本"鬼子"当年侵华的照片资料。我们要提高警惕，不要替日本帝国主义做宣传，绝不允许日本军国主义复活。

五、左权牺牲和总部突围的经验教训

彭德怀元帅在他的《自述》中讲了戎马一生中的四次败仗，即红军时期的赣州战役、抗日战争中的关家垴战斗、解放战争中的西府战役和抗美援朝中的第五次战役（六十军一八〇师遭重创），讲了一生中最痛心的两件事，即八路军总部突围左权在十字岭牺牲和毛岸英在朝鲜大榆洞志愿军总部遭空袭牺牲。这六次失利，除赣州战役父亲不在外，其他五次失利的经验总结报告都是彭老总指示父亲写出的，彭老总告诉父亲绝不能把走麦城说成过五关。

父亲写的《"五一"反"扫荡"总部突围的经验教训》摘录如下：总部、北方局机关转移人员过于庞大，不仅增大目标，行动也十分笨重。八路军总部司令部、野战政治部各约500人，后勤部（含军工部、机关工厂）2000人，骡马约800头（转移前确定工厂职工及工厂设备就地疏散隐蔽，没有认真执行），北方局（包括党校、《新华日报》）约400多人，合计约3500人。加上转移地点属于太行之巅，山高路险，交通闭塞，光山秃岭，隐蔽条件差，目标暴露。事先没有分散，确定分路突围时，敌人合围已成。总部开始转移时，确定总部特务团的任务是，除以小部队沿白晋铁路破袭敌人后方交通外，团的主力担负保卫黎城黄崖洞兵工厂任务，没有考虑部队掩护问题。以为像过去一样，机关避一避就可以，机关警卫部队，司令部只有特务团一个加强警卫连，政治部一个政卫连，后勤部一个勤务连，再无其他部队。

二十世纪八九十年代，欧致富（原广州军区副司令员）曾两次到北京家中看望父亲，交谈中欧司令说："彭老总当时认为日军'五一'大'扫荡'重点还是兵工厂，让我坚守黄崖洞，准备打好第二次保卫战，忽视了总部和自身安全，如果调一个营回总部就好了。"父亲说："左权感到总部势单力薄，建议提前转移向一二九师靠拢，彭老总没有同意，认为会把敌人引向一二九师，给刘邓增加压力。等日军直奔麻田，调你们已经来不及了，便速发报让一二九师增援，离得最近的七六九团与日军合围部队遭遇进行阻击，未能按时赶到南艾铺。"去年某电视剧出现失实的剧情：左权在麻田突围时向欧致富团长布置阻击日军任务，实际欧致富团长当时在黎城，不在麻田。一起陪同彭老总先突围的作战参谋柴成文将军，与父亲来往很多，一见面的话题就是回忆总部突围。柴成文对父亲说，"麻田突围时司令部贯彻左权指示最坚决，把最宝贵的电台全部深埋（向延安报告左权牺牲和延安回电都是通过一二九师电台）。后勤部没有认真执行总部要求，舍不得丢下马匹和设备，结果行动迟缓造成重大损失。"父亲对柴成文说："1948年4月26日，在西府战役中，西北野战军（简称"西野"）

图13 王政柱与柴成文在罗马尼亚访问。1981年9月，中国军事友好参观团访问罗马尼亚。右1王政柱、右3罗健、右4柴成文、右6柴成文夫人于乔

一纵和二纵攻克胡宗南最大的后勤基地宝鸡，缴获了大量军用物资。28日，胡宗南部裴昌会兵团和马家军八十二师驰援宝鸡，企图包围歼灭西野。紧

急时刻彭老总大声喊道：'王政柱，忘了麻田突围左权牺牲的教训了吗？赶快命令一、二纵把战利品全部销毁！'一、二纵坚决执行彭老总命令，烧掉包括一万多套军服在内的军用物资，迅速撤离摆脱了敌人。"最近我看了柴成文回忆录，除左权遗物由郭树保带到小南庄交给彭老总有误外，其他都很准确。父亲与郭树保接触也很多，1992年5月25日，左权牺牲50周年时，曾一起陪左太北到邯郸烈士陵园祭拜左权将军。唐万成（原菏泽军分区司令员）到北京看望父亲时，说起在十字岭没有把左权带出突围时懊悔无比。我先后看过李锡周和李克林回忆录，今年7月，穰明德的女儿穰李华把她父亲的回忆录发给我，他们三位前辈和母亲一样，是左权牺牲真正的见证人，左权在十字岭壮烈牺牲的光辉形象，永远刻在他们脑海里，牢牢记在他们心中。

2022年是左权将军牺牲80周年，左权将军为什么至今被大家深深怀念？

图14　左权牺牲50周年，到邯郸祭拜左权将军。照于晋冀鲁豫烈士陵园，左起：左太北、郭树保、王政柱、罗健、左江

图15 1992年5月，左权牺牲50周年，深圳电视台和特区报采访王政柱，采访清样《一提左权就流泪》

父亲生前说过的两段话回答这个问题。每年左权牺牲纪念日父亲都会对我说："没有左权，你的母亲不可能突围出去，就不可能有你、你弟弟、你妹妹三个孩子，永远不要忘记今天的幸福生活是怎么来的。"1962年6月2日，父亲在纪念左权将军牺牲20周年报告会上说："左权是我敬重的首长和老师，在'五一'反'扫荡'突围中，他上救彭老总，下救机要员和战士，他时刻想着别人，想着部下，唯独没有他自己。左权顾全大局，从不考虑个人得失，他把自己的一切甚至生命都献给了抗日战争和中国人民的解放事业，用行动证明他是真正的共产党员。我们要永远学习左权将军，永远怀念左权将军！"

（作者为原海军驻航天二院总军事代表、高级工程师、专业技术大校）

太行精神产生的思想渊源

董江爱

毛泽东同志指出："统一战线和武装斗争，是战胜敌人的两个基本武器。统一战线，是实行武装斗争的统一战线。而党的组织，则是掌握统一战线和武装斗争这两个武器以实行对敌冲锋陷阵的英勇战士。这就是三者的相互关系"。[①]太行精神的产生与毛泽东思想的指导密不可分，无论是团结抗日的统一战线思想，还是依靠群众的人民战争思想、独立自主的游击战争思想和以弱胜强的持久战思想，都为中国共产党领导的八路军和太行人民在太行山区的革命实践提供了正确指导，成为太行精神产生的重要思想渊源。

一、团结抗日的统一战线思想

习近平总书记指出："在那个血雨腥风的年代，抗击侵略、救亡图存成为中国各党派、各民族、各阶级、各阶层、各团体以及海外华侨华人的共同意志。在中国共产党倡导建立的以国共合作为基础的抗日民族统一战线旗帜下，地不分南北，人不分老幼，全国人民义无反顾投身到抗击日本侵略者的洪流之中"。[②]这种团结一致、共同对敌的精神就建立在中国共产党

[①]毛泽东：《毛泽东选集》(第二卷)，人民出版社，1991，第613页。

[②]习近平在纪念中国人民抗日战争暨世界反法西斯战争胜利69周年座谈会上的讲话(2014年9月3日)。

提出的抗日民族统一战线的基础上，是中国共产党统一战线理论的成功运用。

抗日战争爆发后，"以毛泽东为代表的中国共产党人，运用马克思主义有关统一战线思想理论的基本原理、基本观点和基本立场……结合中国抗日战争时期的国内具体情况，建立了抗日民族统一战线，创造性地运用和发展了马克思主义的统一战线理论，科学地解决了中国抗日战争时期的一系列重要的问题"。①抗日民族统一战线理论是抗日战争时期动员千百万民众共同抗日的重要理论支撑，中国共产党在抗日民族统一战线理论的指导下，积极动员太行抗日根据地群众，建立抗日武装力量，逐步形成了抗日民族统一战线，出现了各阶层、各党派联合抗战的新局面，为抗日战争的胜利奠定了重要的群众基础。1937年9月1日，毛泽东同志在《中日战争爆发后的形势与任务》的报告中明确指出："当前的形势是日本开始大规模进攻，中国开始全国性的抗战阶段，中日战争是持久战，全党要为充实和坚固抗日民族统一战线而斗争，要为动员一切力量，实现全面的全民族的抗战和争取抗战胜利而斗争"。②

（一）统一战线是中国共产党的抗日策略路线

在抗日战争时期，日本帝国主义企图吞并中国的侵略行径，震惊了全中国乃至全世界，中国政治生活中的各阶级、阶层、政党以及武装势力，重新改变了他们之间的相互关系，民族革命战线与民族反革命战线，正在重新改组中，因此中国共产党的策略路线是"在发动、团结与组织全中国、全民族一切革命力量基础上，去反对当前最主要的敌人日本帝国主义以及汉奸卖国贼，无论什么人，什么派别，什么武装部队，什么阶级，只要反对日本帝国主义及汉奸卖国贼，都应该联合起来开展神圣的民族革命斗争，将日本帝国主义驱逐（出）中国，打倒日本帝国主义的走狗在中国的统治，取得中华民族的彻底解放，保持中国的独立与领土的完整，只有建立最广泛的抗日民族统一战线（下层的与上层的）才能战胜日本帝国主义及其

---

①陈扬：《论毛泽东抗日民族统一战线思想的基本特征》，《党史博采》（下），2018年第10期。
②《毛泽东文集》（第二卷），人民出版社，1993，第8—9页。

走狗"。①

（二）统一战线体现了中国共产党的原则性和灵活性

毛泽东同志在《统一战线中的独立自主问题》中指出："用长期合作支持长期战争，就是说使阶级斗争服从于今天抗日的民族斗争，这是统一战线的根本原则。在此原则下，保存党派和阶级的独立性，保存统一战线中的独立自主。"②就太行山区而言，抗日战争时期，各党派、各团体都在这一地区活动，人员庞杂、抗战形势多变，坚持抗日民族统一战线非常重要且必要。为了更好地团结山西抗日力量，中国共产党积极与阎锡山合作，建立了山西牺盟会，并成功吸引了各党派和各地民众的广泛参与，为拯救中华民族危机提供了坚实的组织基础。同时，为了更好地开展抗日救亡工作，薄一波等人创造性地运用中国共产党的统一战线思想，在山西领导牺盟会过程中，戴阎锡山的"帽子"，做共产党的事情，把原则性与灵活性有机地结合起来，创造性地执行了党的抗日民族统一战线政策，为山西乃至整个太行山区的抗战创造了极为有利的条件，对全国抗战也产生了积极影响。

（三）统一战线是中国共产党带领全国人民赢得抗战胜利的重要思想武器

在太行抗日根据地的抗日队伍中，尽管不同的个人、团体及社会阶级与阶层、武装队伍的抗战立场不同，有的为了保住地位，有的为了争取权力，但只要抗日，就都是中国共产党要团结的力量。因为中国共产党的任务是一切为了抗战的任务，不仅要团结一切可能反日的基本力量，而且要团结一切可能的反日同盟者。中国共产党的策略路线是让所有主张抗日的人民有力出力、有钱出钱、有枪出枪、有智出智，让所有爱国的中国人参加到抗日民族统一战线中，建立最广泛的抗日民族统一战线，这就是党的策略路线，只有实行这种路线，我们才能动员全国人民的力量战胜日本帝

---

① 《中共中央关于目前形势与党的任务的决定》，1939 年 7 月，抗日战争档案 A3-2.1-3-1，武乡县档案馆藏。

② 毛泽东：《毛泽东选集》（第二卷），人民出版社，1991，第 538-539 页。

国主义。民族性和广泛性是抗日民族统一战线的重要特征，体现了抗日战争的全民性。面对日本侵华的民族危机，建立抗日民族统一战线，能够团结一切可以团结的力量，包括工人、农民、知识分子、民族资产阶级、大地主、大资产阶级等，不论身份、地位，只要愿意抗日都是团结的对象。

二、依靠群众的人民战争思想

毛泽东同志提出："革命战争是群众的战争，只有动员群众才能进行战争，只有依靠群众才能进行战争"。①抗日战争是在中国共产党倡导的抗日民族统一战线旗帜下，以国共合作为基础，各阶级、各阶层人民团结起来进行的中华民族的解放战争，是民族的战争，也是一场人民的战争。

人民战争威力无穷，人民战争必胜。在抗日战争时期，人民是中国共产党的主要依靠力量，正是因为有广大人民群众的积极参加和全力支持，中国共产党领导的革命队伍才能不断发展壮大，并最终带领广大人民夺取了抗日战争的胜利。依靠人民打胜仗，源于中国共产党提出的人民战争思想，体现了中国共产党的人民性，这一理论随着中国共产党的成长而日趋成熟，成为中国共产党拥有强大生命力、战无不胜的锐利武器。在战争年代，毛泽东同志特别强调民众对战争的重要作用，曾经多次提出"兵民是胜利之本""战争的伟力之最深厚的根源，存在于民众之中"和"动员了全国的老百姓，就造成了陷敌于灭顶之灾的汪洋大海"②等著名论断，抗日战争的胜利说到底，就是人民战争的胜利。

（一）人民战争思想的提出

人民战争思想作为毛泽东军事思想的核心内容，是马克思主义理论的重要组成部分，一直贯穿于人类社会的发展历程中。按照马克思主义的基本观点，只要是人民群众团结起来反压迫、反侵略的战争，都可称之为人民战争。人民战争思想是中国共产党把马克思主义理论与中国抗日战争的革命实践相结合而提出的重要军事思想。人民战争思想是毛泽东同志在

①毛泽东:《毛泽东选集》(第一卷),人民出版社,1991,第136页。
②毛泽东:《毛泽东选集》(第二卷),人民出版社,1991,第480、509、511页。

《论联合政府》的政治报告中提出的，毛泽东同志根据中国革命战争的经验，对这一思想进行了高度概括和科学阐释。毛泽东同志指出："只有这种人民战争，才能战胜民族敌人。国民党之所以失败，就是因为它拼命地反对人民战争"。①所以，人民战争思想是以毛泽东同志为核心的党中央对马克思列宁主义军事理论的伟大发展，也是革命战争时期的中国共产党指导人民进行武装斗争的宝贵财富。

（二）人民战争思想的内涵

人民战争思想蕴涵了丰富的以人为本理念，其基本点："坚持革命战争为了人民、革命战争依靠人民、战争成果由人民共享，充分尊重人民的各项权利，维护人民利益"②。人民战争思想是对中国革命战争实践的总结，也是中国共产党带领中国人民反抗侵略、反抗压迫的思想指导，其出发点和落脚点都在人民，强调人民力量是决定战争成败的关键，同时强调战争的目的是为了人民，战争的成果由人民共享。人民战争思想是中国共产党在抗日战争中获得民心、依靠民力取得战争最终胜利的最强武器，同时人民的力量也是抗日战争中的最坚实力量，关二如、武占胜、王来法、李新荣等一批批的民间英雄成了杀敌战场上最勇敢的形象。③

在血与火的年代里，太行人民与共产党领导的八路军一起反抗日军的侵略，他们不仅主动承担八路军前线作战的后勤工作，而且动员全村老少参与到伤员救治、物资供应等战勤服务中来，妇女和儿童也纷纷组织起妇救会和儿童团，参加到抗日战争的斗争中，为抗日战争的胜利作出了突出的贡献。如被称为"子弟兵母亲"的河北平山县人戎冠秀，"这位女英雄在抗日战争时期投入到抗日救亡的工作中，不但积极组织群众为八路军筹集粮草，还组织了妇救会、识字班宣传抗日。她带头把孩子送上前线，积极支前，照顾伤员，被誉为'子弟兵母亲'。在她的动员下，河北平山县涌现

---

① 毛泽东：《毛泽东选集》（第三卷），人民出版社，1991，第1041页。

② 弓顺芳：《毛泽东人民战争思想中的以人为本理念探析》，《经济研究导刊》，2012年第16期。

③《杀敌英雄统计表》，1944年9月，档案编号A51-2，武乡县档案馆藏。

出了一大批'戎冠秀小组'，为抗日战争的胜利作出了巨大贡献，是中华民族优秀妇女的典型代表"。[①]当时，太行山区"村村像军营，人人都是兵，抗日根据地，一片练武声"。据统计，当时仅有13.5万人的武乡县，有约9万人加入了各类抗日团体，其中2万余人在战争中英勇牺牲，为中华民族的抗战胜利和解放事业作出了巨大贡献。

（三）人民战争思想的运用

人民群众是历史的创造者，也是时代的英雄，中国共产党相信人民、依靠人民，与人民保持密切联系是抗日战争胜利的关键。其中，最突出的就是人民武装力量在抗日战争中的作用，从儿童团、妇救会、青救会到民兵连，形成了全民总动员、全面参战的局面，奠定了抗战胜利的群众基础。如在抗日战争和解放战争中，太行地区的民兵积极参战支前，先后参加了震惊中外的百团大战、关家垴歼灭战、砖壁保卫战、上党战役、晋中战役、蟠龙围困战等重大战役，为抗战胜利和民族解放作出了巨大贡献。

在人民战争思想的指导下，中国共产党把最广大的人民群众动员起来，提高了抗日的战斗力。正如当时一首歌谣所唱："这是我们的家乡，谁也不能够占！这是我们的财源，谁也不能够抢！来一个，杀一个！来一双，杀一双！黄帝的子孙都是好汉！千万个臂膀结成钢。打东洋，打东洋！打走了东洋保家乡。"在抗日战争期间，太行山区几乎每个村庄都建有民兵班，这些民兵班的主要职责就是在中国共产党的领导下，协助八路军抗日，保护村民的生命和财产。山西武乡后沟村民兵班就是其中最突出的代表之一，因在蟠龙围困战中有出色表现而被太行军区授予"太行模范民兵班"称号。"后沟村民兵班是由后沟村民组成的民兵战斗班，班长张寿孩带领民兵班凭借一支从地主家夺来的断了枪柄的毛瑟枪，和敌人不断周旋，取得了多次战斗的胜利。在蟠武战役中，张寿孩带领民兵班协助八路军部队侦察敌情，为八路军取得对敌胜利发挥了重要作用。在蟠龙围困战中，后沟村民兵班还联合周边村庄组建了一支拥有120多人、40多支枪的联防民兵队，协助八路军夺取了蟠龙战役的胜利。在抗日战争期间，后沟民兵班先后和敌人进

---

①张德良：《戎冠秀》，新华出版社，1990，第6页。

行大小战斗186次，打伤日伪军80多人，缴获枪支弹药多件，是八路军抗日的一支重要辅助力量"。①

（四）人民战争思想与全面抗战路线

全面抗战路线就是人民战争路线，是抗日战争时期中国共产党的主要指导路线。毛泽东同志在《论联合政府》中指出，"两条路线：国民党政府压迫中国人民实行消极抗战的路线和中国人民觉醒起来团结起来实行人民战争的路线，很久以来，就明显地在中国存在着。这就是一切中国问题的关键所在。"②全面抗战路线是中国共产党在人民战争思想的指导下，动员民众、组织民众的主要方针和政策。在抗日战争时期，全面抗战路线方针成为中国共产党团结带领民众共同抗日的思想基础。当时虽然国民党军队也抗日，但他是军队的抗战、政府的抗战，而中国共产党领导的是人民战争，发动了最广大的人民群众参加抗日，共产党、八路军有了群众支持，有了群众配合，从小到大，由弱到强，这就是共产党领导的八路军和国民党军队最大的区别。

总之，人民战争思想是中国共产党带领太行军民取得抗日战争胜利的重要法宝，在这一思想的指导下，青年、妇女、老人和儿童等各种力量都被调动了起来，形成了太行抗日根据地"全民皆兵"的局面。在太行抗日根据地遭受自然灾害和敌人疯狂"扫荡"的双重打击时，太行人民不仅倾其所有、出粮出人、纺纱织布、做鞋送饭，为前线战士提供充足物资，还参与到根据地的大生产运动和对敌斗争中，使根据地能够在极端困难的条件下，保证战争的正常供给。此外，在人民战争思想的指导下，中国共产党领导的抗日武装力量日益壮大，民众抗日热情不断高涨，构成了对敌人的最强大威胁。据不完全统计，抗战时期，"山西省长治市（包括长治县、屯留、壶关、平顺等县的部分地区）为争取独立牺牲了46万多人，负伤致残13万余人。当时仅有7万余人的辽县，就有1万多人牺牲、1万多人参军，

---

① 李树生：《抗战精华遍武乡》，山西人民出版社，2010，第44-47页。
② 毛泽东：《论联合政府》，新民主出版社，1949，第8-11页。

全民抗战支前"。①在此期间，太行区涌现出无数抗日英雄和模范，书写了一部威武雄壮的英雄史诗，同时也见证了人民战争的伟大力量。

三、独立自主的游击战争思想

抗日战争期间，依据中日军事力量的对比，以及太行山地区有利的地形条件，中国共产党领导的八路军主动由运动战转向独立自主的山地游击战。1937年9月25日，毛泽东同志在《整个华北工作应以游击战争为唯一方向》中指出："整个华北工作，应以游击战争为唯一方向。一切工作，例如民运、统一战线，等等，应环绕于游击战争。"②

游击战争思想是毛泽东军事思想的重要组成部分，是对马克思主义军事理论的继承和发展，是中国共产党人把马克思主义基本原理与中国革命具体实践相结合而形成马克思主义中国化理论的重要成果。在抗日战争期间，游击战争是敌后抗战的主要形式，中国共产党领导的敌后抗战的主要任务就是广泛组织群众武装，开展游击战争，巩固保卫根据地。参加游击战争的群众力量是配合主力军作战的重要力量，只有形成了群众参与游击战争的热潮，主力军才有可能得到充分扩大。在敌我力量悬殊的抗日战争中，游击战争是有效打击敌人的重要作战形式。

（一）游击战争思想的提出

游击战作为一种战术，是在"中共独立领导武装斗争的初期，朱德、毛泽东同志等红军领导人根据敌大我小、敌强我弱的军事态势，利用农村的政治、经济和地理等有利条件，扬长避短，灵活机动，达到保存和发展自己、消灭敌人的目的"。③早在俄国十月革命时期，这种战术就已经被提出来了。中国共产党领导的游击战是在抗日战争时期中国共产党领导人民抗击日本侵略的一种重要战术。卢沟桥事变后，毛泽东同志结合我国国情和敌我力量对比情况，充分考察中国抗战的实际形势，提出了利用山地的

---

①皇甫建伟、张基祥：《抗战诗歌选》，山西人民出版社，2012，第1页。
②《毛泽东文集》（第二卷），人民出版社，1993，第23页。
③卢毅、罗平汉、齐小林：《抗日战争与中共崛起》，东方出版社，2015，第123页。

地形优势开展独立自主的山地游击战争的重要主张。

毛泽东同志于1935年12月在陕北子长县召开的瓦窑堡会议上首次把游击战争提到战略地位，"本次会议确立了游击战争在对日作战中的战略地位与运用原则，认为游击战争对于战胜日本帝国主义及汉奸卖国贼有很大的战略上的作用，要求大力发展党领导的游击战争，把游击战争的主要方向放在山西等日本占领区及附近地域"。①

1937年8月，中共中央在陕北洛川召开的洛川会议上通过了《中共中央关于目前形势与党的任务的决定》，确立了在敌后战场开展游击战的军事作战路线，指出红军的基本任务和战略方针就是"卓有成效地开展山地游击战，有使用兵力的自由，有发动民众的自由，有创造根据地的自由，有组织义勇军的自由，利用山西人口稠密，立即扩大兵力"。②游击战争思想的提出，为中国共产党带领太行抗日根据地军民进行抗日提供了重要的思想指导，是太行抗日根据地有效抗击日军侵略的重要思想武器。

（二）游击战争思想的内涵及特征

毛泽东同志在《和英国记者贝特兰的谈话》中指出："现在八路军采用的战法，我们名之为独立自主的游击战和运动战。这和我们过去在国内战争时采用的战法，基本原则是相同的，但亦有某些区别……集中使用兵力之时较少，分散使用兵力之时较多"。③游击战争思想的内涵主要体现在毛泽东同志提出的"敌进我退、敌驻我扰、敌疲我打、敌退我追"④十六字方针上，这是早期中国红军游击战的理论指导。随后，中国共产党人不断结合中国革命实际对游击战内涵进行了丰富和发展，增强了游击战思想的现实指导性。抗日游击战是中国共产党在敌后组织并领导群众为保护群众利益、抵抗日本侵略者的一种有效战争形式，具有明显的群众性、灵活性和主动性，是因地制宜应对日军侵略、有效打击敌方力量的重要战术。

---

①卢毅、罗平汉、齐小林：《抗日战争与中共崛起》，东方出版社，2015，第124页。

②王波：《游击战之光》，解放军出版社，2015，第6页。

③毛泽东：《毛泽东选集》（第二卷），人民出版社，1991，第379页。

④《毛泽东军事文集》（第一卷），军事科学出版社、中央文献出版社，1993，第61页。

游击战争具有以下几个方面的优势：游击战争具有群众性。游击战争是群众积极参与的战争，没有群众的参与就没有游击战争的形成，因为密切联系群众、依靠群众、相信群众是游击战争的重要前提和特征。游击战争具有很强的灵活性。游击战争的开展没有固定的模式，是因地制宜、因时制宜开展的战斗，这种战斗最大的特点是灵活巧妙，重复利用敌人的弱点，发挥自己的长处，有效地打击和牵制敌人，使敌人常常摸不着头脑。山西壶关的一个游击小组组员为了给八路军侦探消息，故意被敌人抓去当挑夫，掌握信息后再找机会跑回来。有一首《游击战队歌》就是对游击队灵活性的写照："我们是无敌的游击队，我们的行动赛过了天空的飞机，迅速是日本强盗的十倍，我们白天出没在山岭，黄昏出没在沟渠，敌人来到了，我们化整为零全隐蔽，敌人宿营了，我们化零为整再袭击，我们是无敌的游击队。"游击战争具有主动性。游击队员在与敌人周旋中，不是被敌人牵着鼻子走，而是充分发挥主动性，主动分散敌人、诱导敌人，让敌人跟着游击队走，同时这种主动性并不是盲目的主动，而是随机应变的主动，敌强我躲，敌弱我打，灵活性和机动性都很强。如在抗日战争期间，有一天，一支500人的日军正准备经过根据地的一个村庄，该村游击队队员得知消息后，立刻尾随敌后投掷手榴弹，敌人以为是八路军大部队袭击，丢下车、锅和米等物资逃跑。这是游击队主动袭击敌人获得战利品的典型案例。游击战争具有自主性。1937年8月1日，毛泽东同志在《关于红军作战的原则》中指出："关于红军作战，依当前敌我情况，我们认为须坚持……在整个战略方针下执行独立自主的分散作战的游击战争，而不是阵地战，也不是集中作战，因此不能在战役战术上受束缚。只有如此才能发挥红军特长，给日军以相当打击。"[①]独立自主的游击战争是抗日战争中红军作用得到有效发挥的基础，在这一方针的指导下，人民军队能够根据实际情况灵活运用和自主指挥，在积极发动群众的同时，也壮大了自己的力量。

（三）游击战争思想的运用

游击战争打破了敌人以战养战的思路，也摧毁了汉奸政府的维持会，

①《毛泽东文集》（第二卷），人民出版社，1993，第1页。

打击了日本侵略者的嚣张气焰。游击战争鼓舞了民众的战斗热情，有效地辅助了正规军的作战行动。同时，游击队和游击小组的建立还有效保护了村庄和村民的生命和财产安全，壮大了民间武装力量，能够有效掩护老、弱、病、残的成功转移，最大限度地减少战争对于群众造成的损害。抗日战争时期，太行抗日根据地运用游击战思想创造了麻雀战、地雷战、窑洞战、地道战、围困战等战术，为保护根据地人民的生命和财产，有效打击日本侵略者的嚣张气焰发挥了非常重要的作用。

总之，游击战争是人民战争，是中国共产党带领抗日根据地人民取得抗战胜利的有力武器，在抗日战争时期，游击战争不拘泥于一种形式，方法多种多样、灵活多变，有效地扰乱了敌人、保护了自己。同时，八路军通过游击战争也训练了群众武装，提高了抗日根据地民众的战斗力，形成了全民皆兵的战斗局面，在有效保护民众生命和财产安全的同时，也密切了根据地的军民关系，为抗日战争的胜利打下了坚实的群众基础。所以，游击战争是真正的群众性战争，也是中国共产党领导人民共同抗日的有效方式。在游击战争思想的指导下，八路军太行抗日根据地坚持抗日游击战争与抗日民主建设相结合，粉碎了日军无数次的残酷"扫荡"，保护了抗日根据地民众的生命和财产，对日军快速灭亡中国的企图给予有力回击。

四、以弱胜强的持久战思想

1938年5月，毛泽东同志在延安抗日战争研究会上发表了《论持久战》，针对抗战初期存在的"亡国论"与"速胜论"的论调提出了持久战的观点，毛泽东同志指出："亡国论者看敌人如神物，看自己如草芥，速胜论者看敌人如草芥，看自己如神物，这些都是错误的。我们的意见相反：抗日战争是持久战，最后胜利是中国的"[①]。毛泽东同志的《论持久战》是在敌强我弱的背景下对抗日战争客观规律与战略战术的深刻揭示与精准判断，不仅发展了马克思主义理论，使马克思主义思想与中国革命实际相结合，而且有力地指导了抗日战争，为抗日战争的胜利提供了重要的理论指导。毛泽

①毛泽东：《毛泽东选集》（第二卷），人民出版社，1991，第514—515页。

东同志的持久战思想的核心特质是以弱胜强，具体思想观点表现在以下几个方面：

（一）对抗日战争前途的分析

从1937年卢沟桥事变爆发以来，抗日战争已经进行了10个月，在此期间，一方面日军大肆进攻华北、华南地区，一些重要城市包括北平、天津、太原、上海和南京相继沦陷，在此情况下，许多人对抗战失去了信心，并抛出悲观失望的"亡国论"，动摇了军民抗战的信心。另一方面，随着八路军东渡黄河，并取得平型关大捷等一系列抗战胜利成果，又有一些人盲目乐观，高喊"速胜论"。为了对抗日战争形势有客观的认识，准确把握抗日战争的规律，毛泽东同志对"亡国论"与"速胜论"的观点进行了有力地批驳。毛泽东同志指出："抗战十个月以来，一切经验都证明下述两种观点的不对：一种是中国必亡论，一种是中国速胜论。前者产生妥协倾向，后者产生轻敌倾向。他们看问题的方法都是主观的和片面的，一句话，非科学的。"①毛泽东同志通过对中日战争发生背景以及敌我双方特点的深刻分析，认为中日战争将是持久的，必须坚持持久战才能获得最终的胜利。

（二）对抗日战争阶段的分析

在《论持久战》中，毛泽东同志科学地预见了抗日战争将经历三个阶段。毛泽东同志指出，"这种持久战，将具体地表现于三个阶段之中。第一个阶段，是敌之战略进攻、我之战略防御的时期。第二个阶段，是敌之战略保守、我之准备反攻的时期。第三个阶段，是我之战略反攻、敌之战略退却的时期"。②毛泽东同志对抗日战争三个阶段的划分是毛泽东同志运用发展的观点对抗日战争客观形势与规律精准判断的基础上做出的科学预见。由于敌强我弱决定了抗日战争必然是长期的持久战，但整个战争过程中，敌我力量对比是动态发展的，中国的力量必将由劣势向优势转变，日军的力量则会从优势转向劣势，同时中国将从防御转向反攻，日军将从进攻转向退却。毛泽东同志对抗日战争阶段的分析是建立在对中日双方力量对比

①毛泽东：《毛泽东选集》(第二卷)，人民出版社，1991，第440-441页。
②毛泽东：《毛泽东选集》(第二卷)，人民出版社，1991，第462页。

的深入研究与分析的基础上的，这一判断为抗日战争的胜利指明了方向和道路，增强了全国人民团结起来、一致抗日的信心与动力。

（三）对抗日战争目的的分析

毛泽东同志在《论持久战》中不仅指明了抗日战争的前途与进程，同时也揭示了抗日战争的目的与性质。毛泽东同志指出："中国抗日战争的持久性同争取中国和世界的永久和平，是不能分离的"。①并提出了中国的抗日战争是"神圣的、正义的，是进步的、求和平的"②。毛泽东同志对抗日战争崇高目标与性质的判断，极大地鼓舞了中国人民抗日的决心与勇气，并指出了法西斯战争的非正义性与反人类特点，毛泽东同志的这一思想不仅凝聚了国内民众的力量，同时也团结了世界各国爱好和平的正义人士对中国人民抗日战争的支持。同时，毛泽东同志还具体指出了中国人民抗日战争的政治目的是"驱逐日本帝国主义，建立自由平等的新中国"③。通过明确抗日战争的目的，使全国民众明白为什么而战，以及参加抗日战争与每一个中国人民的密切关联，这一目的的指出不仅调动了全国人民抗日的积极性，同时也有效激发了广大民众参与抗日战争的热情。

（四）对抗日战争战略战术的分析

通过对抗日战争形势、阶段等问题的分析，毛泽东同志认为持久战是抗日战争中应该坚持的总的战略方针，但同时还应该包括具体战略战术方针，包括防御中的进攻、持久中的速决、内线中的外线的作战方针，运动战、游击战、阵地战、消耗战、歼灭战的战术形式选择，以及主动性、灵活性以及计划性特点的运用。④这些具体的战略战术方针都是持久战思想在抗日战争实践中的具体理论指导。毛泽东同志一直强调抗日战争面对的是强大的敌人，敌强我弱是抗日战争时期的客观现实，为了取得持久战的胜利，必须充分发挥自身的优势，依据具体作战形势和特点，灵活选择相应

---

①毛泽东：《毛泽东选集》(第二卷)，人民出版社，1991，第474页。

②毛泽东：《毛泽东选集》(第二卷)，人民出版社，1991，第476页。

③毛泽东：《毛泽东选集》(第二卷)，人民出版社，1991，第482页。

④毛泽东：《毛泽东选集》(第二卷)，人民出版社，1991，第484-487页。

的作战形式，最终实现以弱胜强的目的。

由此可见，持久战思想是毛泽东同志在关系国家命运与前途的关键时刻，对国内、国际形势的准确判断。毛泽东同志的持久战思想的理论特质是以弱胜强的战略思维。这一思想不仅体现了毛泽东同志对中国革命实际的准确判断，同时也是对马克思主义理论的有效运用，是马克思主义基本原理与中国抗日战争实际的有机结合。毛泽东同志的持久战思想为抗战时期的军民指明了未来的道路与方向，不仅对中国共产党领导的抗日战争具有重要指导意义，同时也影响了全国各阶层、各党派对抗日战争的看法和实践。

综上所述，抗日战争时期，在马克思列宁主义、毛泽东思想的指导下，中国共产党结合太行山区特殊的地理区位、物质资源和人文精神建立了敌后抗日根据地，并成功运用抗日民族统一战线思想、人民战争思想、游击战争思想以及持久战思想，坚持全面抗战路线和独立自主的游击战争，领导八路军和根据地人民与日本侵略者进行了殊死较量，创造了一个又一个奇迹，涌现出一批又一批英雄，凝聚成了太行精神，充分体现了中国共产党在全民族团结抗战中的中流砥柱作用，并成为太行山区持续发展的重要领导力量。因此，太行精神是在血与火的年代，中国共产党领导的八路军与太行人民共同铸就的革命精神，这种精神是中华民族革命精神的重要组成部分。在抗日战争期间，太行儿女在中国共产党的领导下英勇抗击日本侵略者，保家卫国，涌现出了无数不怕牺牲、甘于奉献的战斗英雄，谱写了中国革命史上的壮烈史诗，他们的付出和他们的精神将永垂青史。

（作者为山西大学政治与公共管理学院院长、教授、

博士生导师）

试论太行精神的
重要历史地位、作用与深远影响

高春平　韩雪娇

内容提要：中国抗日军民光耀千秋的太行精神形成于救亡图存、艰苦卓绝的抗战时期，是伟大抗战精神的主体。在毛主席和中国共产党领导下，八路军和太行儿女用鲜血和生命谱写展示了以爱国主义和革命英雄主义为时代特征的"不怕牺牲、不畏艰险、百折不挠、艰苦奋斗、万众一心、敢于胜利、英勇奋斗、无私奉献"的伟大太行精神，成为中华民族和中国各族人民弥足珍贵的宝贵精神财富，成为全国人民推进革命、建设、改革开放和实现中华民族伟大复兴的强大精神动力。

关键词：党的领导；抗战军民；太行精神；民族复兴

二十世纪三十年代，在中华民族面临亡国灭种、处于生死存亡的关键时刻，以毛泽东、朱德、周恩来、刘少奇、任弼时、彭德怀、贺龙、刘伯承、邓小平、聂荣臻、陈毅、徐向前等老一辈无产阶级革命家为代表的中国共产党人，把马克思主义理论与中国抗日战争的艰辛实践和中华民族的优良传统相结合，创造性地形成伟大的抗战精神。习近平总书记指出："在中国人民抗日战争的壮阔进程中，形成了伟大的抗战精神，中国人民向世界展示了天下兴亡、匹夫有责的爱国情怀，视死如归、宁死不屈的民族气节，不畏强暴、血战到底的英雄气概，百折不挠、坚忍不拔的必胜信念。"①太行精神是华北抗日根据地军民对敌斗争的宝贵财富，是中国共产党领导英雄的太行军民用鲜血和生命谱写的革命精神，是中华民族在抗战时期全部抗敌斗争精神的集中反映，是伟大抗战精神的主体，更是中国共产党人、中国人民和中华民族弥足珍贵的宝贵精神财富。太行精神不仅在我们党革命、建设和改革进程中具有强大的精神动力，而且在中国革命精神长廊中，闪耀着光耀千秋、与众不同的光芒，在中华民族的精神殿堂、中国革命的红色精神谱系中，具有承前启后、继往开来的重要地位。

2009年5月25日，习近平同志视察八路军太行纪念馆时指出："要结合新的实际，与时俱进地大力弘扬太行精神，坚定正确的理想信念，始终保持对党对人民对事业的忠诚；坚持执政为民的政治立场，始终保持同人民群众的密切联系；锤炼坚忍不拔、百折不挠的品格，始终保持知难而进、奋发有为的精神状态；坚守党的政治本色，始终保持艰苦奋斗的优良作风，为推动经济社会又好又快地发展提供强大的精神动力。"②"四个始终保持"从政治高度为我们在中国特色社会主义进入新时代后继续弘扬太行精神、传承红色基因、赓续红色血脉指明了方向。在抗日战争、解放战争和社会主义建设时期，一代又一代中国共产党人、太行根据地军民、三晋儿女正是不断传承弘扬太行精神，坚定正确的理想信念，始终保持对党对人民对事业的忠诚，坚持执政为民的政治立场，把实现共产主义作为党的最高纲领和最终理想，用鲜血和生命夺取了一次又一次胜利，创造了一个又一个彪炳史册的人间奇迹，谱写了撼天动地、气吞山河的壮丽史诗。在新时代进行新长征的过程中，太行精神所蕴含的时代价值进一步彰显。大力弘扬太行精神，激励中华儿女为中华民族伟大复兴而不懈奋斗，具有重大现实意义和时代价值。

---

①习近平在纪念中国人民抗日战争暨世界反法西斯战争胜利69周年座谈会上的讲话（2014年9月3日）。

②习近平视察八路军太行纪念馆时的讲话（2009年5月25日）。

一、时代背景

二十世纪三四十年代，人类步入历史上空前残酷激烈的以反法西斯战争为主线的第二次世界大战。在东方，以九一八事变为标志，中国进入了长达14年之久的艰苦卓绝的抗日战争时期。太行精神正是在中国人民抗日战争这一特殊历史时期形成的一种具有强烈的革命抗争意义的伟大民族精神。爱国主义是贯穿其中的主线，英雄气概是克敌制胜的思想武器，既有强烈的时代感，又有显著的民族特征。太行精神是以毛泽东为代表的中国共产党人把马克思主义理论与中华民族优良传统和中国革命具体实践相结合而形成的，也是中国共产党领导英雄的八路军和太行人民用鲜血和生命谱写而成的。在伟大的抗日战争期间，八路军总部、中共中央北方局和八路军一一五、一二〇、一二九师长期驻扎、转战在太行山区的五台、洪洞、武乡、左权、潞城、黎城、涉县等地，朱德、彭德怀、左权、刘伯承、邓小平、贺龙、聂荣臻、徐向前、杨尚昆、陈赓等老一辈无产阶级革命家转战华北，在这块土地上领导和指挥敌后抗日军民建立了晋绥、晋察冀、晋冀鲁豫三大块抗日根据地。为抗击凶残的日军，中国共产党领导八路军以高度的民族责任感和义不容辞的历史使命感，挺进山西，与太行人民一起建立敌后抗日根据地。面对日军疯狂不断地"扫荡""清剿"、围困和残酷的屠杀镇压，太行军民有人出人，有钱出钱，有物出物，有力出力，取得了平型关大捷、雁门关伏击战、夜袭阳明堡、长乐村急袭战、响堂铺战役、反"九路围攻"、百团大战、黄崖洞保卫战、消灭日军战地参观团、沁源围困战等一系列战役的胜利，谱写了"太行奶娘"及老百姓舍弃亲生子女挽救八路军烈士遗孤等军民团结如一人的感人事迹，呈现了"母亲叫儿打东洋，妻子送郎上战场"的动人场面，用鲜血和生命，用"小米+步枪""地雷+地道""大刀+长矛"等，与装备精良的日本侵略者展开了无比英勇顽强的殊死搏斗。广大抗日军民在与日军进行反"扫荡"、反"清乡"、反"围剿"的战斗中浴血奋战，谱写了惊天地、泣鬼神的伟大诗篇，战胜了一个又一个困难，度过一个又一个险境，取得了一次又一次的胜利，最终使日军陷入了人民战争的汪洋大海之中。根据地军民焕发出的不畏艰险、不怕牺牲、敢于战斗、敢于胜利的英雄气概，充分展示出中华民族不畏强权、同仇敌忾、不惧死难、团结御侮及敢于追求民族独立、反抗外敌入侵的伟大爱国主义精神和大无畏的英雄主义气概。据粗略统计，仅太行区就有261840名人民子弟参加了八路军，有17万优秀儿女为革命献出了宝贵的生命，在生产和战斗中涌现出了3000多名人民功臣和英雄模范人物。

二、太行精神内涵

中国人民的14年抗战，尤其是在七七事变后全面抗战爆发后的8年抗战岁月中，英勇顽强的八路军克服艰苦环境、劣势装备、贫困生活中的千难万险，浴血奋战在巍巍太行山上，用生命、鲜血和钢铁般的斗志，依靠根据地广大人民群众的拥护与支持，同侵华日军展开殊死搏斗。在极其艰难、复杂、曲折、险恶的斗争环境中，创建了晋察冀、晋绥、晋冀鲁豫三大抗日根据地，根据地政权、军事、经济、文化、社会各方面的探索与建设，培养、锻炼了一大批治党、治国、治军的文武英才，为中华人民共和国的成立积累了宝贵经验，奠定了坚实基础，成为人民政权的雏形，并形成了十分难能可贵的太行精神。中国人民抗日战争的胜利证明，"中华民族是具有顽强生命力和非凡创造力的民族，只要我们紧密团结起来，就没有克服不了的困难"。[①]

第一，太行精神展示和体现了中华民族不怕牺牲、不畏艰险的革命英雄主义气概。

太行精神是中国共产党领导八路军和英雄的太行儿女展现的不怕牺牲、不畏艰险的革命英雄主义精神，是在极其艰苦的条件下展现的百折不挠、艰苦奋斗的精神，是为民族的解放展现的万众一心、敢于胜利的精神，是为人民利益展现的英勇奋斗、无私奉献精神。在波澜壮阔的中国人民抗日战争中，千千万万的抗战英雄、太行儿女不怕牺牲、不畏艰险，抛头颅、洒热血，为抗战胜利作出了重大贡献，为铸就伟大的太行精神作出了重大

①习近平在纪念全民族抗战爆发77周年仪式上的讲话(2014年7月7日)。

贡献。习近平总书记指出："一个有希望的民族不能没有英雄，一个有前途的国家不能没有先锋。包括抗战英雄在内的一切民族英雄，都是中华民族的脊梁，他们的事迹和精神都是激励我们前行的强大力量。"①

第二，太行精神展示和体现出在极端艰苦困难的环境中形成的军民一家、鱼水依存、并肩作战、团结奋斗、百折不挠、艰苦奋斗的抗争精神。

太行根据地的创建，八路军是其中的钢骨，当地人民群众是浇铸钢骨的水泥。共产党、八路军之所以能在四面受敌、前有狼后有虎、"围攻""扫荡"不断的恶劣环境下生存发展为敌后不可抗拒的力量，最关键的是人民群众的支持和拥护。共产党善于动员群众、组织群众，为了民族生存，不当亡国奴，把老年人、青壮年、妇女、儿童都组织起来，成立农救会、青救会、妇救会、儿童团。在根据地，共产党实行了解放妇女、精兵简政、减租减息、发展生产等符合实际的政策和改革措施，把农民引向进步和幸福，这是以往历史上没有的，因而得到广大农民的拥护。八路军始终和人民同呼吸、共命运，这是根据地立于不败之地的根本原因。1939年至1943年，日军两次"九路围攻"，数次侵入太行山腹地，实施了残暴的"三光"政策，野蛮的"铁壁合围"、蚕食、"清乡"手段，虽然许多村庄被毁，军民被害，粮食被抢，但太行军民没有被天灾人祸吓到，根据地军民没有粮食自己种，没有衣物自己织，没有蔬菜自己种。从八路军的朱德总司令到普通战士和老百姓一道投入生产，军民团结一心，共渡难关，终于战胜了敌人。太行山的每一个山头，都使日军望而生畏；根据地的每一块地方，都留下军民团结斗敌、鱼水情深、艰苦奋斗的事迹。

第三，太行精神展示和蕴含着中华民族天下兴亡、匹夫有责，万众一心、敢于胜利和以爱国主义为核心的民族精神。

当中华民族又一次处于亡国灭种的危急关头时，是共产党、八路军、新四军发动、组织、武装民众奋起抗击，救亡图存，粉碎了日本帝国主义灭亡全中国的狼子野心和"一个月占领山西、三个月占领中国"的恶毒阴谋，捍卫了国家主权和民主独立。在卢沟桥事变发生、华北危难、国民党

①习近平在颁发"中国人民抗日战争胜利70周年"纪念章仪式上的讲话(2015年9月2日)。

军队节节溃退的危急关头，是共产党领导的八路军挺身而出，毅然奔赴山西抗日前线，在太行山上点燃了抗日烽火，建立起华北最大的抗日根据地，并很快通过发动、组织、武装人民群众，将根据地扩展到河北、河南、山东，使华北成为全国抗战的主战场。正是共产党唤醒了民众，引导他们拿起大刀、长矛、锄头同日本侵略者展开殊死搏斗，保家卫国，经过艰苦卓绝的浴血奋战，终于赶走了日本帝国主义。

第四，太行精神展示和体现了在任何时候党和人民军队都把人民放在心中，人民利益高于一切，为人民克服一切困难，英勇奋斗、无私奉献的爱民精神。

从全面抗战的立场看山西抗战，我们不否认国民党政府军和阎锡山所领导的晋绥军在抗日战争中所做过的牺牲，但如仔细分析国、共两党所坚持的抗战策略，那就大相径庭。抗战一开始，蒋、阎军队打仗所依靠的就是他们的政府和所有的军队，而与百姓互不相干。而共产党则始终站在人民的立场去看问题，发动的是一场人民战争。时任交城三区区委书记的李立功在回忆当年的抗战形势时说："那个时候群众觉悟高，老百姓抬担架、照顾伤员，熬稀饭、熬鸡汤，都是自觉的。除了打仗以外，老百姓就是个大供给部，老百姓就是个大后方，什么都是靠老百姓，所以中国的老百姓，特别是老区的老百姓，确实是觉悟高，革命的成功全靠老百姓啊！"①彭德怀就如何建立巩固的军民关系指出："军民关系之好坏，决定于军队本身有无严格的纪律，以及每个军人有无爱护人民的观念。假如一个军队能有严肃的纪律，每个官兵对于人民，能够做到买卖公平，态度和蔼，虽在极困难极混乱的环境中，不乱拿民众一点东西，那这个军队必然得到广大民众的拥护，取得人民的帮助。"②

在八年全面抗战中，八路军不仅以英勇善战著称，更以爱民言行被老百姓称道；八路军走到哪里，就把铁的纪律带到那里，也把好事做到那里，严格执行《三大纪律八项注意》。共产党从一开始就清醒地认识到，人民群

① 高春平：《抗战时期党的群众路线缘何深入民心》，《红旗文摘》，2015年第9期。
② 高春平：《抗战时期党的群众路线缘何深入民心》，《红旗文摘》，2015年第9期。

众的拥护和支持是我们的力量源泉和胜利之本。从抗战一开始，我们党就提出了全面抗战路线的核心问题就是充分动员、组织和武装群众抗战，使整个抗日战争成为真正的人民战争。"那时候这个八路军和老百姓那个关系紧密得很，都掩护咧，无论是八路军住到谁家，谁家也是很照顾，给钉鞋、补裤子、补袜子。那时候，印象最深的就是做军鞋，再一个就是围公粮、碾碾子，推（碾）下小米子，往岢岚、五寨送粮，往兴县滩上送。"①八路军在行军打仗时往往露宿，不打扰当地群众。平时住在老百姓家，总是帮助群众挑水、扫地、种田。偶尔碰坏个碗，走时就悄悄把钱放在碗底或压在炕头。"三大纪律"执行得一丝不苟。在根据地，军民更是一家亲。八路军给灾民发贷款，给病人看病，给妇女接产。太行根据地为减轻群众负担，大力发展集市贸易，鼓励发展小商品经济，实行统一累进税、整顿村财政、反贪污浪费等，把人民利益真正放在了第一位。

三、重要历史地位、作用与深远影响

中国军民开辟了世界上第一个大规模反法西斯战场，打响了世界反法西斯战争的第一枪。②第二次世界大战结束后，日本编著的《太平洋战争史》也承认这种弥漫全世界的硝烟，是以"1931年9月18日日本侵占'满洲'（九一八事变）为导火线而开始升起的"③。中国历时14年之久的艰苦卓绝的抗日战争是世界反法西斯战线的东方主战场，以东北抗联、八路军、新四军、华南游击队为主的中国抗日武装让日军深陷中国战场人民游击战争的泥潭，中国战场长期抗击着日本陆军主力，消耗了日本大量军力和国力，毙伤俘日军有155万余人。④1945年8月日本战败后，向中国投降的日

①高春平：《抗战时期党的群众路线缘何深入民心》，《红旗文摘》，2015年第9期。

②中国人民解放军军事科学院、俄罗斯联邦武装力量总参谋部军事学院：《中俄军事历史学者纪念世界反法西斯战争胜利70周年论文集》，军事科学出版社，2015，第2—3页。

③日本历史学研究会：《太平洋战争史》（第四卷　太平洋战争后期），商务印书馆，1962，第150页。

④肖裕声：《中国军事百科全书（第二版）·世界战争史（学科分册）Ⅱ》，中国大百科全书出版社，2007，第408页。

军有128万余人，超过东南亚和太平洋各岛日军的总和，[1]拖住了日本帝国主义北进苏联，进而和法西斯德国东、西两线夹击社会主义苏联的脚步。而且迟滞了日本南进计划，支持了英美盟军的作战。1942年1月，中国军队取得了第三次长沙会战大捷，毙伤俘日军5万余人。这是太平洋战争爆发以来盟军在亚太战场的第一次重大胜利。中国战场始终"迫使日本人在中国保持一支大约100万人的军队，这对最后胜利作出了重大贡献"[2]。斯大林高度称赞中国人民"在消灭日本帝国主义者的事业中起了巨大的作用"[3]

中华民族反抗日本法西斯的抗日战争开始时间最早（1931年9月18日），持续时间最长（14年），付出的牺牲代价与损失最大。据不完全统计，中国军民伤亡3500余万人，直接经济损失1000多亿美元，间接经济损失5000多亿美元。[4]特别是坚持在太行山一带的华北敌后根据地军民的抗日条件最为艰苦，八路军面对着日、伪、顽三种敌对反动势力，抵御着华北日军主力，中国共产党领导的抗日根据地军民确实在支撑世界反法西斯战争中东方主战场发挥了中流砥柱的关键作用。八路军在抗日战场特别是华北敌后抗日战场的巨大牺牲奉献和中流砥柱作用有目共睹。

太行精神是伟大抗战精神的主体构成部分，在中国革命的红色精神系列井冈山精神、长征精神、延安精神、抗战精神、西柏坡精神、抗美援朝精神、两弹一星精神等精神谱系中具有承前启后、继往开来的重要战略地位。光耀千秋的太行精神和伟大抗美援朝精神一样，分别诞生于中华民族百年来反抗帝国主义外敌入侵的唯二次胜利的全民族抗战，最能反映中国共产党的英明领导、军魂民心和保家卫国的人类壮举，太行精神光耀千秋，必将永远激励着中华儿女为实现两个百年目标、进而实现中华民族伟大复

---

①刘庭华：《中国抗日战争与第二次世界大战系年要录·统计荟萃（1931—1945）》，海潮出版社，1995，第449页。

②（美）费正清、费维恺：《剑桥中华民国史（下）》，中国社会科学出版社，1994，第665页。

③《苏联部长会议主席斯大林复电毛泽东主席纪念抗日战争胜利六周年》，《人民日报》，1951年9月3日。

④中国人民解放军军事科学院、俄罗斯联邦武装力量总参谋部军事学院：《中俄军事历史学者纪念世界反法西斯战争胜利70周年论文集》，军事科学出版社，2015，第4页。

兴不懈奋斗进取。

太行精神在中国老百姓口中亦被称为"老八路精神""老八路作风"。太行精神承前启后、继往开来，充分展示了党领导下的以抗日根据地为主体、八路军为筋骨、人民群众为血脉的军民鱼水关系。

承前的依据是八路军开创三大根据地的三个师的主要骨干和前身是老红军，是长征精神的最直接、最真实、最过硬的传承者。在山西，红军东征给当地百姓所留下的良好印象是深刻和普遍的。山西长治县（今上党区）西火村焦福水老人回忆说，"当时何长工来过西火，主要是实行根据地合理负担政策。那会儿的人可难活呢！有钱的人不舍粮，穷人们没出路。何长工就想，这就得先救民，我们要把穷人先救起来，吃饭问题是最重要的。这样就开会，讨论如何救穷人。当时西火伪村长郑金水，是个放高利贷的，有米，他后来也被感动了。他是怎么被感动了呢？红军进村时天气很冷，也没住民房，就住庙里。他开了很多'堡号'，也没住他的'堡号'，他想，红军真好，毛主席说得对。在这种情况下，红军到地主老财家拜访请米，说乡亲们之间应伸出友谊之手，我们打个条子，保证政府以后加倍偿还！这样郑金水受了感动，就开始借米。"所以说，救饥民好比播种机。西火有个郭长乐吃了红军的饭后，就积极报名参加红军。到十月、十一月，红军就进太行山了，建立根据地。西火很多人成群结队地跟上去，红军一下就扩大了。八路军部队进入山西抗日，万事开头难。第一二○师宋时轮支队初到雁北时，十室九空，粮食采办非常困难，然而由于政治纪律严肃，战士宁愿忍受饥饿，也坚决不动群众一草一木，而且还积极打击日军汉奸。群众看到八路军不仅纪律严明，而且抗日坚决，于是口耳相传，纷纷送粮送菜，甚至从别的地方买来白面支援八路军。没过多久，百姓的抗战热潮席卷整个雁北地区。

启后是因为解放战争时期打跑蒋介石、解放全中国的人民解放军，乃至抗美援朝、保家卫国的志愿军高级指战员大都是抗战时期发展壮大的八路军的"根底"。因此，从老红军——八路军——解放军——志愿军，我党缔造领导的这支人民军队的军魂军纪和优良作风代代相传，一脉相承，对后世的影响十分巨大而深远。之后，在中国革命和社会主义建设乃至改革开放以来的奋进历程中，在太行精神和吕梁精神的哺育和鼓舞下，三晋儿女在各条战线又创造并派生了刘胡兰精神、申纪兰精神、石圪节精神、大寨精神、锡崖沟精神、李双良精神、右玉精神等。所以，1949年中华人民共和国成立后相当一段时期，我党继续发扬和传承革命战争年代的优良传统和作风，老百姓都亲切地把干部下乡同群众同吃、同住、同劳动的好作风称之为"老八路作风""老八路精神"。他们经常会高兴地说："当年的老八路又回来了"。

四、重大现实意义

历史是最好的教科书，也是最好的营养剂和清醒剂。纵观世界历史，依靠武力对外侵略扩张最终都是要失败的。这是历史规律。习近平总书记强调：伟大抗战精神，是中国人民弥足珍贵的精神财富，将永远激励中国人民克服一切艰难险阻、为实现中华民族伟大复兴而奋斗。我们要弘扬伟大抗战精神，以压倒一切困难而不为困难所压倒的决心和勇气，敢于斗争，善于创造，锲而不舍地为实现中华民族伟大复兴而奋斗，直至取得最后的胜利。

中国人民在抗日战争的壮阔进程中孕育出伟大抗战精神（包括太行精神），向世界展示了天下兴亡、匹夫有责的爱国情怀，视死如归、宁死不屈的民族气节，不畏强暴、血战到底的英雄气概，百折不挠、坚忍不拔的必胜信念。伟大抗战精神，是中国人民弥足珍贵的精神财富，将永远激励中国人民克服一切艰难险阻、为实现中华民族伟大复兴而奋斗。[①]

新的历史条件下，全党全国各族人民要传承红色基因、赓续红色血脉，大力弘扬伟大太行精神，不断增强团结一心的精神纽带、自强不息的精神动力，不忘初心、牢记使命，"不断以坚持和发展中国特色社会主义的新成

---

① 习近平在纪念中国人民抗日战争暨世界反法西斯战争胜利75周年座谈会上的讲话（2020年9月3日）。

就告慰我们的前辈和英烈！"①

首先，要继续进一步加强对太行精神的研究和宣传，弘扬老八路传统。太行精神是党和国家的宝贵财富，我们要像研究红船精神、井冈山精神、长征精神、延安精神、西柏坡精神那样，研究和宣传太行精神，让老八路精神代代相传。

其次，要加强对抗日根据地包括太行革命根据地史料和实物的挖掘、整理、保护、研究和运用，进行爱国主义和革命传统教育。

再次，要将弘扬太行精神落实到各方面的实际工作中，努力以新的实践探索和工作成绩不断丰富太行精神的时代内涵。

最后，要不忘初心、牢记使命，把伟大抗战精神和太行精神与学习"四史"和经济高质量发展有机结合，以抗战精神鼓舞全国人民斗志，教育广大青少年，让太行精神染绿三晋大地，打造生态文明、经济发展、社会文明进步的美好家园。

总之，太行精神是在抗战时期形成的以爱国御敌为核心的民族精神。其内涵是极其丰富的，但是最本质的是为国家独立，求民族解放，谋人类幸福敢于赴汤蹈火，不怕流血牺牲、不畏艰难险阻的大无畏革命英雄主义精神。在八年全面抗战中，八路军团结民众歼日军，肃内奸，斗顽敌，前赴后继、浴血奋战、万众一心、敢于胜利，艰苦卓绝、英勇奋斗、无私奉献。他们的英雄壮举与惊人成绩，极大地鼓舞了全国民众，为民族解放建立了不朽功绩，必将继续激励中国人民为实现中华民族伟大复兴的中国梦而奋斗。

最后一点建议

我们一般把上海作为党的诞生地，把井冈山作为党和红色根据地政权的创建发家地，把延安作为我们党的革命圣地，把西柏坡作为我党进京赶考前哨基地，根据对太行精神的历史脉络、内涵价值、地位贡献、重要作用、深远影响的研究，太行山可以作为我们党的发展壮大地和八路军指挥中枢，亦即中共中央北方局、八路军总部和一一五、一二〇、一二九三大

① 习近平在纪念全民族抗战爆发77周年仪式上的讲话(2014年7月7日)。

主力师的立足地、发展地及解放战争的前进基地。所以，要大力弘扬传承太行精神，打造提升太行干部学院。

（作者分别为山西省社科院历史研究所原所长、山西省社科院
助理研究员）

附件：

努力提升　力争"十四五"时期

把太行干部学院打造成全国一流干部培训基地

——来自太行干部学院的调研报告

为传承红色基因，进一步弘扬太行精神，推动干部教育，促进太行干部学院成长为国家级干部培训基地，山西省社会科学院（山西省政府发展中心）历史所一行4人在高春平研究员带领下到长治市太行干部学院和河南大别山干部学院进行了为期一周的调查研究。调研组一行首先在长治市与市委组织部、市委宣传部、市委党校、市委讲师团、市史志办、市档案馆、武乡县委组织部、太行干部学院的相关领导、专家进行了座谈。而后到河南新县参观了大别山干部学院和许世友将军故居。通过实地调查研究，调研组一行对太行干部学院的发展问题有了较深的体会和认识。

一、太行干部学院的发展现状

太行干部学院位于太行山南段长治市武乡县城东南部。2017年6月27日正式挂牌成立，为正县级事业单位，编制47人。2019年有员工60人，其中在编的事业人员27人，省委党校下派挂职1人，劳务派遣聘用人员19人，借调、返聘等其他工作人员13人。学校占地总面积494亩，建筑面积5.3万平方米，建有大型报告厅、电教化教室、高标准录播室、求实书屋等，可同时容纳500名学员培训。2019年4月，被中组部列入干部党性教育基地备案目录，成为全国57所干部党性教育基地之一。

太行干部学院原由当时的长治市委书记孙大军同志兼任院长。目前，学院院长已调整为由长治市委组织部部长杨保春担任。2017年至2020年12月，长治市人大常委会副主任、武乡县委书记胡坚同志任党委书记，2021年1月，中共武乡县委书记贺思宇同志任党委书记。自建院至2019年，共举办各类培训班481期，培训学员37989人。其中，省内培训425期，培训学员33935人；涉及外省的培训班共56期，培训学员4054人。自建院至今，共举办各类培训班次995期，培训学员69363人，年平均培训学员1.7万人。其中，外省班116期，占总培训期数的11.6%；培训学员6378人，占总培训人数的9%。2017年举办153期，培训学员10894人；2018年举办254期，培训学员19881人；2019年1月1日至7月30日，举办各类班次74期，培训学员9214人；2019年8月培训27期，培训学员1966人，其中非洲考察团培训班1期，学员52人。2020年因受疫情影响，举办各类培训班次179期，培训学员12348人，培训45164人次。2021年，截至9月已举办各类培训188期，培训学员11490人，培训34077人天。总体看，培训学员人次呈良性增长发展态势。培训学员覆盖全国各省、自治区、直辖市，以及中央部委、国家机关、企事业单位、高校科研和其他社会组织乃至海外，主要来自北京、上海、天津、新疆、西藏、海南、福建、黑龙江等28个省、自治区、直辖市。

太行干部学院始终坚持立足山西、面向全国，以弘扬太行精神为主题，努力打造以革命传统教育、抗战精神教育和国防教育为特色的干部学院。

在教学上，该学院有如下特点：

第一，明确"三基地、三平台"的教学发展定位，全力打造党性教育、能力教育、国防教育三大教育基地，为学员搭建学学相长、交流思想和工作、实地体验感受悟道的平台。

第二，构建特色教学体系。按照"高质量教育培训干部、高水平服务党和国家事业发展"的干部教育培训要求，充分发挥太行地区革命遗址多，红色资源丰富的优势，以"弘扬太行精神，传承红色基因"为主线，以实物、实景、实事为载体，积极构建以党性教育为主体，案例教学为特色，现场教学为依托，理论教学、情景教学、体验教学、研讨教学、激情教学等多种教学方式有机融合的特色教学体系。

第三，积极推行培训项目制，明确了教务部教学综合管理、培训部教学组织实施、教学科研部教学开发研究、其他部门教学服务保障的"四位一体"教学运行机制，并制定相应基础配套制度。

第四，立足"三基地、三平台"的发展定位，打造"4+3+3"课程。在党性教育方面，打造习近平新时代中国特色社会主义思想、红色基因、党风党纪、党史国史4个系列课程；在能力教育方面，打造政治、业务、协作能力3个系列课程；在国防教育方面，打造国防知识、技能、观念3个系列课程。

第五，研发多门特色教学课程，如《习近平新时代中国特色社会主义思想学习纲要》系列课程、《太行革命根据地》系列课程，情景教学《红色传家宝》《太行诗篇》，访谈教学《不忘初心、铭记历史——致敬老兵》，结构化研讨《如何当好党支部书记》等，积极与中央党校、省委党校、山西大学、山西省社科院、八路军研究会合作开发课程，同时开发了八路军太行纪念馆、平顺县西沟村等十余处现场教学点。

在师资队伍建设上，邀请国内知名专家、学者组建师资库，帮助打造课程、培训教师队伍，同时积极培养自己的教学力量，公开招聘6名硕士研究生，2019年再引进5名高学历人才。

学院对信息化和文化建设也比较重视，投资打造"智慧校园"系统，重点围绕学院管理、教学管理、教学评估、智能办公四条主线，打造覆盖教学、科研、培训、行政管理、一卡通服务等的互联互通的多媒体教室和信息化平台。为配合"不忘初心、牢记使命"主题教育和党史学习教育，积极打造红色文化主题学院，进行了扩展"八路军太行文化园"等大量文化建设。

二、太行干部学院的问题和不足

总体看，太行干部学院的定位、师资、科研档次和经费投入稍有点偏低、偏少，逐步打造提升太行干部学院成为省级水准并向国家一流干部培训基地努力迈进是当前新形势、新任务的迫切需求。党的十八大以来，我们国家在"五位一体"总体布局和"四个全面"的战略部署下，党的建设、反腐倡廉建设、经济社会发展都进入全新的高质量发展阶段，全国步入中国特色社会主义新时代。而山西一度出现过政治生态和经济落后问题的一个重要原因就是干部队伍出了问题，干部教育跟不上时代发展的需要，需要不断培养一批又一批政治立场坚定、理想信念牢固、为民务实清廉、纪律作风优良的好干部。而太行干部学院位于太行精神的发源地，已经初步形成山西红色品牌效应，具有成长为省级并向国家一流干部培训基地发展的先天潜力和后发优势。但是，客观地讲，太行干部学院要实现这一目标，现在还存在一些问题和不足：

1.定位偏低，特色不够突出。山西人民在抗战中出钱、出粮、出兵、出干部，为中国革命做出巨大的奉献和牺牲，八路军高级干部左权牺牲在山西，团级以上干部牺牲300多名。晋察冀、晋绥、晋冀鲁豫三大抗日根据地在中国革命特别是抗战中的地位、作用、贡献、影响举世皆知、全国公认。但对于太行精神的定位、认识和作用还需深入研究和提升，一些人对于山西乃至晋冀鲁豫整个800里太行在全国抗战中的作用认识还有待提升。因此，在定位和办学规模上仍局限于山西长治市武乡一域一县，颇有"帽大身小""小马拉大车之感"，极不利于学院的长远发展，希望引起国家和各级部门的高度重视，要科学定位，在现有基础上进一步打造提升。

2.师资力量欠缺，人才队伍欠缺，科研成果不多，成果档次与影响力不够。现有编制下，教学人员、图书设备都很有限。培训规模、经济收益和社会影响力与邻省河南的大别山干部学院、焦裕禄干部学院、红旗渠干部学院有差距。

3.服务保障不足。首先表现在学院资产问题亟待解决。学院教学工作场所原是租用山西晋能集团下属文涛置业的原太行建国酒店，由此生成每年300万的租金费用，其间的资产划转问题长期未能得到妥善解决。其次是先天缺陷，原有酒店没有高档次、有一定书籍存量的图书馆。

4.现场教学点偏少，没有充分利用全省得天独厚的红色资源，管理缺乏协调统筹机制，教学资源整合困难，难以满足教学要求，培训中学员的意见较大。

5.经费短缺，缺乏国家和省、市相关职能部门的政策和经费支持。例如，学院承接省外培训班收取的师资费、培训费均不属于非税收入，按规定不能进入省、市财政。另如教师职称评定、学院教师师资费发放也缺乏明确政策规定。

三、打造提升太行干部学院成为国家一流干部培训基地的对策建议

针对太行干部学院现存的问题和不足，为了打造提升太行干部学院成为省级水准并向国家一流干部教育培训基地迈进，我们初步提出以下不成熟对策和建议：

1.国家有关部门和省、市各级领导班子，尤其是省级组织、财政部门对于党员干部培训需进一步加大重视支持力度，在经费、政策、师资等各方面加大扶助力度，给予保障。

2.太行干部学院定位起点要高，突出特色。学院的办学定位不仅要立足山西，更要着眼太行山周围数省，面向华北，辐射全国。以习近平新时代中国特色社会主义思想理论、党建理论、抗战精神、太行精神、八路军抗

战、根据地研究和教学作为自己的特色、品牌和重点，并积极打造提升，进而凸显太行干部学院在全国干部学院中的地位、作用和特色。例如，大别山干部学院就坚持以大别山"28年红旗不倒"的革命历史为主线，以弘扬大别山精神为主题，走出了特色化的办学路子。太行干部学院也可以借鉴参考。

3.教学师资力量和软实力上亟须加强提升。第一，在师资力量上，这方面可以借鉴大别山干部学院的办法，走专兼结合、以兼为主的师资发展道路。要引进高质量人才，同时积极整合其他院校的资源，与中央党校、国家行政学院、其他干部学院、高校合作，建立、强化外聘师资库。从退休干部、红军后代中挑选、培养专题讲授老师和访谈嘉宾。同时充分利用省内外党建党史专家资源，可特聘中央党校知名退休党建专家教授或军事科学院军史专家岳思平、张从田，复旦大学党史权威教授，山西省委党校高建生、刘树信教授，山西大学鲍善冰教授，山西省社科院原院长杨茂林、副院长高春平，省档案馆一级巡视员、党史研究专家巨文辉及省委党史研究院原研究员、二级巡视员苗长青等专家为兼职教授。此外，还要定期选派教师到中央党校、中组部管理的三所干部学院、山西省委党校等院校学习培训。第二，在课程设计上，既要加强党史、革命史、新中国史、改革开放史的课程安排，又要解放思想，对企业干部的培训增加国外优秀企业案例和明清晋商经营管理与案例课程，让学员走近历史，走近现实，走近心灵，走近经营，让年轻干部成为真学、真懂、真用、又红又专的全面人才。第三，要将党性教育放在核心地位，辅之红色家风家规教育。第四，要积极开展合作课题，以深入扎实的研究作为教学的基础。第五，与有办刊经验的省社科院合作，筹办《太行学院学报》，定期开展太行精神系列研究专栏，召集学员讨论，在2025年抗战胜利80周年之际召开在全国有巨大影响力的"抗日战争与中华民族伟大复兴暨太行精神国际学术研讨会。"

4.培训资源整合问题急需解决。主要是现场教学点的协调工作，需要省、市、县主管部门出面协调，尤其是长治市委、市政府要起主导作用，积极去除地域壁垒和内部竞争。

5.加大宣传。以长治市为中心，打造全省范围成线连片的红色旅游教学实学点，和文旅厅联手打造提升《在太行山上》精品剧，引深山西黄河抗战文化，进一步推动山西红色文旅资源和文化强省建设。

6.服务管理需要进一步加强。尽快解决学校的资产问题，同时要向井冈山干部学院、中国浦东干部学院、大别山干部学院学习，重视学生的自我学习，打造跨市实学点。此外，"十四五"期间尽快申请修建一座高标准、大容量的图书馆。

山西省社科院（中心）高春平 郭永琴

2021年9月

探析太行精神的生成逻辑

仲艳妮

内容提要：太行精神有其深刻的生成逻辑。险峻地势、人文荟萃、革命传统磨炼出太行儿女不畏艰险、百折不挠的坚强意志；日军铁蹄践踏、国民党倒行逆施、严重的自然灾害激发出太行儿女奋起反抗、艰苦奋斗的英雄气魄；中国共产党领导太行儿女在抗战中展现出不怕牺牲、艰苦奋斗、无私奉献、敢于胜利的太行精神。太行精神凝聚着中国共产党人的奋斗精神，凝聚着中国人民的优秀品质，是中华民族的宝贵财富。本文从基因传承、危机肇始、斗争淬炼三个方面探析太行精神的生成逻辑。

关键词：太行精神；生成逻辑；探析

太行精神是伟大的民族精神，是抗日烽火铸就的民族之魂。习近平总书记曾多次提起太行精神。2020年5月，总书记在山西视察时指出，太行精神、吕梁精神是我们党宝贵的精神财富。这些都要充分发掘和利用，以丰富多彩的历史文化、红色文化资源为山西发展提供精神力量。探析太行精神的生成逻辑，对于更好理解、学习、弘扬太行精神有着重要的现实意义。

一、基因传承

太行山以其雄健壮伟之躯，纵卧于中国北方大地之上。它西阻黄土高原的流金飞沙，东偎华北平原的坦荡沃土，北拒漠北塞外的广袤草原，南衔世界屋脊的源泉圣水，孕育了勤劳勇敢的太行人民和辉煌灿烂的太行文明，培育了伟大的太行精神。

（一）巍巍太行：雄奇峻险　天下之脊

太行山北起北京西山的拒马河谷，南至晋豫边境的黄河沿岸，纵贯北京、河北、山西、河南四省市。它东屏冀鲁大平原，是山西东部、东南部与河北、河南两省的天然分界。绵延数百里，有"表里河山"之胜。

晋东南地区居太行山腹地，古有"居太行山之巅，地形最高与天为党也"的说法，故称"上党"。上党盆地是以太行山、太岳山和中条山三山构成的三角地带。盆地幅员辽阔，地势雄奇险要，盆地之内高峰林立，峭壁如林，载入史册的山峰就有百座之多。太行山上坂道萦曲，当地人称之为"羊肠"道。这些坂道险要无比，自古以来为用兵者瞩目，《史记·蔡泽传》记载："决羊肠之险，塞太行之道"。古往今来描写太行之险的诗句非常多，如曹操《苦寒行》："北上太行山，艰哉何巍巍！羊肠坂诘屈，车轮为之摧。……"李白《北上行》："北上何所苦？北上缘太行。磴道盘且峻，巉岩凌穹苍。马足蹶侧石，车轮摧高岗。沙尘接幽州，烽火连朔方。杀气毒剑戟，严风裂衣裳。……"陈毅军长1944年1月路经太行山时，挥笔写下《过太行山书怀》："太行山似海，波澜壮天地。山峡十九转，奇峰当面立。仰望天一线，俯窥千仞壁。……创业不拔赖基地，我过太行梦魂安。"这些诗歌用文学语言道出太行山的艰险万状，赋予太行山一种特殊意义，即不畏险阻、百折不挠的精神气概，这是太行儿女无比坚韧的性格与意志的重要渊源。

（二）巍巍太行：文明发祥　人文荟萃

太行山曾是中华民族发祥与发展的依托，与中华文明的早期发展息息相关。尧都平阳、舜都蒲坂、禹都安邑……正如朱熹所言，上古帝王都城都在太行山脚下。华夏祖先在这里开荒创世，繁衍生息，用勤劳和智慧创造了灿烂文化，孕育了优美动人的神话传说和古老文明，塑造了厚重古朴的历史传统。

新石器时代遗址的发现有力证明了太行地区是中华文明早期发祥地之一。太行山东麓磁山地区发掘的磁山文化遗址，是前仰韶文化时期的代表类型之一。这项发现证实了早期中国农业文明的确出现在太行山区，反映了当时历史原貌，说明早在8000年前就有人类在此活动。历代相传的有关炎帝在此尝百草、得嘉禾、制耒耜、兴稼穑、教农耕、开荒创世的故事并不全是神话传说，在一定程度上真实反映了古人的智慧和力量。拒马神水、女娲补天、后羿射日、精卫填海、炎帝尝百草、愚公移山、大禹治水……这些神话传说是中华民族在幼年时期的瑰丽奇幻、顽强抗争以及步履蹒跚的印记。作为中华民族的文化印记，它们在很大程度上影响了民族精神的形成。早期人类在恶劣处境下改造自然、征服自然的矢志不移、百折不挠、人定胜天、不畏强暴的反抗精神和信念，是中华民族巍然屹立世界民族之林的根基。它深深烙印在中华民族性格之中，影响并塑造着一代代炎黄子孙。

（三）巍巍太行：革命传统　薪火相传

"慷慨悲歌燕赵地，兵刃血火太行山。"历代兵家在太行山兵戎相见，战争烽火锻造了太行儿女勇猛强悍、粗犷豪放的民族性格和富于反抗的革命精神。《新五代史》载：上党"山川高险，而人俗劲悍"，苏辙有言："燕、赵之人，八十年之间……竭力致死，不顾败亡，以抗天子之兵，而以为忠臣义士之所当然。"太行山自古多出慷慨悲壮之士、精忠报国之人。每逢国家有难，太行儿女总能奋勇当先，誓死捍卫国家尊严。西汉冯奉世[1]在国家危难之际，"矫制违命"，解生民于倒悬；宋朝王彦慨然弃家，在太行山组建"八字军"，率领潞州军民打响南宋抗金第一仗；明朝陈卿因不忍苛捐暴政组织农民起义，起义军英勇斗争7年，转战晋、豫两省，使"全晋之地震恐""天子震怒"；辛亥革命时期，上党农民用鸡毛传单组织"干草会"[2]，火烧地主士绅房屋，进行抗税斗争；民国时期，浮山农民陈彩彰揭竿而起，给反动统治带来严重威胁……太行民众反压迫的斗争精神薪火相传，生生不息。

五四运动后，太行山区的有志青年挣脱黑暗势力束缚，外出接受马克

---

[1]冯奉世，西汉著名军事家，战国时期上党郡守冯亭的后代。

[2]董江爱：《山西村治与军阀政治》，中国社会出版社，2002，第36页。

思主义教育，探求救国救民真理。中国共产党成立后，太行山区的先进知识分子秘密发展党员，先后在平定、长治、晋城、屯留、沁源、长子、武乡、榆社等地建立党组织，领导革命斗争，传播马列主义，带领太行人民走上崭新的革命道路。九一八事变后，山西人民革命情绪日增，抗日救亡运动迭起。共产党员和进步人士成立各种抗日救国团体，进行抗日救国宣传。晋东南武乡县的党组织建立"抗债团"，领导农民进行抗债、抗租、抗粮、抗税、抗丁的"五抗"斗争。1931年7月，在山西特委策动下，驻平定的国民党军队第十一师1000余名官兵发动兵变，组建中国工农红军第二十四军，在太行山中段开展革命活动，转战河北阜平后连战失利，军长郝光、政委谷雄一牺牲。太行儿女的家国情怀与慷慨忠诚，穿越时空长河镌刻在历史碑林中，被后人永远铭记。

二、危机肇始

殷忧启圣，多难兴邦。中华民族历史上经历过很多磨难，但从来没有被压垮过，而是愈挫愈勇，不断在磨难中成长、从磨难中奋起。毛泽东同志指出："我们中华民族有同自己的敌人血战到底的气概，有在自力更生的基础上光复旧物的决心，有自立于世界民族之林的能力。"①一次次的危机磨难涤荡出太行精神的深刻内涵。

（一）民族危机：日军入侵　横贯太行

七七事变后，夺取山西成为日军华北作战的首要目标。正如薄一波所指出的："日本的进攻是首先瞄准了晋绥的。"②日本调集50万兵力开赴中国，沿平绥、平汉和津浦3条铁路向华北地区进攻，很快攻破南口、张家口，直逼山西重镇大同。中共中央根据时局及时调整战略部署，将北方局从天津移驻太原指导华北抗战，充实山西省委、各战略区的有生力量，并急派周恩来赴山西与阎锡山协商红军在山西的各项活动。③八路军改编后相

---

①毛泽东：《毛泽东选集》（第一卷），人民出版社，1991，第161页。
②《薄一波论新军》，中共党史出版社，2008，第274页。
③金冲及主编：《周恩来传》，中央文献出版社，1998，第372页。

继开赴山西抗日前线，取得平型关大捷等胜利，人民抗战信心倍增。然而由于国民党片面抗战路线和战略战术失误，正面战场不断溃败。从1937年10月底至11月初的半个月内，娘子关、忻口、太原相继失守，山西大半国土陷落。

日军入侵给太行地区军民带来巨大灾难。从1937年10月至1940年百团大战前夕，日军仅在太北区就屠杀了6万多人，烧毁了10万多所房屋。①百团大战后，日本华北方面军对所属日军、伪军下达命令："凡是敌人区域②内的人，不问男女老幼，应全部杀死，所有房屋，应一律烧毁，所有粮秣，其不能搬运的，亦一律烧毁，锅碗要一律打碎，井要一律埋死或投下毒药……"③日军三十六师团二二二联队一大队编组了两个放火中队、一个撒毒小队，从1940年10月2日到11月30日，在太行区"杀死二三千人，沿途的房子也都烧光，抢掠得到的财物，堆积如山"④。10月，日军在涉县井店村一次杀害200余人；11月19日，在昔阳西峪村一次杀害365人。杀红了眼的日军，11月在黎城郎庄抓住村长粟树棠，将其绑在树上，砍腿，割耳，挖眼，最后刺死。1940年冬季"扫荡"中，日军所到之处，火光连天，尸横遍野，凡未及时逃走的人，都遭到残忍杀害。

华北日军实行"治安强化运动"后，为压制军民抗日活动，日军在交通要道附近制造"无人区"，将当地村民赶出家园，烧毁房屋，屠杀百姓。1941年秋，日军在井陉县正太路南划定8个村庄为"无人区"，把1100多户村民赶走，抓捕4000多人，屠杀350余人，放火烧了7天7夜，8个村庄成为废墟。日军对占领区内中国人的屠杀更为残暴。绰号"杀人魔王"的日本特务清水利一，在昔阳、和顺两县修建专门残害中国人的"留置场"和

---

①太北区指太行区邯(郸)长(治)公路以北的地区。这里所引数字见1940年6月29日《新华日报(华北版)》所载彭德怀《三年抗战与八路军》。

②"敌人区域"即指抗日根据地。

③日本解放联盟太行支部日军暴行调查委员会：《日军暴行座谈会记录》，见1944年8月15日《新华日报(太行版)》。

④日本解放联盟太行支部日军暴行调查委员会：《日军暴行座谈会记录》，见1944年8月15日《新华日报(太行版)》。

水牢，把在"留置场"中被害的群众喂军犬，甚至让军犬咬食活人。冀西邢台县土岭据点的日军宪兵、杀人狂森久保，自诩曾亲手杀死1300多名中国人。被迫"维持"日军的村庄也不能幸免，只要日军认为对其"不忠"，随时对村民加以杀害。1941年，寿阳县"维持村"之一的韩略村，日军以该村向八路军"走漏消息"的罪名，把村民集中起来用机枪扫射，当场射杀360人。据不完全统计，1941年、1942年，日军在太行腹心区和边沿区，杀害抓捕群众达35万多人。在日军的猖狂进攻下，根据地面积迅速缩小，抗日武装力量锐减。

（二）反共高潮：国共摩擦　相煎何急

抗战初期，蒋介石一度与中共积极接触，并在一定程度上实现精诚合作，取得平型关大捷、忻口战役等胜利，迟滞了日军西犯时间，尤其平型关大捷是全面抗战以来中国军队取得的第一场胜利，打破日军不可战胜的神话，极大鼓舞了全国军民抗战信心。

然而，随着抗战相持阶段到来，第二次国共合作的"蜜月期"宣告结束。由于日本帝国主义对国民党诱降活动加紧，汪精卫公开投敌，加之国民党畏惧人民武装力量发展壮大，顽固派的反共投降倾向日益增长，1939年，国民党五届五中全会确定了"溶共、防共、限共、反共"方针，秘密通过一系列破坏团结抗战的反共文件。国民党反共顽固派明目张胆制造摩擦，公然向根据地发起军事进攻。1938年秋，反顽势力在豫北进攻修武县抗日民主政府并袭击八路军部队，抢夺修武县人民政权，史称"许河事件"；1938年7月至9月，阎锡山在吉县古贤村召开"古贤会议"，决议"扶旧（派）抑新（派）"，限制、打击牺盟会和决死队等新派；1939年3月，阎锡山在陕西秋林镇召开秋林会议，公然鼓吹"中日不议而和，国共不宣而战"的谬论，称"天要下雨，赶快准备雨伞"[1]（即准备反共）。阎锡山还网罗反共顽固分子向晋东南根据地派遣"政治突击队""敌区工作团"和"精神建设委员会"，专门进行反共宣传、刺探情报、暗杀等活动。到1939年11月，山西形势已是剑拔弩张。为巩固根据地内团结，维护抗日民族统一战

---

[1] 山西省地方志办公室编：《太行革命根据地史》，山西人民出版社，2015，第52页。

线，中共晋冀豫区委在辽县芹泉镇举行各界座谈会，揭露反共顽固派的倒行逆施，号召各界、各阶层抗日人士"坚持山西进步，坚决执行阎司令长官一切进步主张，反对口是心非、阳奉阴违的顽固分子"①。区党委的主张受到与会代表的一致拥护。之后晋东南各县各界代表和广大群众纷纷呼吁团结抗战，揭露、谴责反共顽固派投降妥协阴谋。

然而，国民党反顽势力却并未收敛。1939年11月16日，国民党冀察游击队夏维礼部和别动四纵队侯如墉部3000余人，进至沙河县渡口、册井一带进行反共活动。他们撤换沙河县抗日县长，建立了沙河县"第二政府"。广大群众请愿游行，坚决反对如此行径。23日，侯如墉部于珩支队在册井打死、打伤请愿群众百余人，制造册井惨案。为保卫抗日根据地，太行军民不得不在全力抗战的同时，用相当精力对付突发的反共事变。

（三）自然灾害：罕见天灾　艰难困苦

太行区除平汉线西侧和黄河北岸有少量平原外，大部为山地，历史上十年九旱。1940年以后，日军"扫荡"日益频繁，对根据地封锁愈加严重，国民党政府停止了对八路军的供给，又因战争消耗，原有社会积蓄大部用尽，根据地军民举步维艰。

1941年、1942年，在日军"扫荡""蚕食"同时，太行根据地遭遇了前所未有的旱灾、虫灾等自然灾害，不少地区颗粒无收，军需民用极度紧缺；持续的旱灾使太行区许多水井干涸，河道断流，土地龟裂，禾苗枯死，人畜用水空前紧张；伴随旱灾而来的是疫病蔓延，不少村庄传染病流行。1943年灾害空前严重。从5月下旬起，3个月滴雨未下，禾苗干枯，赤地千里。不少地方发生蝗灾，特别是1943年、1944年两年太行区出现大面积蝗灾。飞蝗所到之处，庄稼顷刻被一扫而光。1943年，太行区灾民达38万人，从国民党统治区逃来急需救济和安置的难民约25万人。整个太行区百姓家里几无盖藏之米，抗日部队也无过夜之粮。据亲历者回忆：当时，粮食不够吃，只能以糠、树叶、树皮作为补充，而且缺少食盐。……慢慢地，这些树叶吃光了，只好采大杨树叶、臭椿树叶，这些树叶虽然很不好吃，但

①《新华日报(华北版)》,1939年11月17日。

人们已经饥不择食,几乎所有的树叶以及其他能吃的东西都被吃光了。[1]粮食成为最宝贵的物资,日伪军更加疯狂地在太行区抢夺粮食。1942年8月,长治日伪军分10路包围30多个村庄大肆抢粮,仅宋庄、白兔、河湃3个村即被抢去52000多斤。同年10月,日伪军在武乡韩壁一次抢去10多万斤粮食。

艰难困苦,玉汝于成。正如习近平总书记所言,狂风骤雨可以掀翻小池塘,但不能掀翻大海。经历了无数次狂风骤雨,大海依旧在那儿![2]在中国共产党领导下,八路军将士奋勇当先、浴血奋战,根据地军民无私奉献,支援前线,最终赢得抗日战争的伟大胜利。

三、斗争淬炼

习近平总书记指出:"必须发扬斗争精神,勇于担当作为。"[3]我们党诞生于国家内忧外患、民族危难之时,一出生就铭刻着斗争的烙印,一路走来就是在斗争中求得生存、获得发展、赢得胜利。太行精神是太行军民在艰苦卓绝的抗日战争中用血与火的洗礼铸就的伟大革命精神。

(一)不怕牺牲

太行精神是太行军民为抗击日军入侵激发出的不怕牺牲的英雄气概。在华北沦陷的危急关头,共产党、八路军挺身而出,走在抗战最前列,八路军总部、一二九师创建了以武乡为中心的太行抗日根据地,带领太行军民进行敌后抗战。

太行革命根据地在反"围攻"中奠基。根据地军民在八路军总部指挥下,团结奋战,胜利进行多次反"围攻"作战,主要有晋察冀军民反击日军"八路围攻"、晋冀豫军民打破日军"六路围攻"、邯长路伏击日军的"多面围攻"及粉碎日军的"九路围攻"等。神头岭伏击战、响堂铺伏击战等著名战役便发生在此期间。指挥神头岭伏击战的陈赓曾高度评价此役:

---

[1]陈正祥:《晋察冀抗日根据回忆片段》,《文史精华》,2005年第9期,第56页。
[2]习近平在首届中国国际进口博览会开幕式上的主旨演讲(2018年11月6日)。
[3]习近平在"不忘初心、牢记使命"主题教育总结大会上的讲话(2020年1月8日)。

"是役，对进攻山西长治腹心一带之敌打击特大""提到神头之役，（日军）仍无不余悸尚存，谈虎色变。"①经过一系列反"围攻"作战，以太行山为依托的晋冀豫抗日根据地进一步巩固和扩大。在此基础上，中共中央、八路军总部也多次就晋察冀根据地向冀东、冀中等地发展、巩固和扩大边区问题发出指示，"坚持平原地区的游击战，也是可能的"②。要求在河北、山东平原地区的冀鲁豫边区创建抗日根据地。1937年10月，吕正操率国民党第五十三军六九一团起义，建立冀中抗日根据地；1938年7月，第一一五师和一二九师部队到达山东，开辟冀鲁边抗日根据地；1938年9月底，以南宫为中心，西起平汉路，东抵津浦路，北至沧石公路，南跨漳河的冀南抗日根据地基本形成。八路军以山西为基地向整个华北实行大幅度分兵，是开辟华北敌后战场的客观要求，是充分利用山区和平原两方面优势，建立、巩固抗日根据地的必然选择，标志着晋察冀、晋绥、晋冀豫三大抗日根据地初步形成。

粉碎日军的"囚笼"政策，击退日军"扫荡"攻势。从1938年底开始，敌后抗日根据地的开辟与迅速发展，成为日军挥之不去的梦魇。日军大肆修路筑堡，并依托堡垒据点、交通线对抗日根据地进行分割、封锁和进攻，以实现其"点、线、面"③的占领计划。对此，八路军通过一系列卓有成效的破袭战，粉碎了日军的"囚笼"政策，保卫了根据地。在八路军发动的一系列破袭战中，不得不提"百团大战"。彭德怀、左权等八路军高级将领在此役中身先士卒，尤其是彭德怀在距阵地只有500米远的炮兵指挥所指挥战斗，极大鼓舞了军民斗志。他们破铁轨、烧枕木、炸桥梁，切断日军补给线，使日军遭到彻底失败。"囚笼"政策破产后，日军气急败坏，对根据地进行疯狂"扫荡""蚕食""封锁"和"清乡"。对此，八路军采取机动灵活的游击战术："小股进退，分支袭扰，集中主力，乘弱伏尾，昼伏夜动，

①《八路军回忆史料(1)》，解放军出版社，1998，第192页。

②《中共党史参考资料第八册》，人民出版社，1979，第153页。

③主要做法：以铁路为柱，公路为链，碉堡为锁，辅之封锁沟墙，把抗日根据地分割成若干小块，构成对太行抗日根据地的网状包围圈，形成"囚笼"，以限制八路军的机动作战，然后再不断向根据地延伸，以达到其消灭八路军、摧垮根据地的目的。

声东击西，有意暴露，及时隐蔽，利害变换，毫不犹豫，拿定火色、转入外线"[1]；太行民兵"击尾头应，击头尾应，击腰头尾同应"，广泛开展麻雀战、地雷战、联防战、窑洞战等群众性游击战争，形成人民战争的壮观场面。此间发生的沁源围困战是中外战争史上的奇迹，它是军民一体对占领我腹心区之敌进行斗争的范例，党中央机关报《解放日报》发表《向沁源军民致敬》社论，称赞"模范的沁源，坚强不屈的沁源，是太岳抗日民主根据地的一面旗帜，是敌后抗战中的模范典型之一"[2]。

太行军民为抗战做出了巨大牺牲。从1937年10月到1944年10月，太行抗日根据地一二九师主力部队对日、伪军作战共1.9万余次，毙伤日、伪军12万余人。一二九师有1.3万余人牺牲，3.2万余人负伤，太行区有1400余名区级以上干部牺牲。太行区民兵自卫队在抗战期间共作战33万余次，毙伤俘日、伪军1.1万余人，仅1940年至1943年，太行区民兵自卫队就有3800余人牺牲，4800余人负伤。八路军副参谋长左权在十字岭突围战中壮烈牺牲，是我军牺牲的级别最高的将领；北方局秘书长兼八路军前方总部秘书长张友清在日军"扫荡"时不幸落入敌手，在狱中受尽酷刑，身染重病后牺牲；狼牙山五壮士弹尽粮绝之时，砸毁武器，高喊"中国共产党万岁"纵身跃下悬崖；黄崖洞保卫战中，18岁的司号员崔振芳，一人扼守翁圪廊隘口数昼夜，用两桶马尾弹炸死敌人数十名，最后壮烈牺牲；民兵彭清理被俘后，日军将他吊在树上，当面连杀他的8个亲人，逼他讲出兵工厂机器和粮食的埋藏地点，他宁死不讲，直至被敌人推下悬崖绝壁；平遥县女共产党员梁奔前被日军抓捕后，宁死不屈，高唱革命歌曲英勇就义，年仅19岁；安泽县女区长王光，被捕后敌人割掉她的鼻子，剜掉她的双眼、双耳和乳房，最后剖腹开膛。王光宁死不屈，壮烈牺牲，年仅23岁。太行军民用鲜血和生命铸就了不朽的民族之魂，树立了起一座永恒的丰碑。

（二）艰苦奋斗

太行精神是太行军民在残酷的战争环境中锤炼而成的一种百折不挠、

---

①《朱德选集》，人民出版社，1983，第71页。
②《向沁源军民致敬》，《解放日报（延安版）》，1944年1月17日。

艰苦奋斗的坚强意志。太行根据地因地势险要，一直处于敌人的重重包围之下，加之严重的自然灾害，各项工作的开展困难重重。太行军民在党的领导下，积极展开生产自救和大生产运动。毛泽东指出："认真地精细地而不是粗枝大叶地去组织各根据地上的经济，达到自给自足的目的，是长期支持根据地的基本环节。"①据此，太行各级党委动员军民开展大生产运动，通过贷粮、贷款，扶助群众恢复和兴办水利事业，大搞纺织、运输和家庭副业生产。1942年，晋冀鲁豫边区发放农业贷款1657万元（边区币），1943年又发放9570万元。对第五、第六专署旱灾的地区全部减免公粮，并派出武装工作队突入西线敌占区购回了75万千克粮食救济灾民。1942年，晋冀鲁豫边区拨出310万元贷款，以工代赈，在纺织、开渠、造地、修房等方面支援农民生产自救。1943年3月，朱德警卫团还在积雪覆盖的左会板山，开展生产大竞赛。冀鲁豫部队、机关组织了全部畜力到灾区助耕。冀南地区在敌人的掠夺下耕牛奇缺，八路军就帮当地群众拉犁，成为"光荣的耕牛"。部队还组织了许多打井队，到处帮助群众打井。在部队战士的帮助下，1943年仅冀鲁豫区就打了8000眼水井，冀南亦打了数千眼水井。从1943年起，晋冀鲁豫的许多部队已做到全年蔬菜和3个月的粮食自给，食用油盐、肉类及日常办公、杂支等费用，大部分靠自己的生产所得予以解决。②

太行根据地的大生产运动是在残酷的敌后环境中进行的，军民不分后方前线，不论男女老幼，在紧张的战斗、训练和工作间隙，上山开荒、种地打粮、植棉种菜、纺线织布、喂猪养羊、开办作坊、经营运输等，积极地投入农副产品的生产。在根据地，老百姓亲热地称呼八路军是"我们自己的队伍"③。朱总司令当年在太行山区领导华北抗战近3年，在极端艰苦的日子里，朱总司令和当地农民处若邻里，亲如一家。"金刚百炼一英雄"

---

①毛泽东：《毛泽东选集》（第二卷），人民出版社，1991，第768页。
②财政部财政科学研究所编：《抗日根据地的财政经济》，中国财政经济出版社，1987，第115页。
③《巍巍太行山》，希望出版社，1986，第17页。

"朴素浑如田家翁"①。他关心战士疾苦,体贴当地人民,带领太行山军民打井、修渠、挑水、打柴、架桥、栽树,与敌人战斗,把太行山建成了巩固的抗日根据地。在大生产运动中,广大指战员还创造了"点滴生产""飞行生产""隐蔽生产""军民合作"等多种生产方式,有些武工队甚至在敌人据点附近种地。值得一提的是,八路军总部出台了以《滕杨方案》②为代表的合理分红办法。方案规定个人生产应缴的数目,在没有完成任务以前是公八私二,完成任务以后是私八公二。③该方案坚持了公私兼顾、先公后私的原则,使劳动者的生产积极性和创造性得到最大限度发挥,这对促进生产发展、减轻人民负担和渡过难关起到了重要的作用。

(三)无私奉献

太行精神是太行军民用热血培育而成的无私奉献的高尚情操。八路军将士为人民浴血奋战,根据地人民也纷纷发扬不甘落后、为国分忧的奉献热情。太行山是八路军的故乡。"母亲叫儿打东洋,妻子送郎上战场。"太行根据地不仅为八路军提供战略层面上的基地,而且广大农民群众积极参军参战,成为主力部队的主要兵源。据统计,八路军一一五师和晋察冀部队由入晋时3000余人发展到抗战胜利时的32万人,一二〇师由8000余人发展到8.5万人,一二九师由9000余人发展到近30万人。各地的地方武装也有迅猛发展,晋察冀根据地民兵达到63万人,晋冀鲁豫根据地民兵达到40万人。当时只有13.5万人口的武乡县就有4万名青年参加了八路军、决死队,9万多人参加了各种抗日团体。截至1945年太行区民兵发展到15万人,太岳区民兵发展到87824人。④民兵有时还会加入正规部队,如1938年4月

---

①金海贤、苟文俊:《忆朱总司令二三事》,《党史博采》,1998年第6期。

②《滕杨方案》是1944年4月,八路军总部出台的一个有关生产节约的文件。它的全名为《滕参谋长杨副参谋长手订总部伙食单位生产节约方案》。这个以八路军参谋长滕代远(湖南麻阳人。中华人民共和国成立后,任人民解放军铁道兵司令员兼政委、国家铁道部部长、全国政协副主席等职)和副参谋长兼八路军后勤部部长杨立三(湖南长沙县人。中华人民共和国成立后,首任军委原总后勤部部长兼国家食品工业部部长)的职务冠名的文件,是他们为了克服根据地的经济困难,根据后勤部开展生产节约活动的经验而总结制定的。

③《晋察冀边区财政经济史资料选编(农业编)》,南开大学出版社,1984,第567页。

④《山西民兵斗争史》,山西人民出版社,1985,第3页。

组建的八路军晋豫边游击纵队，就是以阳城县抗日自卫队和晋城南公八路为主，队伍人数最多时发展到4000余人[1]。除此以外，太行山人民还承担着巨大的战勤保障任务。他们抬担架、运物资、带路、送信、抢救伤员、看护病员等，使八路军和地方武装的军需供应和战勤服务得到保证。据统计，抗战期间全区支前民工出工数多达9100万个。

太行山人民在物力上也倾其所有。为保证部队粮食供给，太行人民努力最快地把粮食送给八路军部队。百团大战涞灵战役打响后，为支援八路军对敌作战，深县县委紧急动员群众快收快打，全县展开了一场备粮饷军的群众运动。不少村庄甚至将尚未熟透的谷子、玉米收割下来，加工后尽早送到部队。武安县的继成和西井两个村在1944年小麦丰收后展开交麦比赛，看哪个村交的小麦籽粒饱满、干净。黎城县于7月29日召开"保卫麦收政民劳军大会"，送给县独立营4600斤面粉、9800块银圆、2000斤蒸馍以及蔬菜、水果、毛巾、肥皂等物品。许多村庄交了夏季应交公粮小麦，又把秋天应交公粮（杂粮）先以小麦预交一部分。[2]抗战中，太行人民用黄灿灿的小米养育了70多万抗日子弟兵。邓小平1944年11月在黎城南委泉村召开的太行区杀敌英雄和劳动模范表彰大会上，盛赞太行山豪杰辈出之地，慨叹太行人民为中国革命"尽了一切力量"。

妇女能顶半边天。《新华日报》记者李光赞叹道：妇女们在战斗中起着重大作用，她们在战场上所表现的勇敢热情及不怕困难的精神，都是出人意想的。[3]整个抗战期间，八路军的军鞋全是根据地成千上万的妇女一针一线纳成的。各地妇女还承担着为部队做饭送饭的工作。1940年6月至7月，一个八路军的后方医院和一二九师卫生部驻扎在武乡县左会村，部队伤员每从战场上下来，都要经过窑弯村。村妇救会会员胡春花组织本村妇女在村里成立了接待站，把转送和护理伤员的任务主动承担下来。她动员姐妹们把家里的鸡蛋、小米、黄豆等拿出来给伤员吃，还组织大家织了500多米

---

①《晋城人民为新中国成立做出的杰出贡献》，《太行日报》，2009年9月20日。

②《太行革命根据地史》，山西人民出版社，2015，第170页。

③《活跃在解放段村战斗中的妇女们》，《新华日报（太行版）》，1945年8月31日。

土布,为伤员缝制衣衫。窑弯村背后是八路军设在黄崖洞的兵工厂,1941年日军进犯黄崖洞时,胡春花带领全村妇女组织了担架队,冒着生命危险,从前线抬回伤员120多个,在部队医院看护伤员4个月。太行山还有一个特殊的群体,被称作"太行奶妈"。"我是太行山的儿子,我生在麻田,长在麻田。"①战争年代,许多年轻母亲用乳汁养育了无数八路军后代,刘太行、邓朴方、邓琳、左太北、罗峪田……太行山是他们的出生地,更对他们有哺育之恩,他们的名字凝聚着八路军与革命老区人民生死与共的鱼水之情。

(四)敢于胜利

太行精神是太行军民用鱼水情谊凝结成的敢于胜利的宝贵品质。为了抗战胜利,太行根据地加强党的建设,建立抗日民主政权,军民一心共同抗日,最终取得抗战胜利。

加强党的建设是根据地各项工作顺利开展的根本保证。中共中央北方局在《关于目前形势与华北党的任务的决定》中指出,"加强我党在政权、武装及群众运动中一切方面的领导作用"②。"必须十倍百倍地发展我党的组织,才能保证我党的领导。"③在八路军总部直接指导下,太行区各地的建党建政工作如火如荼开展。晋冀豫边区党员由初创时的1000余人增加到1938年6月时的1万余人,至1939年9月增加到3万多人,成为当时华北地区规模最大的党组织。晋察冀边区各项工作取得很大成就,被毛主席誉为"敌后模范的抗日根据地及统一战线的模范区"④。各根据地党组织还根据抗战形势需要进行了整党、整风和组织调整等,提高了战斗力,巩固了根据地,使太行根据地发动群众、开展游击战争、进行根据地建设都有了坚强的领导核心。

建立抗日民主政权。1939年至1940年春,太行根据地的反顽斗争取得胜利,各小块根据地逐步连成一片,为实现党的集中统一领导和根据地建

---

① 《邓朴方太行探奶妈》,《山西老年》,1994年第7期。
② 《刘少奇选集》(上卷),人民出版社,1981,第96页。
③ 《为发动华北广大群众的抗日救国运动而斗争》,1937年10月10日。
④ 1938年10月5日,中共六届六中全会主席团致聂荣臻等人的慰问电。

设创造了有利条件。根据中共中央安排，在根据地实行民主政治，组织"村选运动"，建立"三三制"①政权，上升为根据地的重要工作。在村选中，党和农民想出了闻所未闻的选举办法，如（红绿）票选法、画圈法、画杠法、画点法、投豆法等②，以适应识字不多或者不识字的农民。经过党组织的积极动员，激发广大农民参政积极性。据统计，1941年在太行、太岳区进行村选时，参加选举者达75%以上，到1942年达85%以上，有的村甚至达到95%。③这种广泛的村选运动真正实现了劳动人民当家作主。1941年7月7日，晋冀鲁豫边区临时参议会第一次会议在辽县桐峪镇举行，会议按照"三三制"原则选举临参会参议员，成立边区政府，制定了施政纲领及许多重要政令，成为开展民主政治的典范。"三三制"政权的实质是民主。④它虽然诞生在抗日根据地，但"具有新中国雏形的政治意义"⑤。1941年以后，太行抗日根据地在组织村选基础上，成功组织了区、县、边区政府等各层政权机构选举，专署、县政府也都基本实行"三三制"，这些各级政权保证了抗日民族统一战线政权性质，为抗战胜利提供了重要保障。

扩大解放区，实行战略反攻。1944年连续发动的攻势作战，使山西各抗日根据地逐步扩大，迫使日军退缩到交通沿线和城市。2月后，太行军区部队收复已围困达8个月之久的蟠龙镇和榆社县城，接着解放河南林县县城，攻克日伪据点28个。8月，向平汉、正太、道清等铁路沿线进击。在正太线上，袭入寿阳的马首、上湖等车站，攻克阳泉的义井镇。晋察冀军区在1944年一年中歼灭日伪军4万余人，攻克和逼退敌据点、碉堡1700余处，解放人口758万。经过1944年的局部反攻，各方面实力得到极大增强。1945年中央提出扩大解放区方针，"将敌人完全驱逐出去"⑥。在此方针指

---

① 指共产党员、左派进步分子和中间派各占三分之一的抗日民主政权。

② 董江爱：《山西抗日根据地的村政改革》，《党史研究资料》，2004年第6期。

③ 王若飞：《我们怎样在敌后根据地建设起新民主主义的政治》，《解放日报》，1942年7月7日。

④《邓小平选集》（第一卷），人民出版社，1994，第8页。

⑤《刘少奇选集》（上卷），人民出版社，1981，第225页。

⑥《中共中央文件选集》（第十四册），中共中央党校出版社，1992，第417页。

导下，1945年春季，太行军区各部发起攻势作战，主要有道清战役和发生在陵川、和顺、左权、祁县、太谷、平遥、安阳等地的战斗战役，收复和顺、左权、陵川等县城，解放区扩大2000多平方千米。1945年上半年，晋察冀边区军民发起察南战役等春夏攻势，解放区扩大3400多平方千米，解放人口57万，使冀察、冀晋新解放区连成一片。全面大反攻开始后，仅仅一个月时间里，以山西为中心的晋冀鲁豫、晋察冀和晋绥三大解放区军民共歼灭日伪军12.5万人，解放了98座大中小城市和广大乡村。其中晋察冀边区军民歼灭日伪军7万余人，收复了大中小城市28座，攻克敌据点数百个，歼灭日伪军5万余人，收复中小城市59座，使太行、太岳、冀南、冀鲁豫4块根据地基本连成一片。抗战胜利后，中国革命进入解放战争时期，太行精神通过人民解放战争的推进不断得到发扬光大，汇入中华民族革命精神的滚滚洪流之中。

太行精神是中国革命史上的一座丰碑，书写了中国革命的壮丽史诗，是中国共产党和中华民族的宝贵精神财富。2009年5月，习近平在视察八路军太行纪念馆时，对太行精神做出最新诠释与解读："要结合新的实际，与时俱进地大力弘扬太行精神，坚定正确的理想信念，始终保持对党对人民对事业的忠诚；坚持执政为民的政治立场，始终保持同人民群众的密切联系；锤炼坚忍不拔、百折不挠的品格，始终保持知难而进、奋发有为的精神状态；坚守党的政治本色，始终保持艰苦奋斗的优良作风，为推动经济社会又好又快地发展提供强大的精神动力。"新时代赋予了太行精神新的时代意义，要让太行精神继续发扬光大，为实现山西全方位高质量发展，为实现中华民族伟大复兴贡献精神力量。

（作者为中共山西省委党史研究院研究室四室主任科员）

太行精神的形成与发展

陈晓燕

2020年9月3日下午，习近平总书记在纪念中国人民抗日战争暨世界反法西斯战争胜利75周年座谈会上发表重要讲话。习近平总书记在讲话中深刻指出："中国人民抗日战争胜利是中国共产党发挥中流砥柱作用的伟大胜利"。[①]中国共产党的正确领导和战略策略的选择是中国抗日战争胜利的前提和基础，同时也是太行精神形成和发展的核心力量。太行精神在抗日战争中形成，体现了中国共产党领导太行军民不怕牺牲、艰苦奋斗、开拓创新的时代力量，它与井冈山精神、长征精神、延安精神以及西柏坡精神同源同流、一脉相承，都是中国共产党领导的革命队伍和人民群众用生命和热血在革命和斗争的实践中铸就的伟大精神，都是中华民族革命精神的重要组成部分和具体体现。

一、在根据地建设中孕育太行精神

1938年5月，毛泽东同志在《抗日游击战争的战略问题》中指出：没有根据地，游击战争是不能够长期地生存和发展的，这种根据地也就是游击战争的后方。……根据地将是抗日游击战争最能长期支持的场所，是抗日战争的重要堡垒。我们必须到一切处于敌后的山岳地带去发展游击战争，

[①]习近平在纪念中国人民抗日战争暨世界反法西斯战争胜利75周年座谈会上的讲话（2020年9月3日）。

并建立起根据地来。①抗日根据地是中国共产党领导人民战胜日本侵略者的重要战略基地，也是开展游击战争的主要战区，在中国抗日战争历史上具有非常重要的地位和作用。

（一）在挺进太行中彰显不畏强敌的革命决心

1937年夏，日本发动了全面侵华战争，使中华民族面临亡国灭种的严重危机，中国由局部抗战转变为全民族抗战。在国家生死存亡的关键时刻，1937年8月22日至25日，中共中央在陕北洛川冯家村召开了政治局扩大会议，这就是著名的洛川会议。会议通过了《中国共产党抗日救国十大纲领》和《中共中央关于目前形势与党的任务的决定》。《决定》指出，中国的政治形势从此开始了一个新的阶段，就是实行全民抗战的阶段。这一阶段的最中心的任务是动员一切力量争取抗战的胜利，并在争取抗战胜利的过程中，完成争取民主的任务。

太原失守后，在华北，以国民党为主体的正规战争结束，以共产党为主体的独立自主的游击战争上升到主要地位。八路军三大主力和共产党领导的山西新军按照晋东北、晋西北、晋东南、晋西南四个分区在敌后开展游击战争。1937年11月，毛泽东同志签署中央军委对八路军的指示，要求八路军派一部分兵力到太行山区建立敌后抗日根据地，并积极调动当地群众的参战积极性，广泛开展抗日游击战争。同时，中共中央、中央军委作出决定，派遣八路军三大主力师之一的一二九师，在师长刘伯承、副师长徐向前和政训处主任张浩率领下，以太行山为依托，建立根据地，开辟太行区晋冀鲁豫战略区，开展游击战。

在全面抗日战争爆发后，中国共产党领导的八路军为了中华民族和全国人民的根本利益，东渡黄河，驰骋华北，用平型关大捷的胜利和游击战争的开展宣传了中共的抗日主张。在这一过程中，八路军始终坚定革命的理想和信念，勇于斗争、敢于胜利，不怕任何艰难险阻，使敌后战场成为抗日的主战场。在全民族浴血抗日的过程中，中国共产党人时刻坚持顾全大局、依靠人民的理念和精神，这种精神是太行精神形成的重要基础。

---

①毛泽东:《毛泽东选集》(第二卷),人民出版社,1991,第418、419页。

（二）在太行抗日根据地的创建中锤炼不畏艰难的革命意志

在全民族抗战时期，中共中央北方局和八路军总部都驻扎在太行山上，不仅领导和指挥太行山区的抗日战争，而且积极与当地百姓打成一片，建立了深厚的军民鱼水情。八路军一二九师依托太行山区人民开展的山地和平原游击战争，成为华北战场的核心。太行抗日根据地主要包括晋东南、冀西、豫北抗日根据地，因历史条件不同每个根据地在开辟和创建过程中，出现了一些不同的情况和特点。

1.晋东南根据地的创建

晋东南根据地是晋冀豫根据地的核心地带，是一二九师创建的最重要根据地，在抗日战争期间具有很重要的战略地位。晋东南根据地开辟初期，地方党组织和派到各地的八路军工作团、游击支队，同牺盟会、决死队结合，并利用山西原有的政权形式和统一战线关系，大力宣传发动群众，建立各种抗日群众组织，动员群众积极参加抗战。运用阎锡山曾经提出的"制裁坏官、坏绅、坏人"的口号，撤换阻碍抗日工作的反动顽固的旧县长（如黎城的田齐卿、沁县的李醉天等），打击汉奸恶霸，委派共产党员和积极抗日的进步分子担任抗日县长。积极发展抗日游击队，团结和争取抗战开始时阎锡山在各县建立的武装自卫队、公安局，把他们改造成积极抗日的游击队，执行各种抗日政策，实行减租减息、合理负担、优待抗战军人家属等法令。

全民族抗战初期，沁县、沁源、长治是晋东南地区各项抗日工作开展得比较出色的县。1937年底，各种抗日团体普遍建立起来，群众参军参战十分踊跃，合理负担工作也做得较好，为八路军和其他抗日军队提供了大量粮食、物资和兵员。刘少奇总结山西新派在山西抗战初期发挥的作用时指出："我们在山西的抗日根据地，最初是在和新派密切合作的形式下建立起来的""通过新派及牺盟会建立根据地，建立武装政权，实行三民主义，进行抗战""它也能使我们、使革命前进一大步"。①

---

① 太行革命根据地史总编委会编：《太行革命根据地史稿(1937—1949)》，山西人民出版社，1987，第19页。

2.冀西根据地的创建

冀西敌后抗日根据地位于河北平汉路以西，正太路以南，沙河以北，背靠太行山，成为太行根据地东部屏障及发展冀南的依托。冀西敌后抗日根据地是全民族抗战初期由中国共产党人杨秀峰等人创建的，他们在一二九师和中共冀豫晋省委领导下，带领一二九师派出的骑兵团和先遣支队，在中共冀晋特委和冀西民训处、冀西游击队相互配合下，共同开辟和创建了冀西抗日根据地。其中，冀西民训处具有政权性质，在开辟冀西根据地的初期发挥了重要作用。1937年10月，冀西民训处在河北井陉成立，创建人是杨秀峰。冀西民训处一经创立，就开始加强党组织建设，通过发展基层党组织，广泛开展动员工作，壮大了冀西地区的抗日力量。但是河北许多地区被日军占领，社会秩序极度混乱，民众流离失所。为了有效打击敌人，恢复社会秩序，八路军和冀西游击队充分动员群众积极参战，对危害群众的土匪、反动势力给予有力地痛击。

3.豫北革命根据地的创建

豫北位于太行山区南部，南临黄河，北连冀晋，是北方富饶地区，盛产粮食和棉花，且矿产资源丰富，交通便利，是重要的战略区域。豫北地区是河南省最早有中国共产党活动的地方之一，党组织的工作基础较好，1943年5月至7月，中国共产党领导的中共中央北方局和八路军总部派人参与豫北地区的建设，共设8个专区、46个县。1943年7月27日，中共晋冀豫区委在《关于开辟豫北工作的指示》中指出："把豫北创造成为巩固的抗日民主根据地，是豫北当前的基本任务""豫北根据地的开辟工作，有大块老根据地的支持与帮助，所以它不同于抗战初期其他根据地的开辟。因此，地委会在一开始就应该是一元化的领导机关，不必经过动委会、军政委员会等过渡时期。但各系统应该有更多的机动余地、工作方式及若干制度亦应与老区不同，以适应开辟工作的需要"。[1]抗日战争期间，豫北根据地是太行抗日根据地的重要组成部分。豫北地区属第一战区，许多国民党军队

---

[1]中共河南省委党史资料征集编纂委员会编：《太行抗日根据地(一)》，河南人民出版社，1986，第303、308页。

驻扎在此，包括国民党九十五师罗奇部、高树勋部、孙殿英部等。为了共同抗日，在中国共产党抗日民族统一战线思想的指导下，豫北革命根据地负责人朱瑞通过多种方式与国民党军建立了统战关系。同时，为了发动民众抗日，豫北地区党组织在中共中央的领导下筹建了豫北抗日民众动员委员会，广泛吸收当地进步青年和学生参加抗日救亡运动。

总之，在抗日战争期间，太行抗日根据地的创建是中共中央根据敌我力量对比，在敌强我弱的状况下，作出的一项最明智的决策。尽管在初期，创建太行抗日根据地面临着多重困难，但在中国共产党的领导下，各抗日根据地"依靠八路军，通过牺盟会、战动总会等组织，迅速发展党员扩建党的组织，改造旧政权建立新政权，武装群众组建抗日游击队，实行减租减息，推行合理负担"[①]，极大地调动了太行军民的抗战热情。在太行山地区，一批批青年踊跃参军，男女老少齐动员，军民合作共同抗敌，他们不怕牺牲、不畏艰险，使抗日的烽火在太行山上燃烧，并用鲜血铸就了太行精神。

（三）在太行抗日根据地的巩固中坚持抗战到底的革命信念

1938年5月，毛泽东同志在《抗日游击战争的战略问题》中指出："不可忘记根据地的巩固，而其主要的工作是发动和组织民众，以及游击部队和地方武装的训练。这种巩固，是支持长期战争所必需，也是向前发展所必需的，不巩固就不能有力地向前发展。"[②]1940年4月，中共中央北方局在黎城召开了有冀南、太行、太岳等根据地领导参加的高级干部会议（通称"黎城会议"）。杨尚昆书记在主持会议时，要求将巩固根据地的"建党、建军、建政"三大建设工作作为今后党在华北地区的主要任务。刘伯承在会上作了《关于党军建设问题》的报告，提出了军队建设和军区、军分区建设的指导方针。邓小平同志作为太行军政委员会书记，在会上就关于成立冀南、太行、太岳行政联合办事处和财经问题、建军问题作了重要讲话。

①中共山西省委党史研究室编：《中国共产党山西历史大事记述(1919—1949)》，中共党史出版社，1994，第201页。

②毛泽东：《毛泽东选集》(第二卷)，人民出版社，1991，第426页。

这次会议是太行抗日根据地史上的重要里程碑，标志着太行根据地重建大业的条件基本形成和根据地各项建设任务的全面展开。

1.太行抗日根据地党组织的发展

中国共产党之所以能够扎根太行，创建和巩固太行抗日根据地，关键在于根据地党组织建设搞得好。在太行山区，早在中国共产党成立之初，就有一些共产党员在这里建立党组织、发展党员。其中，1926年在长治、屯留建立的中国共产党组织是该地区最早组建的中国共产党组织之一。在长治武乡，1933年，李逸三等人就在上级党组织的领导下回县建立党组织，并先后发展了史怀璧、赵瑞璧、程登瀛、武三友等人入党。太行抗日根据地建立以后，中国共产党非常重视基层党组织建设和党员发展的工作，不断采取有效措施，吸纳基层优秀人才加入党组织，成为党密切联系群众、动员群众的重要力量和纽带。如在晋东南抗日根据地，根据中共晋东南特委的指示，在晋城陵川县开展了"红五月"活动，加强全县范围内的党建工作，推动县群团组织广泛发展，使这一时期的党组织发展迅速。

1939年7月，中共武乡县委召开了首次党代会，大会采用民主集中制的原则选出了由刘建勋、张烈、武三友、魏效泉、王宗琪五人组成的新县委，内设组织部和宣传部，刘建勋任县委书记，张烈、武三友任副书记，魏效泉任组织部部长，王宗琪任宣传部部长，秘书室设秘书一人。县委下设五个区分委，分别设书记、组织委员、宣传委员各1人。同时，会议还选举刘建勋、武三友、赵锐祥、李国祯为中共晋冀豫区第一次党代会代表，中共晋冀豫区第一次党代会召开和制度体系建设为党开展群众工作奠定了基础。1937年10月，中共冀豫晋省委成立，在党的工作开展较早的正太铁路以南组建了中共晋中特委，使晋东南各地陆续恢复建立了党的组织，同时全区建党工作也由北向南逐步展开。

在一二九师及各地党组织的带领下，太行山游击队如雨后春笋般成长起来，太行山区800万劳苦大众被充分动员起来，大家争先恐后加入抗日武装，许多妻子、母亲送自己的丈夫、儿子上战场杀敌，演绎出了一出出动人事迹。中共太行抗日根据地地方党组织的建立，标志着太行地区反帝、反封建的伟大斗争有了坚强的领导核心。在党组织的坚强领导下，太行抗日根据地军民得到了有效的组织和凝聚，抗日战争也如火如荼地开展起来。

2.晋冀豫军区的成立与发展

晋冀豫抗日根据地是太行抗日根据地的重要组成部分，晋冀豫抗日根据地建立后，为了更好地动员群众开展游击战争，"1938年5月4日，张闻天、刘少奇电示一二九师政委邓小平、北方局军事部（部）长朱瑞、中共冀豫晋省委书记李雪峰：粉碎日军'九路围攻'后，晋东南的中心工作是从事根据地建设。为此，必须建立晋东南党的领导中心。要求朱瑞及省委机关要向八路军总部靠拢，山西第三行政区薄一波与总部靠拢，从事政权机关、地方武装及群众运动的改进、发展与统一。还要求分别召集党、政、群、团和地方武装会议，以推动各方面的工作。根据党中央和八路军总部指示，5月中旬，一二九师师部及中共冀豫晋省委在辽县成立晋冀豫军区（对外称一二九师后方司令部）"，①一二九师参谋长倪志亮兼司令员，下辖五个军分区：第一军分区为晋中地区，司令员秦基伟、政委赖际发；第二军分区为冀晋地区，司令员桂干生、政委张贻祥；第三军分区为冀豫地区，司令员张贤约、政委张南生；第四军分区为浊漳河地区，司令员张国传、政委谢家庆；第五军分区为太南地区，司令员赵基梅、政委涂锡道。晋冀豫军区和各军分区建立后，全区基干武装很快由原来的几千人发展到近2万人，主力部队也得到了充实和壮大。②在太行抗日根据地创建后，各大军区的建立和多次勇敢的对敌作战，为八路军赢得民心，巩固抗日根据地奠定了重要的军事基础。

3.抗日民主政权的建立

政权建设是革命的首要和根本问题，建立抗日民主政权也是巩固抗日根据地的重要举措。1937年9月25日，中共中央在草拟的《中央关于共产

---

① 中共山西省委党史研究室编：《中国共产党山西历史大事记述（1919—1949）》，中共党史出版社，1994，第229页。

② 王留大等：《我们在太行山上：八路军太行纪念馆》，中国大百科全书出版社，1998，第16页。

党参加政府问题的决定草案》中指出："在日军占领区域，共产党更应公开成为统一战线政权的组织者。"①

抗日根据地的抗日民主政权采取了立法和行政并列的"一元化"领导体制，其组织结构由边区（相当于省）、县、村（乡）三级组成，并在边区和县之间设行署和专署作为边区政权的辅助机关，在县和村（乡）之间设署（公所）作为县政权的辅助机关，形成三级三辅制或三级两辅制的层级结构，这种权力结构既保留了国民党政权组织结构的一些特点，又继承了苏维埃政权体制的优点。

抗日民主政权建立后，工会、农会、青救会、妇救会、抗日自卫队等各种抗日团体和爱国组织在中国共产党的领导下，开展了轰轰烈烈的抗日武装斗争，形成了巨大的抗日浪潮。"各县抗日群众团体走向了统一领导，统一行动，相继成立了'晋东南各业工人救国联合总会''晋东南妇女救国联合总会''晋东南农民救国联合总会''晋东南各界救国联合总会'，抗日的烈火燃烧在太行山上，到处出现了'母亲叫儿打东洋，妻子送郎上战场'的动人局面"。②

革命实践孕育革命精神，太行抗日根据地的开辟和反围攻作战的胜利，有效地打击了日军的嚣张气焰，表明中国共产党领导的八路军在太行抗日根据地的地位已经得到了巩固，同时中国共产党领导的八路军进入太行、创建抗日根据地的实践也成为太行精神发展的重要动力。根据党中央的部署，八路军已经在华北胜利完成战略展开的任务，实现了抗日战争从正规战争到抗日游击战争的转变。这个转变使中国共产党领导的八路军融入太行山区的广阔区域，与太行人民建立了血肉联系，推动了抗日力量在全国的迅速发展。同时，在党的领导下，太行抗日根据地相继建立晋冀豫等军区和各级抗日民主政权，成为太行精神形成的重要载体。

---

① 中央档案馆编：《中共中央文件选集》（第十一册），中共中央党校出版社，1991，第346页。
② 山西长治市委宣传部：《魅力长治文化丛书：红色寻光革命卷》，北京燕山出版社，2005，第63页。

二、在群众组织与动员中形成太行精神

抗日战争期间，太行抗日根据地各级党组织在争取群众、赢得群众方面做了大量工作，使太行抗日根据地得到迅速发展，并为太行精神的形成奠定了坚实的组织基础和群众基础。

（一）以忠诚为民的政治领导获得人民群众认同

2018年6月，习近平总书记在主持中共中央政治局就加强党的政治建设举行第六次集体学习时强调："坚持党的政治领导，最重要的是坚持党中央权威和集中统一领导。要引导全党增强'四个意识'，自觉在思想上政治上行动上同党中央保持高度一致。"太行精神的形成得益于群众能够理解、支持并自觉践行党的方针政策，得益于太行抗日根据地的各级党组织对群众的政治领导，使党能够获得群众认同，赢得群众支持，为抗日战争的胜利奠定了坚实的群众基础。在抗日战争时期，党的政治领导是获得群众政治认同、得到群众强力支持的重要前提，实现党的政治领导就是让群众理解并相信党的政策的正确性、合理性，从而拥护和服从党的领导。在太行抗日根据地，各级党组织通过认真细致的群众工作，说服群众相信党的政策，使群众深刻认识和了解党的政策，并自觉贯彻党的政策。

1.深入群众、了解群众

太行区各级党组织在做群众工作时，深入了解群众情绪和要求，设身处地地为群众着想，研究群众的心理、习惯、要求，并根据不同地区群众的情况进行工作，向群众解释党的方针政策，切实维护群众切身利益，进而赢得群众的认可和支持。在太行抗日根据地，全区上下从八路军的总司令、部队首长、地方干部到普通的战士，都和老百姓亲如一家人，这里没有长官意志和上下尊卑的气息，有的只是互相支持与关怀。贝尔登这位深入太行根据地的美国战地记者对此颇多赞叹："政府堂皇的外表，官员身上唬人的制服和绸面皮袍，以及在威严的衙门口持枪站岗的卫兵统统都不见了。在农村里，官员们像农民一样穿着棉布衣裤，像农民一样说话，像农民一样生活。他们基本上就是农民。从他们身上看不出他们与普通人有什

么两样。他们也不称作'长官''老爷',甚至也不称作'先生'。"正是八路军干部深入群众、了解群众的工作态度,才赢得了民众的充分支持和坚决拥护。从此,广大群众抗日热情空前高涨。

2.积极发挥党员模范作用

通过发挥党员的先锋模范作用,加强对党员的理想信念教育,提高党员的品行修养,进而赢得群众信任,促进党的方针政策的贯彻执行。如1941年11月,日军进攻黄崖洞时,武乡县共产党员胡春花带领全村妇女组织了妇女担架队,冒着生命危险,从前线抬回伤员120多个,在部队医院看护伤员4个月。同时在胡春花的带动下,全村妇女到医院帮助喂饭、换药、洗换血衣、打灭蚊蝇,保证了伤病员及早痊愈重返前线,英勇杀敌。还有武乡县禄村妇救会秘书、共产党员暴莲子,在反"扫荡"中,先后三次冒着生命危险,在敌人刺刀的威逼下,机智勇敢地掩护了三个八路军伤员。在她的动员下,全村妇女都参与了医院救护,她的模范行动多次受到武乡县抗日政府和上级党委的表彰。在革命战争期间,中国共产党在人民中间,处处为人民的利益着想,赢得了民心、获得了群众的支持,同时通过发挥共产党员的带头作用,动员和团结了民众,为革命战争的胜利奠定了重要的群众基础。

3.耐心向群众宣传党的政策

太行抗日根据地各级党组织能够不断地、经常地、细致地对群众进行说服教育工作,从而赢得群众的支持和拥护。如抗日战争时期,太行抗日根据地的许多优秀党员始终保持着党的优良传统,都能深入群众,关心群众生产生活,与群众同吃同住同劳动,帮助老百姓担水、扫院子、挑粪、割谷子,借东西按时还,损坏东西照价赔,从不拿群众一针一线,同时在与老百姓的日常相处中给群众讲形势、讲政策,置身于群众之中,与群众打成一片。

4.在群众中培养积极分子

太行抗日根据地各级党组织在群众工作中,注重发现群众中有威信的积极分子,重视积极分子的培养,重视通过群众宣传群众、动员群众,使群众真正懂得中国共产党政策。除此之外，党组织还特别重视通过与群众建立感情，提高群众的政治觉悟，使群众接受中国共产党的主张。如在抗日战争时期，山西武乡县东沟乡树辛村李马保，在太行区基层党组织的动员下，拥护党的方针政策，并且事事走在前面，成了村里积极分子，并担任了树辛村民兵队队长，带领全村老百姓劳武结合，一边生产一边打仗，成为当地的劳动英雄和战斗英雄。

（二）以同心共进的思想引领促进人民群众自觉

毛泽东同志指出："掌握思想领导是掌握一切领导的第一位"①。对群众进行思想领导，关键要赢得群众的信任和支持，需要党员深入群众，采用各种方式宣传党的路线、方针和政策，还要以自身的先锋模范作用影响群众，使群众形成行为自觉。太行抗日根据地各级党组织对群众的思想领导主要表现在以下几个方面：

1.恢复学校教育

由于敌人疯狂进攻与国民党地方政权的瘫痪，太行区的学校教育长期停滞。为了恢复学校教育，提高太行区民众的受教育水平，太行抗日根据地在中国共产党的领导下逐渐恢复学校教育。1938年初，中共冀豫晋省委在创建太行山抗日根据地会议上提出了恢复小学教育的问题。同年6月，省委又在工作会议上再次强调了尽快恢复与建立小学教育的问题，会后采取相应措施，首先恢复了专署一级的文教科。文教部门恢复以后，一边进行恢复小学教育的宣传工作，一边开展培训师资队伍，同时组织人员编写教材。随着这一系列工作的开展与进行，有效地推动了小学教育的恢复。到1940年8月"冀太联办"成立时，全区的小学校已有3770所，入学儿童达13.6万多人，大部分县恢复到了80%左右，有些工作基础较好的县份，恢复的比例就更大一些。

当年8月下旬，"冀太联办"召开第一次教育工作会议，在明确规定根据地教育发展方向的基础上，制定了全边区各级学校规程要点方案。随后，"冀太联办"在12月召开的专员、县长会议上，通过了1941年的教育工作

①中共中央宣传部编：《毛泽东邓小平江泽民论思想政治工作》，学习出版社，2000，第2页。

计划，提出了在全边区建立300所中心小学的任务。接着，于1941年1月颁发了强制儿童入学的暂行办法。同年7月，晋冀鲁豫边区政府成立以后，从边区政府到专区直至各县，建立健全了教育行政管理机构，并且制定和实施了一系列发展小学教育的法规，诸如《小学暂行规程》《小学教员服务暂行条例》《村立与私立小学暂行办法》《优待贫苦抗属子弟暂行条例》《贫苦学生和敌占区流亡学生优特办法》等。

2.加强群众教育

抗日战争初期，许多群众缺乏参与抗日的积极性和主动性，对各地建立的党组织态度冷淡，不了解并不愿意接近党组织。为此，太行区各级党组织加大了对群众的宣传力度，让群众认识到基层党组织的性质、任务和作用，通过宣传中国共产党与人民群众的鱼水关系，对群众进行民主和政治教育。1943年12月1日，太行军区政治部发出《关于开展拥政爱民运动的指示》，要求所属部队深入开展拥政爱民思想教育，具体检查与改善军队和政府、人民的关系，达到党政军民密切团结的目的，并发布拥政爱民公约草案。在拥军教育过程中，事先进行调查，采访村里的老干部、受顽固军队迫害者和一些翻身者，用群众身边的典型事例教育群众，激发群众对日本侵略者及卖国贼的痛恨和对中国共产党的热爱。

同时，太行抗日根据地还加强对群众的文化知识的教育，尤其是识字教育，建立了包括青年补习班、妇女识字班，等等。据武乡县1947年统计，全县共有420个青年补习班，参加学习的达6207人，其中有3322个女青年参加了学习，占参加学习人数的50%以上。邢台运用小先生送字牌的办法，半年时间，男青年平均识字320个，女青年平均识字350个。黎城县北流村把黑板报和学文化结合起来，教大家写信、写稿、改稿等。干部学习组把时事教育和文化学习相结合，既进行时事教育，也提高了干部的文化水平。青年补习班通过互相写信、请教师改信的方法，把学和用紧密结合起来，并通过实际运用提高群众的文化水平。黎城北流村的张玉兴、刘三春（女）、张变英（女）等青年，通过这样的学习，提高了写作水平，当上了县小报的通讯员。潞城等县的午读班、夜宿班，黎城的读报组、联句组、认字组，平顺等地的识字合作组等，都是群众很喜欢的学习小组。上述许多办法在太行区广大农村的普遍推广，使不少农民摘掉了文盲的帽子，逐渐提高了文化水平。

3.坚持抗战为主题的教育内容

教育群众是获得群众支持的重要步骤，为了让群众认识到团结抗战的重要性，太行抗日根据地各级党组织确立了以抗战为主题的教育内容，并通过各种事实揭露敌人以及妥协投降派的各种阴谋，深入开展三民主义和共产主义教育，如太行抗日根据地进行的抗战政治教育和时事教育等。1943年，中共武乡（东）县委根据中共中央北方局《对太行区的锄奸反特务问题指示》精神和中共晋冀豫区党委《特务分子掌握民兵的事实通报》，对抗日根据地群众进行反特锄奸的时事教育。同时，县委还根据中共中央《关于加强时事教育的决定》和中共晋冀豫区党委《目前时期的支部建设问题》的报告，在全县干部群众中普遍开展学习《评〈中国之命运〉》的时事政治教育。在时事教育和政治教育中，采取了多种形式和方法，增强了教育的效果。此外，县委召开干部学习大会，由县委负责人做政治教育辅导报告；各区委利用民革室、冬学、民校、夜校对群众进行时事教育，听讲群众非常踊跃。通过学习，大家辨明了是非，更加坚定了抗战信心。

（三）以群策群力的组织动员凝聚人民群众力量

1.太行抗日根据地各级党组织的建立

在太行抗日根据地，中国共产党通过成立各级党组织，加强了组织领导。1938年3月15日，中共中央做出了关于大量发展党员的决议，并提出要"大量地十百倍地发展党员"，强调"特别注意在战区在前线上大量的吸收新党员，建立强大的党的组织"。接中共中央电示后，太行区党委决定大力发展党在太行区的力量，健全县以上党的领导机构，形成全区党的领导核心力量。邓小平同志提出，中共冀豫晋省委在南移后，将最早开辟的辽县以北地区，再加上武乡县，组建一个特委，即原晋中、冀晋两特委，再加上辽县直属县、晋东特委的一半，合组为晋冀特委。中共冀豫晋省委按照邓小平同志意见，在5月初很快完成了合组工作。由于这一地区是晋冀豫区最大、最有基础的地区，省委工作大部分在这一区域，发展起来非常快。从赞皇开始，省委发动了红五月运动，大量吸收发展党员，使全晋冀地区的党员人数到5月已有近6000名。这一时期，太行抗日根据地通过党组织建设，有效吸纳城乡基层优秀人才，成为党密切联系群众、动员群众的重要力量和纽带。

农民组织对于中国共产党领导的反"扫荡"斗争以及抗日战争的胜利具有决定性作用，中国共产党特别注意党在农民中的工作，为了调动农民的参与，太行抗日根据地的各级党组织都把做好农民工作作为工作重点，并通过农会等方式把广大农民组织武装起来。

2.太行各类群团组织的建立

1938年6月，中共冀豫晋省委根据粉碎"九路围攻"后的新形势，及时作出了关于《新形势下省委工作的新任务》的决定（简称"六月决定"），要求各级县委把"群众工作作为建立根据地的最基本工作"来抓，深入发动群众，形成蓬勃发展的抗日运动热潮。发动群众工作的关键在于建立群众社团组织，通过组建社团把分散的群众组织起来。为此，太行抗日根据地各级党组织加强农村群团组织建设，迅速在抗日根据地建立起农会、青救会、妇救会、儿童团等各种类型的团组织。在中国共产党的领导下，太行区各级党组织大力发展群众组织，很快在全区组织起有60000多名会员的农会、7000名会员的工会和50000多名队员的自卫队。这些群团组织都是在中国共产党领导下并充分尊重农民意愿的基础上建立起来的，且在组织农民参军、生产和支援前线等方面发挥了重要作用，是抗日战争胜利的重要组织载体，他们的建立和发展壮大，使民众在中国共产党的领导下有效地组织起来，为抗日战争的胜利奠定了重要的群众基础，推动了太行抗日根据地的全面建设和发展。

（四）以自力更生的生产自救赢得人民群众拥护

太行精神是在太行抗日根据地党政军民共同劳动、共同建设的基础上形成的，体现了中国共产党与太行人民的血肉联系。

1.党政机关开展大生产运动

1943年3月2日，晋冀豫边区召开扩大会议，决定把开展大生产运动作为边区的中心工作，要求党政机关所有成员全部参与。会议召开之后，各县委、区分委积极响应边区号召，领导干部和其他党员同志挤出时间参加开荒，表现出极大的积极性，纷纷参与到开荒种地活动中，使当年的开荒种地均取得显著成绩，大部分党政机关都能够自给3个月的粮食和全年的蔬菜。

1943年秋，中共太行区党委、太行军区司令部机关组成联合开荒队，在李雪峰政委、李达司令员亲自带领下，上山开荒。除重病号和因公外出者外，全体人员都积极参加，这次开垦荒地种上的山药蛋可够3个月自给。在完成开荒任务后，又组织干部、战士刨荒苇地、草垫地，整理成20多亩水浇地，全部种上小麦。还发动全体勤杂人员采摘椒树叶，每人交2斤，粮菜混吃，节约下粮食支援灾民度荒。武西县委领导的生产成绩尤为突出，被评为全区第一名。党政机关参与大生产运动，在全区起到了非常重要的带头作用，在党政机关的示范效应下，全区各个组织和部门都展开了生产自救运动，纷纷参与到了根据地的大生产运动中，为根据地的巩固和发展作出了巨大的贡献。

2.学校师生开展大生产运动

在太行抗日根据地，学校是进行人才培养、宣传抗日的重要阵地。太行抗日根据地依据抗日形势，把教学与生产、教学与抗战有机结合起来，积极动员广大师生参与到开荒种地、打柴、拾粮、养猪养鸡、纺纱织布等生产运动中。同时为了解决学校的经费开支，许多学校利用课余时间开垦荒地，动员师生买肥施肥、除苗拔草、收割，采取与群众换牛工、以劳力换技术等方式，进行科学种田。大家互教互学，纺纱织布，织毛衣毛袜，编筐子，制木器，把产品卖出了，再买回镰刀、砂等，有效缓解了太行抗日根据地学校的生活困境。如河北涉县一高在公私兼顾、先公后私的原则下，组织开办合作社，开展生产运动，开荒种菜，砍柴割株，做买卖、包工，一年就赚了10万元左右，完全靠自力更生解决了学校全年的烧煤、伙食和建筑费，成绩比以前大有提升。此外，还有抗大六分校1941年的生产总结，包括开荒137亩，共收获蔬菜64067斤，采食野菜26470斤，采槐籽（做染料用）7935斤，植树1411株。除学校生产外，学员还帮助群众进行农业生产，锄草805亩，秋收1941亩，挑粪3210担，扫盲授课391次，充分做到教学与生产相结合，形成了独具特色的抗日根据地办学模式。

3.军队开展大生产运动

为了减轻群众负担，实现军队生产自给，一二九师与太行人民生死与共，同舟共济，开展生产自救、开荒种地和群众性节约运动。1942年，一二九师师直属单位、太行军区及各军分区、新一旅、三八五旅共生产节约了210余万元。刘伯承、邓小平、杨秀峰还在黎城和涉县一带，亲自与当地军民一起，共同修建了漳南、漳北两条水渠，浇灌沿途土地4000多亩。1944年4月1日，八路军总部参谋长滕代远、副参谋长杨立三制定并颁布了《总部伙食单位生产节约方案》，即"滕杨方案"。该方案规定，凡当年完成3个月粮食生产者，公家只收80%，其余20%作为单位完成生产任务的奖励。从事手工业生产者，以工资折合交足3个月粮食和全年菜蔬以上者自得70%，余者归伙食单位，在规定数内节约之办公用品，按市价以公八私二的比例分红，提倡私人积金，准许私有。该方案妥善处理了集体与个人、生产与分配之间的关系，进一步推动了增产节约运动的开展。

总之，伴随着太行抗日根据地经济困境的出现，大量的灾民流入根据地，日伪特务也乘机混入，刺探情报，破坏捣乱，使根据地的斗争更加复杂，面临更加严峻的考验。为此，太行区党委召开了紧急会议，部署抗灾救灾工作，全区党政军民齐动员，投入到这场斗争中，抢种补种庄稼、安置灾民、征购粮食度过灾荒，同时开展锄奸反特活动，展开对敌斗争。经过太行军民的共同努力，抵住了自然灾害的侵袭，夺得了农业丰收，改善了人民生活，使革命根据地得到了巩固和发展。

（五）以艰苦奋斗的作风建设赢得人民群众支持

作风建设是中国共产党优良的政治传统，是党的政治工作的重要内容，也是党赢得群众信任、获得群众支持、密切党群关系的重要法宝。习近平总书记特别重视党的作风建设，强调"党的作风是党的形象，是观察党群干群关系、人心向背的晴雨表。党的作风正，人民的心气顺，党和人民就能同甘共苦"。①在抗日战争时期，中国共产党之所以能够有效地调动群众力量支援抗战，除了民生改善和权利赋予之外，更重要的是党的优良作风赢得了民心，得到了群众的自觉支持。这一点可以从日军抓捕共产党人时的判断方法中得到印证，"日军的指令说，在人群中找出共产党员的方法，就是在吃饭时去观察：'如果有人愿意把食物让给别人，以及悄悄地拿最差的，一般来说，这人就是共产党员'"②，正是因为有中国共产党党员严格的自我要求和良好作风，才赢得了太行人民的支持。在太行抗日根据地，经常有送夫参战、送子参军的热潮，有群众牺牲自己生命保护八路军及其子女的大义行为，这些都来自中国共产党优良作风的感召。

在抗日战争期间，无论是干部还是战士，都与老百姓心连心，处处为老百姓打算，不仅不拿老百姓一针一线，还经常帮助老百姓劈柴、挑水、扫院，在老百姓缺吃少穿的时候，借给老百姓衣服和粮食。太行山的老百姓经常拿过去比现在，感叹"没有八路军就没有好光景"，有了八路军，就有了好生活。在抗日战争时期，中国共产党的时刻为人民着想、处处为人民谋利的优良作风赢得了民心，并使党政军民结成了鱼水般的情谊，构成了太行精神的重要组成部分。

总之，太行精神是中国共产党领导的八路军与太行人民共同铸就的伟大精神。党领导的人民军队在前线抗击日本侵略者，创建和保卫根据地；而根据地的生存发展与军队的供给保障都离不开太行人民的支持。太行精神体现了中国共产党与人民群众的血肉联系，体现了中国共产党从群众中来、到群众中去的优良作风，体现了中国共产党以人民利益为核心的服务宗旨，体现了中国共产党不怕艰难、勇于担当、与人民同甘共苦的优良品质。

①习近平在庆祝中国共产党成立95周年大会上的讲话（2016年7月1日）。
②［瑞典］达格芬·嘉图著，杨建立等译：《走向革命：华北的战争、社会变革和中国共产党（1937—1945）》，中共党史资料出版社，1987，第130页。

三、在浴血奋战中发展太行精神

太行精神在抗日根据地创建过程中形成，在组织和动员群众中巩固，并在一次次的浴血奋战中发展，成为中国共产党革命精神谱系的重要组成部分，为实现中华民族的伟大复兴提供了不竭的动力。

（一）八路军神威响太行

在抗日战争时期，为了巩固和发展抗日根据地，加强我军对敌斗争的力量，中国共产党领导的八路军在太行山区与国民党反共顽固派、日本侵略者进行了无数次的战斗，不仅保卫了太行人民的生命和财产，而且揭露了敌人的阴谋，有力地打击了敌人的气焰。

在太行地区，会道门和杂牌武装五花八门、盘根错节，成为八路军下太行的重要阻力。为此，八路军进入太行地区以后，一方面要在坚持抗日民族统一战线的基础上，积极与反动武装分子做斗争，并摧毁盘踞在太行地区的敌伪政权；另一方面需要不断与日本侵略者进行激烈战斗，有力击退日军的围攻，狠狠打击日军的嚣张气焰，鼓舞抗日军民与日本侵略者决战到底的坚强信心。

1.下太行平息反共武装

八路军东渡黄河进入太行山地区以后，首先面临的是反共武装组织的挑衅和破坏。这些反共武装组织为了阻止八路军下太行，经常动员不明真相的群众杀害八路军干部和战士，破坏八路军的行动，成为阻碍八路军下太行的重要力量。为了肃清反共的武装组织，团结太行人民共同抗日，八路军下太行与反动武装组织进行了多次长期而激烈的斗争，在数次的激烈战斗中，发生在冀南的威县战役和平息叛乱组织"六离会"是八路军在太行地区进行对敌斗争中有代表性的战役。1938年5月，为了加强冀南我军力量，巩固和扩大抗日根据地，徐向前副师长率领一二九师和一一五师的两个团到达冀南，于5月10日发起威县战斗，毙伤日军清水部队100余人。正当我主力部队在威县与日军清水部队激战时，南宫东南一带的反动封建组织"六离会"谣言惑众，鼓动一些不明真相的群众杀害八路军干部和战士，并叫嚣要"打进南宫城，赶走八路军"。经我方多次劝说无效，在忍无可忍的情况下，徐向前副师长决定采取果断措施，命令769团和骑兵团等部队进行反击，并明确地指出："六离会"中坏人只占少数，多数是受骗上当的群众，要少杀人，多做揭露敌人阴谋、瓦解敌人的工作。在我军强大的武装攻势和宣传教育下，不久，这一带的"六离会"便纷纷自动解散，大部分地区逐渐平静。平息了"六离会"叛乱事件，徐向前率领的一二九师即向南进发，至6月上旬连续攻克了永年、肥乡、广平等县城，摧毁了敌伪政权，并配合七六九团、六八九团等部，消灭了甄老德、王惯三、李守兰等伪军及土匪2000余人。在随后近1年时间里，八路军一二九师转战冀西南数十县的千百个村镇，连战皆捷，打出了威风，赢得了群众的信任和支持。①

2. 入太行粉碎日军围攻

八路军入太行后，发展迅速，特别是一二九师取得了许多大的胜利，在赢得老百姓拥护的同时也使日军感受到八路军的威势不容轻视，决定在太行地区开展一次大规模围攻，太行军民为粉碎日军的围攻，在中国共产党的领导下对太行地区做了充分准备和周密部署，"朱德、彭德怀总副司令还决定，动员第二战区东路军指挥部所属在晋东南的部队，同心协力对敌作战。1938年4月初，一二九师师部同中共冀豫晋省委在辽县召开党的特委、工委书记和游击支队政委联席会议，部署各地党组织、抗日政府、民众团体和游击支队，配合八路军主力作战，动员、组织群众支援战争，保证后勤供应和保护群众。一二九师还召开了团以上干部会议，做了反围攻的作战部署"②。与此同时，中国共产党太行区各级党组织还积极动员群众参军参战，揭露敌人阴谋，进行了反围攻动员。在中国共产党的领导下，在太行人民的支持下，八路军与太行人民经过与日军的激烈战斗，使日军

①中国人民解放军历史资料丛书编审委员会：《八路军回忆史料》，解放军出版社，1988，第299-300页。

②太行革命根据地史总编委会：《太行革命根据地史稿(1937—1949)》，山西人民出版社，1987，第26页。

对太行地区的第一次"九路围攻"被彻底粉碎，并取得了长生口战役、神头岭战役和响堂铺战斗以及长乐之战等重大胜利，为根据地的开辟奠定了基础，同时也树立了八路军在太行地区的威信。在战争防御阶段，八路军下太行后，"粉碎'九路围攻'的胜利作战，是打破敌军多路进攻的一次实战演习。它用活生生的事实证明，曾经不可一世的'皇军'并不是'不可战胜'的。说明太行人民的子弟兵八路军一二九师，在太行山站住了，站稳了，在人民中扎根了。共产党的坚强领导，军民密切结合，奠定了太行抗日根据地的基础"①。

总之，抗日战争爆发后，中国共产党领导的八路军在抗日战争中，力争抗战、团结和进步，制止了反共武装的捣乱，打击了日军的嚣张气焰，有力地保卫和巩固了抗日根据地。同时八路军在与敌人不断周旋的过程中，全体官兵英勇杀敌、不怕牺牲，不屈不挠地与敌人战斗，足迹遍布太行每一寸土地，鲜血洒满了太行山每一个角落。八路军的神威响彻太行，他们用自己的鲜血和生命保护着太行地区的老百姓，团结和鼓舞了太行儿女，激发了他们抗日的热情。在抗日战争期间，中国共产党领导的八路军在太行儿女的支持下，前仆后继，同日本侵略者浴血奋战，取得了一次又一次战役的胜利，谱写了一曲曲动人的战歌。

（二）军民合力战太行

1938年10月，广州、武汉相继失陷后，日本侵略军对中国共产党领导的抗日根据地和军队的发展壮大有了新的认识，随后改变了对华侵略方针，停止了对国民党正面战场的战略性进攻，集中主要军事力量对付共产党及其领导的敌后战场。根据日本侵华战略的调整，中国共产党调整军事战略，及时提出坚持敌后抗战的新政策，并广泛开展游击战争，巩固和发展抗日根据地，为此太行抗日根据地所在的太行地区成为抗战的重心，为了把日本侵略者赶出中国，中国共产党领导八路军和太行人民不怕牺牲、艰苦拼杀，同敌人展开殊死搏斗，在敌后战场团结合作，开展了英勇的打破"囚

---

① 太行革命根据地史总编委会:《太行革命根据地史稿(1937—1949)》,山西人民出版社,1987,第28页。

笼"、反"扫荡"、反"蚕食"斗争。

1.太行军民共破日军"囚笼政策"

1939年开始，日军加紧了对太行抗日根据地的军事斗争，开始实行"治安肃正"计划，在太行各地区推行"囚笼政策"，即"以铁路为柱，以公路为链，以据点和碉堡为锁，在各个抗日根据地周围形成一个'铁笼'，然后以重兵对根据地进行'扫荡'，妄图消灭八路军，摧毁根据地"。[①]

面对日军疯狂的"囚笼政策"，中国共产党领导太行军民精准分析敌我形势，通过灵活多变的游击战，不断对日军侵占地区进行小规模出击，逐一破解日军对根据地的"囚笼政策"。如1940年5月，八路军和太行人民在中国共产党的领导下开展了一系列大规模的破击战，先后发动了白晋战役、百团大战等战斗，打破了日军对根据地的"囚笼政策"，大大提高了中国共产党和八路军在太行人民心中的威望。

在抗日战争期间，军民合作战太行，太行地区每一次对敌战争的胜利，都离不开人民的支持。尽管日本侵略者在人力、物力上都居于优势，但在太行地区，八路军与太行区党组织、抗日武装相结合，在党组织和广大人民的全力配合下却敢于以坚强的决心打击强敌，他们团结一致、不怕牺牲、共同抵抗日本侵略者，先后粉碎了日军的多次围攻和"囚笼政策"，并在这个基础上发动了震惊中外的百团大战。在百团大战中，太行区军民全力参战支前，听党指挥、跟党走，同日军进行了顽强的斗争，进一步保卫了抗日根据地，发展了太行精神。

2.太行军民合作反"扫荡"、反"蚕食"

1940年以后，日本侵略者把太行地区作为重点进攻地区之一，并先后发起了大规模的"治安强化运动"和"扫荡""蚕食"运动，手段更加狡猾毒辣，对太行抗日根据地和游击区展开了频繁作战和进行疯狂报复。为了保护老百姓的生命和财产，中国共产党领导八路军和地方民兵与敌人开展了多种形式的斗争，创造了麻雀战、伏击战、地雷战、围困战和联防战等

---

① 太行革命根据地史总编委会：《太行革命根据地史稿(1937—1949)》，山西人民出版社，1987，第102页。

多种斗争形式，有力地打击了日军的嚣张气焰，为夺取抗战胜利奠定了重要的基础。

总之，抗日战争期间，中国共产党领导的抗日游击战争是夺取抗战胜利的决定因素，中国共产党领导的八路军与太行人民的团结合作是决定战争胜利的重要因素，体现了太行精神中万众一心、共御外侮的大局意识和不畏强暴、血战到底的拼搏精神和英雄气概。在这一过程中，八路军是抗日战争的中坚力量，人民是战争胜利之本，在血与火的洗礼中，中国共产党人自觉将马克思主义与太行地区的革命实践相结合，发展了太行精神，并对中国共产党的未来行动起到巨大的导向作用。

（三）殊死拼搏树丰碑

作为华北抗战战略支点的太行地区在抗日战争的各个历史发展阶段，都发挥了它特殊重要的作用。从1944年开始，抗日战争进入了反攻阶段，中国抗日战争形势发生了很大的变化，在太行地区，中国共产党领导八路军和太行人民向日本侵略者发起了反攻，太行区军民先后收复了若干敌占县城和据点，加速了抗日战争的胜利，为夺取抗战胜利建立了新功。

在全面反攻时期，太行军民团结一致、浴血奋战，掀起了抗战以来最大规模的参军参战支前运动，为大反攻的胜利作出了重要的贡献，随着战争形势的发展，中共中央于1945年8月20日决定撤销中共中央北方局，成立晋冀鲁豫中央局和晋冀鲁豫军区，刘伯承任军区司令员，邓小平任中央局书记兼军区政治委员。同时，恢复冀南军区。晋冀鲁豫军区成立后，根据中共中央的指示，决定以部分兵力威胁开封、新乡等城之敌，迫使其集中；以主要兵力夺取中小城市，消灭分散孤立之敌。"1944年，太行军民共进行大小战斗4048次，攻克105个据点，收复17.0933平方华里国土，解放了55.7万多人"。[①] "1944年7月至1945年抗战结束，山西各抗日根据地军民就歼灭日伪军近18万人。仅太行区民兵自卫队共作战33716次，参战人

---

① 太行革命根据地史总编委会:《太行革命根据地史稿(1937—1949)》,山西人民出版社,1987,255页。

数746516人，毙、伤、俘日伪军11409人"。①

在抗日战争中，中国共产党领导的八路军和太行人民对事业忠诚、对组织忠诚，听党指挥、跟党走，为了民族的利益和国家的利益，在对敌斗争中顽强斗争、不怕牺牲，这种精神是在革命战争年代形成和发展的光耀千秋的精神。其间，邓小平同志就对八路军和太行军民的革命精神进行了科学总结，将这种精神概括为"有觉悟、有创新意识、有本领、有群众观念和有民族精神"②等五个特征的革命精神。

总之，在抗日战争时期，有无数的太行英雄、仁人志士为民族的解放抛头颅、洒热血，为国捐躯。太行精神就是英雄的太行军民在中国共产党的领导下培育和创造出来的，太行儿女是创造太行精神的重要主体，他们谱写了中国革命战争史上最光辉的一页。太行精神凝聚着太行老区人民的鲜血和汗水，在革命战争年代，太行人民不怕牺牲、浴血奋斗、无私奉献，曾以"出粮多、出兵多、出干部多"而著名。刘伯承后来回忆起太行人民那种踊跃参军支前的场景，深情地说："几万游击武装还穿着五颜六色的便服就集合开上前线去了，成千上万的民兵排着整齐的行列参加了战勤工作，连十一二岁的小姑娘、小学生也和大人一起修路送粮，救护伤员"③。太行人民在中国共产党的领导下，克服重重困难，为挽救民族危亡，成千上万的太行儿女挺身而出，不分男女老幼齐上阵同凶残的日本侵略者进行浴血奋战，谱写了一首万古流芳、壮怀激烈的英雄史诗。

中国共产党的领导作用是凝聚太行精神的关键，是太行精神形成和发展的根本保证。中国共产党领导的八路军挺进太行山，又从太行山走向全中国，他们每到一处都受到了当地人民的热烈欢迎，并与人民结成了鱼水情。这种以人民为中心、对人民负责、为人民谋利益的精神是中国共产党人最优良的传统。在中国共产党的领导下，太行区培养了一大批优秀干部，

---

① 太行革命根据地史总编委会：《太行革命根据地史稿(1937—1949)》，山西人民出版社，1987，第378页。

② 中共长治市委讲师团课题组、王斌：《太行山高　可以呼远——太行精神的理论特质和时代价值》，《前进》，2010年第10期。

③ 宋学民：《太行记忆》，河北人民出版社，2017，第258页。

他们听党话、跟党走，党指挥到哪里就奔向哪里，从来不讲条件、不要待遇，他们成长于抗日战争时期，用鲜血和生命铸就了太行精神。作为太行精神的承载者，他们走出太行，继续把这种精神向祖国四方播撒，并最终熔铸于中华民族伟大的革命精神中，成为中国各族人民共有的宝贵财富。

（作者为山西大学政治与公共管理学院副教授、硕士生导师）

弘扬新时代的太行精神

王林波

内容提要：中国共产党领导八路军和太行儿女共同浴血奋战，在巍巍太行山上孕育了伟大的太行精神。弘扬新时代太行精神，基础是准确把握其精神实质，核心是赓续共产党人精神血脉，目的是推进山西高质量发展。本文尝试通过"精神主体分析法"，在新的研究范式下，以中国共产党、八路军、太行儿女在抗战中作出的贡献来探讨太行精神的精神实质，进而为赓续共产党人精神血脉，推进山西高质量发展提出可行性建议。

关键词：太行精神；分析角度；红色文化资源；高质量发展

九一八事变后，中国共产党率先举起抗日救国的旗帜，中国人民开始局部抗战。七七事变后，中国共产党率领由红军改编的八路军来到太行山，与太行儿女共同浴血奋战，打破日军"不可战胜"的神话，建立、巩固抗日民族统一战线，创建敌后抗日根据地，广泛发动群众筑起铜墙铁壁，在世界反法西斯战争的东方主战场发挥了中流砥柱作用，在巍巍太行山上孕育了伟大的太行精神。

2009年5月25日，习近平同志在视察八路军太行纪念馆时强调："要结合新的实际，与时俱进地大力弘扬太行精神，坚定正确的理想信念，始终保持对党对人民对事业的忠诚；坚持执政为民的政治立场，始终保持同人民群众的密切联系；锤炼坚忍不拔、百折不挠的品格，始终保持知难而进、奋发有为的精神状态；坚守党的政治本色，始终保持艰苦奋斗的优良作风，为推动经济社会又好又快地发展提供强大的精神动力。"

精神的生命力在于弘扬和践行。2021年6月3日,时任山西省委书记的林武同志在参观八路军太行纪念馆时强调:"习近平总书记每次视察山西时,都对大力弘扬太行精神作出重要指示。今天,我们再次瞻仰八路军太行纪念馆,就是要重温总书记重要讲话重要指示,牢记领袖嘱托,传承红色基因,弘扬新时代的太行精神,增强'四个意识'、坚定'四个自信'、做到'两个维护',坚定转型蹚新路决心,全方位推进高质量发展,奋力谱写全面建设社会主义现代化国家山西篇章。"

弘扬新时代太行精神,基础是准确把握其精神实质,核心是赓续共产党人精神血脉,目的是推进山西高质量发展。太行精神是跨越时空的革命精神,诞生于抗战时期,是伟大抗战精神的重要组成部分;继承和弘扬于社会主义建设和改革开放时期,孕育了大寨精神、红旗渠精神、申纪兰精神等体现太行精神精髓的系列精神。作为共产党人精神谱系组成之一,太行精神随着时间的推移,在新时代依然焕发着强大的精神感召力,是太行儿女听党话、跟党走,排除万难转型发展,艰苦奋斗、勇往直前的精神支柱。

一、弘扬新时代的太行精神,准确把握其精神实质

早在抗日战争时期,邓小平同志就对太行军民的革命精神进行了科学总结,将这种精神概括为"有觉悟、有创新意识、有本领、有群众观念和有民族精神"等特征的革命精神。2004年8月,李长春同志在山西考察,根据新的实践、新的发展,再次对太行精神作出科学概括和高度评价,这就是"在国家和民族处于危亡的关键时刻,中国共产党领导太行儿女展现的不怕牺牲、不畏艰险的革命英雄主义精神,在极其艰苦的条件下展现的百折不挠、艰苦奋斗的精神,为民族的解放展现的万众一心、敢于胜利的精神,为人民利益展现的英勇奋斗、无私奉献的精神"[1]。

通过学习党的领导同志对太行精神的科学概况,不难看出太行精神的

---

① 李景田:《继承弘扬太行精神 密切党群血肉联系》,《光明日报》,2011年8月11日,第13版。

内涵非常丰富，本文尝试建立"精神主体分析法"，以新的研究范式来探讨太行精神，探寻太行精神的精神实质。所谓"精神主体分析法"是指任何一种精神的产生都有其精神主体和诞生过程，即何人何时何地做了什么，从而产生了这种精神。从这种分析法来看，太行精神的精神主体主要是中国共产党、八路军和太行儿女，三者之中，中国共产党是核心主体，是太行精神诞生的内因和火种。

（一）从中国共产党的角度分析，太行精神主要是以爱国主义为核心的民族精神，展现了忠诚为民的民主执政理念和万众一心的抗战必胜信念

中国共产党率先举起抗日救国的旗帜。1935年12月，瓦窑堡会议通过《中央关于目前政治形势与党的任务的决议》，决议明确提出建立抗日民族统一战线是党的策略路线。1937年7月8日，《中共中央为日军进攻卢沟桥通电》强调："只有全民族实行抗战，才是我们的出路！……国共两党亲密合作抵抗日军的新进攻！"之后经过和国民党多轮艰辛谈判，直到1937年8月13日日军进攻上海后，国民党迫于形势就红军改编达成一致，以国共合作为基础的抗日民族统一战线也建立起来。

中国共产党人始终把民族利益看成最高的利益。1937年红军改编为国民革命军第八路军换装时，一些战士有抵触情绪，一二九师师长刘伯承就曾讲："过去，国民党是我们的敌人，今天为什么却成了我们的友军呢？这是因为，我们共产党人始终把民族利益看成最高的利益！"1937年12月3日，左权将军在山西洪洞，给母亲写下一封家书："日军不仅要亡我之国，并要灭我之种……我全军将士，都有一个决心，为了民族国家的利益，过去没有一个铜板，现在仍然是没有一个铜板，准备将来也不要一个铜板，过去吃过草，准备还吃草。"可以说中国共产党一经成立就把民族利益放在第一位，始终肩负中华民族伟大复兴的历史使命。

中国共产党创建的抗日民主政权是人民当家作主的政权。抗战期间，中国共产党在太行山上创建敌后抗日革命根据地，成立晋冀鲁豫边区临时参议会，建立"三三制"政权，通过"村选运动"推行民主选举，减租减息、精兵简政、发展生产，一系列爱民举措让太行老百姓第一次尝到了当

家作主的滋味，极大地调动了太行民众抗战积极性。1941年《新华日报》社论曾赞誉，在太行山上，一个划时期的巨大盛典——晋冀豫边区临参会，是照引人民的民主巨舟，是实现新民主主义政治的最坚强的堡垒。

中国共产党始终认为正义必胜！和平必胜！人民必胜！面对侵略者"欲占领中国，必先占领华北，欲占领华北，必先占领山西"的战略，以及"一个月拿下山西全省，三个月灭亡全中国"的狂妄，中国共产党在最艰难的敌后坚持抗战，在太行山上领导八路军和太行儿女浴血奋战，动员一切抗日力量，使侵略者陷入人民战争的汪洋大海，最终赢得了抗日战争的伟大胜利，中国共产党也成了抗战当之无愧的中流砥柱。

(二)从八路军的角度分析，太行精神主要是以英雄主义为本色的革命精神，展现了敢于胜利的亮剑精神和军民团结的优良作风

八路军是一支不怕牺牲、能打硬仗的革命军队。八路军东渡黄河到达山西，即刻投入战斗。一一五师取得平型关大捷，一二〇师取得雁门关伏击战胜利，一二九师夜袭阳明堡。据不完全统计，八年全面抗战中，面对强悍残暴的侵略者，八路军抗击侵华日军三分之一至二分之一的兵力，与日伪军作战约10万次，消灭日伪军125万多人，伤亡34万多人。据不完全统计，抗战期间八路军晋绥军区指战员牺牲1.3万多人，晋察冀军区指战员牺牲7.1万多人，晋冀鲁豫的太行区和太岳区将士牺牲1.3万多人。党领导的八路军即使在抗战最艰难的时候，依然坚持敌后抗战，涌现出一大批视死如归的英雄人物，展现出敢于斗争、敢于胜利的革命精神，将八路军锻造成了一支能打硬仗的军队。

八路军是一支同人民群众生死与共的军队。军队打胜仗，人民是靠山。在武乡县八路军总部旧址砖壁村和王家峪村至今流传着很多关于八路军的故事，杨树枝横截面像极了一颗五角星的怀念朱德总司令的"红星杨"，怀念在饥荒困难时期把村庄十里之内榆皮草根等留给群众的彭老总的"彭总榆"，都是八路军与太行儿女患难与共、鱼水情深的生动写照。刘伯承曾说："我们是人民的子弟兵，必须与人民同生死、共患难。""实际上，群众不参军，你哪来的军队？农民不给送粮食，你哪来的饭吃？工人不做衣

服、造枪炮，你不穿衣服、没有枪炮怎么打胜仗？群众不组织团体，不选举政权，你那个地区怎么能开辟成功？所以，一切功劳都应归于劳动群众，我们自己不过是人民群众的一员。"军民团结是八路军的优良传统和政治优势，是赢得广大人民群众拥护和支持，取得百团大战等重要战役胜利的根本保证。

（三）从太行儿女的角度分析，太行精神主要是以奉献主义为基础的担当精神，展现了爱党拥军的光荣传统和艰苦奋斗的优良品质

太行儿女是真正的铜墙铁壁。皮定均司令员常讲："我们八路军的胜利，主要靠两座大山，一座是太行山，它是我们夺取胜利的根据地；一座是人民群众，他是我们夺取胜利的基础，我们的兵源、给养、情报都是从这座大山里来的。"太行儿女踊跃参军、无私奉献，节衣缩食支援抗战。当时仅有14万人的武乡县，就有14600多人参加八路军，累计为八路军贡献军粮240万石、军鞋49万双、煤炭等燃料15亿千克。太行儿女在党的领导和组织下，成为真正的铜墙铁壁。

太行儿女始终听党话、跟党走。延安《解放日报》曾发表题为《向沁源军民致敬》的社论，称赞"模范的沁源，坚强不屈的沁源，是太岳抗日民主根据地的一面旗帜，是敌后抗战中的模范典型之一"。沁源县是太行山上一座普通的小县城，抗战期间当地党委动员群众转移到深山之中，给日本人留下一座空城，两年半的围困让侵略者"山地剿共试验区"被迫以失败告终，而全县8万余人没有一个汉奸，是《论持久战》的伟大实践，也是听党话、跟党走的真实写照。

太行儿女始终在党的领导下艰苦奋斗。中国共产党的历史是一部艰苦奋斗史，太行儿女血脉中的勤劳朴素在共产党的号召下，迸发出艰苦奋斗的强大精神力量，为抗战胜利作出了重大贡献，在根据地建设中创造了经济社会发展的奇迹。中华人民共和国成立后，山西大寨村党支部组织村民自力更生、艰苦奋斗，一双手、一把镢头、两个箩筐改造了大寨的"七沟八梁一面坡"，不仅解决了温饱问题，而且每年上缴国家20多万斤余粮。

综上所述，弘扬新时代的太行精神，就是要在新时代弘扬爱党爱国、

万众一心，艰苦奋斗、英勇斗争，甘于奉献、勇于担当的精神。在新征程中，胸怀"两个大局"，致力民族伟大复兴；敢于斗争，不断推进党的自我革命，勇于战胜一切风险挑战；坚持以人民为中心，始终担当为中国人民谋幸福、为中华民族谋复兴的初心使命。

二、弘扬新时代的太行精神，赓续共产党人精神血脉

习近平总书记视察山西时强调："山西也是具有光荣革命传统的地方，是八路军总部所在地，是抗日战争主战场之一，建立了晋绥、晋察冀、晋冀鲁豫抗日根据地，平型关大捷、百团大战等闻名中外，太行精神、吕梁精神是我们党宝贵的精神财富。这些都要充分挖掘和利用，以丰富多彩的历史文化、红色文化资源为山西发展提供精神力量。"[1]弘扬新时代的太行精神，要让红色文化成为山西发展的强大精神动力。

（一）立法保护利用红色文化资源

《山西省红色文化遗址保护利用条例》出台以来，红色文化遗址保护取得实效。建议在此基础之上制定《山西省红色文化资源保护利用条例》，进一步规范红色文化资源的调查认定、保护管理、开发利用、全域统筹以及相关保障等，着力解决多头管理、职责不清、管理缺位，资金投入不足、资源整合度低、开发利用粗放、配套设施不完善、文化展示单一、讲解队伍不强、资源挖掘不深等问题。

（二）深入挖掘太行精神等红色基因

加强太行精神课题研究，以课题研究推动精神挖掘，打造太行精神现场教学、红色研学、红色旅游等立体化教育体系，出版太行精神相关教材、书籍等。成立红色资源专门管理机构，或建立联席会议制度整合红色资源和研究力量，深挖太行精神历史和时代价值。

（三）全力打造山西红色文化品牌

作为革命老区，山西具有丰富的红色文化资源、深厚的红色底蕴，打造红色文化品牌既是唱响红色旋律、赓续红色血脉的内在要求，也是高质

---

[1]习近平在山西考察工作结束时的讲话(2020年5月12日)。

量发展的必然要求。品牌建设内靠精品，外靠推广。把太行精神、吕梁精神、右玉精神、纪兰精神等作为红色品牌内核，打造山西红色文化龙头产品，提升红色文化精品路线，搭建红色文化研究平台，打造红色文化精品课程，加大红色文化推广力度，让太行精神等红色文化成为一张山西名片。

三、弘扬新时代的太行精神，推进山西高质量发展

弘扬新时代的太行精神，根本落脚点是做好当下的事情，即紧紧围绕全方位推进山西高质量发展这个根本要求，谱写全面建设社会主义现代化国家山西新篇章，充分彰显太行精神的时代价值。

（一）以太行精神激发动力活力

人民是历史的创造者，干部是发展的排头兵。要把太行精神作为干部党性教育的重要内容，纳入党校、干部在线学院等主体班次课程，开展太行精神常态化教育培训，着力培养信念坚定、攻坚克难、作风优良、能打硬仗的干部队伍。整合相关部门力量，成立太行精神宣讲队伍，在全省广泛开展太行精神宣讲活动，鼓励和支持群众开展太行精神文艺创作等，让太行精神深入人心，激发干部群众转型动力和发展活力。

（二）以太行精神助力产业转型

精神的力量是无穷的，精神力量可以转化为更加持久的物质力量，产业转型、创新发展、转型毅力都需要来自精神力量的支撑。大力弘扬太行精神，优化产业结构顶层设计，突出产业发展比较优势，破除制约高质量发展的桎梏，培育一批甘于奉献、不怕失败的产业转型尖兵，造就一批具有创新精神的企业家，不断提升原创技术、核心技术等产业技术创新能力，增强市场竞争力。

（三）以太行精神促进提质进位

推动高质量发展根本在于高质量人才，关键在于政策落实与引导。以贯彻落实《中共中央、国务院关于新时代推动中部地区高质量发展的意见》为契机，以太行精神塑造山西软实力，深化省校合作，增强山西红色文化对人才的吸引力和凝聚力。以软实力促进硬实力，建立健全支持中高端产

业发展体制机制，加快乡村振兴步伐，制定《城乡区域协调可持续发展实施意见》，倡导绿色低碳生产生活方式，打造开放型经济新高地，总结村级共同富裕经验，探索实现县域和市域共同富裕实施路径。

（作者为太行干部学院教务部主任）

太行精神的形成与时代价值

郝雪廷

　　太行精神，是以毛泽东、朱德、彭德怀、刘伯承、邓小平、杨尚昆、徐向前等老一辈革命家为代表的中国共产党人，把马克思主义理论与中华民族的优良传统和中国革命具体实践相结合而形成的民族精神。她凝聚着中国共产党人的优秀品质，凝聚着中国人民的奋斗精神，是伟大抗战精神的具体体现，是中国共产党人精神谱系的重要组成部分，是中华民族的宝贵精神财富。

　　太行精神是在伟大的抗日战争中孕育诞生的，是在血与火的洗礼中铸就的，是纵向的太行山地域文化与横向的八路军文化碰撞的火花；是高耸在太行山上的精神丰碑，是中国共产党人强烈的政治自觉和历史担当。她与红船精神、井冈山精神、长征精神、延安精神、西柏坡精神等一脉相承，是中国革命精神谱系的重要组成部分，是伟大中国精神的脊梁和主脉。而传承弘扬中华民族的精神特质、时代价值，也是我们所有人的责任和使命。在实践中自觉践行新时代的太行精神，在一代代传承的过程中挖掘其时代价值，这不仅是对革命先烈英勇斗争精神的缅怀，也寄托着我们民族对未来美好生活的向往。因此，在感悟太行精神的同时，我们需要践行其独特的时代价值，让更多的人感受中华民族革命精神在新时期的时代内涵。

一、太行精神的文化根基

太行山是中华民族的发祥地之一，是中国东部的重要地理分界线。太行山北起北京西山拒马河河谷，南至晋豫边境的黄河沿岸，西接黄土高原，东临华北平原，纵贯北京、河北、山西、河南四个省市，绵延400余千米，具有"表里河山"之胜。

晋东南地区居太行山腹地，古有"居太行山之巅，地形最高与天为党也"的说法，古称"上党"，是太行山的核心地带。这里群峰林立，有奔流不息的漳河水。若从广袤的华北平原西眺，太行群峰横亘天际，像一条不见首尾的黑压压的凝固云带，所以自古有上党为"天下之脊"之说。太行山物华天宝，人杰地灵，气候温和，四季分明，土地肥沃，资源丰富。

（一）上党为历代兵家必争之地

春秋末年，晋国四卿中的智伯瑶，自认为势力强大，便用蚕食之法侵占其他三家的土地，对三家大夫赵襄子、魏桓子、韩康子说，为使晋国重新强大，我主张每家拿出一百里土地和万家户口归给公家。三家大夫都知道智伯瑶心存不良，想以公家的名义逼迫他们交出土地，然后拥为己有。魏桓子、韩康子迫于无奈，把土地和一万家户口割让给智家。智伯瑶"又使人之赵，请蔡、皋狼（旧说武乡县西北五十里有皋狼城，即智伯所求之皋狼）之地，赵襄子弗与……因阴结韩、魏，将以伐赵。"赵襄子派家臣张孟谈游说韩康子、魏桓子，最后韩、赵、魏三家联合攻智，形成三家分晋的格局。

周赧王五十五年（前260年），又在上党发生了长平之战，秦军获胜进占长平，赵国遭受毁灭性的打击，极大地加速了秦国统一中国的进程。

三国时期，曹操"挟天子以令诸侯"，为统一北方，派大将乐进、李典进军壶关剿灭反叛之贼高干。但因壶关关隘十分坚固，久攻不破。建安十一年春节过后，曹操从冀州出发，亲率大军从武乡东部的羊肠坂翻越太行山，进而围攻壶关，曾写下名诗《苦寒行》。

石勒是中国历史上第一位从奴隶转变为皇帝的杰出人才，出生于武乡北原山下东河沟村，14岁随乡人到洛阳贩卖货物，长啸上东门，被尚书左仆射王衍视为异类："向者胡雏，吾观其声视有奇志，恐将为天下之患。"于是就命令部下去抓他，恰好石勒已经离开。后被并州刺史司马腾贩卖到山东成了奴隶。奴隶主还其自由身，他便网罗十八位胡人，号称"十八骑"，举行了反抗东海王的起义，追随牧帅汲桑投靠公师藩。从葛陂撤退后返回武乡北原山筑寨，秣马厉兵，319年称赵王，329年灭前赵，统一了中国北方，史称后赵。石勒是为毛泽东称赞的为数不多的几个皇帝之一。

唐朝末年，天下大乱，后梁皇帝朱温与晋王李克用相互争夺上党。天祐五年（908年）正月，李克用含恨离世，其子李存勖不畏强敌，戴孝出征，展开三垂冈之战。驻守的梁军大败，李存勖乘胜追击，一鼓作气南下太行，逐鹿中原，讨伐后梁，建立后唐王朝。清人严遂成写成《三垂冈》一首："英雄立马起沙陀，奈此朱梁跋扈何！只手难扶唐社稷，连城犹拥晋山河。风云帐下奇儿在，鼓角灯前老泪多。萧瑟三垂冈下路，至今人唱《百年歌》。"毛泽东主席曾多次提起三垂冈之战，并手书该诗。

宋靖康元年（1126年），金兵陷太原，国相完颜撒改长子粘罕率师南下，途经上党盆地的北大门——武乡南关时，被此险绝地形所惊愕，然而宋军无人设防，粘罕仰天叹道："关险如此，而使我得度，南朝可谓无人。"金兵顺利南下，威胁东京，酿成靖康之变，北宋灭亡。南宋与金对峙时期，上党是抗金的主战场之一；元代晚期，一路明军从上党抗击元兵，逐步攻占太原，驱逐元兵北回草原；明末李自成起义军，派刘芳亮一路兵攻占上党，东出华北平原，北上反明。

在历代诸侯割据时期，上党以其独特地理区位优势，雄视中原，背控大河，关山伟固，巍乎甚尊。顾祖禹在《读史方舆纪要》中曾写道："太行为天下脊，岂止一方之险要而已！"宋代崔伯易在《感山赋》中，列数历史事实：秦昭王"威天下"，汉高祖"得天下"，汉光武"复天下"，魏武帝"争天下"，唐太宗"兼天下"，都是充分重视了上党的战略地位，才取得了成功。纵观历史，两千多年间，上党烽火迭起，干戈未息，其战略位置的重要，在现代战争史上同样得以体现。在抗日战争中，朱德总司令、彭德怀副总司令等仨马太行，在这里建立了以太行山为依托的抗日根据地，这里是华北抗战的指挥中心，这里是英勇杀敌的主要战场。

毛主席在《关于重庆谈判》一文中就论及了取得上党的重要性，指出："太行山、太岳山、中条山的中间，有一个脚盆，就是上党区。在那个脚盆里，有鱼有肉，阎锡山派了十三个师去抢。我们的方针也是老早定了的，就是针锋相对，寸土必争。这一回，我们'对'了，'争'了，而且'对'得很好，'争'得很好。就是说，把他们的十三个师全部消灭。"震惊中外的上党大捷，揭开了解放战争的序幕，这对后来解放战争取得全国胜利起了重大作用。

（二）太行山的历史文化根基

在历史的长河中，尽管中华民族经历了无数次的内忧外患和艰难坎坷，但正是靠着这条传承不断的精神血脉，维系着民族的团结和国家的统一，从而战胜了一个又一个的困难，克服了一重又一重的障碍，使我们这个伟大的民族屡经劫难而不衰，一次次地获得了新生。在这条生生不息的精神血脉中，我们便可以找到"太行精神"的最初基因。

太行文明的渊源非常深远，太行文化的底蕴非常深邃。中华民族的人文始祖就在这里开荒创世，用勤劳和智慧创造了灿烂的文化。考古发现，太行山的上党盆地拥有2.5亿年前的古树化石群，其规模之庞大，树种之丰富，为全国罕见。上党地区原始农业的起源，最早可上溯至1.6万年前的旧石器文化晚期。内涵丰富的新石器时代文化遗址，在太行山上更是随处可见。据1972年在武乡石门村出土的石面案、石擀杖推算，距今一万年前左右就有人类在此活动，并孕育了中华文明的雏形。历代相传的有关炎帝在此尝百草、得嘉禾、制末耜、兴稼穑、教农耕、开荒创世的故事并不全是神话传说，武乡古台村的观星台遗址，也受到许多专家的重视，观星台在一定程度真实反映着中国古人的智慧和力量。

上党各地历史底蕴丰厚，在尧舜禹时代，尧的长子丹朱受封的长子县成为"帝都畿内"；殷商时期，有商王朝分封的黎侯地，商纣王庶兄微子的封邑潞城微子镇；春秋时，赤狄人建立潞子婴儿国；战国时，赵襄子筑城于漳河之畔，得名襄垣；秦统一中国后，在此立上党郡。

在太行山神奇而古老的土地上，人文荟萃，有着许多美丽而古老的神话传说，展现了太行人民固有的高尚品格。中华文明最古老的传说，神农尝草、女娲补天、精卫填海、后羿射日、愚公移山等都产生于这里。这些传说，形象生动地记录了中华民族在她童年时代，留下的瑰丽幻想、顽强抗争以及步履蹒跚的印记。同样，它作为中华民族的文化源头之一，在很大程度上影响了民族精神的形成。

这些古代神话，反映了早期人类在恶劣处境下锲而不舍的抗争精神，体现了中国文化中蕴含的深重的忧患意识。先民们面对现实的艰难，进行坚持不懈的奋斗。在女娲、后羿、精卫和愚公的神话中，展示了先民在恶劣处境中，正视灾难，锲而不舍进行抗争的精神，说明了先民对苦难有着深刻的体会和经验。它深深地烙印在中华民族的性格中，影响并塑造着一代又一代的炎黄子孙。这些体会和经验，对推动中国的进步与发展非常重要。

正因为这样的文化根基，造就了太行人民刚劲强悍的民族性格，创造了特殊的原始农耕文化，造就了这里的人民吃苦、勤劳、节俭、厚道的秉性。艰苦的农耕生活，锤炼了太行人民不畏强暴、爱国护乡、奉公守法、贫不弃乡、富不涉外、笃实纯正、忠厚耿直、勤劳勇敢、质朴淳厚、谨守农耕、性格开朗、富于开拓的精神，形成了太行山区勤劳节俭、躬身力耕的民俗民风。

（三）从共产党的广泛活动到八路军文化的产生

辛亥革命后，一方面，阎锡山长期统治山西，阶级矛盾和民族矛盾日益加深，山西人民进行了前仆后继的民族民主革命运动；另一方面，民主思潮开始传入太行，诸多有志青年挣脱黑暗势力的束缚，到外地求学，接受马克思主义书籍和进步报刊的熏陶，探求救国救民的真理，并将革命思潮带回故里，广泛传播，成为太行山上早期革命活动的中坚力量。

中国共产党诞生后，一些共产党人在太行山、太岳山、汾河流域和同蒲线上的重要城镇发展党员，建立党组织，领导工农群众进行各种形式的斗争，传播马克思列宁主义，启发广大群众的革命觉悟，使山西人民的革命斗争走上了崭新的道路。1926年，在长治、屯留就曾建立有党的组织。在武乡，共产党人和进步青年积极酝酿，创办了《武乡周报》《狂飙》等刊物，设立了"武乡流通图书馆""武乡通讯社""武乡印刷合作社"，举办了"小学教师暑假讲习会"，发起组织"现代思潮研究会"，广泛传播民主和科学思想，宣传马克思列宁主义，揭露山西反动统治阶级的罪恶，为党组织的建立做了充分准备。到1933年，筹建了中共武乡县委，全县有中共党员80余人。中共党组织建立后，积极发动群众，开展了艰险曲折的革命斗争，特别是发动民众，在农民群体中开展"五抗"运动，动摇了封建统治，武乡被阎锡山视为山西"四大赤县"之一。在这"暗夜沉沉"的穷乡僻壤播下革命的星星之火，到全面抗战开始，便燃成了燎原之势。

全面抗战开始以后，中国工农红军主力改编为国民革命军第八路军，为了中华民族的独立与解放，东渡黄河，走上华北抗日前线，开展游击战争，在极其艰苦的条件下，八路军与根据地广大民众一道，同日本侵略者展开了殊死搏斗，创建了坚固的抗日根据地。八路军总部依托太行山，指挥了整个华北抗战，通过宣传抗日救国的思想来发动民众；通过平型关、雁门关、阳明堡等战斗来鼓舞人民抗战必胜的信心；通过扩军来壮大八路军队伍；通过建立军区来组织游击队，达到全民抗战的目标；通过优待俘虏来瓦解敌军；通过建立抗日民主政权，来实现边区政令、财政制度和各项政策的统一等。到1938年4月，晋察冀、晋西北、晋冀豫、冀南、冀中等根据地基本形成，这是一个标志，标志着八路军独特的思想和文化理念，在抗战这一社会实践中逐步孕育，并产生了思想的共鸣与融合，已经被广大民众所接受。以上种种，是八路军文化的最初孕育。

一种文化的生成需要天时、地利、人和等各种条件的促成。抗日是全民族摆脱殖民统治、争取民族独立解放的头等大事，八路军站在抗日最前列，这是顺应天时；太行山山高林密，地势险峻，是天然的游击战场所，而八路军总部正驻扎在此，可以说是占据地利；以此作为华北抗战的主阵地，武乡成为我党、我军指挥华北抗战的中心，这里也云集了八路军绝大部分的高级领导机关，形成了一个庞大的党政军指挥系统，领导着数十万八路军将士、广大华北民众与日军作战，这是人和。

更为重要的是八路军诸多高级首长长期战斗在太行山上，特别是1939—1940年期间，在武乡进行了伟大的革命实践：八路军总司令朱德在这里领导华北军民粉碎了日本侵略军对抗日根据地一次又一次的疯狂"扫荡"，打退了国民党顽固派的反共高潮，巩固了抗日根据地和抗日民族统一战线，运用马克思主义解决中国实际问题特别是革命战争问题的思考渐趋成熟，他的军事理论对毛泽东军事思想的形成和发展起了重大作用；八路军副总司令彭德怀在日军大量南进直接威胁西安、重庆、广州，国民党顽固派又对日表示妥协投降的危险情况下，组织八路军对日军发动了一次大规模的破袭作战——百团大战，这是抗战时期中国军队主动出击日军的一次最大规模的战役，打出了敌后抗日军民的声威，振奋了全国人民争取抗战胜利的信心，在战略上有力地支持了国民党正面战场；中共中央北方局书记杨尚昆根据形势的变化制定了巩固和发展抗日根据地的方针，提出"建党、建军、建政"三大建设，作为华北党的主要任务，纠正在反逆流斗争中出现的"左"的思想，坚持抗日民族统一战线；一二九师师长兼太行军区司令员刘伯承针对日军对华北的连续大规模"扫荡"，并挖沟筑堡试图控制根据地人民，形象地将敌人"以铁路为柱，公路为链，据点为锁"的封锁方式定名为"囚笼政策"，并提出了"面向交通线"广泛进攻敌人的对策，成为八路军打破敌人封锁的最佳作战方案；一二九师政委、太行军政委员会书记邓小平在建立民主政权和解决财经问题中，为解决根据地的困难，在北方局会议上指出"发展生产是坚持根据地的重要保障"的重要论断，成为根据地经济建设的纲领。正因为借势"人和"，形成了指挥华北抗战与根据地建设的理论基础和文化基础，成为八路军文化正式形成的重要标志。

二、太行精神的孕育和形成

中国共产党是一个富有创造性和优良革命传统的马克思主义政党，在其走过的百年辉煌历程中，既有浴血奋斗的历史，也有艰苦探索、创业改革的足迹，在这不平凡的历程中，形成和积累了极为丰富的精神资源。太行精神是其中最重要的精神之一。在全面抗日战争时期，八路军总部和中共中央北方局长期驻扎在太行山区，领导和指挥敌后抗日军民建立了晋绥、晋察冀、晋冀鲁豫、山东等抗日根据地，进行艰苦卓绝的斗争。八路军将士前赴后继，浴血奋战，有力地打击了日军的疯狂进攻，大量地杀伤并牵制了敌军，有效地迟滞了日军对中国全境的侵略，极大地鼓舞了全国人民的抗战热情，谱写了中华民族万众一心、同仇敌忾的光辉抗战篇章。也是在这样的战争历程中，以武乡为中心的太行抗日根据地成为太行精神的主要孕育地。

（一）"不怕牺牲、不畏艰难"奠定了太行精神的根基

面对日本帝国主义的侵略，中华民族的灾难深重到了极点，中华民族浴血反抗的意志也沸腾到了顶点。在民族大义面前，中国共产党提出建立抗日民族统一战线的主张，呼喊出"平津危急！华北危急！中华民族危急！只有全民族实行抗战，才是我们的出路！"口号，并提出："为保卫国土流最后一滴血！"中国工农红军主力改编为国民革命军第八路军后，就紧急开赴山西前线，八路军总部、一二九师来到太行山上，创建了以武乡为中心的太行抗日根据地，不怕牺牲、不畏艰难，这种精神主流的产生和形成，是历史的必然。武乡这片光荣的土地，曾有大批革命先辈在此生活、战斗。并先后有8个旅（纵队）、31个团近十万抗日将士驻足武乡，在这里写下了辉煌的历史篇章。全面抗战八年，武乡的战火硝烟从未熄灭，战斗中涌现出了无数英雄。5000多名八路军将士把热血洒在了武乡的土地上，在抗战中八路军牺牲的团以上干部为883名，牺牲在武乡的就有15人。1938年4月，三八六旅七七二团团长叶成焕在武乡长乐村战斗中牺牲；1939年7月，三八六旅新一团团长丁思林在石盘、云簇战斗中牺牲；1939年10月，三八六旅宣传科科长贾西章，在武乡南关战斗中牺牲；1940年5月，一二九师平汉纵队第三团参谋长朱秋溪，在武乡白晋线战役中牺牲；1940年5月，一二九师平汉纵队参谋长吴定一，在武乡河神烟村与敌作战中牺牲；1940年9

月，三八六旅十六团副团长吴龙主，在武乡南沟战斗中牺牲；1940年10月，决死一纵队二十五团政委凌则之，在武乡温庄战斗中牺牲；1940年10月，三八六旅十六团团长谢家庆，在武乡关家垴战斗中牺牲；1941年1月，三八六旅兼太岳军区政治部主任苏精诚、三八六旅队训科科长高自辅，在武乡韩壁突围战中牺牲；1942年2月，太行军区第三军分区司令员郭国言、太行军区第三军分区政治部副主任彭光，在武乡大有作战中牺牲；1942年2月，太行工业学校副校长刘致中，在武乡东部山区掩护工校转移时牺牲；1942年4月，太行军区第三军分区决七团团长尹立海，在攻打白庄战斗时牺牲；1945年4月，八路军总部特务团副团长赵玉珍在武乡洪水战斗中牺牲。武乡的民兵、游击队员和百姓有2.2万人牺牲、失踪、遇害，也涌现出了关二如、高贵堂、王来法、马应元、王尚元、程坦、李星云、李庆和等众多杀敌英雄、抗日先烈，载入英名录的烈士就达3200多名。

（二）"百折不挠、艰苦奋斗"构筑了太行精神的骨骼

根据地军民在英勇抗敌的同时，也面临着许许多多的困难，既有战争带来的危机，更有敌伪顽对根据地的经济封锁，还有连续几年的旱、涝、风、蝗等自然灾害。面对困难，太行根据地军民想尽一切办法，创造性地开展了敌后根据地经济建设和政治建设，为打击敌人、巩固根据地，最终为取得抗战胜利奠定了坚实基础。在艰苦的抗日战争年代里，朱德总司令、彭德怀副总司令、左权副参谋长等总部首长，与人民同甘共苦，为革命艰苦奋斗，保持了我党、我军的优良传统和作风。总部机关刚到砖壁村，就召开了军民联欢会，朱德、彭德怀和群众代表都在会上讲了话，号召军民团结一致，坚持抗战。战斗间隙，首长们常利用和老乡们一块下棋、看戏、收割、打场、推碾子等机会宣传群众，组织群众，帮助群众解决困难，发动群众积极抗日。日军烧了老百姓的房子，朱总司令就叫管理科负责帮老乡修好；老乡生病了，彭老总就安排总部的医生去给医治；老乡的孩子掉到井里，左权将军就和警卫战士们一起抢救。为了战胜日军和国民党顽固派的军事进攻与经济封锁，减轻人民负担，朱、彭等总部首长还以身作则，亲自参加和领导了开荒种地、植树造林、兴修水利等生产自救运动。仅在

砖壁村，就帮助老乡打了三眼水井、六眼旱井，修筑了一个大池塘、三个蓄水坝。为了度过灾荒，彭德怀副总司令曾下令离村10里内不允许八路军战士挖野菜、撸树叶，为的是让百姓有野菜、树叶可食；而太行百姓又把仅有的粮食、野菜、树叶，都送给驻地八路军，为的是支持子弟兵消灭日本鬼子。在总部首长们的领导和帮助下，根据地人民的抗战热忱空前高涨，工、农、青、妇等各救会和儿童团等抗日救国团体也得到了很大发展。军民团结奋战，抗日的烽火燃烧在太行山上。在特别艰苦的1941年到1943年间，日本侵略者所到之处，烧杀抢掠无恶不作，许多村庄被毁，还制造了几个"无人村"。广大军民在积极与日军开展游击战争的同时，为了解决生存问题，在共产党、八路军组织下，开展了轰轰烈烈的大生产运动，八路军部队在武乡开荒8万余亩，种植粮食、蔬菜，年增收2000多万斤，成为根据地实现自给自足的典范。

（三）"万众一心、敢于胜利"形成了太行精神的主导

抗日战争是在中国共产党领导下开展的一场人民战争。面对数量众多、装备精良的日本侵略者，仅仅依靠共产党领导的武装力量是很难取得最终胜利的，但是我们最终还是打败了日本侵略者，这是因为在中国共产党的身后，站着的是广大的华北民众，是四万万中国人民。是广大军民坚定信念，人民群众万众一心，以敢于胜利的澎湃力量，将敌人淹没在人民战争的汪洋大海。在武乡的土地上遍地英雄，可以自豪地说，武乡层峦叠嶂的山岭，就是英雄们用身体雕塑成的民族脊梁；武乡四周环绕的壁立群峰，就是英雄们用灵魂修筑的国家干城！1944年11月，晋冀鲁豫边区、太行军区召开的英雄大会，全区59个县共推选地方英雄参会代表196位，武乡一县就推选出27名杀敌英雄、劳动英雄参会，这是多么大的一个比例呀。在抗战时期，武乡这个不足14万人的小县，总共有14600人参加了八路军，向外输送抗日干部5400余人，留下了"五千干部一万兵"的佳话。是武乡广大民众与八路军鱼水相依、团结奋战，孕育了伟大的太行精神。当年武乡的名扬游击队，从1937年11月成立，先后六次组建，六次集体整编到八路军主力部队中，不仅在保卫武乡县委、县政府机关以及保护广大民众生

命财产中作出贡献，多次与日军作战，而且六次为八路军输送优秀兵员3400多名。武乡县监漳镇禄村一位普通的妇女李改花，把二儿子、三儿子相继送上前线，在两个儿子先后牺牲的情况下，又果断地把已经38岁的大儿子送到队伍中。正是有这样多的模范人物引领，在武乡形成了"母亲教儿打东洋，妻子送郎上战场"的热烈参军场面。在抗战中，不足14万人的小县，还有9万多人参加了游击队、农救会、工救会、青救会、妇救会、儿童团等救亡团体，支前、参战、送军粮达135万人次，投工达387万个劳动日。正是这样，在整个华北战场，百万军民舍生忘死，共同奏响《在太行山上》的凯歌，使得伟大的抗战精神在太行山上绽放出绚丽的光芒。

（四）"英勇斗争、无私奉献"铸就了太行精神的灵魂

民族的利益高于一切，人民的利益高于一切。在艰苦的岁月里，共产党人秉持天下为公理念，主动扛起责任，英勇斗争，无私奉献。抗日战争中，广大共产党员、八路军将士身上随时随处闪现着与人民同甘共苦、先人后己的崇高精神。武乡的广大人民群众也时时刻刻把民族利益放在第一位，为了支持抗战，不惜一切代价。八路军杜班长身负重伤，虽经抢救脱离危险，但因伤势严重，伤处又多，加之右臂伤口局部感染，高烧不退，仍处在昏迷中。武乡禄村妇女暴莲子，主动在野战医院协助护理。医院撤走时，她把杜班长接到自己家中护理，把一颗慈母的心操在伤员身上，把家中的两只公鸡杀了给小杜煮鸡汤，家里的白面吃完了又到邻居家里借来白面给他做面条。还攀亲找友设法找来食盐，泡盐水给杜班长洗伤口。由于天热伤口化脓，暴妈妈找来老中医开了两个药方，一个是外敷，一个是内服，为了凑钱买药，把戴了几十年的银簪子当掉，杜班长终于伤愈归队。暴莲子无私地养育护理八路军伤员，被誉为"革命妈妈"。拥军模范胡春花为了支援八路军，创办了拥军招待所为过往军人服务，不仅为他们洗衣服、缝扣子、烧开水，还把家里仅有的粮食拿出来做饭。在一次战斗之后，她主动到野战医院担任编外护士，为伤员换药、洗绷带、清洗伤口、端屎倒尿，一做就是3个月。不幸的是，她年仅4岁的小女儿，却因没人照顾高烧不退而夭折。爱国乡绅裴玉澍是武乡有名的大财主，家财万贯，良田万亩。

全面抗战开始后，武乡成立了名扬游击队，他深明大义，主动捐资，承担了游击队的供给任务。1939年9月18日，在土河村召开的武乡士绅座谈会上，他了解到八路军的困难，主动报名带头认捐钱粮，1940年后太行第三地委、第三专署、第三分区机关驻扎在他家明楼院近五年时间，他又主动承担起供养党政军机关的责任。八年时间里他多次捐粮捐款，直至倾家荡产，成为"毁家纾难"的楷模。正是这样，八年中，武乡供给八路军在武乡驻扎的生活用粮，捐献军鞋、米面等物资无数，当时有59万亩土地的武乡，八年中总共给八路军捐献钱粮折合达240万石，几乎把所有打下的粮食以及多少年积存的粮食全部捐献给了八路军，可以说是武乡的小米养育了八路军。太行抗日根据地人民，为抗战胜利提供了强有力的人力支持和后勤保证，为中华民族的独立解放事业付出巨大牺牲。

三、太行精神是中国革命精神的重要组成部分

在中国革命的历史进程中，我们所走过的道路漫长而曲折。中国革命的历史充分证明：中国共产党之所以能够完成近代以来各种政治力量不可能完成的艰巨任务，就在于始终把马克思主义这一科学理论作为自己的行动指南，坚持在实践中不断丰富和发展马克思主义，并在不同的时期孕育一个又一个内涵丰富的革命精神。太行精神是抗战精神的主体，是一种伟大的民族精神。以爱国主义为核心的伟大民族精神，博大精深，源远流长，是维系中华民族强大生命力的血脉。太行精神在最大程度上体现了中华民族高尚的民族性格、坚定的民族志向、远大的民族理想。

在艰苦卓绝的抗日战争中，血与火的洗礼铸就了伟大的太行精神。朱德、彭德怀、杨尚昆、刘伯承、邓小平、徐向前等老一辈革命家，千里转战太行山，在这块土地上开辟抗日根据地，为抗击日本侵略者、建立中华人民共和国立下了赫赫战功。敌后抗日根据地军民以国家利益为重，以民族利益为重，为夺取抗战的最后胜利无私地奉献了人力、物力、财产乃至生命，使敌人陷入人民战争的汪洋大海之中难以自拔。英雄的八路军将士和太行人民，在太行山生死与共，团结奋战，英勇杀敌，流血牺牲，克服

重重困难，战胜了敌人，为抗日战争乃至整个中国革命的胜利，作出了巨大贡献。

太行精神是敌后抗日军民用鲜血和生命浇灌的精神之花，她作为一种具有鲜明时代特征的强大的民族精神，既是八路军和太行人民战胜日本帝国主义的民族魂，又是我国新民主主义革命取得胜利的擎天柱，更是我们今天在新时代中国特色社会主义建设中用之不竭的精神动力。因此，党中央历代领导人，都十分重视继承和弘扬太行精神。

中华人民共和国成立后，以毛泽东为首的中共中央领导集体，非常重视抗日战争时期激励中国革命走向胜利的太行精神。早在1951年8月20日，在国家政权还没有完全稳固的情况下，毛泽东同志就委托中央老区慰问团晋冀鲁豫慰问分团团长杨秀峰，带着他的亲笔题词"发扬革命传统，争取更大光荣"和中央人民政府致老根据地人民的慰问信，专程到太行老区慰问。毛泽东还特意让他们给老区人民捎了个口信，希望老区人民发挥根据地特有的政治优势，继承和发扬革命战争年代那种艰苦奋斗、无私奉献的八路精神，为社会主义建设再立新功！

改革开放的总设计师邓小平，在整个抗日战争和解放战争前期，与太行军民一起，在太行山上生活、战斗了十年之久，在任一二九师政委、太行军政委员会书记、太行分局书记、北方局代理书记、晋冀鲁豫中央局书记等职期间，在抗日战争的每个关键时刻都发挥了重要作用。在抗战中，他不仅与刘伯承一道率领八路军一二九师，长期工作生活、并肩战斗在烽火连天的太行山上，而且在以太行抗日根据地为中心的晋冀鲁豫边区工作中，表现出卓越的领导才能。早在1944年11月，邓小平就在黎城县南委泉村召开的太行区首届群英大会讲演中，把太行精神高度概括为"有觉悟、有创新意识、有本领、有群众观念和有民族精神"等五个本质特征。1979年9月28日，他看到筹建八路军总部太行纪念馆的请示报告后，亲笔题写了"八路军太行纪念馆"馆名，邓小平再三嘱咐："纪念馆不要单纯反映总部机关，要全面再现所有八路军将士和各根据地人民。"

2001年8月20日，江泽民视察八路军太行纪念馆和王家峪八路军总部旧址，并欣然挥笔题词："发扬老八路光荣传统，为中华民族的伟大复兴而奋斗"。希望老区人民在中国共产党的领导下，发扬革命传统，继承先烈遗志，发愤图强，艰苦创业，为社会主义现代化建设事业谱写新章。这一题词，是中央领导人在21世纪之初，为加快革命老区经济发展，实现脱贫致富奔小康的宏伟蓝图，向太行老区人民发出的战斗号令。

2005年7月29日，胡锦涛视察八路军太行纪念馆和王家峪八路军总部旧址，亲切会见了当地的抗日老战士、老民兵、老支前模范代表。胡锦涛深情地告诉在场的领导干部和人民群众："八路军和太行儿女为抗日战争的胜利作出了巨大牺牲和重要贡献。抗日战争中培育的太行精神，凝聚着中国共产党人的优秀品质，凝聚着中国人民的奋斗精神，永远是中华民族的宝贵精神财富。"

2009年5月25日，习近平同志在视察八路军太行纪念馆时，作出重要指示："要结合新的实际，与时俱进地大力弘扬太行精神，坚定正确的理想信念，始终保持对党对人民对事业的忠诚；坚持执政为民的政治立场，始终保持同人民群众的密切联系；锤炼坚忍不拔、百折不挠的品格，始终保持知难而进、奋发有为的精神状态；坚守党的政治本色，始终保持艰苦奋斗的优良作风，为推动经济社会又好又快地发展提供强大的精神动力。"2017年6月21日至23日，习近平总书记再次考察山西。习近平说："2009年我调研考察来过山西，瞻仰了八路军太行纪念馆，留下了深刻的印象。要铭记光辉历史，传承红色基因，一定要发扬好太行精神，一定要把《在太行山上》再唱响。"2020年5月12日，习近平总书记在山西考察工作结束时又指出："山西也是具有光荣革命传统的地方，是八路军总部所在地，是抗日战争主战场之一，建立了晋绥、晋察冀、晋冀鲁豫抗日根据地，平型关大捷、百团大战等闻名中外，太行精神、吕梁精神是我们党宝贵的精神财富。这些都要充分挖掘和利用，以丰富多彩的历史文化、红色文化资源为山西发展提供精神力量。"

太行精神始终受到党和国家领导人的高度重视，使太行精神像一条红线，始终贯穿于太行人民乃至整个中国人民的行为意识之中，并成为太行人民乃至整个中国人民在新时代中国特色社会主义建设中的不竭动力。

四、太行精神的传承和时代价值

中国人民的抗日战争是世界反法西斯战争史上以弱胜强的光辉范例。在抗日战争中，中国共产党在极端困难的条件下，战胜比自己强大许多倍的日本侵略者，取得了中国近代史上第一次反侵略战争和民族解放战争的彻底胜利。这除了抗日战争是正义的战争，中国共产党有马克思主义的先进理论指导，有正确的抗战路线、方针、政策等原因外，还有一个重要的原因，就是英雄的八路军和太行人民有战无不胜、勇往直前的革命精神。所以，抗日战争的胜利，是中国人民的胜利，也是正义的胜利，更是伟大的太行精神的胜利。

太行精神是中国共产党在伟大的抗日战争期间，不忘初心、牢记使命，领导和指挥八路军和太行人民建立敌后抗日根据地，在同日本侵略者进行艰苦卓绝的抗战中铸就的革命精神。太行精神的根本价值取向是为了中华民族的利益，为了中国人民的利益，因而具有深远的历史意义和强烈的现实意义。这种凝聚着中国共产党优秀品质和中国人民奋斗精神的革命精神，是党和人民的宝贵财富，是中华民族精神的重要组成部分。它充分体现了中国共产党是拯救和振兴中华民族的领导核心，是最广大人民根本利益的忠实代表，充分体现了太行儿女的英雄气概，体现了中华民族是不可战胜的伟大民族。

太行精神孕育、形成于艰苦卓绝的抗战时期，它与井冈山精神、长征精神、延安精神一样，是中华民族精神在革命斗争岁月中的锤炼和升华，是我们党革命传统的重要组成部分，更是我们开创新时代中国特色社会主义事业新局面的强大精神动力。继承和弘扬太行精神，就是要始终保持坚定的理想信念，就是要始终保持百折不挠的拼搏精神，就是要始终保持同人民群众的血肉联系，就是要始终保持艰苦奋斗的优良作风。

在解放战争时期，太行精神得以发扬光大。从上党战役揭开解放战争的序幕，到千军万马出太行，千里挺进大别山，八路军与太行根据地的广大干部，离开太行山，南下北上，把太行精神带到全国各地。他们在革命斗争和各项工作中，继承发扬了抗日战争时期在太行根据地养成的不怕牺牲、英勇作战的作风。面对种种严重困难，无私无畏、艰苦奋斗、勤恳工作，充分展现出全心全意为人民服务的思想品质，深得广大人民群众的拥护、信任和爱戴。

从太行根据地走出去的北上、南下、西进干部，对于支援解放战争、开辟日益扩大的新解放区，以及中华人民共和国成立后的建设事业，发挥了巨大作用。在他们中间，大多数人后来成了新区建设的领导骨干，也有一些人为开辟新解放区献出了宝贵生命，为中华人民共和国的建设事业奉献终身，并长眠于异域他乡。

太行革命根据地自创建直到迎来全国解放，前后走过了12年的战斗历程。在这块饱受战火考验和革命洗礼的热土上，中国共产党人一步步走向成熟，中华民族也一步步走向强大。由此凝练和形成的太行精神，不仅成为中国共产党和中华民族的宝贵财富，而且成为推动中国社会主义革命和建设的强大动力。

而且随着社会主义建设的需要，在太行精神的基础上又延伸出了许多优秀的精神：李顺达精神、大寨精神、红旗渠精神、申纪兰精神、石圪节精神等。在改革开放的新时期，太行精神经历了长期的革命实践，经历了无数的风雨磨砺，成为被广大人民所认同和接受的价值取向，成为凝聚力量、维系团结的纽带和基础。在新的社会主义现代化建设中，又延伸出了太旧精神、李双良精神、锡崖沟精神、武乡精神、赵雪芳精神等，谱写了太行精神的新篇章。

太行山高，可以呼远。太行精神的本质属性，决定了这一精神不是一个僵化的概念，不是一个空洞的口号，而是随着时代与社会不断发展、不断丰富、不断更新的精神长河，是马克思主义中国化、时代化、大众化的再次飞跃。距离源头愈远，愈能够显示其宽广和激越。在新的历史发展时期，太行精神具有超越时空的强大力量和时代价值。

抗战初期，中国共产党提出了全面抗战路线的核心问题是充分动员、组织和武装群众，使抗日战争真正成为人民战争。在当年太行抗日根据地遭受前所未有自然灾害的情况下，从八路军总部干部到普通战士，一道发展生产，不但实现了粮食自给，还能够救济受灾群众，受到了人民的衷心拥护，进一步调动了广大群众的抗日积极性，党和人民团结一致，取得了一个又一个的胜利，凝聚成了不可抗拒的抗日洪流。太行精神从一开始就构建起了中国共产党与民族优秀传统文化的血肉联系，塑造了共产党、八路军与太行人民特有的性格、精神、思想、形象及内在的气质。

现在，中国特色社会主义进入新时代，我国社会主要矛盾已经转化为人民日益增长的美好生活需要和不平衡不充分的发展之间的矛盾，这是一个非常重要的转变。习近平同志在论述中国特色社会主义时指出："这条道路来之不易，它是在改革开放30多年的伟大实践中走出来的，是在中华人民共和国成立60多年的持续探索中走出来的，是在对近代以来170多年中华民族发展历程的深刻总结中走出来的，是在对中华民族5000多年悠久文明的传承中走出来的，具有深厚的历史渊源和广泛的现实基础。"

太行精神是在党的领导下形成发展的，充分体现了中国共产党是拯救和振兴中华民族的领导核心，是中国最广大人民利益的忠实代表。太行精神蕴涵了强烈的政治意识，只有在思想行动上同党中央保持一致，坚定不移地贯彻执行党的路线方针和政策，严格遵守党的纪律，才能使我们从胜利走向胜利。这是太行精神给予我们的重要启示。太行精神的形成和发展是建立在密切的党群关系基础上的，包含有坚定的宗旨观念，体现了夯实党的执政基础的核心要求。这就启示我们，在新的历史条件下，我们必须进一步改进党的作风，密切党同人民群众的血肉联系，坚持党要管党、从严治党的方针，坚持走群众路线，坚持不懈地开展反腐败斗争，才能提高党的创造力、凝聚力和战斗力。因此，在加强党的建设，特别是在加强和改进党的执政能力建设方面，太行精神给了我们许多的历史经验和现实启示，是新时期推进党的建设的强大思想武器。

（作者为太行干部学院特聘专家）

讲好武乡抗战故事　传承伟大太行精神

武承周

什么是太行精神？笔者最早是在《长治日报》2010年7月16日第二版上"系统研究太行精神，大力弘扬太行精神"专栏中看到的，太行精神是"不怕艰难、不怕牺牲、不屈不挠、艰苦奋斗、万众一心、勇于斗争、勇于胜利、无私奉献"。如今，太行精神的科学内涵和精神实质是"不怕牺牲、不畏艰险；百折不挠、艰苦奋斗；万众一心、敢于胜利；英勇奋斗、无私奉献"。

下面笔者分三个题目，简述太行精神。

一、太行精神的孕育与形成

太行精神孕育和产生于伟大的抗日战争中，她在抗战烽火中孕育和诞生，是八路军将士和太行区人民群众用生命和鲜血培育出来的一种超越人性和超越思想的伟大精神，也是人类历史上具有最坚强的生命力和巨大的战斗力的伟大精神。她是中华民族的脊梁，也是中华民族之魂。

1937年七七事变，日本军国主义公然发动了全面侵华战争。很快北平沦陷，华北危急，中华民族处在了最危险的时候！

中共中央面对国家危难及时向全国人民发出通电，呼吁国民党政府停止内战一致抗日，呼吁全国各族人民，万众一心，共赴国难，将日本侵略军赶出中国！共产党的正义呼声，顺民心、得民意，很快促成国共两党第二次合作。

中国工农红军改编为国民革命军第八路军（简称"八路军"），在朱德、彭德怀、刘伯承、邓小平、杨尚昆等老一辈革命家带领下很快东渡黄河，挺进太行，来到山西，奔赴上党，进驻武乡。从此，风在吼，马在叫，抗日的烽火燃烧在太行山上。

当时华北是抗日战争的主战场，武乡是抗日战争指挥中心，因为八路军总部长期驻扎在武乡。

八路军总部为什么能较长时间驻扎在武乡，因为武乡当时对开展抗日斗争，具备了三大优势。一是政治优势，武乡在1933年就成立了中共武乡县委。到1935年，仅武东地区就有20个农村党支部，有党员1400余人。到1938年"九路围攻"之前，武乡全县有143个党支部，有党员2500余人。八路军是共产党领导的队伍，他们来到武乡开展抗日斗争，有依靠，有帮手，等于回到了自己的家乡。二是地理位置的优势，武乡地处太行山西麓，山大沟深，沟壑纵横，易躲易藏、易守难攻，抗战初期敌强我弱，毛主席提出抗战初期我们应到山区开展游击战争。彭德怀、刘伯承两位元帅长期在太行山指挥抗战，他们两人多次说："得太行者得天下。"可见太行山是可靠的山、伟大的山、英雄的山。三是经济优势，武乡当时虽属贫困山区，但由于西部和平遥、祁县接壤，受晋商的影响，武乡当时也有不少富户，如老百姓口头总结的"四大家，八小家，还有七十二个圪撑家"，在党的爱国民族统一战线引领下，这些富户中多数人拥护共产党的抗日主张，所以积极出钱、出粮，使八路军初上太行就有了衣食保障。比如1939年10月，朱德总司令在王家峪召开士绅会议之后，不到一个月时间，就征集起6万石公粮。而且八路军进驻武乡后，很快就把群众发动起来。武乡是个小县，当时人口不足14万人，但有9万余人都参加了各种各样的抗日武装组织，如农救会、青救会、妇救会、民兵自卫队、游击队、抗日儿童团等，有14600余人参加了八路军，参战6368次。游击队队长魏名扬六次组建游击队，为八路军输送了3200多名合格兵员。因此在历史上留下了"武乡出兵、出粮、出干部、出英雄，五千干部一万兵"的美好赞誉。

图为武承周同志在讲武乡红色故事

根据有关史料中的记载，八路军初上太行是35000人，到1945年抗战结束时已发展到了102万人，加上八年全面抗战中牺牲的34万将士，八路军当时发展的总人数应是140余万人，其中武乡人14600人，占八路军总人数的1.04%，每一百名将士中就有一名是武乡籍，而且武乡牺牲的烈士有3200余人，占到八路军总牺牲人数的5.4‰，每牺牲一千人就有五名是武乡人。武乡在八年全面抗战中，共支援八路军粮食240万石、大洋1400万元，开荒地8.3万亩，支前出工387万余个，做军鞋49万余双、挎包米袋107余万件，为八路军将帅及文艺界名人抚养孩子20余人，涌现出太行奶娘23人。武乡全县牺牲干部、民兵、群众25300余人。在战火纷飞的年代，武乡确实是"村村住过八路军，户户出过子弟兵"，父送子、妻送郎的故事几乎每天发生。而且在抗战时期，武乡老百姓嘴边经常挂着一句话："不打败小日本，我们就活不成；最后一升粮留下送前方，最后一丁儿让他上战场。"这句朴实无华的话，充分表达了武乡人民抗击日军的决心和勇气，也表达了当时军民的鱼水之情。因此，称武乡为"八路军的故乡，子弟兵的摇篮""抗战圣地，红色武乡"，我认为一点儿也不夸张，而是名副其实。

二、太行精神的卓越与贡献

人无精神不立，国无精神不强。中国共产党带领全国各族人民前赴后继，砥砺前行，一路走来创造了许多精神，如"红船精神""井冈山精神""长征精神""延安精神""西柏坡精神""太行精神"等。无论哪一种精神都能凝聚全国各族人民团结一致，克服困难，取得伟大胜利。太行精神的威力尤为卓越，因为她是在抵抗外来侵略者的血与火的洗礼中孕育和诞生的，是无数革命先烈用鲜血和生命铸成的，在这种精神的感召下，当时基本还处于一盘散沙的中国人民，很快能够觉醒、觉悟，继而形成不分男女老少，不分贫穷富裕，团结一致，共同抗日的局面，人民有钱出钱，有粮出粮，有人出人，有力出力，万众一心，众志成城，铸成了强大的爱国抗日民族统一战线，最终形成人民战争的汪洋大海，取得了中国近代史上抵抗外来侵略的一次最伟大、最辉煌的、最彻底的胜利！抗日战争的伟大胜利，打出了中国人民的骨气，打出了中华民族的精神，为世界反法西斯战争的胜利作出了最伟大、最辉煌的贡献。

太行精神不是一个伟大的口号，也不是空洞的八个词。而是在八年全面抗战中广大抗日军民以无数个可歌可泣的英雄故事铸就出来的。近十年来，我县三晋文化研究会广大会员潜心研究抗战文化，收集了不少抗战英雄人物和英雄故事的资料，如"游击队队长魏名扬""地雷大王王来法""一等杀敌英雄关二如""民族英雄郝贵堂""特等杀敌英雄马应元"，还有"王玉兰、王凤英、王富花、石三孩、王三改、杜雪堂等23位太行奶娘""巾帼英雄王存娥""少年英雄李爱民、魏天文、徐改桃""抗日县长李之石""民兵武装主任武三林""爱国士绅裴玉澍""南关村十八勇士""花儿垴上八壮士"等。其中，"英烈之家、满门忠烈"的李峪村王明镜父子五人同敌斗争，壮烈牺牲；禄村李改花送子参军，两个儿子接连牺牲，但她擦掉眼泪，忍着悲痛，又将最后一个儿子送到前线，被誉有"岳母遗风"；监漳镇申良沟村全体村民按下红手印，宁死不投降，不当汉奸，不为敌人办事情。还有女扮男装的王九焕被称为"抗战时期的花木兰"。在我们武乡这样的动人故事不下数百。还有从武乡走出的开国将领中有5位元帅、5位大将、49位中将、360多位少将。在武乡战斗中牺牲的团以上干部有叶成焕、郭国言、彭光等4位。还有砖壁村的李五斤，他虽为财主，但他深明民族大义，敌人将他逮捕后，严刑拷打，他坚贞不屈，最后壮烈牺牲。

这些英雄人物的英雄故事，每个人听了都会为之感动。这就是太行精神感召力的生动体现。太行精神在强敌面前起到了教育人民、唤醒人民、鼓舞人民、激励人民的作用，人民甘愿放弃一切、舍命拼死去同敌人进行顽强的斗争。最终是战争教育了人民，人民赢得了战争。战争让人民付出了代价，人民和先烈用生命换来了中华民族独立、国家和平乃至世界和平。太行精神，光耀千秋，薪火相传，永远激励着中国人民在中国共产党的领导下不断前进。战争年代需要太行精神，新时代实现中华民族伟大复兴仍然需要太行精神。

三、太行精神的挖掘和传承

党的十九大召开之后，我们党和国家开始进入一个伟大的新时代，即中国特色社会主义进入了新时代。新时代必须有新思想、新作风、新精神、新作为。因为我们的前途是美好的，但道路是曲折的，在前进的道路上，太行精神是永远激励我们克服一切艰难险阻和不断取得胜利的一个强大精神动力。

太行精神是一种伟大的精神，她既是我们伟大的中华民族精神的重要组成部分，又是我们的中国精神的重要组成部分。因此太行精神永远不过时。但如何让太行精神光耀千秋，代代相传？笔者认为当前首要工作是继续深入调查，深度挖掘，把许多鲜为人知的抗战故事挖掘出来，然后再进行系统梳理，编撰成书。给太行精神不断注入新的内涵、新的活力，使之凤凰涅槃，浴火重生，成为新时代、新作为的一种新精神。

武乡是"八路军的故乡，子弟兵的摇篮"，是"抗战圣地，红色武乡"。武乡也是太行精神的孕育地和发源地之一。笔者作为武乡的一名老党员、老干部、抗日烈士的后代、老文化工作者，应该不忘初心、牢记使命，勇于担当，敢于担当，把武乡的抗战故事挖掘好，整理好。然后组织多种形式的活动，让故事进农村、进社区、进机关、进校园、进厂矿、进军营，大张旗鼓地讲好武乡抗战故事，大力弘扬伟大太行精神。我们三晋文化研究会的具体任务是在已经出版发行的12本"八路军系列丛书"的基础上，再出几本红色图书。一本书拟名为《八路军将帅在武乡的抗战故事》，另外几本拟名为《太行奶娘》《武乡英烈谱》《平民抗日英烈》等。

(作者为武乡县三晋文化研究会成员,《武乡老年通讯》主编)

小东岭东路军高级将领会议的历史贡献
与八路军伟大精神的展现

王建宏

前　言

1938年3月初，为阻止华北日军南下，减轻中原战场徐州的压力，国民党第二战区组建东路军，由朱德、彭德怀分任东路军总、副指挥。3月24日至28日，朱德、彭德怀以总、副指挥名义在沁县以南的小东岭村召开了国共两党38名高级将领参加的、以中国共产党的战略思想为指导的、山西战场抗日民族统一战线规模最大的一次高级军事会议。此次会议之后成功取得粉碎日军第一次"九路围攻"晋东南的胜利，挫败了日军歼灭八路军主力以巩固其后方的企图，进一步巩固和扩大了以太行山、太岳山为依托的晋冀豫抗日根据地，并为抗日根据地进一步向冀南、豫北平原地区发展奠定了重要基础。

一、会议概况

1938年2月28日，山西重镇临汾失陷，阎锡山等逃往黄河西岸，国民党"反攻太原"的计划流产，山西正面战场几呈瓦解之势。为阻止华北日军南下，减轻中原战场压力。第二战区在土门（临汾附近）会议上，将分散在这一地区的国民党军十个师（包括中央军李默庵第十四军、范汉杰第二十七军、庞炳勋第四十军，滇军曾万钟第三军，川军李家钰第四十七军，西北军高桂滋第十七军的各一个师，中央军朱怀冰第九十四师，西北军赵寿山第十七师、武士敏第一六九师及王奇峰骑兵第四师）和八路军第一二九师、第一一五师三四四旅，决死队的第一、三纵队，划为二战区东路军，协同西路军实施战役计划。3月2日，朱德、彭德怀临危受命，分任总、副指挥。3月15日，总部入驻沁县小东岭。3月24日至28日，朱德、彭德怀以总、副指挥名义在沁县以南的小东岭村主持召开东路军高级将领会议。八路军将领左权、刘伯承、傅钟、倪志亮、徐海东、李达、王新亭，北方局军事部部长朱瑞；国民党第四十七军军长李家钰、第三军军长曾万钟、第十四军军长李默庵、第十七军军长高桂滋、第十四军团司令长官冯钦哉、第九十四师师长朱怀冰、第一六九师师长武士敏、第十七师师长赵寿山，时属南路军的第九十三军军长刘戡（属卫立煌指挥），阎锡山的代表陈长捷，卫立煌和蒋介石派到东路军的联络参谋乔茂才，山西第三行政专署专员、决死第一纵队政委薄一波等38名将领参会。据《朱德传》及军事科学研究院保存的中共中央北方局及第十八集团军历次重要会议资料记载，会议议程共五项：一是报告讨论目前战争形势与任务；二是改善部队政治工作与健全组织；三是确立与统一民运工作方针及敌军工作方针；四是确定作战方针，建立根据地，武装民众；五是由东路军开办地方工作、敌军工作与部队政治工作训练班。朱德在会上讲话，着重分析了抗战形势及敌后游击战和运动战，还讲了政治工作、官兵一致、军民一致等问题。彭德怀做《第二期抗战与我们的任务》报告。左权以《坚持华北抗战的战术问题》为题，系统讲述了坚持华北抗战的战术问题和军事教育问题。会议经过热烈讨论，通过了彭德怀所做的作战纲领报告，划定了各军、各师活动和建立根据地的区域，协同打通了与后方的交通线。这次会议，对坚定敌后抗战信心、稳定友军情绪，夺取晋东南第一次反"九路围攻"胜利，巩固和发展晋冀豫抗日根据地，起到了重要作用。

二、会议的历史贡献

（一）确立了东路军第二期抗战的基本任务和在华北作战的原则

彭德怀在报告中指出：第二期抗战的基本任务，就是保卫武汉，保卫山西，争取敌我现（在形）势的变动，使持久抗战走到最后的彻底的民族独立与解放。确定在华北作战的原则：要以民众性的游击战配合基干军队的运动战，来尽量地消灭敌人，特别是敌人的有生力量，使企图渡河的敌人，背后受到重大的牵制与打击，不敢侵犯西北，不易横截陇海路以策应津浦线，更不易配合长江敌军，进犯武汉，而达到胜利保卫武汉与西北，以致造成战略上反攻收回失地的条件。并围绕作战总原则提出九条具体原则。第二期抗战的基本任务和作战原则的确定对于东路军将领统一思想认识，明确行动纲领，取得反击日军"九路围攻"晋东南的胜利奠定了思想基础。

（二）确立了东路军部队政治工作纲领

八路军在改编为国民革命军后，仍然保持着共产党的绝对领导。八路军团以上有各级政治部，连有政治指导员，师旅团级仍设有政治委员，营以上有军政干部，在战士中经常进行民族革命与共产党主张、政策的教育。故八路军有着极强的战斗力。在小东岭会议上，彭德怀详细讲述了军队战时政治工作实施纲要、战时军事教育的原则。就改善官兵关系、促进军民团结、动摇瓦解与争取日伪军做了全面安排。

就改善官兵关系，他强调"发扬军队无上的抗战勇气，坚定抗战的信心，提高队伍的战斗力，团结上下官兵关系，以保障每一个战斗任务的完成。""士兵间与官长间，要充分发扬革命的友爱，互敬，互信，互助，艰苦与共，风雨同舟，尤其是长官与士兵间的生活距离应尽量缩小。这样才能够大家一条心，基于革命的友爱精神，去完成民族解放的任务。"

就促进军民团结，他指出"被压迫民族求解放的战争中，民众的力量，是无可比拟的，今日中国的抗战，非运用广大民众的力量，是不能战胜日本帝国主义的。目前每个部队，都应该在战区或其防地，进行民众的战斗动员。发动民众，组织民众，教育民众，使军民能够团结一致，如鱼与水的关系一样。同时还要帮助民众建立抗日的武装，组织和领导民众的游击战争。"

就动摇瓦解与争取日伪军，他提出"这项工作是极其重要的。我们知道：中日国民间原无有不解的仇恨。我们真正的敌人，是日本法西斯军阀和财阀。敌军的士兵，都是受了军阀的欺骗麻醉而来进行这个侵略的战争。其中还有些觉悟的分子，是因为国家法令的强迫而不得已。至于说到伪军，迫不得已的是更居多数，我们应该运用一切的方法，如写日本标语，喊日语口号，散发传单，作些日本歌来唱。这些标语、口号、传单、歌曲的内容，主要的告诉他们不要受军阀的欺骗麻醉，告诉他们日本帝国主义侵略中国的战争，是为了少数军阀财阀的利益，对劳苦群众是有害无益的，告诉他们我们的敌人是日本军阀和财阀，而不是劳苦民众，我们应该联合起来共同打倒日本帝国主义。"

八路军提出的政治工作主张，使其他抗日友军逐渐认识到军队政治工作的重要性。卫立煌、武士敏、赵寿山、高桂滋等部学习八路军的政治工作，成立战地服务团，开展士兵教育。在洛阳会议上蒋介石也表示赞赏八路军的部队工作和民众工作。八路军帮助友军改善政治工作，对取得官兵团结、军民团结、瓦解争取日伪起到了积极有效的推动作用。

（三）开创了抗日民族统一战线的空前团结局面

1.中共中央、八路军总部领导对山西抗日民族统一战线工作的推动

七七事变发生的第二天，中共中央即发布通电号召全中国军民团结起来，抵抗日本的侵略。8月25日，中共中央军委发布命令，中央红军改编为八路军，任命朱德、彭德怀为正、副总指挥，开赴华北抗日前线。1937年9月，中共中央代表周恩来赴晋协商有关八路军对敌作战事宜，并根据中共中央军委的指示，同刘少奇、朱德、彭德怀一起，推动形成了以山西为中心的华北抗战局面。9月22日，在共产党的积极斡旋下，国民党中央通讯社发表《中共中央为公布国共合作宣言》。23日，蒋介石发表谈话，实际上承认了共产党的合法地位。至此，抗日民族统一战线正式形成。为巩固以国

共合作为主要内容的抗日民族统一战线，毛泽东、八路军政治部于10月4日、8日分别就对待友军问题发电并作出指示。1937年12月18日，朱德等发出《朱德等关于减少磨擦，巩固抗战团结问题的训令》①。1938年2月2日，《朱德等关于交八路军指挥的友军部队使用问题致刘伯承、徐向前、邓小平电》均对加强与友军团结，巩固共同抗战局面奠定了广泛基础。由于八路军在抗战过程中，在政治上、军事上和政治工作（包括地方群众工作）上的模范和推动作用，八路军在全国人民和军队当中，有极高的威信，国民党及蒋介石对八路军的作战指挥尚表示信赖。在2月17日，在临汾温泉村临时长官公署，阎锡山即把同蒲线东曾万钟、李家钰等外省军队的指挥权交给朱德、彭德怀。此后，再次将东路军指挥权交给八路军总部领导指挥。

2.小东岭会议对国共两军共同抗战局面的推动

小东岭会议中，彭德怀副总司令在报告中提出"抗日高于一切……各党各派各民众阶层或团体应将自己的部分利益，服从于民族利益，使抗战力量扩大到最高限度"等八条民运工作基本原则，为抗日民族统一战线的空前巩固创立了思想基础。

小东岭会议召开前，国民党将领采取单纯的片面的军事抗战政策，不注重发动民众进行全面抗战。小东岭会议期间，朱德、彭德怀等八路军将领通过深入分析持久战争敌我的形势和坚持华北抗战的意义，号召东路军将领齐心协力，建立敌后抗日根据地，开展游击战争，坚守华北。会议期间，朱德、彭德怀等将领抓住时机，白天参加会议，晚上找友军将领谈话。在简陋的土窑里，在摇曳的烛光中，他们推心置腹，坦诚相见，竟夜交谈，每天只睡三四个小时。通过耐心细致的思想工作，不仅稳住了友军将领的情绪，还使一些将领与八路军建立了密切的联系。如：彭德怀与在西安事变中积极支持张学良、杨虎城义举的武士敏竟夕长谈。武士敏对人说："当了几十年的兵，真正懂得为国报效，是在小东岭会议上听到了彭副总司令

---

① 中国人民解放军历史资料丛书编审委员会：《八路军文献》，解放军出版社，1994，第117页。

的教诲之后。从此,我才懂得怎样做一个真正的军人。"

3.小东岭会议前后八路军总部对民运工作的推动与发展

1937年11月上旬,日军攻占太原之后,又继续南犯,华北大部分地区相继沦入敌手。当时,毛泽东同志即通过对华北战局的精辟分析,提出以我军为主体的游击战争已开始转入主要地位的观点,并要求八路军各部队放手发动群众,扩大武装。在3个多月的时间里,第一二九师创建以太行山为依托的晋冀豫抗日根据地,取得了显著成绩。在晋东南各县,差不多都有我党掌握的"牺盟会"(即山西牺牲救国同盟会)组织,第一二九师以连为单位派出约三分之二的兵力,配上营以上干部,组织了许多小分队,分散到各县区宣传群众,组织群众,组织游击支队,在大部分县、区、乡都建立了抗日政权。

在小东岭会议中,彭德怀就建立华北抗日根据地的民众工作做了深入安排,特别强调抗日根据地的重要性,明确指出"根据地的条件,主要的是民众,只有民众才是活的堡垒"的论述。并提出启发广大民众的民族意识;组织民众,武装民众,实行参战;发展游击战争,组织人民的自卫武装;动员人民力量实行铲除汉奸;动员民众封锁消息,侦探消息,实行坚壁清野工作等五条民众政治工作方针。确定了巩固和恢复行政组织、积极组织民众抗日救国团体、组织自卫队与游击队、建立宣传工作等当前四项主要工作。

小东岭会议期间,八路军第一二九师即派出工作团进驻各县,召开群众大会,进行战前动员,帮助训练自卫队,检查落实反"围攻"各项准备工作。4月4日,日军分九路大举"围攻"晋东南。4月6日,朱、彭紧急向东路军发布关于部队和民众动员的训令。根据这一训令,总部派出政工人员,协同地方党组织、牺盟会、战地动员委员会等抗日团体深入乡村,宣传群众,推进空舍清野,组织担架队、运输队、破路队,支援反"围攻"。到反"九路围攻"前,晋冀豫抗日根据地已初具规模。"几百万人发动起来了、游击队、自卫队、抗日民主政权以及工会、农会、青年救国会、妇女救国会等群众组织在各地如雨后春笋般地生长起来。巍巍的太行山上,抗日运动风起云涌，到处都是埋葬日军的坟墓。这就为'反九路围攻'的胜利奠定了基础。"

（四）展示了独立自主游击战的巨大威力

1.小东岭会议是一次有计划、有准备的会议

一是从缴获敌军情报中已知敌即将进攻。据徐向前的回忆文章《粉碎日军对晋东南的"九路围攻"》及《左权传》记载：在小东岭会议召开前，从第一二九师缴获的日军文件及士兵日记中，均发现了日军"4月上旬有较大攻击的企图"的记载。二是八路军第一二九师及时将分散游击的主力部队集中起来，以便以一部兵力牵制日军多路兵力，集中主力击破敌一路兵力。三是第一二九师师部同冀豫晋省委在辽县召开党的特委、工委书记和游击支队政委联席会议，部署各地党组织、抗日政府、民众团体和游击支队，配合八路军主力作战，动员、组织群众支援战争，保证后勤供应和保护群众等工作。第一二九师还召开了团以上干部会议，作了反"围攻"的作战部署。

2.指导帮助友军提高游击战术

山西境内抗日军队转入敌后游击战争已成势在必行之局面，而当时山西境内国民党将领在战略指导上长期采取正面单纯防御，对八路军的游击战、运动战感到神秘莫测，不得要领。据《左权传》记载，曾万钟在3月13日即专门致电朱德，希望左权副参谋长或其他经验丰富者到部商筹策划。

为鼓励和帮助友军坚持山西敌后作战，在小东岭会议召开中，朱德、彭德怀总、副司令通过对持久战争敌我形势、坚持华北抗战的意义、有利条件与困难分析，增进了友军对坚守山西，开展敌后游击战争的信心。左权副参谋长在会议期间总结了八个月来的抗战实践，特别是徐州及华北作战的经验教训，并着重论述讲解了华北抗战的战术问题。针对今后军事工作提出提高与发扬作战的积极性、统一指挥与专断专行、战术的重新训练、健全司令部工作等具体建议。小东岭会议后，左权在八路军总部主持举办了友军游击训练班、政治工作讲习班等。东路军的国民党军队纷纷派人前来学习游击战术、军队政治工作等。朱、彭、左都亲自给训练班讲授课程。

在小东岭会议快要结束时，为了加深友军将领对八路军游击战术的认同，朱德等还邀请参会将领到战场附近的高地上，实地参观八路军第一二九师组织的响堂铺伏击战。此役八路军指战员勇猛冲杀，仅用两个小时即解决战斗。随后，又击退敌增援部队。整个伏击战打得干脆利落，共歼日军少佐以下400余人，击毁汽车约180辆，缴获长短枪130余支、迫击炮4门。观战的友军将领，由衷赞佩，连连拍手叫好。

通过现场讲解和实地参观，友军将领亲自领略了八路军指挥员的游击战指挥艺术，增强了对坚持敌后抗战的信心。这些都为日后反"九路围攻"作战奠定了基础。

3.取得粉碎日军第一次"九路围攻"晋东南战役的胜利

4月4日，日军开始分路进犯。第一二九师和第一一五师第三四四旅之第六八九团，根据八路军总部制定的以一部兵力和地方游击队牵制其他各路敌军，集中主力击破其一路的作战方针，即由辽县以南进至敌人合击圈外的涉县以北地区，隐蔽待机。第三四四旅主力、总部特务团、各游击支队、决死第一纵队及参战的国民党第十七军、第一六九师、骑兵第四师等部，运用机动灵活的游击战术，积极在内线抗击、削弱敌人，使各路敌军多数被迟滞在腹心区外围，难以前进，为外线部队歼敌创造了有利条件。13日，敌主力第一〇八师团兵分两路，孤军深入。由于根据地人民实行空室清野，各游击武装和自卫队又日夜袭扰，致使侵占武乡之敌饥渴疲惫，陷入困境，第一二九师与第三四四旅第六八九团抓住这一有利战机，立即回师武乡附近。4月15日黄昏，该部敌军弃城连夜沿浊漳河东窜，八路军参战各部随即平行猛追。次日拂晓，将敌军夹击于武乡以东长乐村一带。经过一天激烈拼杀，歼灭敌之大部。此次急袭战斗，共歼敌2200余人，对粉碎敌人"围攻"起到决定性作用。此后，各路敌军纷纷回窜。中国军队乘胜追击，给退逃之敌以有力打击。至27日，"九路围攻"被彻底粉碎。整个反"围攻"作战，先后歼敌4000余人，收复县城19座，最后将日军全部赶出晋东南。此役展示了敌后游击战争的神奇威力，并推动山西抗日友军逐步改进对日作战的战略战术和单纯正面阵地战的作战方针。

（五）彰显了中国人民万众一心、敢于胜利的民族精神

在晋东南第一次反击日军"九路围攻"中，全民族抗日统一战线思想得到充分彰显，军民齐心、协力抗战的局面充分展示了中国人民团结统一、自强不息的伟大民族精神。八路军第一二九师及第一一五师三四四旅，战功卓著，长乐一战扭转战局。据《朱德、彭德怀关于粉碎日军"九路围攻"情况致朱瑞等电》记载，除八路军参战部队外，第一六九师、八十三师、四十七师、十七师、骑四师，一、三决死纵队，曾（国华）、汪（乃贵）两个支队，秦（基伟）赖（际发）支队均参与了战斗。该电评述：在此次战役中，除个别部队不能应命坚决作战外，其余各部均能坚决、勇敢、积极为完成自己任务而奋斗。

据《中国共产党山西省长治市历史（第一卷）（1926—1949）》记载：在粉碎日军"九路围攻"的战斗中，驻守祁县子洪口一带的国民党第九十八军武士敏部第一六九师，在八路军的配合下，一直坚守阵地，阻击从太谷进犯的日军。经过5天激战，使这路日军沿白晋路进攻沁县、武乡的计划未能得逞。子洪口阻击战歼敌近千名，毙伤敌联队长和中队长各1名，击毁战车10余辆。第十七军高桂滋部和骑四师王奇峰部分别进行了抵抗，予敌以重创。

在反"围攻"之前，长治人民在各级党组织领导下，发动群众，组织担架队、运输队，帮助部队抬伤员、运粮食、运弹药、报敌情、当向导；自卫队员破坏敌军必经的公路，捕捉汉奸、敌探等；召开民众大会，揭露敌人的欺骗宣传，动员群众空舍清野，必要时搬走一切粮食，不留一颗米粒给敌人，赶走牛羊马，搬掉锅盆碗盏，拔去磨心，掩埋水井，饿死渴死敌人。在群众动员工作中，沁县的空室清野工作做得十分出色，县城的群众全部主动撤出，搬走了用具，掩埋了粮食和水井，使县城成了一座空城，日军不敢进驻，退到城外野宿。武乡县委积极动员民众空室清野，组织担架队、运输队帮助部队运粮食、运弹药、报敌情、当向导，为粉碎"九路围攻"奠定了坚实的基础。在反"围攻"中，各级党组织强化自卫队和游击队，积极主动协助主力部队，袭扰日军的据点，破坏日军的交通要道和

通信联络，搅得日军顾此失彼，昼夜不安，耳目不灵，到处被动挨打。广大人民的踊跃支持为取得反"围攻"的胜利起到了重要支撑作用。

1945年，彭德怀在总结全面抗战近八年的经验时说："八路军领导机关从这次粉碎'九路围攻'中，直接取得了国内战争转变为民族战争的成功经验，即敌人的围攻是可以打破的！"

（六）为巩固和扩大敌后抗日根据地奠定了坚实基础

反"九路围攻"的胜利，挫败了日军歼灭八路军主力以巩固其后方的企图。第一二九师从此在晋东南站稳了脚跟，兵力由出征山西时的3个团，发展到6个团、6个游击支队。4月下旬，成立晋冀豫军区，下辖5个军分区，巩固和扩大了以太行山、太岳山为依托的晋冀豫抗日根据地的基础，并为向冀南、豫北平原发展抗日根据地创造了条件。

三、八路军在会议前后体现出的伟大精神

（一）理想崇高、信仰坚定的革命精神

八路军是共产党领导下的人民军队，部队中营以上的军政干部，百分之百为共产党员。连排干部亦百分之九十为党员，各个连队均有党的支部。共产党员在战斗中，始终起着模范的作用，如1938年4月14日《八路军在抗日战争中的作用和最近的状况——任弼时代表中共中央向共产国际的报告大纲》记载在平型关战役中，党员伤亡占伤亡总数的百分之五十。八路军的社会成分以工人、农村贫雇农、中农为主。中国共产党从成立之日起就把共产主义确立为远大理想，把"为中国人民谋幸福，为中华民族谋复兴"作为自身使命。因此八路军是一支有着崇高理想和信念的革命军队。正是在这一伟大精神和党员先锋模范作用支撑下，八路军能够自觉适应各种艰难环境考验，始终保持极强的战斗力。

据《八路军在抗日战争中的作用和最近的状况——任弼时代表中共中央向共产国际的报告大纲》中记载："部队过着极贫苦的物质生活，除吃饭外，规定士兵每月每人发钱一元，连排长每月二元，营长三元，团长四元，师长与总司令每月五元。伙食则一律每月每人五元。但因经费困难，干部

的津贴是时常停发，伙食费也要减少，衣服、鞋袜、毯子，则很缺乏。武器亦极缺少。"在这样的条件下，八路军将领同普通战士一样生活十分节俭。参加小东岭会议的八路军战士能够严格执行部队纪律，时时刻刻维护群众利益。在反"九路围攻"中，广大战士在游击战、运动战中不顾疲惫，忘却饥饿，昼夜在敌人的空隙间迂回急行军，寻找围歼敌之一部的最佳时机。反"九路围攻"中叶成焕团长的英勇事迹、第七七二团十连某排的壮举、战斗中留下的"补丁锅"等故事，都体现出这种崇高理想、坚定信仰的重要力量。

（二）顾全大局、团结统一的精神

1938年2月，日军企图打通同蒲线，夺取风陵渡，逼中国军队渡过黄河，从而占领整个华北。韩侯岭战役刚开始，平汉路的日军第一军第一〇八师团自东阳关、博爱关两路西进，采取大迂回战术，直趋临汾，卫立煌部陷入敌人包抄之中。朱德、彭德怀为挽救华北危局，果敢决定八路军总部不南渡黄河，而是向晋东南敌人的后方挺进。2月24日，从太原到临汾百余千米距离，日军在这一地段陆续增兵至五六千人，朱德、左权指挥总部特务团和抗日决死队一部以200人的兵力，与敌战斗四昼夜，"杀伤敌人三四百人，缴获辎重不少"。彭德怀则以第二战区右翼集团野战司令部的名义，在长治高平一带，部署第一一五师三四四旅出击日军侧背，帮助在上党盆地陷入危境的国民党友军转入太行、太岳和中条山中。

临汾失陷后，山西正面战场几呈瓦解之势。朱、彭从民族大义考虑，将个人生死置之度外，临危受命东路军总、副指挥，挑起坚持与开辟山西敌后抗战局面的重任。3月初，在日军大有加强进攻，强渡黄河之势的危局之时，中共中央非常担心八路军总部的安危，多次致电希望朱、彭能回到陕北指挥，减少与陕北的自然隔离带。而此时东路军各部均在晋东南一线，为确保与友军行动大体一致，八路军总部不顾自身安危，以国家和民族利益为重，请示中共中央同意后继续东进，进入上党地区沁县召开东路军高级将领会议，讨论团结抗战之举。正是由于八路军能够始终顾全大局，模范贯彻落实抗日民族统一战线政策，才促成小东岭空前大团结局面，为夺取反"九路围攻"胜利奠定前提和基础。

（三）同人民群众生死相依、患难与共的精神

八路军在红军时代就有与工农群众亲密合作的优良传统。八路军有极优良的政治纪律，从不侵犯人民的一点利益，而且注意改善人民的生活，与地方人民有着极亲密的关系。

在小东岭会议上，彭德怀副总指挥在讲话中多次强调重视民众工作的重要性。在政治工作实施纲要中提出"发动民众，组织民众，教育民众，使军民能够团结一致，如鱼与水的关系一样。"在本军政治工作标准中强调"军民能否团结一致，先决的条件，就在于军队能否严守纪律""群众纪律，有几件最基本的事，就是买卖公平，说话和气，借物送还，损物赔偿，离开驻扎地时，实行纪律检查"。在工作的重要前提与方法中强调"军队必须首先切实建立与民众亲密的关系，建立军队本身良好的纪律。做到所到之处'秋毫无犯'。""从一切方法安定民众的生活，解决他们的困难与疾苦，须再联系抗日的宣传与动员，为民运工作的出发点。""民运工作人员应以通俗而能为群众了解的语言，诚恳和蔼的态度，同民众打成一片，倾听他们的意见。"

八路军总部驻小东岭期间，总部领导经常同驻地军民一起下象棋、打篮球，还带房东小孩看戏，给小孩买饼子吃。朱老总、彭老总的警卫人员及驻地八路军战士经常帮助群众挑水、扫院、切草料，态度和蔼可亲。当年的总部人员，虽然生活艰苦，却纪律严明，对百姓秋毫无犯，深得人民拥护。在日军发动"九路围攻"前，总部派出工作队，宣传发动群众，深入开展坚壁清野工作，掩护群众安全转移，时时处处为群众着想。

正是由于八路军有着丰富的群众工作经验，经常在群众中进行宣传引导工作，故得到人民热烈的称赞与拥护。他们说"八路军是从来未曾见过的好军队"，因而异常亲近与爱戴。八路军与人民优良的关系，影响着抗日友军逐渐改进军队与居民的关系，使他们认识到民众力量的重要，改善对居民的恶劣关系状态。所有这些，都为凝聚抗战力量，坚持长期抗战建立了群众基础。

（四）不怕牺牲、不畏艰险的大无畏精神

八路军十分注重部队政治工作及党员模范作用发挥。在战士中经常进行民族革命与共产党主张、政策的教育，并注意提高战士的文化水平。故八路军的指挥员、战斗员在战斗中表现异常坚决英勇。

日军分九路大举"围攻"晋东南，敌人出动的紧急情报从四面八方传向小东岭，朱老总已年过半百，不堪夜间山路强行军，警卫部队劝他先行转移。朱老总安然微笑，要大家放心。

在长乐之战中，第一二九师三八六旅七七二团团长叶成焕身患肺病，陈赓旅长不让他参加战斗，叶成焕坚持带病亲临前线指挥作战。4月17日，叶成焕接到撤退的命令后，跟在最后的一个排后面，一边指挥部队安全撤退，一边用望远镜观察从辽县来援日军情况。日军援兵冲到沟下，他不顾通信员提醒继续观察。子弹打中他的头部，他临终前留下的最后一句话仍然是在关心队伍的安危。第七七二团十连与10倍于己的日军激战4个多小时，打退日军多次进攻，其中某排全部壮烈牺牲。武乡县王家峪村村民在抢救伤员时，发现了一位浑身是血、伤势严重的八路军炊事班班长。奄奄一息之际，炊事班班长仍紧紧地抱着一口"补丁锅"不肯放手。他说，这口锅很重要，曾跟随他爬雪山、过草地，煮草根、煮皮带，救活了不少战友，也给他挡了不少子弹，他实在不忍心把它丢掉……如今这口有着光荣历史的行军锅被陈展在八路军太行纪念馆。据八路军太行纪念馆馆长史永平说，这口铁锅上的补丁足足有17个之多。

正是在不怕牺牲、不畏艰险的大无畏精神支撑下，广大八路军将士立足华北战场前仆后继、英勇奋斗，成千上万的烈士献出了宝贵生命，使八路军在华北敌后牢牢站稳了脚跟，成为一支打不垮的英雄军队。为夺取全面抗战胜利和全国解放，成立中华人民共和国作出了重要的历史贡献。

（作者为中共沁县县委党史研究室主任）

太行精神在老区武乡的孕育和传承

温海明

在中国革命、建设的征程中，中国人民在中国共产党的领导下谱写了惊天动地的壮美华章，也产生了一系列穿越时空的伟大精神。中国共产党的伟大建党实践，产生了开天辟地的红船精神。土地革命时期产生了井冈山精神、长征精神。抗日战争时期产生了延安精神和太行精神。解放战争时期产生了西柏坡精神。中华人民共和国成立后，我们又产生了雷锋精神、铁人精神、红旗渠精神、大寨精神、焦裕禄精神等。太行精神和这些精神相比，有她们的共同点，如和井冈山精神、延安精神、西柏坡精神一样都是以地名命名，和红旗渠精神、大寨精神、铁人精神一样都有顽强拼搏这一内涵，但太行精神和这些精神还有一个最大的不同点，那就是产生的背景不一样，太行精神是国家、民族处在生死存亡最危急的关键时刻产生的。中华人民共和国成立后，曾有不少人提议修改国歌，说现在已经不是国家最危险的时刻了，但最终被否决了。毛泽东认为，生于忧患，死于安乐。一个民族要崛起，就要居安思危，始终有忧患意识。今天我们走在实现中华民族伟大复兴的征程中，要进行伟大的斗争，太行精神仍旧是我们克敌制胜的强大精神支柱。

一、太行精神是怎样形成的

（一）地理之太行

太行山是中国东部地区的重要山脉和地理分界线，大部分位于河北省与山西省交界地区。它北起北京市西山，向南延伸至河南与山西交界地区的王屋山，西接黄土高原，东临华北平原，呈东北—西南走向，绵延400余千米，号称"八百里太行"，是华北平原和黄土高原间的天然屏障，具有极高的军事战略意义。被太行山环抱的上党、河东历来就是军事要地，后赵石勒从太行山麓的武乡发迹，夺取华北大片地盘，打下半壁江山。李渊、李世民从太行山右的晋阳起兵，控制了关中平原，进而夺得天下。到了近代，阎锡山利用太行山，发明窄轨火车，使蒋介石水泼不入，针插不进，占据山西近40年。被太行山围护起来的山西，虽然在发展经济上不如平原地区，但在军事上、政治上却有着独特的战略意义——居高临下，退可守，进可西控关中，东扼华北，逐鹿中原。

（二）军事之太行

太行山以西的黄土高原平均海拔在1000米以上，而太行山以东的华北平原平均海拔在50米以下，连上东北平原平均海拔大都在100米以下。于是有网友做了一个海水升高100米的中国地图，结果惊奇地发现，海水以很快地速度淹没了东北平原、华北平原、华中地区的大部。太行山区成为沿海地区，太行山的武乡、左权、黎城、涉县全部成为港口城市。

有军迷朋友把这幅地图和日本侵华地图一对比，发现竟惊人地相似，90多年前，日本侵略者侵略中国就和这猛涨100米的海水一样，借助坦克、飞机、重炮用3个多月的时间侵占了东北，用3个多月时间侵占了华东、华中，用不到1个月时间侵占了华北。叫嚣着"三个月灭亡中国"的日军侵入到太行山后，很快发现，和平原地区不一样的是太行山上崇山峻岭、千沟万壑。飞机找不见轰炸目标，重炮、坦克无法施展火力优势，反成为行军的负担。更重要的是太行山上的老百姓在共产党的带领下，钻进山里，誓死不降，用山地游击战对付日军，20余万日军陷入太行山游击战的泥潭中无法抽身。

我们可以想象，假如没有太行山这道天然屏障，假如没有共产党领导人民在太行山誓死不退，日军就会像当年蒙古灭南宋一样，由山西西侵进入陕西，再由陕西汉中南侵四川。这样，国民党的正面抗战就被抄了后路，如果作为重要战略支撑的四川被日军占领，重庆国民政府就再也无法支撑了，那中国就是真的要"亡国"了。事实上，日军大本营正是执行这样的战略。日军侵略中国都是一部正面用飞机、重炮、坦克猛攻，一部侧面迂回至战场后方，这种战略屡屡得逞。1937年日军攻打山西，一路（日军主力第五师团）正面进攻，从北向南，由大同向平型关猛攻，但受到国共两军20余万军队合击，迟迟不能前进；一路（日军第二十师团）侧面迂回，从东向西，成功攻克娘子关从阳泉方向迂回到太原后方。后路被抄，造成了国民党军队急忙从平型关前线撤退，又急忙从太原撤退的惨败。再看淞沪会战，日军也是如此，正面进攻受阻，日军就悄悄从杭州湾登陆，侧面迂回到国军后方，直接导致了国民党淞沪会战的失败。

因为有太行山，因为有共产党领导的顽强抵抗，日军20万部队陷入山区游击战的泥潭，使其侧面迂回到陕西攻击国民党正面战场后方的战略迟迟不能实现。

日军在山西，先攻克大同、阳泉、太原、临汾等城市，然后控制铁路、公路，妄图以"囚笼政策"分割太行人民，然后各个击破。

而我方，早在1937年8月22日至25日中共洛川会议上就确定，八路军的战略方针是挺进山西，开展独立自主的山地游击战。这个战略抓住了山西表里山河的地理特征，充分发挥了山西境内太行山、吕梁山、五台山的山峦纵横的地理优势，把日军的武器优势、装备优势化解到最低。随后毛泽东又发表了《论持久战》一文，国民党政府受此启发，也提出以空间换时间的对日战略。从独立自主山地游击战再到依靠人民进行持久战，中国共产党的抗日战略在全国抗战中起到了关键的引领作用。

抗战时期尽管八路军在军事实力、武器装备、单兵作战能力都差日军很多，在战术对抗上也常常输于日军，但在战略对决上却高于日军。八路军独立自主的山地游击战将太行山的崇山峻岭、千沟万壑的地理优势发挥到了极致，将日军在东北平原和华北平原一再得逞的冒险和速胜战略优势化为乌有。抗战时期，在山西的侵华日军先后制定了"铁路为链、碉堡为锁"的"囚笼政策"和"铁壁合围""夜围昼袭""梳箆清剿"等诸多"扫荡"策略，但在我们的山地游击战和依托人民的持久战面前都以失败告终。美国人评论，日军从来不缺优秀的战术指挥官，但在战略上却很少能有总揽大局的军事战略家。日军总是剑走偏锋，依靠速胜和冒险战术，比如偷袭珍珠港、突然发动九一八事变，都是一招制胜，这样的招数用在太行山上，面对英勇顽强的八路军和军民鱼水关系下的人民战争，就再也无法奏效了。

在抗日战争时期，处在晋冀豫交界处的县有武乡、辽县、黎城、涉县，都位于太行山的核心腹地，驻阳泉、长治、太原、太谷、邯郸、邢台的日军主力距离这个区域都在100多千米左右，而且道路崎岖，日军无法对根据地实施突然袭击和包围。八路军可以在武乡、黎城、辽县、涉县灵活的转移和打击敌人。例如，关家垴战斗后，日军从阳泉和长治调集重兵向武乡砖壁一带包抄，可等日军到了砖壁一带，我军早转移到黎城了，等日军到了黎城，我军又跳到辽县、涉县。因此，这个地方就成为八路军的大本营，成为八路军誓死不退的坚固堡垒，八路军总部、一二九师师部长期在这个区域驻扎。更重要的是这个区域，退可固守太行，如猿猴入林；进可北入河北、南下河南，东到山东，如猛虎下山。

（三）精神之太行

太行精神产生的外部条件是日本侵略者灭亡中国的极度凶残手段。如果说只有太行山，只有军事战略，那是断然产生不了太行精神的。实际上在共产党、八路军未进入太行山区前，除了一些在外念书的爱国学生有了较为浓烈的国家民族意识和救亡意识外，大部分太行山人民是比较麻木的，甚至有一部分清朝的遗老遗少煽动：哪个朝廷不纳粮，日军来了也一样，打仗是统治者之间的事情，历来两国交兵，都是军队打仗，和老百姓有啥关系，谁当上皇帝，老百姓不一样得交皇粮国税。长乐之战前夕，就有少数财主散布谣言，说军队在哪里打日本人，哪里人就遭殃，打了日本人，军队就起来走了，到时日本人报复的还是咱们本地人。可是很快血淋淋的事实就告诉太行人民，这不是历史上的改朝换代，日军对中国人无差别的屠杀直接激起了太行人民的反抗。1938年4月15日，长乐之战还未开打，日军北进榆社偷袭八路军主力扑空，返回武乡县城后恼羞成怒，就对县城无辜老百姓进行了惨无人道的大屠杀，并放火焚烧了这座近千年的古县城。日军洗劫县城后又到县城附近的白草汕、马家庄、石拐等村大肆烧杀，后来在一个窑洞里就发现了被敌人残杀的百姓尸体40多具，有一个村87人就被日军屠杀了86人。

图1　1938年4月，长乐之战前夕被日军焚毁的武乡县城

日军的大肆烧杀，使太行人民的思想猛然清醒过来，战争教育了人民，血的事实让人们认识到："不抗日，活不成，要生存，靠斗争"。长乐之战，八路军集中4个主力团近万人的优势兵力，歼灭日军2200名，自身伤亡800余人，太行人民认识到八路军是真正敢和日军死磕，保护老百姓的部队。长乐村战役后，武乡全县48个编村普遍出现了"母亲叫儿打东洋，妻子送郎上战场"的参加、支援八路军抗日的热潮。武乡涌现出了把三个儿子全部送去参加八路军的李改花、拥军模范胡春花和"八路妈妈"暴莲子等一

大批典型人物。

图2　武乡人民为关家垴战斗前线的八路军战士送饭

图3　武乡县妇女运送八路军伤员

　　太行精神产生最为核心的原因是有共产党的领导与发动，能够积极争取民心、发动人民。国民党实施的是政府抗战，单纯靠军队，不愿意发动人民群众。国民党的军队靠的是国民政府，弹药、粮食都由国民政府补给。而共产党领导的八路军却紧紧依靠人民群众。陈赓大将的日记中记载，最令总部发愁的就是弹药和粮食。八路军挺进太行山后，马上根据党的指示开展了"建党、建军、建政"三大任务，成立党组织，建立地方政权，组建地方抗日武装，发动建立群众抗日团体，积极开展军工生产。以武乡县为例，八路军进驻武乡后，立即成立了中共武乡县临时工委，恢复了基层党组织，到1938年初，武乡县已经发展共产党员2500名，建立党支部143个。此外，还利用牺盟会等合法组织，充分发动和组织群众，到1938年，全县自卫队发展到2000人，牺盟会会员发展到1万余人，工救会、青救会、农救会、妇救会等群众救国组织会员达到6万余人。

图4　武乡县名扬游击队

武乡人民先后组建了抗日自卫总队、牺盟游击队。在八路军的帮助下，武乡县先后组建了武华游击队、王道成游击队、名扬游击队、清河游击队，创建了鼙山兵工厂。

太行精神产生的更深层次的原因是共产党在思想和文化层面对太行人民的唤醒。在太行山上，共产党不仅有八路军总部、一二九师师部这些军事机关，还有太行区、太岳区、冀南区、冀太联办这些地方政权。不仅有

图5　武乡县妇女踊跃参加妇救会和民兵组织

三八五旅、三八六旅、七六九团、七七一团、七七二团这样的作战部队，还有抗大总校、前方鲁艺、新华日报这样的教育、文化、宣传机构。他们以版画、歌曲、标语等多种形式创作了大量的抗日文艺作品，到现在，前方鲁艺在武乡驻扎的下北漳村还保存了罗工柳、彦函、白炎等版画大师的抗战作品。

图6　1940年前方鲁艺学校第一届毕业美术展览会在武乡县下北漳村开展

在文艺作品的生动感召下，太行人民的国家和民族意识被唤醒，太行人民反抗侵略的斗志被激发。

图7　八路军一二九师三八六旅野火剧团的小演员们在武乡县宋家庄合影

附：武乡县1937年至1948年历年参军名额表

年　度	人　数	备　　　注
1937年	500	参加杜斺、武华游击队，后改编决死队。
1938年	200	参加梁东初、李士奇、李长远的牺盟游击队，后改编八路军。
1938年	250	参加八路军。
1938年	96	补充决死队二十五团五连。
1938年	600	参加名扬游击队等，后补充了决死队游击二团和八路军。
1939年	500	参加漳河子弟兵后编入八路军七七二团。
1940年	200	补充八路军总部特务团。
1941年	2300	补充八路军，武东参加一千五百人，武西参加八百人。
1941年	1000	参加武乡、武西独立营后改编为四十团。
1942年	2300	武东一千五百人补充七六九团，武西八百人补充十四团。
1945年	2300	武乡一千五百人，武西八百人，补充七六九团。
1945年	1000	补充八路军七六九团。
1947年	2000	参加中国人民解放军，随军南下。
1948年	1000	补充中国人民解放军四十一团、四十二团、四十三团。
合　计	14246	

图8　图片摄于《武乡县志·军事编》

在这种文化宣传的作用下，武乡人民的国家意识、民族意识被唤醒。武乡监漳镇申良沟村全村老百姓立下不当汉奸的生死状，谁家也不能有人当汉奸，毛纸上按满了觉醒的老百姓的红手印。武乡人民"出兵、出粮、出干部"。武乡一个不到14万人口的小县，就有9万人参加各类抗日团体，有14246名热血男儿参加八路军、决死队，有名有姓的烈士就有3200名，有5300名干部南下、北上支援全国解放。万众一心、前仆后继，这就是太行精神最好的写照！

图9　太行二分区武乡县南征干部留影

二、太行精神的科学内涵

与诸多精神最大的相同点——太行精神是在中国共产党领导下产生的
一种人民精神。与诸多精神最大的不同点——太行精神是在国家和民族危
亡关头产生的万众一心、不怕牺牲、抵御外辱的民族精神。太行精神有着
强烈的国家和民族意识——我是中国人，我是中华民族的一员。太行精神
有强烈的担当意识——在国家民族危亡之际，我要勇敢地站出来，用自己
的生命去拯救自己的国家和民族。太行精神有广泛的包容性——在国家和
民族大义面前，中国人抛弃了阶级之分、党派之争，太行精神将最广大的
人民群众团结在抗日的旗帜之下。太行精神最可贵的是牺牲精神——千万
八路军战士和中华优秀儿女用自己的鲜血和生命换来了抗战的胜利。

三、太行精神的当代价值——新时代呼唤太行精神

2019年12月后，新型冠状病毒开始在武汉肆虐，继而扩散蔓延到湖北、全国。2020年1月23日，有千万人口的武汉市封城，全国人民响应国家号召，主动放弃春节期间的出行与娱乐，待在家里抗击疫情。这是一场真正的没有硝烟的战争。俗语有言："家贫思贤妻，国难思良将。"作为老区武乡的一名史志工作者，笔者首先想到的却是太行精神。2月9日，武乡县举行支援湖北医务人员出征仪式。武乡县人民医院郝晓敏、魏芳2名医生首批起程赴湖北抗疫一线参加医疗救助，这是两个"80后"的武乡女孩，也是两名"80后"的共产党员。

2月9日，武乡县韩北乡刀把嘴村党支部书记韩卫忠、村委会主任韩晋祥来到武乡县红十字会，代表该村村委会把价值9万余元的连翘茶捐献给武汉。这是武乡县一个户籍人口300余人、常住人口不足百人的小山村。

这是一种什么精神？这就是新时期的太行精神呀。在武乡人民心中，太行精神从没有远去，是一直在追随呀！

2021年伊始，新一届县委、县政府班子带领全县人民走上全面建设社会主义现代化强国新征程。不到一年时间里，就完成县城"一纵两横"主街道提质改造工程、新区道路综合管廊工程、太长高速武乡出口扩容及连接线改造和郑太高铁连接线景观工程、县城夜景亮化工程；宝塔街、丰州路改造如火如荼进行中，县城东扩、北延、西进大县城格局初见雏形；昌靖建材粉煤灰、山予钙业纳米碳酸钙、山水水泥粉磨站、宝昌现代物流园区、光伏发电、煤层气开发等转型项目顺利推进；大型实景剧《太行山上》成功上演，"1+4"革命文物片区开发、太行沃土晋黄田园综合体、五村农耕文化综合体项目完工。

县委常委班子十二个人中，十一个人不是武乡人。他们就像当年从五湖四海来到武乡抗战的八路军将士一样，顾不上管自己的妻子儿女，牺牲节假日，在各个工程的第一线奔走，指挥督导。

省委宣传部驻五村的第一书记张国田、省供销社驻石北楼则峪村的工

作队队长张宏才……许许多多刚从脱贫攻坚战斗第一线下来，就又奔赴乡村振兴前线的帮扶干部们，他们也不是武乡人。但是他们把武乡装在了心里，把太行精神装在了心里。

一段时期内，提起太行精神，常被人这样质疑甚至嘲笑：在社会主义市场经济体制下，太行精神是什么？太行精神早过时了吧。很长一段时间，在不少人眼里太行精神是抽象的、模糊的。甚至一些知识分子也狭隘的认为太行精神是战争年代的产物，早过时了。但是在武乡人的心目中，太行精神从来就是具体的、清晰的。这就是在共产党领导下——

国家有难，挺身而出。

所以我要说，不管昨天，今天，还是明天，太行精神都是中华民族挺起的脊梁。和漂亮的脸蛋还有装满各种丰富食物的肚子相比，脊梁总是悄悄躲在背后，不为人所知，但是当人倒下去要站起来的时候，是脊梁在发力。当人奔跑着要赶超的时候，是脊梁在支撑。没有脊梁，人就无法站立。

每每想到这脊梁一般的太行精神，总是令人热泪盈眶。

每每想到铁一般的太行精神，一辈辈武乡人英勇的身影就浮现在我们眼前。

2008年，汶川大地震，武乡县共产党员带头捐款，全县财政供养人员每人捐出个人一个月工资，并不富裕的武乡人累计为灾区捐款近700万元。1979年，对越自卫反击战前夕，老区武乡有360名热血男儿参军，被编入十三军三十七师（该部队前身就是抗战时期长期在武乡作战的八路军七七二团），全部奔赴南疆战场，8人为国捐躯。

习近平总书记说，在中华民族走向复兴的伟大征程中，实现伟大梦想必须进行伟大斗争。新时期，在共产党的领导下，为实现国家、民族的伟大复兴要挺直脊梁，敢于斗争，敢于胜利。放眼全国各地在各个时代所产生的各种精神，太行精神是比较符合这样的内涵的。80多年前，在国家和民族危亡的关键时刻，老区人民在共产党的领导下，抛头颅、洒热血，与日本侵略者进行殊死决斗，挺起了中华的脊梁并取得最终胜利。80多年后，在国家和民族走向复兴的关键时刻，在前进路上的各个艰巨挑战面前，全国人民都需要弘扬太行精神,敢于斗争,敢于牺牲,才能实现最后的胜利。

太行精神是新时期和各种敌人斗争的精神法宝!

太行精神是中华民族实现伟大复兴的强大精神支柱!

(作者为中共武乡县委党史研究室主任)

冀南银行的历史贡献与地位

——兼论冀南银行是"新中国金融摇篮"

杨尚军

内容提要：冀南银行是我党独立自主创建的第一个以发行本位币为基本和首要任务的具有中央银行性质的根据地银行；是结束根据地银行各自为政，走向统一的先行者和主力军，是中国人民银行前身母体的主体；为中华人民共和国金融工作奠定了坚实的人才基础、机构基础、制度基础和经验基础；是根据地红色金融发展的缩影，中国人民银行是根据地红色金融发展的产物和继承。由此，冀南银行在红色金融发展和中华人民共和国金融创建上作出了独一无二的历史贡献，拥有无可替代的历史地位，被誉为"新中国金融摇篮"。

关键词：冀南银行；第一个；中国人民银行；金融摇篮

冀南银行，1939年10月诞生于山西省黎城县。作为我党领导下根据地银行的典型代表，冀南银行在红色金融发展和中华人民共和国金融创建上作出了独一无二的历史贡献，拥有无可替代的历史地位，被誉为"新中国金融摇篮"。

一、冀南银行是我党独立自主创建的第一个以发行本位币为基本和首要任务的具有中央银行性质的根据地银行

1937年七七事变爆发后，中国人民抗日战争进入全面抗战时期。中国共产党领导的八路军东渡黄河，挺进晋冀鲁豫，开展山地游击战，建立起大片抗日根据地，成为华北抗战的中流砥柱。1938年4月底，八路军取得第一次反"九路围攻"胜利，一二九师东进冀南，8月，在河北南宫建立起我党在晋冀鲁豫区的第一个地区级抗日根据地政权——冀南行政主任公署，杨秀峰为主任，宋任穷为副主任，下辖5个专署、51个县。

但是，一方面，抗日根据地大部分仍以国民政府"四行"（中央银行、中国银行、交通银行、中国农民银行）发行的法币为流通货币，其造成的后果，一是根据地内许多物资被国民政府用法币套购，造成物资紧缺，供给困难，经济停滞；二是随着国统区通货膨胀日益加剧，法币严重贬值，面值增大，流通不便，影响到根据地的商品流通。另一方面，日伪政府大量印刷假币、伪币，以假充真，以"伪"乱"法"，冲击市场，破坏根据地经济。再一方面，市面上夹杂流通各省的地方流通券和各县自制的土票（如黎城境内就有"山西票""上党票""黎城券"等），造成杂钞泛滥，币种混乱，严重扰乱了根据地金融和商业贸易，助长了社会不安定因素。此外，国民政府对共产党军队和抗日政府限制供应，并逐渐断绝，根据地军需民用无法保障，抗战无力坚持。种种情况表明，在抗日根据地建立我们自己的银行，发行统一的钞票，不用国民党的票子，抵制敌占区发行的伪币，排除各种杂钞土票，是发展边区经济，打击敌人掠夺，保障军需民用，支撑长久抗战的必要举措。

为此，1938年10月，中共中央革命军事委员会主席毛泽东在扩大的六中全会报告中指出："有计划的与敌人发行伪币及破坏法币的政策作斗争，允许被隔断区域设立地方银行，发行地方纸币。"

遵照这一指示，中共中央北方局和八路军总部决定在晋冀鲁豫边区依托冀南行政主任公署组建我党领导的独立金融机构——冀南银行，并初步

拟址河北南宫。11月，日军对冀南发动大"扫荡"，南宫失陷，拟建中的冀南银行失去生存条件，北方局和八路军总部遂决定将其向晋东南根据地黎城转移，指定一二九师负责筹建。

1939年1月，一二九师供给部入驻黎城西井，开始进行冀南银行筹建前期工作。同时，专为冀南银行培养人员的冀南财政经济学校亦随一二九师供给部到达黎城东井开课。2月，彭德怀向毛泽东建议成立冀南银行，得到批准。3月，一二九师将原在河北南宫的一些印刷器材运抵西井，并从长治、邢台、济南购进大批印钞物资与设备。4月，成立一二九师供给部印刷厂，开始印制冀钞。5月，试印出第一张冀南银行钞两角券。6月，遵照北方局和八路军总部决定，八路军总部后勤部和一二九师在西井成立冀南银行筹备处。同时，一二九师供给部转驻东崖底，首先在西村组建成立冀南银行发行部，主管钞票印刷，下设第一、第二印刷所和鉴定科（其中第一印刷所由原一二九师供给部印刷厂转制），9月中旬印成第一批总额60万元面值冀钞。9月16日，冀南行政主任公署以财字17号令宣布在晋冀鲁豫边区成立冀南银行，并要求冀南银行成为"培养抗战经济的摇篮"。

1939年10月15日，冀南银行在黎城县西井村正式成立，总行设于黎城县小寨村（首任行长高捷成），开始发行冀钞。作为抗战时期我党我军独立自主建立的第一个以发行本位币为基本任务和首要任务的官方独资金融机构，冀南银行从成立之初就具有中央银行和商业银行双重属性，被赋予管理区域金融、独立发行货币、代理政府金库、经营存贷汇兑业务等职能。冀南银行的成立，结束了晋冀鲁豫根据地货币的多元形态，使晋冀鲁豫区第一次有了统一币（本位币）——冀钞。开创了根据地自己印刷发行本位币的历史，开辟了晋冀鲁豫边区财政金融斗争的新阶段，成为红色金融发展史上的一块里程碑。

二、冀南银行是结束根据地银行各自为政，走向统一的先行者和主力军，是中国人民银行前身母体的主体

在中国革命战争中，中国共产党先后在全国创建了19块根据地，建立

起34个银行，发行过488种货币。在这之中，冀南银行规模最大、印刷本位币最早、发行货币最多、流通使用范围最广，是中国人民银行前身母体的主体。

其一，根据地所有银行中，成立时间早于冀南银行的有1937年10月成立的陕甘宁边区银行，1937年11月成立的兴县农民银行，1938年3月成立的晋察冀边区银行，1938年8月成立的北海银行，以及1938年8月成立的上党银号，共5家银行。其中，陕甘宁边区银行最初对外不公开，仅是边区政府财政的支付机关，流通国民政府发行的法币，1938年6月开始以光华商店名义发行法币的辅币券——延安光华商店代价券，直至1941年2月才正式发行边区银行币。兴县农民银行1940年5月改建为西北农民银行才开始印制发行本位币。晋察冀边区银行是19个抗日根据地中唯一经当时国民政府批准成立的银行。北海银行成立之初是公私合营性质，1940年后才成为公营性质。上党银号所发上党银号票（俗称"上党票"）最先是发给三、五2个专署职员和决死队员的津贴，严格意义上属地方杂钞，不具备本位币性质。因此，冀南银行是根据地银行中我党独立自主建立的最早印刷发行本位币的银行。

其二，冀南银行成立时，分设路东行、路西行开展业务，范围包括冀南、太行、太岳共3个专署、15个专区、115个县。1940年6月设立冀鲁豫办事处，1941年3月设立太岳办事处，是抗战时期我党领导下最大的银行。其内设印钞机构，1939年10月共有2个印刷所。12月扩展为4个印刷所编制。1941年底变更为太行一厂、太行二厂两个印刷厂。抗战胜利后合并为冀南银行印刷厂。1945年12月改设为冀南银行第一印刷厂，另将鲁西地区印刷厂设为冀南银行第二印刷厂。1947年7月增设第三印刷厂。此外，1942年设立专门试验所，试制生产印钞纸。1944年扩建为漳源纸厂。1945年春成立太行造纸总公司，下辖5个造纸厂和1个试验所。1946年试产成功印钞纸。1946年11月太行造纸总公司下辖的3个造纸厂划归冀南银行领导，组建成立太行造纸总厂，统一经营钞纸生产，除满足冀南银行使用外，还负责供应中州银行和晋察冀银行用纸。1947年1月扩建为4个造纸厂。共有正式职工1015人，农民临时工2000余人。年生产能力132130刀（100张对开纸为1刀），其中印钞纸2352令（对开），是当时根据地和解放区最大、最先进的货币专用造纸单位。据统计，整个抗日战争和解放战争时期，冀南银行共印制发行币种包括冀钞46种、本票4种、鲁钞31种、定期流通券5种、中州币2种、人民币2种，共90种之多。其中冀钞2012.7亿元。发行货币币种、数量为根据地银行之首。

抗战胜利后，随着全国解放的进程，八路军的作战方式由以小规模游击战为主向以大兵团运动战为主转变，这要求财经管理体制同步由过去的高度分散和不统一向高度集中和统一转变。冀南银行一马当先，在晋冀鲁豫解放区率先打响了统一财经、科学整合的第一枪，拉开了金融货币统一的大幕。

1945年12月1日，根据晋冀鲁豫边区政府指示，冀鲁豫、冀南、太行、太岳4个区的银行由冀南银行统一领导。1946年1月，鲁西银行并入冀南银行，同时成立冀南银行冀鲁豫区行，在冀鲁豫区发行冀南银行币。冀鲁豫边区的金融机构从此纳入冀南银行系统。

1947年10月统计，冀南银行总行设太行、太岳、冀南、冀鲁豫4个区行，下辖26个分行、173个县支行、880个基层信用社，机构遍及西至黄河、东达津浦路、北至正太路、南达陇海路的广大中原地区，辖区人口3000余万，已成为实力最雄厚的解放区银行。

在此期间，早在1940年8月，冀南银行为打通各解放区根据地的资金汇兑，就提出了"五行"（冀南银行、晋察冀边区银行、陕甘宁边区银行、西北农民银行、北海银行）通汇概念，并于1941年正式实行。为此，冀南银行还规定了冀钞与各边区币的兑换价格（比值），一方面实现了冀钞货币区域化，一方面为华北和全国货币统一进行了有益探索。

此后，随着解放战争的不断发展，华北解放区连成一片，统一各解放区货币成为必须与可能。1947年3月，根据中共中央决定，华北财经会议召开并提出"统一计划各地区的货币发行"，华北解放区货币统一提上日程。11月12日，人民解放军攻克华北重镇石家庄，晋察冀解放区与晋冀鲁豫解放区从地理上连成一片，为两区货币统一流通扫清了地域障碍，统一货币顺理成章、势在必行。1948年3月9日，中央工委致电中央，其中就金融货币统一问题向中央提出"三步走"方案，即："关于华北金融贸易问题，拟以冀南银行为基础，合并晋察冀银行，成立华北银行，发行华北银行新钞（人民银行新钞这一颗'子弹'暂时保留，到必要时才发出），每一元合冀南钞十元，如此，统一两区货币。并拟在第二步即以华北银行新钞统一西北货币，规定华北银行新钞与（西北）农民银行货币固定比值，停止农民银行发行，西北财政则由华北财办负责解决。再下一步即以华北银行统一渤海与山东的货币。"3月10日，中共中央作出决定，以冀南银行为基础，合并晋察冀边区银行，成立华北银行并统一两区货币。4月10日，晋冀鲁豫、晋察冀两区联合发布《晋冀鲁豫边区政府贸易厅、冀南银行总行为冀南银行币与晋察冀边区银行币统一流通使用发出的联合指示》。4月12日，冀南银行与晋察冀边区银行开始联合办公。7月22日，冀南银行合并晋察冀边区银行，对内正式成立华北银行。

华北银行成立后，实际上承担与行使了全国性中央银行的职责。一方面负责管理华北解放区的银行，一方面陆续承接中国人民银行筹备处（1947年12月由华北财经办事处成立）工作，同时负责筹建中国人民银行。在中央财政经济部、中共华北局财委会的共同领导下，继续开展统一货币银行的工作，拉开了中国人民银行成立的序幕。

需要指出的是，冀南银行与晋察冀边区银行的合并是一个"非对称合并"。换句话说，华北银行虽然由冀南银行和晋察冀边区银行合并成立，但冀南银行是其主要依托和基础。正因如此，华北银行成立后，经中共中央和华北财经办事处批准，停止印刷发行晋察冀边区银行币，继续印刷发行和流通使用冀钞，并以冀钞逐渐收回边币，使冀钞首先成为晋冀鲁豫和晋察冀解放区的本位币。华北银行成立当天（1948年7月22日），晋冀鲁豫边区政府与晋察冀边区行政委员会即发出联合通知："现金收支往来一律以本位币冀钞为计算标准，边币行使按前规定比价（1∶10）折成冀钞记账"。9月24日，济南解放，山东解放区与晋冀鲁豫、晋察冀解放区完全连成一片。

10月5日，山东省政府发布公告："从本年十月五日开始，冀南银行、晋察冀边区银行所发行之钞票，与北海银行所发行之钞票，在华北与山东两区准许相互流通。"10月10日，晋绥边区政府和陕甘宁边区政府联合发布《关于冀南银行、晋察冀边区银行钞票与西北农民银行钞票比价的联合布告》，进一步使冀钞成为山东解放区和晋绥解放区的本位币。至此，冀钞成为华北解放区的法定统一货币。

1948年9月26日，华北人民政府成立。10月1日，对外正式宣布成立华北银行，同时继续印发冀钞，作为华北银行的本位币。10月21日，华北银行发布通告（总发字第四号）称："为适应社会需要，本行曾经呈请华北人民政府批准，发行冀南银行两千元券'火车'图景新钞一种，此券拟于本月二十五日开始发行。"作为一家央行性质的银行，公开发行另外一家业已公告结束的银行的钞票，在中外货币史上是绝无仅有的。此举，意味着在筹建中的央行——中国人民银行成立与发行新钞前，冀钞是实际上的全国性本位币，担负了未来人民币的历史作用。

1948年11月1日，华北人民政府发布布告，决定："华北银行、北海银行、西北农民银行合并为中国人民银行，以原华北银行为总行"，规定新币（人民币）"为华北、华东、西北三区的本位货币"。《布告》清楚地说明了，华北银行是协调另外两家拟合并银行北海银行和西北农民银行的"牵头银行"乃至上级行，直接主导、承办中国人民银行的创建。这一点，也可以从1948年11月20日华北银行总行直接向"各行处所、北海银行、西北农民银行"发出的《为发人民银行五十元券样函》体现出来。此函中说："兹送上该券样本，希依票样管理办法第二条之规定，分发本管理系统及当地财经交通部门"，俨然"总行指示"。其实，这毫不奇怪，其主要源于华北人民政府的"准中央人民政府"地位。以上充分证明了中国人民银行直接脱胎于华北银行，华北银行是中国人民银行的直接母体。由此，也确定了冀南银行和冀钞的历史地位，即人民币是冀钞的一种延续，冀南银行是中国人民银行的主要源流、前身母体的主体。

三、冀南银行为中华人民共和国金融工作奠定了坚实的人才基础、机构基础、制度基础和经验基础

冀南银行是革命战争年代中国共产党领导下根据地及解放区的红色金融从无到有、从弱到强、由分散到统一、不断发展壮大的一个缩影。它在历史长河中虽只存在了短短9年时间，但却创造了不可磨灭的光辉业绩，特别是培养了一大批政治理论强、思想觉悟高、金融业务精的金融人才，创造形成了一套比较科学完善的机构机制设置和财务金融管理制度，为中国人民银行的成立和中华人民共和国金融工作奠定了坚实的人才基础、机构基础、制度基础和经验基础。

第一，人才基础方面。冀南银行从一开始就注重自身人才培养，1938年12月即组建了专为冀南银行培养输送干部的冀南财经学校，首批学员即达100多人。1946年7月又建立起一所专门培养财会人才的学校——建业会计学校，3年时间，开设25期课程，为根据地银行培养了1000多名会计人才，有力地支持了各银行的发展。1948年11月中共中央决定成立中国人民银行，主要由原冀南银行改组成立中国人民银行总行。原冀南银行总行人员一分为三，一部分留中国人民银行总行作为骨干，一部分充实山西省人民银行，一部分充实平原人民银行。中华人民共和国成立后，原冀南银行干部分散到全国各地40多个部门中担负各项领导工作，对于中华人民共和国初期的金融建设，发挥了不容忽视的积极作用。

第二，机构基础方面。冀南银行在众多根据地银行中内部机构层次最为分明，机构设置上建立了总行——区行——分行——县支行4级管理体系，明确隶属关系，形成了一套科学齐备的运行机制，并根据形势发展实际需要不断调整完善。1941年7月，晋冀鲁豫边区政府成立，冀南银行果断实行"军转民"改制，归属地方建制。1946年，为了配合人民解放军进攻占领城市的战略转移，适应城市经济发展需求，首先在邯郸创办了股份制城市银行瑞华银行（1949年并入中国人民银行），开展城市业务，积极进行企业化改革，努力使各项工作与城市发展相适应，为进一步接管大城市的

金融工作做了各方面的准备。同时，对农村经济保持高度关注，帮助农村建立与发展了属于农民自己的金融组织信用合作社，对农村经济发展做出巨大帮扶与贡献。1947年10月冀南银行与晋察冀边区银行合署前夕，已形成拥有1个总行、4个区行、26个分行、173个县支行、880个基层信用社的根据地最大、最完整的金融体系，奠定了中国人民银行和中华人民共和国金融事业的统一基调。

第三，制度基础方面。冀南银行建立初期，即主要围绕统一货币、规范内部管理制度与外部业务制度展开活动，注重健全制度、管理到位，在其发展中制订了各种行之有效的管理制度。据不完全统计，冀南银行共开办存、贷、汇等业务10多项，制订各种管理制度40多项。其中，对于外部业务制度，主要规定了银行的基本业务，以及物资与外汇管理业务的细则，逐步建立了包括银行的货币发行制度、存款管理制度、贷款管理制度、代理金库制度、汇兑管理制度的资金管理制度；对于内部管理制度，建立了包括银行机构人员设置、人员招聘、薪酬和银行工作人员后期培训等的人事管理制度和财务会计管理制度。此外，还建立了监督管理、风险防范的机制制度。比如，1943年首创实行监委制，总行向各区行委派监察委员。从而形成一整套全方位的制度体系，这些制度和办法不仅为接管改造国统区金融机构提供了丰富经验，更为中华人民共和国成立后的金融工作提供了基本范例。

第四，经验基础方面。冀南银行在长达9年的对敌斗争和茁壮成长中，进行了广泛的金融实践和创新，留下了宝贵的借鉴经验。比如，冀南银行在军政开支巨大、敌我形势十分复杂的战争时期，确立了以交易流通为基础的货币发行原则和掌握物资、扩大供给的稳定物价策略，摸索出了以人民消费为主计算货币需求量和以发行总额与人口总数相比较计算货币需求量的货币发行办法，有效平衡了货币发行量与物价的关系，较好地实现了物价与币值的相对稳定。这种对货币和物价本质的认识成为中华人民共和国成立后我国长期坚持的货币发行基本原则。再比如，冀南银行既办理中央银行业务，也经营商业银行业务，独享货币发行权、代理政府金库以及建立区域汇兑机制等业务，兼具中央银行、商业银行两种属性和性质，以及运行机制上的政令性特质，即银行的活动大多根据中央政府政令，综合市场情况进行布置，这为中国人民银行和中华人民共和国实行集中统一的金融体制积累了经验。自中华人民共和国成立一直到1978年，中国人民银行作为国家金融管理和货币发行的机构，既是管理金融的国家机关，又是全面经营银行业务的国家银行，担负了组织和调节货币流通的职能，统一经营各项信贷业务，对大规模的经济建设进行全面的金融监督和服务，为人民币币值稳定和国民经济恢复发展作出重大贡献。这一切，都离不开冀南银行的历史经验。

四、冀南银行是根据地红色金融发展的缩影，中国人民银行是根据地红色金融发展的产物和继承

抗日战争期间，中国共产党依据根据地政权建设现状和全国抗战形势需求，建立根据地银行，开展各项金融业务，保障根据地建设和渡过经济难关，为夺取抗战胜利作出不朽贡献。冀南银行作为中共根据地和解放区最大的官方银行，统一了边区货币市场，实行以冀钞为边区本位货币；巩固冀钞信用，正确把握货币发行方针，实现币值稳定；正确开展对敌货币和贸易斗争，办理工商业信贷，使边区经济和市场活跃，发放农贷，推动农业生产发展，实行代理金库制度，调剂边区金融状况；对推动农村供销合作社和农村信用合作社发展，活跃边区经济，促进根据地、解放区生产发展，改善人民群众生活现状，保证军队和机关供应，支援抗日战争和解放战争，发挥了独特、重要的历史作用，作出了无可替代的历史贡献。其产生的巨大影响，在各个根据地银行中最具代表性，是根据地红色金融发展的缩影。1948年7月，随着解放战争胜利局面的定型，冀南银行合并晋察冀边区银行组成华北银行，成为华北解放区唯一金融机构，并与北海银行、西北农民银行确立固定货币比值，统一货币流通，由此不仅为人民币的诞生奠定了基础，更是在机构上成为未来人民币发行机构的雏形，奠定了中国人民银行和中华人民共和国金融事业的统一基调。从历史轨迹和逻辑来

看，人民币制度是解放区货币制度进一步发展的产物，人民币继承和发展了解放区货币特别是以冀南银行为首的原华北抗日根据地货币的优良传统，人民币的兑换价格也是在与冀南银行币等原华北抗日根据地货币的比价中体现出来的。因此可以说，人民币是以冀南银行币为代表的华北抗日根据地货币的一种统一和延续。另一方面，1948年12月，中国人民银行以华北银行为总行成立，以冀南银行为代表的革命根据地银行结束了其历史使命，作为中华人民共和国金融事业的奠基者与建设者载入史册。从此，一个崭新的中央银行开启了金融事业的新征程。就此也可以说，中国人民银行是以冀南银行为代表的根据地红色金融发展的产物和继承。

综上所述，冀南银行作为根据地红色金融发展的缩影，我党独立自主创建的第一个以发行本位币为基本任务和首要任务的中央银行性质的红色银行，根据地银行和金融走上统一的先行者和主力军，中国人民银行前身母体的主体，无疑是"新中国金融摇篮"。

（作者为山西省黎城县委党史研究室副主任、助理研究员）

太行军工在这里诞生

——八路军总部韩庄修械所诞生、发展及贡献研究

杨玉文　常彩萍

巍巍太行山西麓的榆社县城城东20千米处有一个小山村——韩庄，这里四面环山，山峦起伏，风景宜人，水源充足。在抗日战争的烽火岁月，1938年9月八路军总司令部在这里设立了"修械所"，成为抗日战争的坚强后盾！无产阶级革命家朱德、彭德怀、左权、陈赓等领导人在这里转战驻足，全村男女老少积极抗战，为中国革命的胜利作出了伟大的贡献！

韩庄村在抗日战争时期，成为太行军械工业的发祥地，韩庄修械所是最早的兵工"修械所"之一，成为太行军工的摇篮，培养了军工人才，也是榆社人民的骄傲！2013年7月，韩庄村被中共榆社县委组织部、县民政局、县老区建设促进会挂牌："为中华人民共和国建立作出突出贡献的革命老区重点村"。2018年，韩庄村由县农业局投资50万元，建起了八路军总部兵工纪念馆，对八路军总部韩庄修械所旧址进行修缮，特别是近年来，省、市、县领导纷纷来这里调研，这一片热土更加让人瞩目！

抗日战争胜利至今70多年过去了，硝烟早已散尽，但当年修械所在韩庄村的故事，一直在这一带广泛流传着，成为烙印在老百姓心中的红色印记……

一、走进韩庄

走近韩庄，早有心愿。2019年4月24日，在这桃红柳绿的季节，我与县诗词学会各位老师受村委会之邀，一起走进这里，参加韩庄村第三届红色文化艺术节。今天的韩庄，街道整洁，绿树成荫，村前一汪清澈的泉水潺潺流过。我们顺着一条大路走进会场，会场在雄伟的八路军总部兵工纪念馆和八路军总部韩庄修械旧址前面，一块块版面上的照片介绍着韩庄村的红色历史及古村风貌。

这里绿树掩映，彩旗飘扬，一串串红灯笼，随风而舞，远处的南山上松树郁郁葱葱，满山的连翘花在松树中点缀着，成为一道靓丽的风景，让人心旷神怡……游子们纷纷回到家乡，一辆辆小汽车停放在村子的路旁，邻村村民从四面八方赶来。村里的女人们身穿八路军服装，挎着枪，载歌载舞，歌声在村子上空飘扬，还有武术表演，节日气氛浓郁。

随后我们在村支书、村主任王跃珍的带领下走进旧村子和八路军总部韩庄修械所旧址，听取这里的动人故事，触摸曾经的岁月，感悟发生在这片土地的故事！

二、古村风貌

韩庄村为讲堂乡的行政村，位于讲堂乡东4千米的山沟里。关于村名来历，据《榆社地名录》记载，相传最早由韩氏立村定居，故名韩庄。据村民口口相传，韩庄历史悠久，战国时期由辽县（今左权县）马厩村韩姓人氏立村，已经有2000多年的历史了，后逐渐有了胡、白、郝、杨、李等姓氏。全村以农业为主，由于土地肥沃，水源充足，有着得天独厚的自然优势，在历史上是一个比较富裕的村子。

我们走在铺满石头的小路上，看着断垣残壁的土坯房，还有随处可见的石头墙。这些房子坐北朝南，大部分为清朝末年建筑，映入眼帘的有笨重的双扇木大门、土炕、楼梯。房子大多为前厅房、后楼院的结构，大门门墩上的石雕、木雕图案栩栩如生，门楣上的大字，由于年代久远，已风化剥落,但透过岁月的尘埃,我们仍能看到它昨天的美丽。

74岁的郝水珍老人告诉我们,听老人们口口相传,在历史上村里有7串楼房院:当中院、后楼院、南院、北院、老院、新院、楼院,全为郝姓人家所有。1937年全面抗日战争爆发后,韩庄村群众积极抗日,建立民兵组织、妇女组织,积极配合党的中心工作。1938年9月,八路军总部修械所在这里创建,修械所领导机关设在郝家大院,是一套三进院,八路军修械所搬迁后,日军数次疯狂"扫荡"韩庄村,天上飞机进行轰炸,日军进村后疯狂地烧、杀、抢,实行"三光"政策,杀死数十名村民,大部分房屋被炸毁,只留下现有的几座。韩庄村受到日军践踏,血泪斑斑……据《榆社县志》记载,在抗日战争和解放战争中韩庄为国捐躯的革命烈士有郝双全、阎水泉、郝志生、郝丙维、郝德元,为革命作出贡献的有阎二货、郝生贵、郝友生等。

在历史上村里文化生活丰富,清末民初,成立有土滩秧歌演出队,有以梅花拳为主的武术活动,每年正月十五前后,出村演出,深受群众欢迎。中华人民共和国成立后,村里还成立左权小花戏表演队,每年春节走乡串村进行演出,深受群众欢迎!20世纪70年代成立上党落子剧团,主要演唱革命样板戏,剧目有《红灯记》《沙家浜》《智取威虎山》,剧团名扬乡里,丰富了农村文化生活。

三、修械所的诞生

我们跟随村主任王跃珍顺着村东面的一条小路来到当年八路军总部韩庄修械所旧址,在历史上,这里是一个大庙(老爷庙)。这里地形高,背靠山谷,站在此处,整个村庄一览无余,依山而建的房屋,错落有致。

脚下是一片宽阔场地,这里杂草丛生,一棵粗壮高大的老榆树盘根错节,村主任给我们讲述着修械所的故事。此时此刻,我仿佛跟随他的讲述回到了抗日战争时期,思绪万千……

1937年全面抗日战争爆发后,为了适应抗日战争需要,八路军总司令朱德要求在太行山腹地安全隐蔽的地方发展军工。1938年3月,八路军总司令部在山西省襄垣县上河村成立总部第四科——军事工业科，统一领导晋冀鲁豫根据地的兵器工业。随后由朱德、彭德怀、刘伯承、邓小平、左权等军队领导亲自考察后，决定在榆社县韩庄村建立军械修理制造工厂，并命名为八路军总司令部修械所。同年9月，一一五师第334旅修械所、一二九师补充团（华山游击队）修械所与一一五师唐天际支队（晋豫游击支队）修械所合并，由徐长勋组织第一一五师第344旅修械所、第一二九师高平修械所、第一二九师唐天际支队阳城修械所的工人100余人，肩扛机器，翻山越岭，徒步来到韩庄村安营扎寨，在大庙设立八路军总部修械所，对外称"八路军总部流动工作团"。所长徐长勋，政委张广才，副所长李作锦、白玉山。

八路军的到来，使偏僻宁静的小山村一下子沸腾了，当时40余户、100余口人的韩庄村，家家户户腾出房子，欢迎八路军的到来，八路军帮助村民扫院、挑水、推碾、推磨……朱德总司令站在村中碾子旁边的高处，对村民作了重要讲话，宣传抗日真理，动员青年参军参战，保家卫国！抗日烽火燃烧在韩庄村这片土地上，同时，在县抗日政府的领导下，村民抗日积极性高涨，家家户户有粮出粮，有钱出钱，有人出人，村民与八路军积极配合，在大庙的下面一起挖下地道，建起了军械库，存放枪支、手榴弹、地雷。客观上由于八路军的到来、修械所的建立，导致用水困难，为保障军民饮水和军工生产的需求，八路军队员进行勘察后，军民一起在山根挖出泉水，军工生产得到有力保障！同时，在战争环境恶劣的情况下，八路军部队把宣传作为一项政治任务来抓，组织文艺宣传队，经常在村中的戏台演出节目，利用快板、革命歌曲积极宣传抗日救国真理，利用历史古装剧《杨家将》《胡延庆打擂》等保家卫国的故事教育人、感染人，进一步推动了军民团结一心、积极抗战的决心。

韩庄全村男女老少齐动员，民兵积极配合站岗、放哨，民工支援前线运送枪支、手榴弹、公粮，妇女做军鞋，为抗日作出了很大贡献！

四、坚强的后方

据资料记载，为了进一步加大生产力量，第一一五师供给部、山西青年抗敌决死纵队等修械所从各地招收技术工人,历尽艰辛集中了各方面的人才,收集了大量动力机器设备和器材。截至1939年5月下旬,韩庄修械所共有职工400余人,有工务、总务、器材、炊事、通讯和马夫等班,生产车间主要有机工工部、钳工一部、钳工二部、锻工工部和木工工部。机工和钳工工房就坐落于村里的老爷庙内,占地面积300平方米,有4英尺元车2台、6英尺元车1台、龙门刨1台、手摇钻床2台、牛头刨2台、手摇砂轮机1台以及其他设备共计10余台。初期,修械所没有机械动力,设备的运转靠人工摇轮,效率低,劳动强度非常大。后来,在八路军总部的帮助下,从晋城弄到3节卧式锅炉1台和50马力的蒸汽机1台,解决了生产动力问题。

修械所除完成正常的枪支、手榴弹和砍刀维修任务之外,为给部队提供更多的武器,开始集中主要技术力量生产地雷、手榴弹和口径为7.9毫米的步枪。工人们采用半手工、半机械的办法,利用机器钻枪筒、拉来复线、铰孔,并且还要凭借手中的锤子、锉刀、錾子等土造工具,把道轨钢打制成的枪筒、接套、枪栓等零件毛坯,用手工锉外形、剔枪槽、钻枪孔,实现月产步枪60余支。

修械所主要修理战斗中损坏的各种武器枪械,还制造红缨枪、大刀、刺刀、麻花炸弹、捷克式步枪等。修械所在韩庄期间,总部领导多次来韩庄指导工作,充实完善技术力量和设备,使修械所在抗日战争中为部队输送了大批装备,为抗日战争的胜利作出了巨大贡献。

五、艰苦的岁月

在那战火纷飞的岁月,饥寒交迫的修械所干部、工人和八路军一样,实行生活物资供给制,两个冬天一身棉衣,一个夏天一身单衣,没有成衣就发一块白布,自己利用黑豆水染色并缝制衣服。洗衣服时采用当地老百姓的土办法,先用灰灰菜揉搓,然后用清水漂净。修械所驻地没有职工宿舍,工人均散住在老百姓家中。由于韩庄村子小,在邻村元庄坡、寺上都住有工人和其家属。各项活动集合以敲钢轨为号。干部和工人一样,没有特殊之处,穿着相同的衣服,吃着相同的饭菜,领导干部比工人起得早、睡得晚、干得多，白天和工人一起解决生产中出现的问题，晚上处理行政事务工作。在吃饭上也非常的紧张，由于没有粮食，刚开始的时候，每人每天能吃到四两黑豆，到后来就连这也吃不上了，生活非常艰苦。当时每人每个月工资只有一块五毛钱，能买一个牙刷和一包牙粉。

有段时间，警卫员看到朱德老总日渐消瘦，就到老乡家买鸡，想给他补一补身体，到了老乡家，大娘将唯一的一只老母鸡送给他，警卫员对大娘说："大娘我没有钱，我给你写个借条，等革命成功后我双倍奉还。"回去后被朱德发现，严厉地训斥后，命令他将母鸡送回。朱德对他说，这是大娘生活的唯一来源，你把鸡拿来让她怎么活。以后只能吃野菜，吃树叶子。朱德总司令当时作有一首诗："伫马太行侧，十月雪飞白。战士仍衣单，夜夜杀倭贼。"表示在极端困难的情况下，大家的思想和初心没有动摇。

1939年日军疯狂袭扰榆社，在辽县（今左权县）建有红都炮台，与韩庄村隔着一座大山，距韩庄10千米，修械所受到威胁。为了隐藏目标，保存力量，建立长久而稳固的军工生产基地，根据八路军总部的命令，韩庄修械所迁至黎城县黄崖洞。同年9月，当部队搬迁时，为了安全转移，村民积极参与搬迁工作，八路军战士和群众人挑、肩担，把笨重的机器放在木板上面慢慢地转移。八路军与乡亲们一一告别，乡亲们目送着他们远去，充满不舍之情……

由于战争环境恶劣，八路军战士和修械所人员只能晚上行动，他们翻山越岭，历尽艰辛，断断续续走了40余天才到达目的地黎城县黄崖洞。对黄崖洞水窑山进行扩建后，建立了军工部一所（即黄崖洞兵工厂，今天已经发展成为淮海工业集团）。兵工事业由小到大，逐步发展，由抗日战争时期生产的步枪、手榴弹等，发展成今天的导弹等高科技武器。

六、传承红色基因

揭开尘封的历史岁月，了解当年故事，留在这片土地上的红色印记已成为韩庄村人的骄傲。一说起当年故事，村民激动万分。韩庄村不仅有绿水青山，更有深厚的历史文化底蕴，这里的一山、一水、一草、一木，甚至小村的每一个角落都留下了八路军当年的印记。八路军打出的那眼泉一直留存到今天，水质清澈甘甜，被村民命名为"八路泉"，建起了"八路井"。说起泉水，村民们告诉我们，一年四季泉流不止，泉水冬暖夏凉，清澈的泉水承载着老百姓对八路军的念想。

在村子南山脚下的石壁上面，一个个枪眼是当年修械所工人做好一支枪后，八路军试枪的地方，这里还留存有做枪胚和打铁的痕迹，成为难以磨灭的印记。

八路军修械所驻扎在这里，全村男女老少积极配合，淳朴善良的村民在抗日战争时期与八路军演绎了一段军民鱼水情的千古绝唱！流传了一曲曲动人佳话！青山见证了，绿水目睹了！

今天的韩庄村党支部，在榆社县委、县政府及讲堂乡党委、乡政府的领导下，团结、务实、开拓、创新，领导全村党员、村民大力发扬老区的革命精神，改善基础设施，增加农民收入，全村面貌焕然一新，村民生活水平有了很大提高，成为远近闻名的先进村。2004年被晋中市委表彰为"民主法制示范村"；2005年被评为"省级生态文明村"；2006年被评为"新农村建设先进村"；2007年被评为"'五清五规范'先进村"；2008年被评为县"十大美丽村庄"；2009年2月在全县农村工作和经济工作会上被评为"环境整治先进村""一村一品先进村""市级园林示范村庄"；2010年被评为"市级生态文明村"；2015年被评为"省级生态文明村"；连续10多年，村党支部被县委表彰为"先进基层党支部"。特别是在精准脱贫攻坚中，积极建设新农村，大力发展小杂粮、中药材种植，受到了省、市、县领导的关注和肯定！

今天的韩庄成为接受革命传统教育红色基地，成为不忘初心、不忘历史，发扬革命老区优良传统的红色村庄。祝愿韩庄村这片红色热土的明天更加美好！祝愿红色文化世世代代传承下去！

（作者分别为中共榆社县委党史研究室主任，

榆社《文峰》杂志编委、编辑）

赓续红色基因　汲取红色力量

任俊梅

　　沁源县曾经是太岳革命根据地的一部分，滔滔的沁河水哺育了一代代英雄的儿女，也造就出一种包含创业精神、革命英雄主义精神、民主精神、创新精神的"太岳魂"——太岳精神，传承红色基因和推动高质量发展是我们的目标。

　　大家知道，刚刚过去的建党100周年大庆，气氛隆重而热烈，全面回顾我们党筚路蓝缕、栉风沐雨的百年历史进程，系统总结我们党奠基立业、铸就辉煌的百年奋斗成就，深刻阐明我们党独立自主、实践创造的百年发展规律，科学展望我们党开拓进取、走向未来的百年宏伟蓝图，华夏儿女、海内外同胞无不为100年来祖国取得的辉煌成就感到骄傲和自豪。

　　100年沧桑巨变，变的是国家实现了从站起来、富起来到强起来的跨越，变的是人民的生活从温饱迈向全面小康，不变的是中国共产党人为中国人民谋幸福、为中华民族谋复兴的初心和使命。在建党100周年的关键时间节点，习近平总书记向全党发出赶赴"时代大考"的号召，强调要围绕实现中华民族伟大复兴这一主题，贯穿弘扬伟大建党精神这一主线，明晰以史为鉴、开创未来的"九个必须"这一要求，把实现第二个百年奋斗目标作为通过大考的合格标准，这既是巩固党的执政基础和群众基础的重大举措，也是对全党进入新时代、踏上新征程、迎接新挑战的动员。

　　沁源是一片红色的热土。抗日战争时期，中共沁源党组织把毛主席的人民战争思想同具体实践相结合，创造了震惊中外的"沁源围困战"的光辉战例，2021年是中国共产党建党100周年，同时也是沁源围困战胜利76周年。沁源围困战从1942年11月开始，由于日军对太岳根据地的腹心之地——沁源的"扫荡""清剿"没有达到预期目的，进而转为长期"驻剿"，企图在沁源建立"山岳剿共实验区"。沁源人民在中国共产党的领导下，对日军开展了艰苦卓绝的长期围困，最后发起总围攻的斗争，至1945年4月11日，在沁县日军的接应下，驻守沁源的日军弃城而逃，历时两年半的沁源围困战终于胜利结束，沁源军民同仇敌忾，与日军进行大小战斗2700余次，歼灭日伪军4200余人。

1944年1月17日，中共中央机关报——延安《解放日报》第一版，发表《向沁源军民致敬》社论，称赞"模范的沁源，坚强不屈的沁源，是太岳抗日民主根据地的一面旗帜，是敌后抗战的模范典型之一"。

1945年4月23日，《解放日报》第一版转载《新华日报（太岳版）》4月21日社论《沁源人民的胜利》，指出："沁源困敌斗争中，积累了无数宝贵的经验，其中需要在这里特别提出的，则是只要联系群众，依靠群众，没有不胜利的。它的生动的事实，证明了群众力量的伟大，证明了共产党依靠群众政策的正确。沁源不是靠飞机大炮打下来的""日军是被八万余军民汇成的巨流赶走的，它比一般县城的光复有更其重大的意义""沁源的光复是光荣完成了这个历史的奇迹"。

《解放日报》先后发表36篇沁源抗战的报道，介绍敌后沁源用"长期围困"战胜强敌的经验，这一军事史上的奇迹，党中央给予了高度评价。"抗日模范县"的"沁源围困"闻名全国，毛主席曾夸奖沁源是"英雄的人民，英雄的城"。

沁源围困战是沁源人民用鲜血和生命谱写的革命斗争篇章，是中国人民抗战史上光彩夺目的一页，是很值得我们认真总结和深入研究的。沁源围困战的胜利是来之不易的，它是我们党领导下的人民武装斗争的胜利，是沁源八万军民毅然决然地抛家舍业，创造"没有人民的世界"，长期进行围困斗争的胜利。回顾和总结这场围困斗争的经验，我觉得这些经验值得我们赓续和弘扬。

一、坚持党的一元化领导是取得胜利的根本保证

在沁源的革命斗争史上，特别是在围困战中，坚持党的一元化领导得到了充分体现。

（一）在思想认识上

1941年和1942年，敌后抗日根据地处于极端困难时期，根据地缩小了，人口和军队减少了，军事斗争处于不利地位，财政经济出现严重困难。1941年8月，日军对沁源实施了严酷的"三光"政策，所到之处，不问男女老幼，全部杀死，所有房屋，一律烧毁，所有粮食，不能搬运的一律烧毁，锅碗瓢盆一律打碎，水井一律埋死或投下毒药。据统计：全县被害干部群众达4981人，占全县城乡90%以上的村庄被烧为焦土，烧毁房屋12.7万余间，被劫、烧毁的粮食达100650石（折合755万千克，人均损失近200斤），农具基本烧光，牲畜被抢去1810头，各种财物被抢劫无数。这次空前的大浩劫，使8万多群众流落冰天雪地，无家可归，数十年的积蓄为之一空，几乎丧失了一切生存条件，根据地人民进入极其艰苦的岁月。1942年11月，日军"扫荡"腹心区沁源，设置据点，企图向西打通安（泽）沁（源）大道，向东打通二沁（沁源、沁县）大道，向北打通沁（源）平（遥）大道，向南打通沁（源）屯（留）大道，将岳北根据地"一分为四"，太岳根据地唯一的一个完整县也被敌人分割了。面对如此复杂的形势，太岳区党委明确指示：眼下敌人不会撤走，要做长期打算。只有充分发动群众，依靠群众，才能坚持长期斗争。区党委指示沁源县委贯彻"在党的一元化领导之下，依靠广大群众，广泛展开群众性游击战争，实行长期围困，战胜敌人"的斗争方针，形成了围困敌人的共识。沁源县委和部分主力部队组成"沁源围困指挥部"，并做出了开展围困战的部署：将全县划分为11个战区，以主力部队为骨干，结合民兵和区基干队，成立了13个游击集团，开始了群众性的围困敌人的斗争。

在距离敌人据点5千米、交通线2.5千米以内的范围，彻底转移群众、

空室清野。每个村镇，水井填死、粮食埋上、用具搬净，将日军围困在一个"没有人民的世界"，开辟并创造出崭新独特的"围困斗争"模式。从一定意义讲，这不是一场战役，也不是一次战斗，而是一场党一元化领导下的全民对敌斗争。

（二）在组织建设上

充分发挥基层党组织的战斗堡垒作用，针对日军在沁源企图长期驻守，实施其"山岳剿共实验区"的计划，中共沁源县委及时组织县、区干部，对敌占区群众进行疏散、转移和安置工作。立即在分散的群众中，恢复了党的各级组织，让所有的党员干部都固定参加区（镇）、村的围困转移工作。由此，从县委、区委、镇党总支、村党支部，到每个党员，重新形成了严密的组织体系。当时，沁源党的建设工作很扎实，尤其对农村支部的建设抓得很紧，中心县委建立了学习、请示报告和请假三项制度，发展党员时注重阶级成分，优先从煤窑工人和贫苦农民中发展党员，每发展一批新党员就办一次学习班，连续举办多期党的培训班，所有党员都经过轮训，极大提升党员素质和支部战斗力。同时，县委加强农村党组织的整顿，明确规定党支部要从本村的实际出发，深入联系群众，了解群众的疾苦与需求，本着提高群众情绪来领导群众斗争，保证共产党员在群众斗争中起到模范带头作用。利用各种群团组织去团结和教育群众，真正发挥党支部的核心作用。对全县的基层党组织进行整顿改选，停止不可靠分子党籍，进一步净化了党的组织，提高了基层党组织的凝聚力和战斗力。

在两年半的对敌斗争中，县、区、村三级指挥部就是各级党组织，在腥风血雨中越战越强，锤炼成坚强的基层党组织和强有力的各级领导班子，拥有一支忠诚于党、联系群众、特别能战斗的干部队伍，党组织真正成为全县对敌斗争的领导核心和战斗堡垒，也成为全县老百姓最信赖的依靠和精神依托，从而奠定了沁源围困战的组织基础。可以说，这场围困斗争进行的关键是坚持了党的一元化领导，各级党组织的核心战斗堡垒的领导作用得到充分发挥。

（三）在群众工作上

县委不仅把帮助群众解决切身利益问题作为首要工作任务，而且当时明确提出"党员、干部必须到第一线去，哪里斗争最尖锐，哪里就有党员干部""让党员干部和群众同甘共苦，一起战斗"。比如，在群众大转移的过程中，党组织及党员干部发挥了重要作用。时任城乌镇党总支书记任云芝曾讲，"当时积极分子都深入到群众中讨论、辩论，对有动摇的、有顾虑的人都逐户逐人地谈，正面反面地宣传。一天下来嘴干喉哑，连说话的力气都没有了。就这样把群众都发动起来了"。生动、切实的思想政治工作，使群众心悦诚服，感到有了"主心骨"，曾经一度发生动摇的人，也坚定了起来。

二、走好党的群众路线是制胜法宝

1945年4月11日，沁源围困斗争取得胜利之后，4月21日《新华日报（太岳版）》曾发表了一篇社论《沁源人民的胜利》。社论中总结道："沁源困敌斗争中，积累了无数宝贵的经验，其中需要在这里特别提出的，则是只要联系群众，依靠群众，没有不胜利的""二年半来沁源的对敌斗争……创造了党与群众血肉相依的模范典型"。围困战中的群众路线，主要体现在以下几个方面：

（一）始终代表群众利益

谁有群众的拥护谁就能取得最后胜利。在围困斗争中针对敌人"扫荡"，将以沁源城关为中心的安沁大道、二沁（沁县到沁源）大道两旁，距离敌人据点5千米、交通线2.5千米以内的群众，全部从村里动员转移出来。沁源党组织组建城乌镇党总支和城乌联合镇公所，安置转移出来的群众，为群众办实事。在不到一个月的时间里，领导转移出来的群众自己动手在山沟、山湾里打了5000多孔窑洞。在大雪之前，各家都住进了新打的窑洞，解决了群众的住处问题。太岳军区在所有部队战士中发起每人每日节约一两粮食的运动，节约了250余石小米，沁县、安泽等周边县发起节约"一把米"运动，以支援沁源老百姓，接济沁源群众的饥荒。1943年，在民兵游击队掩护下，有组织地进行了抢粮夺粮、抢耕抢种抢收等群众运动，解决了群众吃穿问题。县委组织乡、村医生到各居住点巡诊，指导大家一方面利用山中草药治病，一方面派出人员外出采购急需药品。同时开设"山头集市"，解决了医疗、日用品紧缺问题。此外，还开办山沟教育，解决了群众上学问题。组建绿茵剧团，宣传党的各项围困政策，教育、鼓舞群众的斗志。党组织通过解决群众围困时期的"两不愁三保障"，解决了群众的困难，又极大地增强了军民坚持围困斗争的信心和决心。

（二）充分发挥群众主动性

在围困战期间，充分发挥人民群众的主动性和积极性，县围困指挥部向全县军民发出"一面围困、一面生产"的号召，发动群众、部队、机关、学校向荒山、荒滩进军，开展大生产运动，纺纱织布，做军衣，做军鞋，开展战地后勤服务，基本满足了群众和部队的生产生活需求。同时群众自己动手，利用沁源山大沟深的有利地形就地取材，利用废铁、废瓶、石头、瓦罐，自己发明和创造了铁雷、石雷、木雷、瓶瓶雷等杀敌的"土战术"，涌现出一批地雷大王、爆炸英雄等。在人民群众中创造了地雷战、夜袭战、伏击战、麻雀战、冷枪战、诱敌战等形式多样的"土战术"，最后取得了沁源围困战的伟大胜利。

三、党内和党领导下的上下团结是取得胜利的基础保障

沁源围困战是一场全民性的对敌斗争。如何充分发动、依靠群众、团结群众，使全县八万民众一条心，凝成对敌斗争的合力，是最难的，也是最重要的环节。能实现党内和党领导下的上下团结，主要原因有三个方面：

（一）共产党员的先锋模范带头作用

在对敌围困斗争中，有一大批经过党的教育、从普普通通的农民锻炼成长起来的基层干部和共产党员。他们生于百姓家，长于群众中，始终站在斗争的最前沿，在艰难的斗争中，发挥了先锋模范带头作用。早期共产党员、沁源城关镇镇长胡奋之在带领群众转移途中被日军俘虏，慷慨就义。围困战期间，沁源先后涌现出150多名杀敌英雄、200多名地雷爆破能手、

1000多名大生产模范。其中代表人物，有掩护群众进城"抢粮"的共产党员胡元锁、宋保元等，有在二沁大道上冒死伏击的共产党员郑士威、李德昌等，有在抢种、劫敌、锄奸等战斗中舍生忘死的共产党员余文海、任彦等，还有在大生产运动中以胡让牛、王三官、白玉兰等共产党员为代表的生产能手、劳动模范。在沁源围困战的英烈榜上，有一长串闪闪发光的名字：铁骨铮铮胡奋之、血染疆场张法中、宁死不屈张成仁、顽强斗敌李学孟、青年英雄赵正中……这些党员干部的不怕牺牲精神和各级党组织的战斗堡垒作用，不仅教育和团结了广大群众，而且也鼓舞和坚定了他们对敌斗争的必胜信念。

（二）深入人心的气节教育

民族气节是胜利的精神支柱，是斗争的灵魂。在八年全面抗战中，日本侵略者惨无人道、灭绝人性的法西斯"三光"政策，使沁源人民遭受了巨大的损失。当时人口不足8万的沁源县，因战争而导致死亡的人数达2万多人，占总人数的四分之一；被打伤致残者13000多人；全县95%以上的房屋被烧毁，300多个村庄几乎变成废墟。可以说家家都有一本血泪账。面对日军的暴行，人民群众充满了刻骨的愤怒和仇恨，同时也使少数群众产生恐惧心理。寒冬腊月，转移出来的群众在山上饥寒交迫，日军天天上山利用怀柔政策诱导群众回家，并许诺回去给吃给穿，有少部分群众面对日军的诱惑动摇了，想着回去度过寒冬再上山或者参加"维持"。县委及时针对这些情况开展了全方位的思想政治工作和保持民族气节教育，县委响亮提出"坚决不维持，与敌人斗争到底""不赶走敌人决不回家"的口号，一方面发表《告人民书》，印发传单、标语，传播胜利消息，揭露日、伪诱骗阴谋，提高胜利信心；另一方面县委领导带领各级干部深入敌占据点附近的村庄，向广大群众深入进行爱国主义和民族气节教育，动员群众与日、伪军做斗争，举行反"维持"大会，击破日、伪军的"维持"阴谋。在县委的带动下，群众认清了敌人的真面目，将仇恨转化为对敌斗争的精神力量，迸发出英勇顽强的革命精神和坚强不屈的民族骨气。正是在这种精神支配下，面对残暴的敌人，沁源人民没有屈服，"他们擦干了身上的血迹，掩埋好同伴的尸体,又继续战斗"。他们没有让日军建立起一个"维持会",就连地主、地痞、"二流子"、"大烟鬼"也没有当汉奸的。全县人民在党的领导下,组织起来,拿起枪杆子保卫家乡,与敌人进行殊死的浴血奋战。也正是在这种精神的指导下,已是身处极其艰难环境的沁源人民,同时还供给和支持着驻沁源的太岳区党委、太岳军区、太岳行署以及周边13个县的领导机关和数万名抗日武装的军需日用,并送子弟参军参战1万余人,为抗日战争作出了重大贡献和巨大牺牲。

(三)兵民结合的武装斗争

《沁源人民的胜利》社论中报道:"二年半来沁源的对敌斗争,不仅创造了党与群众血肉相依的模范典型,而且创造了军政民团结,正规军、游击队、民兵、自卫队配合的丰富经验。"人民战争的天罗地网,是沁源围困战斗争的基石保障。

围困战一开始,太岳区党委就指示第38团从外线调回,与当地民兵、自卫队、游击队配合围困斗争。当地民兵一方面帮助群众实行空室清野,安全转移,保护群众的生命和财产;另一方面,则与敌人展开斗争,用地雷、石雷、手榴弹一类的武器,巧妙地杀伤敌人。主力部队则进攻敌人的交通线、据点,造成敌人的惊恐与混乱。兵民是胜利之本,武装斗争是围困胜利的关键。在反"扫荡"中,驻沁源的八路军太岳军区38团、25团、59团和洪赵支队大部分主力都转出外围打击敌人,各留一部支援沁源围困战。军队主动出击打击敌人,对稳定人心、鼓舞群众起到了主心骨的作用。同时,为了更大规模的打击敌人,在军队的支持、协助下,发展了党领导的、以当地民兵为主体的人民武装力量。全县划分为11个战区,以军队为骨干,以县游击大队、区干队、全县民兵为主体,组成了13个游击集团,开展了全民皆兵的群众性围困敌人斗争。在战斗中,军队和群众是手足关系、血肉之情。军队是群众的靠山,军队培养了民兵,群众是军队的后盾,民兵支援了军队。随着对敌斗争的深入,民兵——这支武装起来的人民队伍迅猛发展,逐渐成长壮大为能够独立作战的武装力量,在围困斗争中发挥了不可替代的作用。他们在县对敌围困指挥部的统一领导下,组织了抢粮、抢种、抢收斗争；对敌人展开游击战、伏击战、麻雀战、地雷战、冷枪战、劫敌战、袭扰战、"铺草"战、联村联防等多种多样的战斗。坚持两年半之久的围困斗争的胜利，再一次证明了兵民结合、武装斗争的重大意义。

中国共产党一路走来，筚路蓝缕，想人民群众所想，急人民群众所急。党的十八大以来，以习近平同志为代表的中国共产党人，团结带领全党全国各族人民统揽伟大斗争、伟大工程、伟大事业、伟大梦想，解决了许多长期想解决而没有解决的难题，办成了许多过去想办而没有办成的大事，中华民族迎来了从站起来、富起来到强起来的伟大飞跃。可以说，中国共产党的百年历史是一部不懈奋斗史、思想探索史、自身建设史。

中国共产党坚持以人民为中心，带领广大人民群众，决胜全面建成小康社会，决战脱贫攻坚战，着力解决"两不愁三保障"。沁源县委、县政府带领全县人民如期脱贫，打赢脱贫攻坚战，全县进入高质量发展时期。回望沁源革命历程，展望沁源未来征途，我们必须始终赓续红色血脉，用党的革命奋斗历程和伟大成就鼓舞斗志、指引方向，用党的光荣传统和优良作风坚定信念、凝聚力量，用党的历史经验和实践创造启迪智慧、砥砺品格，继往开来、开拓前进。

2021年初，沁源以"沁源的事，大家想、大家说、大家干"的方式，开展了"大讨论"，理清了发展思路，坚定了"以交通促繁荣、以教育聚人口、以人口兴产业"的发展方略，把县委定下来的事，当成自己家里的事来办，一天也不耽误、一刻也不拖沓，而且要一盯到底，推动各项工作条条落实、件件落地、事事见效。

红色文化和精神，将永远是沁源的灵魂，沁源将充分利用红色革命精神这一宝贵的精神财富，不断将沁源围困战精神发扬光大，代代传承，奋力谱写新时代实施乡村振兴战略、决胜全面建成小康社会新篇章。

（作者为沁源县委党史研究室主任）